MINERVA
人文・社会科学叢書
224

社会契約論を問いなおす

—現代コミュニタリアニズムからの視座—

菊池理夫著

ミネルヴァ書房

社会契約論を問いなおす——現代コミュニタリアニズムからの視座　目次

序章　社会契約論と共通善の政治学

「共通善」と「コミュニティ」の重要性

本書は、日本の西洋政治思想研究において、「近代政治原理」とされてきたホッブズ＝ロック＝ルソーの「社会契約論」に関し、一九八〇年代に英米で始まった「リベラル＝コミュニタリアン論争」を通して再考しようとするものである。現代リベラリズムを代表するジョン・ロールズが『正義論』において伝統的な社会契約論の議論を用い、それを批判した現代コミュニタリアンが「共通善の政治学」を主張したことをふまえて、現在の日本の社会契約論の理解を問い直していきたい。

まず指摘したいのは、日本における社会契約論に関する解釈や理解、一般的には西洋政治思想研究は、西洋近代を絶対化し、近代以前の政治理論を否定的に捉える「進歩主義」に基づくものが依然として多いことである。私が近年研究している現代コミュニタリアニズムが政治理論・政治思想の研究者から否定的に評価されることが多いのも、コミュニタリアニズムにおいて重視される「共通善」および「コミュニティ」という概念が近代以前から存在しているために、日本ではいまだに否定的に評価されているからである。

しかし、西洋政治理論において、古代から「共通善」や「コミュニティ」は重要な概念として現在でも語り続けられているのである。近代の社会契約論においても、トマス・ホッブズを除けば、これらの概念が重要な意味を持って語られているのに、日本のほとんどの社会契約論研究者やジョン・ロックやジャン＝ジャック・ルソーの研究者はこれらの概念を論じることがない。

サンデル・ブームと「共通善の政治学」

「リベラル－コミュニタリアン論争」に関する日本の政治学の研究においても、戦後日本のリベラルが否定するか無視した「共通善」という概念に言及されることがほとんどなく、また「コミュニティ」という言葉も戦後の「進歩主義者」が否定した意味での「共同体」の意味で捉えて、現代コミュニタリアニズムを批判するか、無視する傾向が強い。

二〇一〇年の「ハーバード白熱教室」によって日本でも「サンデル・ブーム」が生じたが、マイケル・サンデルがコミュニタリアニズムをアリストテレス哲学に由来する「共通善の政治学」と呼び、日本でもベストセラーとなった『これからの「正義」の話をしよう』でも、第一〇章が「正義と共通善」であった［Sandel 2009＝2010］。しかし、このブームによって増えたと思われる政治哲学に関する多くの著作において、サンデルや彼の思想であるコミュニタリアニズムが否定されるか無視されるかして議論され、それどころか政治哲学の重要なテーマであるはずの「共通善」に関して論じられることがほとんどない。

アメリカのコミュニタリアニズム評価

しかし、欧米の政治学においては、コミュニタリアニズムをもっぱら否定する論調だけではない。たとえば、アメリカの多元主義の代表者であり、実証主義的な政治学を主張していたロバート・ダールは、晩年はむしろ小規模なコミュニティにおける平等な政治参加を強調し、民主主義者であることを主張するようになった。二〇〇一年に行われたあるインタビューでは、ダールのそのような主張が「コミュニタリアン的」ではないかという指摘に対して「ある点ではコミュニタリアン的です」と肯定的に答えている［ダール 二〇〇六：九七～九八］。

また、学者ではないが、日本でも三・一一東日本大震災のときに話題となったレベッカ・ソルニットの『災害ユートピア』では、大災害後に大多数の住民が「同胞愛や連帯感」に目覚め、一時的とはいえ「パラダイス」となったことは、「人間は利他的で、コミュニタリアン」になったことであると述べ、しかもそれが「災害ユートピア」

になるかどうかは災害時以前の「コミュニティ」によって異なると述べ、伝統的なコミュニティを評価する議論をしている〔Solnit 2009: 18, 22＝2010: 34, 40〕。

英米における「共通善の政治学」の評価

「共通善」という概念は、戦後日本のリベラルな政治学者たちによって、絶対主義や権威主義を正当化する概念であるとされたために、もっぱらそのような概念であると現在でも日本の政治学者のほとんどは否定的に理解している。しかし、アリストテレスから始まる「共通善の政治学」の伝統は西洋において継続され、現在においても存在していることを私は立証した〔菊池 二〇一一〕。

英米の文脈でいえば、確かに近代のリベラリズムのなかには「共通善」が個人の自由や権利を否定するものとして批判する傾向があり、また功利主義によって「共通善」がもっぱら個人の善（利益）の総計という意味に変えられた。しかし、アリストテレス的な意味での「共通善の政治学」は一九世紀のトマス・ヒル・グリーンによって復活し、二〇世紀初頭のレオナルド・ホブハウスなどの福祉国家を主張する「ニュー・リベラリズム」に継承されたのである。

政治学者ではないが、現在アメリカの政策を最も批判するノーム・チョムスキーは、「共通善」というタイトルの講演をし、現在の貧富の差の拡大が民主主義を脅かしていることを指摘し、民主主義の目的は「共通善」であることを語っている〔Chomsky 2003＝2004〕。アメリカにおいては「共通善の政治学」が権威主義を正当化するものではなく、平等な民主主義を正当化するものであることは、日本の大半の政治学者の誤解や偏見とは異なり、一般化している。

フランスにおける「共通善の政治学」の評価

フランスでは二〇世紀のジャック・マリタンなどの「新トマス主義」がアリストテレスやトマス・アクイナスの

「共通善の政治学」の伝統を新たに発展させ、「共通善」のために、当時の左右の全体主義、ファシズムや共産主義を批判した。現在のフランスでも「共通善」が政治における中心的概念であり、「共通善の政治学」が「正統派」であることは、J-M・クワコウ『政治的正当性とは何か』〔クワコウ 二〇〇〇〕や櫻井陽二『ビュルドーの政治学原論――フランス正統派政治学理論の研究』からも理解できる〔櫻井 二〇〇七〕。また、政治学者でなくても、フランスの社会学者リュック・ボルタンスキーとフランスの経済学者ローラン・デヴノーは『正当化の論理』として、現代の社会科学一般でも「共通善」の追求が「利己的な享楽」と対立し、必要なものであると主張している〔ボルタンスキー／デヴェノー 二〇〇七：八〇以降〕。

しかし、日本の「正統派政治学理論」の研究者は、このような伝統にまったく無知であるのか、あるいはまったく誤解しているのか、「共通善の政治学」をまともに論じることがない。また、フランスではコミュニタリアニズムが一般にも誤解され、保守的な思想と思われていることから、フランスの政治理論を研究している日本の政治学者は、アメリカの現代コミュニタリアンが「共通善の政治学」を唱えていることの意味を理解できていない。

それどころか、フランス系だけでなく、ポストモダン派の政治学者のなかにはネオリベラリズムとコミュニタリアニズムが共犯関係にあると批判する者がいる。実際には、共通善を追求せずに、私的利益を追求するネオリベラリズムを最も批判しているのは現代コミュニタリアニズムであることを理解できていない。

たとえば、マイケル・サンデルなどの現代コミュニタリアンが富裕者だけの「ゲイテッド・コミュニティ」を形成するという日本のポストモダン派の主張を、私は『現代のコミュニタリアニズムと「第三の道」』において明白に間違いであると批判したが、いまだに現代コミュニタリアンが「ゲイテッド・コミュニティ」を形成していると主張する者もいる。実際に、現代コミュニタリアンが主張する「コミュニティ」や「共通善」を少しでも理解できれば、自己の利益だけしか関心がない孤立した富裕者だけの「ゲイテッド・コミュニティ」をコミュニタリアンが支持することは間違いであることがわかるはずであり、サンデルは明確に「ゲイテッド・コミュニティ」を批判している〔Sandel 1996: 335-336＝2010: 268-269〕。

「共通善の政治学」と「正＝権利の政治学」

日本において、政治哲学、とりわけ正義論を一般の関心にまで広めることになったサンデルは、彼の思想的立場であるコミュニタリアニズムの政治的宣言ともいうべき論説、「道徳性とリベラルの理想――個人の権利は共通善を裏切らなければならないのか」（一九八四年）のなかで、コミュニタリアニズムをアリストテレス哲学に基づく「共通善（common good）の政治学」と呼んだ。これに対して、功利主義に代わって当時支配的になっていたジョン・ロールズのリベラリズムやロバート・ノージックのリバタリアニズムをカント主義的な「正＝権利（right）の政治学」と呼んで批判した［Sandel 1984a: 15-17＝1984b: 6＝2009: 257］。

サンデルの最初の著作『リベラリズムと正義の限界』（一九八二年）は、とりわけロールズの『正義論』（一九七一年）を強く批判したものである。この『正義論』は、伝統的な「社会契約論」を用いて、政治哲学としてのリベラリズムを擁護し、英米において「政治哲学の復権」をもたらしたものとして、様々な論争を巻き起こした。

わが国では一七世紀から始まる「社会契約論」は、自由で平等な個人の権利を尊重し、政治社会を形成する理論として、いまでも近代西洋政治思想の中心に位置づけられている。とりわけ「社会契約論」は、近代以後に主流となった政治哲学あるいはイデオロギーとしてのリベラリズムの理論、サンデルの言葉を使えば「正＝権利の政治学」の源流となるものであるという評価がいまでも一般的であろう。

この「正＝権利の政治学」に比べて、わが国の戦後の政治学では、「共通善の政治学」は特定の思想家に関して以外は、ほとんど論じられることはなく、論じられても否定的にしか論じられない。そのこともあって「共通善の政治学」であるコミュニタリアニズムは、「正＝権利の政治学」であるリベラリズムを批判するものとして、とりわけ保守的ないしは反動的なものであるという理解が多い。

このような理解は基本的には、「共通善」に対する無理解や誤解から生じ、サンデルを含む現代コミュニタリアニズムが正当に理解されない原因になっている。そのため、すでに述べたように、私は西洋政治思想史のなかに「共通善の政治学」の伝統を探求したが、この伝統は現在の西洋の政治哲学においても「正＝権利の政治学」と結び付いて、依然として重要なものとして存在していることが確認できた［菊池 二〇一二］。

本書の意図と構成

本書はこの研究を発展させ、「正＝権利の政治学」としての「社会契約論」と「共通善の政治学」との関係を明らかにすることを意図するものである。その際、これも私の理解では、リベラリズムとコミュニタリアニズムがたんに対立するだけではないことから、「社会契約論」も「共通善の政治学」とたんに対立するだけではないことを解明する試みとなるであろう。

まず第1章において、現代コミュニタリアンがロールズのリベラリズム、とくにその「社会契約論」の何を批判しているのかを論じ、ロールズの「社会契約論」としての「正義論」の政治的な意味での問題点を明らかにする。

第2章では、社会契約論一般が英米においていかに理解され、評価されてきたかという研究史をあとづけ、それとの比較を通して、戦後日本の研究では「共通善の政治学」やそれと関係の深い「伝統的自然法」が社会契約論においてどのように論じられているのか、あるいは論じられていないのかを明らかにし、これらを否定する福田歓一の議論が「福田パラダイム」として確立されているかどうかを考察していく。

第3章では、ロールズの『正義論』では社会契約論者としてトマス・ホッブズの名が挙げられていないが、そのことを含めてホッブズの社会契約論についてロールズがどのように考えていたかを論じていく。次に戦後日本におけるホッブズの『リヴァイアサン』研究史をあとづけ、日本の研究ではホッブズの『リヴァイアサン』において「共通善」や「コミュニティ」という言葉が使われていないことがなんら問題とされていないことを明らかにする。逆に、私はホッブズが『リヴァイアサン』において「共通善の政治学」や「伝統的自然法」を否定したことから生じる問題点を探求することによって、むしろその現代的意義を論じる。

第4章は、ジョン・ロックの社会契約論がロールズによってどのように論じられ、また戦後日本の研究においてはどのように論じられてきたかを探求したあとで、これも日本の研究においてはほとんど議論されていないが、ロックがホッブズと異なり、『統治二論』では「コミュニティ」や「共通善」という言葉を肯定的に使っていることから、ロックの社会契約論を「共通善の政治学」や「伝統的自然法」との関連で考えていく。

第5章は、ホッブズとロックが自然状態に関して「アメリカ」を例に引きながら、対照的な記述をしていることから、あらためて両者の違いを考察し、さらに彼らの社会契約論がどのようにアメリカ建国に影響を与えたのかという観点から、逆に社会契約論やアメリカ建国の問題点を探っていく。

第6章は、ジャン＝ジャック・ルソーの社会契約論に関するロールズの理解やサンデルとチャールズ・テイラーの評価をふまえ、わが国の膨大なルソー研究において、ルソー自身が実際に『社会契約論』で使っている「共通善」やその「類概念」に関してどのように論じられているかのかあるいは論じられていないのかを考察する。この研究史をふまえ、ルソーの自然状態が記述されている『人間不平等起源論』や『社会契約論』の草稿（『ジュネーヴ草稿』）から『社会契約論』への論理展開を明らかにし、「共通善の政治学」や「自然法」が『社会契約論』においてどのように展開されているかを考察する。

第7章は、ロールズが『正義論』において、イマニュエル・カントの社会契約論を最も評価しながら、それと対立するデイヴィッド・ヒュームの正義論も用いていることから、ヒュームの社会契約論批判や正義論とカントの社会契約論とをどのような意味でロールズが評価しているのかを論じ、ロールズの社会契約論の問題点を探る研究を終えることにする。

以上の考察から、最後に「社会契約論」に関する「福田パラダイム」を見直すことの必要性を論じ、とりわけ日本の政治学では否定的にしか扱われない傾向がある、政治における「コミュニティ」と「共通善」の意義を明らかにし、現代の日本の政治を考えるための視座に関しても、このような観点から明らかにしていきたい。

第1章　リベラル‐コミュニタリアン論争と社会契約論

1　現代コミュニタリアニズムによるロールズの「社会契約論」批判

四人の現代コミュニタリアン哲学者

サンデル自身、『リベラリズムと正義の限界』第二版（一九九八年）において、一九八〇年代前半に出版されたリベラリズムを批判するコミュニタリアニズムの著作として、彼の『リベラリズムと正義の限界』第一版以外に、アラスデア・マッキンタイアの『美徳なき時代』（一九八一年）、チャールズ・テイラーの『哲学論文集』二巻（一九八五年）、マイケル・ウォルツァーの『正義の領分』（一九八三年）を挙げている［Sandel 1998: ix＝2009: v］。

実際、これらの四人は一般的にリベラリズムを批判するコミュニタリアン哲学の代表者として扱われている。私はすでに、これら四人の思想がどのような意味でコミュニタリアニズムと呼ばれているのかという観点から、彼らの政治哲学・思想を論じている［菊池 二〇〇四：九五以降］。ここでは主としてこれらの四人の作品から、ロールズの議論の何が、とりわけ「社会契約論」との関係で何が批判されているのかを通して、「共通善の政治学」＝コミュニタリアニズムとは何であるのかを考えていきたい。

マッキンタイアの社会契約論批判

最初の現代コミュニタリアニズムの著作とみなされているマッキンタイアの『美徳なき時代』によれば、啓蒙主義以後の西洋の哲学・思想では、様々な立場からの主張によって、何が善であるかに関して果てしない論争が続き、「道徳的不一致」という大きな問題が生じている。この「道徳的不一致」は、基本的にすべての道徳的判断を個人の感情の表現とする「情緒主義」から生み出され、人間の本質が理性によって「真の目的」を追求することであるという「目的論的見解」を否定しているからである［MacIntyre 1984: 11-12, 23ff., 54＝1993: 14, 29ff., 68］。

リベラリズム一般に関しても、「近代のリベラルな個人主義」には、「政治的コミュニティ」を創造し、維持していくことが市民の「共通の事業」であるという見方がないことが批判されている。リベラリズムのジョン・ロールズに関しては、「徳としての正義」の章において、リバタリアニズムのロバート・ノージックと並んで批判されている。マッキンタイアによれば、ロールズとノージックの正義論が両立不可能なこと自体が現在では道徳的一致が得られないことを物語っている。

しかし、ロールズとノージックの両者には共通点があり、両者はともに「個人が第一で、社会は第二である。そして個人の利益の同定は、個人を結ぶ道徳的・社会的絆の構築に先立ち、それから独立している」。両者とも、コミュニティのなかで、「人間にとっての善」と「そのコミュニティの善」についての「共有された理解」に基づく、個人の真価（desert）に言及することはない。そのために、両者の正義論は、無人島に打ち上げられた、たがいに「見知らぬ人」であるような「個人」が自分たちを「最大限安全に守ってくれる規則」を作り出そうとする点で同様のものである［MacIntyre 1984: 250＝1993: 305］。

まさに、このような「個人主義的見解」の先駆として、ホッブズやロックのような社会契約論がある。彼らの社会契約論は、近代社会が「見知らぬ者たちの集まり以外の何ものでもない」状態になり、「コミュニティの善」が喪失している現実を示している。そのため社会契約論は、社会への参加が個人の「意志的な行為」とされ、「どんな種類の社会契約を他者と結ぶのが、私にとって道理に適っているのか」というきわめて個人主義的な議論である［MacIntyre 1984: 250-251＝1993: 306］。

このように、マッキンタイアにとって、「社会契約論」も、ロールズの「正義論」も、「協働的な人間関係」を追求する「コミュニティの善」、つまり「共通善」とは無関係に、個人の利害を調停する「規則」を生み出すための議論でしかない。このような社会契約論やリベラリズムを含む近代以後の哲学や思想に対して、マッキンタイアが擁護するのは、アリストテレスの倫理学・政治学の伝統である。それは「普通の人々」も、自己が所属するコミュニティの「共通善」を目的として政治的に実践していく目的論的なものである。

マッキンタイアによれば、私の「道徳的アイデンティティ」は「家族・近隣・都市・部族などのコミュニティ」のなかに「埋め込まれて」いる［MacIntyre 1984: 221＝1993: 270-271］。そのため、各人が追求すべきことは、ロールズやノージックが主張するような個人的な善ではなく、各人が「コミュニティ共通の仕事に対する貢献」を基礎とする「徳」による「共有された善」を追求することである［MacIntyre 1984: 250＝1993: 306］。この「徳」は「社会的に確立された協働的な人間関係」や「共通善への協働の配慮」という「実践」を通して実現されていくものである［MacIntyre 1984: 187, 194＝1993: 230, 239］。

ただ、マッキンタイアは個人が特定のコミュニティに「埋め込まれて」いても、そのことはそのコミュニティの「道徳的限界」を受け入れることではないと主張していることにも注意すべきである［MacIntyre 1984: 221＝1993: 271］。たとえば、彼はアリストテレスの伝統に関しても、異邦人や奴隷について政治的能力を認めないことや、職人の技術を「徳」の目録に載せなかったことを批判している［MacIntyre 1984: 221-223＝1993: 272-274］。

マッキンタイア自身は、「現代コミュニタリアニズム」が近代以後に成立した国民国家をコミュニティとして評価し、リベラリズムを根本的には否定していないと考えているために、自らがコミュニタリアンではないと一貫して主張する。ただ、彼はアリストテレスがいう「ポリス」、現代では「ローカルなコミュニティ」における「共通善」の重要性を一貫して指摘している点で、「共通善の政治学」を唱えている「原コミュニタリアン」であると私は考えている［菊池 二〇〇四：九五以降：菊池 二〇〇七：三七〜三九参照］。

テイラーの社会契約論批判

次に、マッキンタイアのように、近代以後の哲学や社会を全面的に否定するのではないが、やはり「共通善の政治学」を説き、その点で「正＝権利の政治学」に距離を置き、自らはコミュニタリアンであると認めているテイラーの議論を考えていきたい。テイラーは『哲学論文集』の序文において、自らの哲学的立場を「解釈学」や「哲学的人間学」であると主張する。彼にとって人間とは、自らが属するコミュニティのなかで、共通の言語によって自己解釈し、形成されていく存在である。

個人は自分がその一部であるコミュニティにおいてのみ維持され、更新されることができる言語と文化によって一部構成されている。……自らを規定する自己解釈はコミュニティが続行する交換から導き出されるという意味で、コミュニティはまた個人を構成する。［Taylor 1985: 8］（強調は引用者）

このような哲学的立場から批判されているのは「自然主義」である。それは行動主義のように、人間を自然の一部と考え、自然科学をモデルにして数量化し、政治文化を「個人の動機づけ」に還元して、「われわれの制度や実践に埋め込まれた共通の意味」に何の関心もよせない「原子論的理論」である［Taylor 1985: 8］。この「原子論（atomism）」に関しては、『哲学的論文集』に収められた「原子論」という論文で、「原子論の偉大な古典的理論家」としてホッブズとロックのような「社会契約論者」が批判的に論じられている［Taylor 1985: 190＝テイラー 一九九四：二〇二］。

テイラーによれば、社会契約論も、現代の「ウルトラ・リベラリズム」（とりわけノージックに言及）も「自己実現」や「自己選択」を強調し、「権利の優位の教説」を説くものであるが、個人の様々な帰属意識や社会的義務や責務を無視している［Taylor 1985: 197ff.＝テイラー 一九九四：二〇五以降］。

この論文では、ロールズを直接取り上げてはおらず、別の論文の注ではむしろ彼は原子論者ではないと主張している［Taylor 1985: 274］。テイラーがロールズの正義論を直接論じているのは、「分配の正義の本質と範囲」という論文である。まず、今日の分配の正義に関する論争では、「正義の標準あるいは基準」と「分配の正義とはいかなる種類の善の問題か」が問題となっているが、前者の問題の解決はまず後者を明確化することであると指摘する。この後者の点でウォルツァーやサンデルによって、最近、興味深い著作が出版されたという。前者に属するロールズの議論に関しては、デイヴィッド・ヒュームの「正義の環境」に基づく「分離された人間存在であるが、それにもかかわらずともに協働する」人間間の正義論であるという［Taylor 1985: 289］。

また、一七世紀以来の社会契約論に関して、英米ではその主体について議論されることがないが、この点ではロールズは少し例外的にカント哲学に基づいて「自由で、平等で、合理的な存在」を主体としている。ただ、この点を十分に展開していないことが指摘されている［Taylor 1985: 291］。ノージックに関しては、現在の英米の一般的な構想である「個人の権利」から議論を進めているが、この権利が「人間の尊厳と人間の善の観念」と結び付くかどうかが議論されていないと、ロールズよりも批判的である［Taylor 1985: 291］。

テイラーにとって、分配の正義の問題は、「原子論的見解」のロックが考えたように人間が「道徳的に自己充足的であるかどうか」、あるいはアリストテレスのように社会的な「善」との関係で考えるかどうかである。たとえば、アリストテレス的な見方では、「人間の尊厳」は社会のなかで考えるのに対して、ロックは自然状態における単独な人間の持つ権利として、社会からまったく独立した「人間の尊厳」を主張する。この点では、財産権の問題も同様であり、ロックは他人の同意を必要としない自己の労働に基づき、社会の外部で財産が獲得されると主張して分配の不正義を認めている［Taylor 1985: 292-293］。

これに対して、アリストテレスの分配の正義は、各人の「真価」、「共通善」への貢献によって行われるものである。現在では、「社会への経済的貢献」のように「不平等な価値」に基づいて「分配の正義」が行われる傾向があるが、「礼節、相互の尊重、共通の熟議のある種の関係をともに維持するコミュニティのメンバーとして、相互の債務は十分に互恵的なものである」ことも確かであるとテイラーは主張している［Taylor 1985: 298-300］。

いずれにしても、テイラーによれば、分配の正義の制度と基準は、「アソシエーションの本質と共通に求められる善の本質」から導き出され、その点で分配の正義は社会や時代によって異なる。この点ではウォルツァーやサンデルの議論を評価するが［Taylor 1985: 301］、ロールズの「格差原理」は「文化・伝統・自己理解と無関係に」すべての社会に、一つの問題の解答を迫る「非歴史的なもの」である［Taylor 1985: 303］。

テイラーによれば、ロールズの正義論は間違った問題に解答しようとするものである。ロールズは「どの分配の原理が真に善き社会を活性化するか」という問題に取り組んでいる。『正義論』の七九節で論じている「諸社会連合の社会連合」という社会は、相互に社会参加し、「共通善」を求めるものであり、現在のアメリカよりもより「平等主義的」である「格差原理」をロールズは主張する。しかし、「格差原理」は個人の才能を「共通資産」として分配することを求める「能力の社会化」の要求であり、このことは現在の社会が個人の業績によって格差を認める「貢献原理」が一般的であることとどう関係するかを説明していないことを問題視している［Taylor 1985: 308］。

この点で、テイラーは現在の分配の正義として、四つの傾向があるという。⑴「財産の不可侵性に焦点を合わせる『ロック的』原子論」、⑵「貢献原理」、⑶「平等な分配を正当化するリベラルな社会民主主義的見解」、⑷共産主義的社会で解決されるとして分配の正義の問題を否定する「マルクス主義的見解」である。

⑴と⑵はともに原子論的であり、「原子論」の誤りは、それが前提とする「自由な個人」が「ある種の文明の内部にある」ことに気づいていないことである。つまり、個人が自分の人生も「自由に選択する」という「近代個人主義の自己定義」も、近代の民主主義のような制度によって与えられていることに関してである［Taylor 1985: 309］。

しかし、このような制度が時代を経つにつれて、その重要性が失われていき、現在の原子論では公共性へ責任や熟議の真剣さがなくなり、「公共的制度も個人の自由を保護するものとしてだけ存在している」。ただ、この原子論に対して、⑶のなかには、「とくに交換と共通の熟議を通して、自由の感覚を涵養するものと制度を考え」、そのため「過大な不平等を受け入れ難い」とする伝統も含まれる。それは「古代共和政」から影響を受けたモンテスキュー、ルソー、トクヴィルの議論のような「近代のリベラル民主主義の伝統」である［Taylor 1985: 310］。このような伝統を、「実践としての社会理論」という論文では、原子論と対立する「公民的（civic）ヒューマニズムの伝統」と呼んでいる。それは「共有された善は本質的にあるコミュニティのものである」という主張であり、この伝統には、アリストテレス、マキアヴェッリ、モンテスキュー、ルソー、トクヴィル、今日ではアレントやハーバーマスが含まれる。しかし、このような主張は政治も「純粋に個人的な目標のための行動」と考える現代の原子論的傾向のために見失われている［Taylor 1985: 96-97］。

このように、テイラーは「原子論」を批判し、「公民的ヒューマニズム」を評価しているが、現代の公民は古代ポリスの徳を持った公民ではないことも認めている。その点で、現代社会は「各人の貢献が対等の活動を通して増殖できる共働の企業」も価値あるものと一般に認められているために、「原子論的視点もたんに誤りとはいえない」と主張している［Taylor 1985: 311］。いずれにしても、テイラーによれば、現代社会では単一の「分配の原理」が存在せず、アリストテレスも正義の多元性を認めていた［Taylor 1985: 312］。

このようにテイラーは、社会契約論を含む近代以後の哲学・思想や社会を全面的に否定するマッキンタイアと異なり、近代以後の個人主義、多元主義、リベラルな傾向を全面的に否定するのではない。

社会契約論に関しても、個人の自己利益を追求し、共通の利益、「共通善」を無視する「原子論」的個人の論理として、ホッブズやロックを批判するが、社会契約論者でもあるルソーに関しては、「原子論者」ではなく、アリストテレスから由来する「公民的ヒューマニズム」を「共通善の政治学」と関連する社会契約論者として評価していると思われる。

ただ、とくにロックは、個人の財産権を擁護するものとして、現代のノージックの「ウルトラ・リベラリズム」に繋がる「原子論」的傾向があり、不平等な原理を肯定するものとして批判されている［Taylor 1985: 188, 197］。しかし、同時に現在の企業社会のもとでは、原子論的傾向は認めざるをえないと考えていた。このように「分配の正義」の多様性を認めながらも、テイラー自身は、「自由な感覚」を養い、より平等性が達成できる「ローカルなコミュニティ」における正義を重視し、「非中央集権的な自己管理」に向かうことを理想と考える点では［Taylor 1985: 312, 317］、マッキンタイアとそれほど違わないと思われる。

テイラーは、ロールズに関して、ノージックと異なり、「原子論者」とはせず［Taylor 1985: 274］、平等性を追求していることを評価するものの、その正義論や社会契約論に対して一定の留保をしている［Taylor 1985: 312, 317］。テイラーが指摘するロールズの問題点は、まず社会契約の主体の問題である。カント哲学に立脚した「自由で、平等で、合理的な存在」である「分離された人間」がどのように「共通の熟議」をして、「共通善」を求めていくかが明確ではないことである。またロールズのいう自己の生き方を自由に選択する個人は西欧近代が作り出した制度を背景としていることにロールズが言及していないことである。いずれにしても、この点では、マッキンタイアと同様に、コミュニティとの関係で何の「真価」も「徳」も「善」も持たない人間が契約の主体であり、分配の対象であることを批判していると思われる。

次に、「正義の原理」の問題である。正義の原理は社会や時代によって異なり、多元的であるのに、ロールズが単一の正義の原理しか求めていないことが批判される。また、マッキンタイアと異なり、現代社会では「善」が多様であることを認めながらも、この点ではマッキンタイアと同様に、コミュニティやアソシエーションにおける「共通善」から正義の原理が導き出されるべきであるとテイラーは主張している。

テイラーは「善の多様性」という論文で、「単一に考慮されたいかなる手続きも、功利主義のであれ、理想的契約に基づく正義の理論のであれ、規範的な政治思考において、ともに考量すべき善の多様性を正当化できるものではない」という。結局、テイラーは功利主義と並んで、名指しはしていないが、ロールズのような正義論は「善の多様性」に基づかないものであると批判している［Taylor 1985: 245］。

ウォルツァーのロールズ批判

次に、ウォルツァーのロールズ批判である。マッキンタイアとは異なった理由からであるが、ウォルツァーは一貫して自らはコミュニタリアンではなく、民主社会主義者あるいは社会民主主義者であると主張する。しかし、彼の『正義の領分』は、一般に現代コミュニタリアニズムの代表的な分配の正義論と考えられている。この書物のなかでウォルツァーは、社会契約論一般についてとくに議論はしていないものの、ロールズの正義論に関して批判的に言及している。

ウォルツァーは「分配の正義」では、彼自身が主張する「複合の平等」と区別して、ロールズの「格差原理」を「単一の平等」のなかに含めている。「複合の平等」とは、様々な領分にある優越した「財＝善（goods）」の配分はその領分内で「自律的」なものであり、他の領分への「優越は不正である」という主張である。

これに対して「単一の平等」とは、単一の優越した財＝善が「平等に、あるいは少なくともより広く共有されるように再配分されるべきである」、つまり「独占は不正である」と主張するものである［Walzer 1983: 13＝1999: 33］。ロールズの「最も利益を受けていない社会階級に最も大きな利益をもたらす」ように構想する「格差原理」も、この「単一の平等」であり、才能ある者が自己の才能を自由に伸ばすことによって、その人の財＝善が拡大していく不平等な実力主義の社会を矯正することが目的である。「富の独占がひとたび破れたときに、才能ある者に課せられる拘束である」［Walzer 1983: 14-15＝1999: 36-37］。

これに対してウォルツァーは、「独占の抑制」よりも、「優越の縮小」に焦点を合わせる「複合的平等」を主張する。というのも、「複合的平等」は実際の社会における「社会的財＝善の多様性を映し出す配分の多様性」に基づくからである［Walzer 1983: 17＝1999: 40-41］。このような主張は、すでに述べたように、テイラーが肯定している「善」の多様性に基づく多様な正義の原理という主張であり、マッキンタイアとは異なり、ウォルツァーは現代社会が価値観の多様化した多元的社会であることを肯定している。

次に、ロールズが「相互扶助の原理」に関して、自然的義務は「限定された個人、いわばある社会的配置において、ともに協働する人々だけではなく、人間一般に対して課されている」［Rawls 1999a: 99＝2010: 155］という主張に対して疑問を呈している。ウォルツァーにとって、あくまでも義務は「ともに協働する人々」が強く持っているからである。「共同生活を分け合う人々はもっと強い義務を持っている」［Walzer 1983: 33＝1999: 64］。

この点では、分配の正義の対象にはあくまで「成員資格（membership）」の問題があることを指摘する。ウォルツァーにとって、彼の「複合的正義」が行われる範囲は、「言語・歴史・文化が一つになって」生み出された「集合的な意識」、「共同性の絆」に基づく「政治的コミュニティ」、つまり「独立した都市あるいは国」である［Walzer 1983: 28-31＝1999: 57-61］。

また、彼は国家が価値中立的であるという議論を反駁して、国家の公職者が国民の福祉に配慮するためには、「共同の結合力が責務へと向かい、意味を共有している」ことが必要であり［Walzer 1983: 37＝1999: 71］、政治的コミュニティの成員全員、つまり国民が相互に「安全と福祉のための共同の用意がなければならない」［Walzer 1983: 64＝1999: 109］。

そういう意味では、「すべての政治的コミュニティは原理上、一つの『福祉国家』である」［Walzer 1983: 68＝1999: 115］。ただ、より平等を求め、討論が活発な民主政治の方が福祉国家になる可能性が大きいと主張する［Walzer 1983: 83＝1999: 136］。

この点では、ウォルツァーはロールズの社会契約があくまでも「仮説的」、「理念的」なものであることを批判している。ロールズの「無知のヴェール」のように「自らの社会的立場や文化的理解」が取り除かれた「原初状態の合理的な人々」であれば、彼のいう正義の原理を選択しても、実際の世界では、資源へのニーズが競合しているために、そうはならないであろうとウォルツァーは主張する。「特定の文化の世界では、普遍的に適用可能な単一の公式は存在しない」。あくまでも、それぞれの「コミュニティの文化・性格・共通の理解だけが提供されるべき『必要性』を定義できる」。ただし、ウォルツァーもこのような「文化・性格・共通の理解」は自動的に与えられるものではなく、市民たちの議論が必要であると考えていることにも注意すべきである［Walzer 1983: 79＝1999: 131］。

一般的にコミュニタリアンのリベラル批判に関して、「普遍主義」としてのリベラリズムに対する「特殊主義」としてのコミュニタリアニズムの論争であると語られることが多い［Mulhall & Swift 1992: 19ff.＝2007: 23ff. 参照］。ウォルツァー自身『正義の領分』の「はしがき」で、彼の立場を明確に「特殊主義」であるとしている。プラトンの有名な「洞窟の比喩」にあるように、一般の人々が暮らす「洞窟」を出て、「哲学的人工物」を作り出して、人々を外部から批判する客観主義的・普遍主義的立場を取るのではなく、「洞窟」という「われわれが共有している世界を仲間の市民に向けて解釈する」立場を取るという［Walzer 1983: xiv＝1999: 9-10］。

このことは単一の原理からなる「単一の平等」をロールズのような哲学者の議論として退け、あくまでも実際の社会で一般の人々とともに「正義」を追求していくことに繋がっている。また、現実の社会は、とりわけ欧米では、価値観が多様化された多元的社会であることから、ウォルツァーはテイラーと同様に、「財＝善の多様性」をふまえて「正義論」を主張していることになる。さらに、あくまで同じコミュニティに属し、「共通の理解」のもと「ともに協働する人々」の「相互扶助」によって、分配の正義が行われるべきであると考えている。

彼が最終的に求める分配の正義は「非中央集権的な民主社会主義」であり、「財＝善の範囲を横断して自己主張し、自分自身の意味の感覚を擁護する市民の能力」に依存し、「ローカルでアマチュアの公職者」による「福祉国家」であるとしている点では、マッキンタイアやテイラーとそれほど変わらないと思われる［Walzer 1983: 318＝1999: 478］。ウォルツァーは「共通善」という言葉を使っていないものの、最終的には、市民が共通の意味を持って、共同で行動する「政治的コミュニティ」を重視する「共通善の政治学」を唱えているといえる。

ただし、『正義の領分』の翌年に公表された「分離の技法」という論文では、政教分離や公私の区別のようなリベラリズムの技法を「分離の技法」として評価し、彼のいう「複合的平等」もこの延長上にあると主張する［Walzer 1984: 321］。ウォルツァーは行き過ぎた個人主義としてのリベラリズムの問題点を指摘しながらも、リベラルのいう「個人の同意が実際われわれの制度と、われわれの自由という個人の権利の重要な源泉である」ことを肯定する［Walzer 1984: 321-322］。

この点では、『正義の領分』におけるロールズ批判は、彼のリベラリズムに対する批判というより、むしろプラトンのような特定のコミュニティを超越した普遍主義的な単一の正義の原理を展開する「哲学者」に対する批判であるように思われる。

サンデルのロールズ批判

これに対して、ロールズのリベラリズムに対して最も厳しい批判をしているのはサンデルである。彼の『リベラリズムと正義の限界』は、基本的にはマッキンタイアやテイラーの影響を直接受け、アリストテレスの実践哲学に源流を求めることができる「哲学的人間学」の観点から、主としてロールズのリベラリズムやノージックのリバタリアニズムの正義論を批判したものである。

まず、サンデルにとって、現代アメリカのリベラリズムも、リバタリアニズムも、絶対的な「正（義）＝権利」を追求することを義務とするカント哲学に基づく「義務論」であり、その主体としての人間は実際の経験的世界を超えた世界に住む「超越論的主体」である。それがロールズのいう「自由で、平等な、合理的人格」であり、この人格は自己の意思によって、自分の人生を自由に選択できる存在である。

しかし、これまで述べてきた三人もある程度、批判していたように、ロールズのいう「社会契約」の主体は、どのようなコミュニティに帰属し、どのような共通の歴史や伝統があるのかわからず、共同生活を行っているコミュニティとの関係で必要となる「真価」や「徳」、「善」などを持たない人間であり、サンデルはそのような人間を「具体性を剝奪された主体」、「負荷なき自我」と呼ぶ。

このような人間は、近代以後に、「固有の意味を喪失した空間」、「客観的な道徳的秩序のない世界」で生き、自分自身で意味を構成していかなければならない存在である。そこに「ホッブズ以降、契約論が突出」する理由がある。このような自我は自分の欲求や目的からも独立した存在であり、すべてが自己選択によって行われ、善く生きるための目的を失った存在である［Sandel 1998: 175ff.＝2009: 201ff.］。

ただし、ロールズが彼の「社会契約論」をより現実的なものとするために、社会契約論の批判者としても有名な経験論哲学者のヒュームのいう正義が必要とされる「正義の環境」の議論を用いているが、これは矛盾した試みとなっていることも指摘する［Sandel 1998：28ff.＝2009：32ff.］。

サンデル自身、このヒュームの議論を借りて「仁愛」に満ちた家庭では、ロールズの主張するような正義が不必要となる「正義の限界」があると主張する。サンデルは「家族」以外にもこのようなアソシエーションとして、「部族・地域社会・都市・町・大学・労働組合・民族解放運動・体制的ナショナリズム」や「多種多様な人種的・文化的・言語的コミュニティ」があり、「これらは、多かれ少なかれ、明確に限定された共通のアイデンティティや共有された企図を持ち、まさにこれらの属性が存在することによって、正義の環境がそこでは比較的不在であることを意味している」という［Sandel 1998：31＝2009：35］。このように、サンデルにとって、人間は自己が所属するアソシエーションやコミュニティに対して、「共通のアイデンティティ」や「共有された企図」を持つ存在である。

サンデルはこのような経験的・現実的人間論を超えて、さらに「哲学的人間学」として、人間は「反省的で、自己解釈的な生物」であると主張する［Sandel 1998：50＝2009：56］。そのような人間は、現象学の用語を借りて、コミュニティのような単独の人間以上の存在を共有し、相互に自己を形成していく「間主観的」な自己理解や、単独の人間のなかにある自我の多元性に関する「内主観的」な自己理解をとるものである［Sandel 1998：62-63＝2009：70-71］。

このような個人は決して単独に存在しているのではなく、自らの存在の所与性や帰属性を反省し、解釈することによって、自らが帰属するコミュニティに「愛着」を持ち、他の成員とともに熟議して「共通善」を求めて政治へと参加する存在である。このような人間を「状況づけられた主体」、「負荷ある自我」と呼んでいる。

サンデルは個人とコミュニティの関係で、三つのコミュニティの構想を区別している［Sandel 1998：147ff.＝2009：169ff.］。そのうち二つは、ロールズが「社会連合の観念」で、「コミュニティの善」として挙げているものであるが、ともに個人主義的なものである。

(1)「道具的構想」であるが、これは個人の私利私欲を実現する手段としてコミュニティを考えるものであり、そのコミュニティは個人にとって外的なものでしかない。名指しはしていないが、自分の好みにあったコミュニティを自由に出入りできることを主張するノージックのリバタリアニズムの構想といえるであろう［Nozick 1974: 312＝1989: 506］。

⑵「情感的構想」であるが、これはコミュニティの成員が社会的協働から生じる「情感的絆」を認め、その点でそのコミュニティは個人にとって一部は内的なものである［Sandel 1998: 149＝2009: 171］。

⑶「構成的構想」であるが、そこでは個人にとってコミュニティは「選択する関係ではなく（自発的なアソシエーションでのように）、発見する愛着であり、たんなる属性ではなく、自らのアイデンティティの構成要素である」［Sandel 1998: 150＝2009: 172］。この⑶がサンデルの立場である。

ロールズの構想は、基本的に⑵にとどまっているが、ときどき間主観的な人間観を示し、⑶に近づくこともあるという。このコミュニティ観からもわかるように、サンデルはテイラーと同じく、実際にはリベラリズムよりもリバタリアニズムに対して強い批判意識があったと思われる。

いずれにしても、ロールズが「負荷なき自我」としての義務論的人間を前提として、「正義は社会制度の第一の徳目である」から、「正義の優位」、「善に対する正の優先」を説くことを批判し、サンデルは「正に対する善の優先」を主張する。

ロールズが功利主義のように個人的な「善」（幸福・利益）の追求よりも、絶対的な「正＝権利（right）」を保証する「正義の原理」やそれに基づく社会制度を重視するのに対して、サンデルはあくまでもコミュニティの成員が各人の自己反省から得られた「共通のアイデンティティ」や「共有された企図」から、他者と熟議し、協働して「共通善」を求めていくことが重要であり、そこから正義が得られると主張する。また個人には「自己選択」や「同意」に基づかない、そういう意味では「契約」に基づかない道徳的責務があると考えている。

サンデルによれば、「自らの家族・コミュニティ・国家・国民の成員として、自らの歴史の担い手として、過去の革命の子孫として、現在の共和国の市民として」、自分自身を理解することから、「自発的に招き寄せる責務」や「自然的義務」を超えた「忠誠や信念の持つ道徳的効力」が生じる。というのも、「私が同意したからではなく、代わりに、多かれ少なかれ、持続する愛着や関わりが一つになって、私の人格を部分的に定義している」からである［Sandel 1998: 179＝2009: 205-206］（強調は引用者）。

サンデルはまたこのような人間学からロールズの「正義の原理」自体よりも、それが導出される手続きを問題視している。ロールズはカントがア・プリオリに構成した「正義の原理」を修正して、原理よりも契約を優先させ、正義を「合理的選択論」と連結しようとする。ロールズによれば、原初状態は「カントの構想に関する手続き上の解釈」である［Sandel 1998: 120＝2009: 137］。ロールズがいう「純粋な手続き上の正義」とは、「原初状態」で同意されるいかなる原理も正当になるためのものであり、カントのようには純粋に超越的ではない契約の複数の当事者が自発的に選択や同意という行為によって、「正義の原理」に到達することを意味している［Sandel 1998: 120-121＝2009: 136-137］。

ロールズは、彼の契約において、功利主義と違って、当事者の「多元性」と「独自性」を主張しながらも、「原初状態」では個々人が持っている「偶発性」を「無知のヴェール」によって無効にし、「すべての者は平等に合理的で、類似して状況づけられている」ために、「任意に選ばれたある一人の見地」から、すべての人も「正義の構想」を選択して、「満場一致の同意」に達成するという［Rawls 1999a: 120＝2010: 188］。

これに対してサンデルは、複数の当事者を前提としながら、満場一致の同意に至るようなロールズの議論が矛盾したものであり、当事者の「選択と合意」というカント的な「主意論」ではなく、当事者の「洞察と自己理解」というスピノザ的な「認知論」へと変化していると理解しない限り、ロールズの「原初状態」が説明できないという。それゆえ、「原初状態において、向かうものは、結局は契約ではなく、間主観的な存在の自己認識へと至ることである」とサンデルは主張し、「正義の原理」は、あくまでも自発的な契約に基づくものであるよりも、人々に共通に内在しているものを発見するものであるとする［Sandel 1998: 132＝2009: 151］。

この点では、ロールズの「正義の原理」、とりわけその一つである「格差原理」に対しても個人主義的な、義務論的な人間観では正当化できず、「間主観的な自我の構想」が必要になるとサンデルは主張する。ロールズは「格差原理」の正当化のために、各人の「自然の才能の分配を共通資産とみなすという同意」について述べているが、このことをノージックは「人をたがいの福祉の手段としている」とカント的な義務論の立場から批判している。このような批判を免れるためには、サンデルはロールズの格差原理も「義務論的」構想ではなく、「間主観的構想」に依拠すべきであると主張する。つまり、「格差原理」を用いるためには、「所有の主体が『私』でなく、むしろ『われわれ』である環境だけであり、その環境には、構成的な意味でのコミュニティの存在が含意されている」ことが必要である［Sandel 1998: 77-80＝2009: 88-91］。

サンデルは『リベラリズムと正義の限界』の第二版（一九九八年）の附論において、リバタリアンの主張よりも、「格差原理」の方が「道理に適った」ものであり、「民主主義社会の市民にとっても説得的である」と評価しているように［Sandel 1998: 207＝2009: 238］、第一版でもロールズの「正義の原理」、とくに「格差原理」の内容を批判しているのではなく、その構想の手続きの方を問題としているのである。

サンデルによるロールズの『正義論』の批判を要約しよう。サンデルにとって、ロールズの人間論は、自由で、平等で合理的な個人が、たがいの自由や権利を尊重するために同意した正義の原理に従って生活することを目的とする個人主義的なものである。そのような人間は、「自己選択」や「自己決定」によって自由に行動する権利を持つ者であるが、自己が所属する複数のコミュニティにおいて自分自身のアイデンティティが形成され、そのコミュニティに「愛着」を持ち、帰属することから生じる「責務」を考えることがない。そのため、ともに「共通善」を実現するために「熟議」し、ともに「善き生」としての政治へ参加することを求められる存在でもない。「正義の優位」、「（共通）善に対する正（権利）の優先」とはそのような意味である。

ただ、ロールズは、カント的義務論だけでなく、経験論的存在としての人間による「正義の環境」の議論を用い、また「間主観的主体」の存在も語っているが、結局矛盾した議論になっている。ロールズの「契約論」も矛盾したものであり、実際すべての人間が「満場一致」で単一の原理に対して契約をするのであれば、契約そのものには重要性がない。

このようなサンデルの「哲学的人間論」に関して注意してほしいのは、個人のアイデンティティがコミュニティによって「構成」されるとしても、それは「部分的」であると述べていることである〔Sandel 1998: 179＝2009: 206〕。この点では、「自己中心主義者」よりも「仁愛に満ちた外国人」の方が時には「共通善」を追求する「義務論的共和国の市民」に向いていると主張していることにも注目すべきである〔Sandel 1998: 183＝2009: 210〕。

また、ロールズが「根本的に具体性を剝奪された主体」に基づくことを批判しても、サンデルはその逆の「根本的に状況づけられた主体」を肯定しているのではない。つまり、第二版の序で、サンデル自身が特定のコミュニティで優位になっている価値を絶対化する「多数決主義」という意味では、自分はコミュニタリアンではないと述べているように〔Sandel 1998: ix-x＝2009: v-vi〕、第一版でもそのような意味では、コミュニタリアンではないことである。

すでに引用したように、コミュニタリアン哲学者と呼ばれるマッキンタイアも特定のコミュニティの「道徳的限界」を述べ、またテイラーもコミュニティにおいて自己が「一部構成されている」と述べ、さらにウォルツァーも「コミュニティの文化・性格・共通の理解」が自動的に与えられているものではないと述べていることにも注意すべきである。彼らもたんにコミュニティから与えられたものをそのまま遵守するという「多数決主義者」ではないことを意味している。

サンデルはこのような「多数決主義」ではなく、「正義の原理はその市民が信奉し、競い合う道徳的・宗教的信念に関して、中立的」ではありえないという「正に対する善の優先」の主張として、コミュニタリアニズムを考えている〔Sandel 1998: x＝2009: vi〕。第二版の附論でも、ロールズの『政治的リベラリズム』（一九九三年）が「公共的理性」の行使を「包括的な道徳的・宗教的教説」から切り離して、政治はそのような価値から中立的であることを主張していることを「善に対する正の優先」として批判しているのである〔Sandel 1998: 184ff.＝2009: 211ff.〕。

現代コミュニタリアニズム再考

このようなサンデルの主張から、一般的にとくに日本において現代コミュニタリアニズムの特徴とされていることを再考する必要がある。まず、コミュニタリアンのいう「共通善」はとりわけ日本の政治学では誤解されているように、決して絶対主義や全体主義的な政治を正当化するものではない。近代批判が強いマッキンタイアは別としても、テイラーやウォルツァーと同様に、サンデルもまた価値観の多様化している現代の多元的社会を前提として、「共通善」を探求している。

もちろん、その「共通善」とはコミュニティの住民が「信奉し」ている「価値」に基づくものであるが、それは個人に強制されるものではなく、「競い合う」ものである。その点では、現代コミュニタリアンのいうコミュニティは自治的・民主的なものであり、逆にリベラルなロールズのいう「正義の原理」は、一元的なものであり、市民の熟議によらない反民主的なものであることが批判されている。

この点では、サンデルは第二作目の『民主政の不満』において、アメリカの伝統のなかにあり、ロールズのような「手続き的リベラリズム」と対立する、テイラーが述べていた「公民的ヒューマニズム」、サンデルの用語では「共和政理論」を擁護する。それは、「自由が自己統治を共有することに依存する」と考え、「共通善について仲間の市民と熟議し、政治的コミュニティの運命を形成する手助けをするものである」。そのためには公共性に関する知識と帰属意識、コミュニティとの道徳的絆などが要求されるのである［Sandel 1996: 5-6＝2010: 4］。

『民主政の不満』というタイトルに示されているように、この著作は、ロールズのような「手続き的リベラリズム」によって、アメリカの共和政というより民主政の伝統が衰退化しているために、政治哲学としての公共哲学を再建することを主張したものである。

次に、コミュニタリアニズムが特定のコミュニティで支配的な価値を正しいものと主張していることから、一般に現代コミュニタリアニズムが「特殊主義」であるとされていることも再考すべきである。『正義の領分』では明確に特殊主義を主張していたが、のちにある種の普遍主義を唱えるようになったウォルツァーも含めて、現代コミユニタリアンは、特定のコミュニティの価値を絶対化しないとしたら、そのような価値を批判する、ある種の普遍的価値の存在を信じているといえる。コミュニタリアンが批判しているのは、リベラリズムが絶対化して普遍的価値であると主張する個人の自由や権利そのものではなく、それらはあくまでも近代以後の西洋社会の特殊な価値であることをリベラルが自覚していないことである。

この点では、テイラーのいうように、「人間の善」や「人間の尊厳」という「共通善」は古代のアリストテレスまで遡る概念として、より普遍的なものである。サンデルは明確に断定していないものの、「人間の善」という概念で「同性愛者の権利」を擁護している［Sandel 1998: 207ff.＝2009: 239ff.］。このような普遍的なものへと拡大していく「共通善」に基づく「正義」や「政治」を実践していくことが現代コミュニタリアンの「共通善の政治学」である。

2　ロールズの社会契約論

ロールズのコミュニタリアニズム評価

このような現代コミュニタリアニズムによるロールズ批判に対して、様々な議論があるが、ロールズ自身、コミュニタリアニズムの批判に困惑したことを彼に学んだサミュエル・フリーマンが近年伝えている。ロールズにとって、コミュニタリアニズムは「トマス主義、ヘーゲル主義、文化相対主義、反リベラリズム、社会民主主義など」の「いくつかの哲学的・政治的立場」を示すものと思われ、「最善では、ある共有された目的の追求として人間善をみなす一種の完成主義である」［Freeman 2007: 6n.］。ロールズは、アリストテレス哲学に基づく「共通善の政治学」としてのコミュニタリアニズムを明確に理解できなかったと私には思われる。

いずれにしても、フリーマンは次のように、コミュニタリアンのロールズ批判に反駁している。ロールズの正義論は「公正としての正義によって善く秩序化された社会の実行可能性と安定性の問題」に最大の関心があり、その点で正義を要求することは人間の能力や人間性に可能なものであり、「人間の善の固有な側面」でもあることを示すものである。ロールズは『正義論』において、「カント的構成主義」をとっていても、「自由かつ平等であり、社会的協働する人格の民主的理想」がカントのようにア・プリオリなものではなく、「社会的に教え込まれたもの」であると信じていた［Freeman 2007: 5］。

そのため、一九八〇年代にロールズが「カント的構成主義」を放棄したのは、一般にいわれるように、コミュニタリアニズムの批判からではなく、そのような構成主義では「実行可能で、永続する社会的世界」を記述できないと考えるようになったからである［Freeman 2007: 6］。

フリーマンによれば、『正義論』での社会契約論は、もともと「原初状態」よりも、「善く秩序化された社会」に関係するものである。つまり「すべての道理に適った人々」の「同じ公共的正義の原理に対する同意」が「公共的知識」となり、その正義の原理が「社会の法や基本的な社会制度に実現される」ことである［Freeman 2007: 4］。ロールズ自身『正義論』のなかで、「コミュニティの価値」や「共通善」の重要性を語っていることから、社会契約論に基づかない「正義」についても理解していたが、問題はなぜロールズが社会契約論を必要としたのか、契約の当事者はどのような「人間」であると想定したのかという観点から、ここでは『正義論』を考えていきたい（基本的に、一九九九年に出版された改訂版とそれに基づく邦訳に依拠して引用する）。

ロールズのホッブズ評価

ロールズは『正義論』の序文で、功利主義や直感主義よりも優れていると考える「ロック、ルソー、カントに代表される社会契約の伝統的理論を一般化し、抽象化の程度を高めること」が彼のねらいであるという。その結果として生じる彼の理論は「きわめてカント的である」［Rawls 1999a: xviii＝2010: xxi］。このように、一般的に近代社会契約論の創始者といわれるホッブズを外して、とくにカント的な社会契約論に基づく正義論であることを主張している。ホッブズを外した理由は注において、「ホッブズの『リヴァイアサン』は確かに偉業であるが、特殊な問題をはらんでいる」というだけである［Rawls 1999a: xviii n.＝2010: 17n.］。

現在、ロールズの論文集のなかに収録されている「二つのルール概念」（一九五五年）という論文では、ホッブズは「古典的功利主義者」の一人として位置づけられている［Rawls 1999b: 26n.＝ロールズ 一九七九：三二七］。『正義論』のあとでは、「重なり合う合意の観念」（一九八七年）において、ホッブズの社会契約論は宗教的・社会的に対立が存在した時代に、絶対的主権者に服従することが各人の「自己利益」になることを訴えたものであるという。しかし、その後の三世紀の間に発展した民主主義思想と立憲主義によって、現在の状況は異なっている［Rawls 1999b: 422］。

このように、ホッブズの議論は功利主義に基づき、絶対的権力を正当化するものであると考えたことから、ロールズは『正義論』ではホッブズに言及しなかったと思われる。

若きロールズの社会契約論批判

興味深いことに、ロールズは若い頃、現在のコミュニタリアンと同様に、ホッブズだけではなく、社会契約論そのものを利己的な原理として否定し、契約によって形成される社会ではなく、所与の「コミュニティ」の重要性を明確に主張している。最近活字化された、一九四二年にプリンストン大学に提出した卒業論文、「罪と信仰の意味に関する小研究」のなかで、次のように「社会契約論」を批判している。

ロールズによれば、ホッブズとロックの社会契約論は明確に偽りであり、否定されなければならない。というのも、人格はコミュニティに生まれるまでは何ものでもなく、また自分自身の意志で生まれるのではなく、「他者に完全に依存している」からである［Rawls 2009: 126］。

またルソーを名指ししてはいないが、人格がコミュニティに依存することを「一般意志」への服従とすることも偽りであるという［Rawls 2009: 127］。結局、「社会は個人の集団でなく、一つのコミュニティである」。また、「コミュニティから自由な独立した人格性のようなものはない」［Rawls 2009: 128］。

ホッブズやロックの社会契約論は、このような人格がコミュニティに依存していることを否定する「啓蒙された自己利益」に基づくものであり、「偽りのコミュニティ論」である。「いかなるコミュニティも相互のエゴイズムあるいは相互の利益に基礎づくことはない」[Rawls 2009: 189]。ロールズのコミュニティの定義は、「コミュニティとは『与えること』を共有する同胞意識に基づいた人格の関係である」[Rawls 2009: 186]。

彼にとって、「罪」とは「コミュニティからの分離であり、その破壊であり」、「信仰」とは「コミュニティへの統合であり、その再建である」[Rawls 2009: 214]。ロックやホッブズの社会契約論も、このような利己的な「罪」をもたらす理論である。テイラーの議論を思い出させるように、ロックについては「社会契約の主なる目的を私的財産と考慮している」ことが批判され、ホッブズの構想は「ラディカル個人主義」であり、「彼にとって社会は原子論的であり、個人の総計である」ことが批判されている[Rawls 2009: 217, 227]。

このような宗教的コミュニティ観がその後も維持されていたかどうかは別としても、ロールズは、『正義論』において、社会契約論がホッブズを除いて、利己的な「原子論的」個人の理論ではないと考えるようになったために、あるいはそのような議論ではない理論として社会契約論を用いたと考えられる。

ただ、問題はコミュニタリアンが批判したように、ロールズは、個人がコミュニティとの関係で持っている「真価」や「共通善」がない、あるいはそのようなものを求める者ではないとしたのかどうか、そういう意味では、コミュニティから自律した人間から「正義の原理」を考えていたのかどうかである。この点では、とりわけ、ロールズが「正（義）」と「（共通）善」の関係をどのように考えていたかを中心にして『正義論』から考えていきたい。

「正」と「善」の関係

ロールズは『正義論』の第一章第六節において「公正としての正義の構想」の「中枢的な特色」であるとする「善に対する正の優先」が「カント倫理学の中心に位置する」ものであるという。このことはロールズの説明では、「社会の基本構造」を設計するために、まず「正義の二原理」が必要であり、それが確定してから、「善」や「真価」を設定すべきであるということである［Rawls 1999a: 28＝2010: 45］。
このような記述は、第二章第一七節の「格差原理」の平等性の主張の際にも、「真価」は「協働の機構」が成立することを前提とし、その意味で「権原（entitlement）」と変わらないと述べていることとも一致する［Rawls 1999a: 88-89＝2010: 139-140］。この「権原」は正義の原理から生じる「正統な期待」から導き出されるものである［Rawls 1999a: 10＝2010: 16］。

さらにロールズは、このような「真価」やさらに「徳」に応じて、「善＝財」を「分配する」という「常識」的な原理は採用されないという。人々の権原は「内在的価値」に左右されるものではない。第五章第四八節では、「基本構造を統制し、個人の義務と責務を特定する正義の原理は、道徳的真価に言及するものではない。そして、分配の取り分がこの真価に対応して定められるという傾向もない」［Rawls 1999a: 273＝2010: 413-414］。また第七章第六六節では、「徳」も「生来の資産」とは違い、「特定の正の原理に基づいて行動させる」ものである［Rawls 1999a: 383＝2010: 574］。つまり、「真価」や「徳」とは、正義の原理によって作られた制度によって確定されるものである。

このロールズの主張は、恵まれた家族のもとに生まれたことから生じる個人の「真価」や「徳」に、「格差原理」に基づく分配の正義を基づかせるべきではないという主張であり、このことから、契約の当事者が「真価」や「徳」を持っていない「負荷なき自我」であるとただちにはいえないと思われる。ただ、ロールズのいう「真価」や「徳」は、正義の原理に基づく制度とは関係しても、「コミュニティの善」としての「共通善」とは関連するものではないことは明らかである。

「善」の理論

この点では、次にロールズの「善」の議論を見ていきたい。ロールズは、「善に対する正の優先」を主張しながら、正義の原理の「動機づけ」のために、原初状態の当事者には必要最低限の善＝財があるという。これを「善の希薄理論」といい、第七章第六〇節では、そこから様々な「基本財（善）」があることが説明され、その後「正義の原理」が確定されてから、「善の完全理論」を自由に展開できると主張する［Rawls 1999a: 347＝2010: 518］。第二章第一五節では、この基本財とは、「合理的な人間」が「自分で練り上げた合理的な人生計画」に必要なものとして、「必ず欲するものである」と主張されている。ロールズによれば、それは「権利、自由・機会、所得・富」に大別されるが、あとの方で、重要な基本財として「自尊」が加えられている［Rawls 1999a: 79＝2010: 124-125］。このような「基本財（善）」は、基本的に個人の「財＝善」であり、またそれに基づく「合理的な人生計画」も「熟慮に基づく合理性」によって、「私たちは独力で選択しなければならない」ものであると第七章第六四節では説明されている［Rawls 1999a: 365＝2010: 546-547］。

「正義の原理」が確定されたあとの説明において、ロールズは「善の完全理論」を展開するが、それはすべての人間が「正義の公共的な構想に基づいて積極的に行為する」ことを「善」とするための理論である（第七章第六一節）［Rawls 1999a: 350＝2010: 522］。ただ、第七章の第六八節では、この「善」も、「原初状態で選択される正義の原理に影響を与えるものではな」く、「正の構想」と違って、「個々人の善の構想が大いに異なり」、「人々は自分の善を自由に選択でき」、また個々人の合理的な「人生計画の恣意的・無根拠な特徴」から、善が「正義の内容」に影響を与えることはないと、ここでも個人が選択する「善に対する正の優先」を主張する［Rawls 1999a: 392-396＝2010: 586-591］。

ロールズは最終的には「公正としての正義と合理性としての善」が一致することを、第九章「正義の善」において展開する。まず、正義の原理に基づく「善く秩序づけられた社会」における個人の「合理的な人生計画」が個人の「正義感覚」と対立しないのは、人間は強制によってではなく、カントがいうように、自らが自らに課す「原理」に従って「自律」的に行動するからである。「自由で平等な理性的存在者」が自らの「自然本性」を最もよく示すという条件において承認する正義の原理に基づいて人々は行動する［Rawls 1999a: 450, 451＝2010: 672, 675］。

そして第七八節では、この自律性は個人の判断の「客観性」とも対立せず、正義の原理と自らの確信は適合する。

この客観性は、「公平や思慮深さという裁判官の徳」が可能にするものであり、原初状態はそのような適合を可能にするためのものである［Rawls 1999a: 452-454＝2010: 676-678］。しかし、「適合しない場合は、自分たちの判断の方を原理に合わせて修正する」［Rawls 1999a: 456＝2010: 681］。結局、個人の判断と正義の原理の適合性というより、個人的判断ではなく、裁判官のように正義の原理を遵守する「客観的」判断に従うべきであるという主張なのである。

コミュニティの善

しかし、ロールズは以上述べてきたようなたんなる個人的な「善」だけではなく、人々が共通に持つ「コミュニティの善」についても述べている。それは、テイラーが「共通善」を求めるものとして評価し、サンデルが「間主観的」人間論として評価する第九章第七九節の「諸社会連合の社会連合」という理念に関してである。ロールズによれば、「人類の社会的本性」として、「人間は実際に共通の最終的目的を持ち、自分たちの共通の制度や活動をそれ自体が善であると価値づけている」［Rawls 1999a: 458＝2010: 685］。

このような人間は他者の成功や喜びを「自分自身の善」にも必要なものであるとして、たがいに助け合うものである。そのような人間からなる社会を「社会連合」と呼び、それを「人間のコミュニティ」といいかえている［Rawls 1999a: 459＝2010: 686］。

そして、ロールズのいう「善く秩序づけられた社会」とは「諸社会連合の社会連合」に他ならないと主張する。その特徴として、「正義にかなった制度」を正しく運営していくことが「社会のすべての成員に共有されている最終目的」であることと、このような制度自体が「善」として尊重されることである［Rawls 1999a: 462＝2010: 691］。

このように、「正義の公共的実現がコミュニティの価値」であり、「集団的な社会活動」、すなわち「多くのアソシエーションおよびそれらを調整する最大規模のコミュニティの公共生活」が人間の「貢献」を引き出すのである。さらに、「共通の文化から得られる善」は、人間がそのコミュニティの「断片」ではなくなるという意味から、「分業」に基づく個々人の労働よりもはるかに善い結果をもたらすのである［Rawls 1999a: 464＝2010: 694］。

この「社会連合」は、たしかにコミュニタリアンのいう互恵性に基づく「共通善」を追求する「コミュニティ」に近いものであり、若き日のロールズの主張と変わらないものである。「人類の社会的本性」として「共通の最終的目的」があり、「自分たちの共通の制度や活動をそれ自体が善」と考え、まさに「コミュニティの公共生活」へ「貢献」するという「共通の文化から得られる善」に基づくものであるという主張は、自分たちの「コミュニティ」へ貢献することが「共通善」であるという「目的論」的議論のように思われる。

もともと、ロールズは人間が社会的に協働する「道徳的存在」であるべきと考えていた。『正義論』の「改訂版への序文」で、初版の問題点の一つに、「基本財」の説明として、「合理的な人間」が自己利益として追求する「財」であるとして、「人間心理の自然本性的な事実」だけが強調され、「特定の理想を体現する道徳的人間観」についてはっきりと述べていなかったことを挙げ、人間は「より高次の利害関心」を持つ「道徳的人間」へと発展することが彼の主張であると述べている［Rawls 1999a: xiii＝2010: xiv］。つまり、原初状態の人間は利己的な「合理的人間」であっても、「正義の原理」に同意したのちに「道徳的人間」となっていくべきであることを意味していると思われる。

本文の第三章第二五節において、原初状態の人間がたがいの利害に関心を持たない者であることから、「公正としての正義」自体が「エゴイズムの理論」と解釈する人が批判されている。ロールズによれば、このような解釈は「原初状態の人々の動機づけ」と、正義の原理を受け入れ、それに対応する「正義感覚」を持って生活する人々の動機づけとを混同している。また、たがいの利害に関心を持たないことと「無知のヴェール」の組み合わせから、むしろ「他の人びとの善を考慮に入れざるをえなくなる」ことが「原初状態」の目的である［Rawls 1999a: 200-202＝2010: 128-129］。

このことはコミュニタリアン、とくにサンデルによるロールズの人間論批判は誤りであり、あくまで利己的な「合理的人間」は「原初状態」の仮説にすぎないということになるのであろうか。ただ、フリーマンのいうように、ロールズの社会契約説は「公示性」と「実行可能性」のためのたんなるフィクションであるとしても、「原初状態」の人間は「自然的本性的な事実」として「利己的」であり、「正義の原理」が確定しない限り、人間は他の人々の「善」も考慮して、「共通善」を追求する存在ではないとロールズは考えていたと思われる。

この点をはっきりさせるために、最後に、すでに別の箇所で私は論じているが〔菊池 二〇一一：七以降〕、ロールズがいう「共通善」とはどのようなものか、『正義論』のあとで、「合理的な人間」観や「社会契約論」を重視しなくなった時期も含めて考えていきたい。

ロールズの共通善

『正義論』の第四章「平等な自由」第三九節において、個人の自由の制限は、個人的善の多少や「より大きな経済的便益の増大のため」ではなく、「善く秩序づけられた社会」における「代表的市民の基本的な平等の自由」という「共通善」からであると主張されている。また、「共通善」を定義し、「共通善」とはすべての人にとって平等に有利となる一定の一般的条件である」とし、「共通の関心・利益（common interest）」と同じようなものであるとしている〔Rawls 1999a: 217＝2010: 332〕。

このような「共益」としての「共通善」は、コミュニタリアニズムが主張するアリストテレスの伝統にも存在している。また、すべての人間が平等に共有している「自由」として「共通善」を理解することは、たとえばテイラーも西洋近代の価値として「自由」や「正（権利）」も「共通善」であると述べているように〔Taylor 1995: 192.197〕、私が「リベラル・コミュニタリアニズム」と考えている現代コミュニタリアンの主張とは変わらないものである。

実際に、ロールズはアリストテレスの伝統を意識して、「共通善」と同様な「共通の理解」から、「公正としての正義」が実現された社会を正当化している。第四章第三九節では、アリストテレスによれば、正義の感覚や正義に関する「共通の理解を共有する」ことからポリスが形成されるように、「公正としての正義に関する共通の理解から立憲民主主義が形成される」と主張されている〔Rawls 1999a: 214＝2010: 328〕。

しかし、すでに述べたように、ロールズにとって、「正」は「善」に優先するのであり、「共通善」も正義の原理に基づく憲法や制度によって生み出されるものであり、それと矛盾してはならないものである。その社会制度は「正義と矛盾しない仕方で共通善に寄与する社会の成員に報いるものである」（第七章第六五節）〔Rawls 1999a: 373＝2010: 558〕。

しかし、アリストテレスにとって、「人間は自然に政治的動物であり」、その政治の目的は「人間の善」としての「共通善」を目指すものであり、その共通善として重要なものが「正義」と「友愛」である〔菊池 二〇一一：一五～一六参照〕。この点では、「正に対する善の優先」を説く、サンデルの方がアリストテレス理解では正しいと私には思われる。

正義の優先

いずれにしても、ロールズはこのような「共通善に対する正義の優先」をその後も強調している。社会契約論よりも、欧米のリベラル民主主義の伝統に由来する「重なり合う合意」に根拠づけを求め、『正義論』で用いたカント哲学や合理的選択論のような「包括的哲学」を否定し、価値中立的な「公共的理性」に基づく『政治的リベラリズム』（一九九三年）でも、次のようにいう。

すべての宗教的・政治的教説は「ある意味では共通善を推進するものとして理解できる正義の構想を含む正と善の構想を包含する」が〔Rawls 1993: 109-110〕、あくまで彼のいう「政治的正義の構想」と「包括的宗教的・哲学的・道徳的教説」とは異なり、前者は限定された意味での「政治」のためにあり、「生活全般」のためにあるのではない〔Rawls 1993: 174-175〕。つまり、ロールズにとって、善は多元的であり、政治的でもないために、国家はある包括的な教説を強制する「完成主義的な国家」であってはならない〔Rawls 1993: 194〕。

しかし、このような善の多元性に対して、あくまでも正義の構想は単一である。「公正としての正義によって善く秩序づけられた社会の市民は共通の目的を持っている。彼らは同じ包括的教説を肯定しないことは真実であるが、同じ正義の政治的構想を肯定するのである」［Rawls 1993: 202］。

ロールズはあるインタビューで、彼のいう社会では「正義」を有することを欲していることが「共通善」であるといい、すべての市民は「正義に向かって努力している」とともに、そのような「共通善」は人々に強制するものでもあると主張している［Rawls 1999b: 622］。

結局、ロールズのいう「共通善」とはいわば「共通正」である。彼のいう「善く秩序化された社会」における私的生活では、各人が自由に信じる「善」、「包括的教説」に従い、個人的利益を求めることも自由であるとともに、「格差原理」の実現のために、「共益」としての「共通善」を協働して追求すべきであるが、公共的生活では「正義の原理」に基づく法律や制度を「共通正」として「客観的」に遵守し、その実現が強制される。

『正義論』の日本の評価

このようなロールズの正義論は、政治理論家の飯島昇藏によれば、「政治的正義や道徳的正義であるよりも、むしろ優れて経済的正義の色彩が濃い」ものである［飯島 二〇〇一：三五］。たしかに、ロールズのいう「社会的協働」は経済的なものであって、政治的な意味はほとんどないと思われる。日本では政治学者も含めて、ロールズの経済的平等性の議論である「格差原理」を評価する傾向が強い。たとえば、伊藤恭彦『多元的世界の政治哲学——ジョン・ロールズと政治哲学の現代的復権』はロールズの福祉国家論が中心になっている［伊藤恭彦 二〇〇二］。

また、ロールズの正義論は政治的正義よりも制度的・法律的正義についての議論であると思われる。寺島俊穂は『政治哲学の復権——アレントからロールズまで』のロールズ論において、全体としてはロールズの正義論を評価しながらも、ロールズの「市民的不服従」議論に関して、「全体として立憲体制の正当性、政治秩序維持の方に傾き過ぎている」といい、またロールズの「正義の概念」は「またしても政治システムの側に傾いている」と指摘している［寺島 一九九八：二三九～二四〇、二四一］。

社会学の盛山和夫は、ロールズの正義論がもともと裁判での判決のような「司法モデル」という限界があり、「共通の価値」「共通の利益」を求める「公共性」のための「新たな規範的社会理論」が必要であると述べている〔盛山 二〇〇六：三三七以降〕。

「共通善の政治学」の観点からいえば、公共的生活、政治の世界において、人々が協働し、サンデルのいう「仲間の市民と熟議する」ことによって、「共通善」を追求することが政治の目的であるという議論がロールズにはない。私の理解では、ロールズの「社会契約論」の目的は、「正義の原理」に基づく憲法や制度を遵守するための個人の「同意」を確保することである。「立憲民主主義」という言葉をロールズがしばしば用いても、重要なのは「立憲主義」であり、「民主主義」ではない。

ロールズの公民的ヒューマニズム批判

ロールズは彼の正義論の最終版ともいうべき『公正としての正義　再説』を二〇〇一年に出版して、それまでの彼の批判に対してかなり応答している。そのなかで、「古典的共和主義」と区別された「公民的ヒューマニズム」（注でテイラーに言及）を「包括的な哲学的教説」として、「公正としての正義」とは両立しないと主張している。

ロールズによれば、「公民的ヒューマニズム」は、アリストテレス主義の一つであって、人間の本性が社会的・政治的存在であることから、その本性が「最も完全に達成されるのは、政治生活への広範で積極的な参加の存在する民主的社会においてである」という主張である。しかし、「公正としての正義」では、「平等な政治的自由」は「思想の自由」や「良心の自由」ほど「内在的価値はない」と考えられている。ただ、「古典的共和主義」は「立憲政体の維持」のために、市民の政治的参加を必要とする主張であり、「公正としての正義」とは両立する〔Rawls 2001: 142-145 = 2010: 253-257〕。

つまり、ロールズにとって、政治の干渉を受けない「消極的自由」の方が政治へ参加するという「積極的自由」より重要なのである。そして、政治参加もそれ自体に価値があるのではなく、あくまで「立憲政体の維持」という目的のためである。

『正義論』に対するアメリカ政治学者の批判

まさにこの点が現代のコミュニタリアンが強く批判するものである。現在の欧米では、政治においても、個人の自由や権利だけが重視され、それが結局「権利話（rights talk）」として、個人の利益だけを追求する結果となる傾向が強い［Glendon 1991 参照］。そのために、少なくとも個人に身近なコミュニティの「政治」に対しても、「共通善」をともに求めて参加することが少なくなり、「公共性」が軽視されるようになっている。サンデルによれば、このような現代社会の傾向が「手続き的リベラリズム」によってもたらされている。

このようなリベラリズムへの批判はコミュニタリアンだけではない。アメリカでもすでに、一九七九年に「参加民主主義」論で有名であり、現在ではフェミニズムの観点からの議論を展開しているキャロル・ペイトマンは、「社会契約論」を政治的義務論として解釈し、リベラリズムの問題点を論じていた。彼女によれば、ルソーを除き、リベラルな社会契約論、とくにロールズの議論は、政治に参加する「政治的義務」についてほとんど論じていないものである［Pateman 1979: 113］。

また、政治思想史・政治理論家のシェルドン・ウォーリンは、ロールズの『政治的リベラリズム』の書評において、それがリベラリズムや「最高裁の判決」のような書物であっても、民衆（demos）が考え、反省し、行動するという意味での民主政治については何も述べておらず、この点でもルソーを除く社会契約の伝統のなかにあると批判している［Wolin 1996: 98-99］。

さらに、ロールズに学んだ政治哲学者であり、熟議民主主義のジョシュア・コーエンも、ロールズの正義論が民主主義論ではなく、民主主義の政治過程についてもほとんど述べていないことは認めている［Cohen 2003: 86-87］。このような民主政治とロールズの「正義論」との関係を理解するためにも、伝統的な「社会契約論」と「共通善の政治学」の関係を次章から考えていきたい。

第2章　社会契約論の研究史

1　英米における社会契約論の研究史

英米での社会契約論研究史

前章において、現代の「リベラル‐コミュニタリアン論争」、とくにジョン・ロールズの「社会契約論」に対する、コミュニタリアン哲学者と呼ばれるアラスデア・マッキンタイア、チャールズ・テイラー、マイケル・ウォルツァー、マイケル・サンデルによる批判を通して「社会契約論」と「共通善の政治学」との関係を考察した。本章ではホッブズ‐ロック‐ルソーの個別研究は次章以後に取り上げていくために、まず社会契約論一般が英米や日本においてどのように研究され、評価されてきたかを本書全体のテーマに即して概観していきたい。

その際、現在では一般的に社会契約論の代表的論者とされるホッブズ‐ロック‐ルソーが社会契約論一般のなかでどのように位置づけられ、とくに彼らの議論がアリストテレスから始まり、トマス・アクイナスが体系化したと私は考えている「共通善の政治学」〔菊池 二〇一一参照〕とどのように関係するかを、ここでは主として政治思想史として社会契約論を論じた単行本から考察していきたい。

ガフの『社会契約』

英米圏における最初の社会契約論に関する包括的研究は、一九三六年に出版され、一九五七年に第二版が再版されたJ・W・ガフの『社会契約――その発展の批判的研究』であることは、その後の多くの研究によって指摘されている。この書物は古代から始まり、中世・宗教改革の時代から一八世紀までの社会契約論の系譜を論じたものである。

ガフは第一版の序では、彼の研究の目的が「社会契約論の誕生に結びついたさまざまな理念」を発見することであり、その点では歴史的研究であるという。ガフによれば、一般論として「すべての国民や場所のための単一の政治的教説」を描くことはできず、このような普遍的な原理があると考えることは「一九世紀リベラリズムの幻想であり、その帰結として多くの国が今日苦しんでいる」。しかし、ガフは同時に政治においても真偽や善悪に関する絶対的な区分が存在すると主張する［Gough 1936: v; 1957: vii］。

本文の冒頭では、かつて「進歩的政治的見解の希望」であった「リベラルの原理」が現在では否定的に扱われる傾向があり、「社会契約」について著述することは無意味なことかもしれないと指摘されている。しかし、「絶対主義に対する個人の自由の争い」は現在でも必要なことである。たしかに絶対君主論の王権神授説に対抗する「社会契約論の全盛期」は一七・一八世紀であり、ヘーゲルとマルクスから霊感を受けた「現代の独裁政治の哲学的正当化」から見れば、社会契約論は古びたものに思われるかもしれない。しかし、王権神授説が古代にその源泉を求めることができるように、社会契約論も古代に起源を求めることができると主張されている［Gough 1936: 1-2; 1957: 1-2］。

つまり、ガフの研究の意図は、少なくとも当時のスターリニズムやファシズムのような「独裁政治」が実際に政権として存在するなかで、「絶対主義に対する自由の争い」である「リベラルの原理」としての「社会契約論」を普遍的原理としてではなく、歴史的に理解することによって、当時の独ソの「絶対主義」体制、全体主義体制を批判することである。

この点は第二版ではなくなるが、初版の最後の結論で、社会契約を否定し、国家において人間が完全なものとなることを主張する「ヘーゲル主義の政治的帰結が危険で嫌悪するものとなりうる」という指摘からも明らかである

[Gough 1936: 229]。

ガフはオットー・フォン・ギールケの『自然法と社会理論』に従って、社会契約論には古代ギリシアに起源を求めることができる二種類の契約があることを指摘する。社会・国家の起源としての「社会契約」と支配者の支配を正当化する「統治契約」あるいは「服従契約」の二種類である。理論的には前者が先であるが、歴史的には後者が先である。つまり、古代を別とすれば、「統治契約」が君主制の正当化やその制限のために使われ、その後により純粋な思索として「社会契約」が登場した [Gough 1936: 2-3; 1957: 2-3]。

ただ、ガフは歴史的理解として、一七・一八世紀の「社会契約論」の全盛期におけるホッブズやルソーをむしろ本流から外れたものとして理解している。まず、ホッブズに対しては次のようにいう。「社会契約は、ホッブズの教説において突出した位置を占めるものの、その教説に真に不可欠なものではなく、実際基本的にそれと不一致なものである」。ガフの理解する社会契約論が「絶対主義に対する個人の自由の争い」であることと違って、ホッブズの社会契約論は「抵抗権の代わりに絶対主義のための議論」だからである [Gough 1936: 107]。第二版でも、「絶対主義」という言葉を使っていないものの、ホッブズは「契約思想の本流の外部に立っている」という [Gough 1957: 112]。

次に、ルソーに関しては、「彼は契約理論の流れのなかに新しく、かき乱す要素を導入した」という [Gough 1936: 154]。それは「一般意志」の概念であり、ルソーは「個人主義」を放棄して「個人がコミュニティへ奉仕する」ことを擁護するようになり、「社会契約と自由の個人主義的理論の両方を信用しない」ヘーゲルに対して影響を与えた [Gough 1936: 163-164]。第二版ではより明確に、ルソーの社会契約論は個人主義から始まったものが「集団主義」へと変化し、「二〇世紀の全体主義」を予示するものであるという [Gough 1957: 172-173]。この第二版の記述には、言及はされていないものの、ルソーを「全体主義的民主主義の起源」とみなすJ・L・タルモンの本 [Talmon 1952＝1964] が影響しているかもしれない。

これに対して、ロックは社会契約論の本流であり、「財産権」も含む「自然権」の擁護者として高く評価されている［Gough 1936: 131ff.］。しかし第二版では、ロックの影響力を評価しながらも、「彼の作品にはオリジナルな点は少ししかない」という［Gough 1957: 145］。このようにガフは、「社会契約論」を絶対主義や全体主義に対立して、個人の権利を重視するリベラルな個人主義の原理であるとするが、そのような原理は西洋では古代から存在していたと考えていた。

次にガフは、このような社会契約論と「共通善の政治学」との関係をどのように見ていたか考えていきたい。古代ギリシアのソフィストの主張のなかには個人主義に基づく「社会契約論」を認めることができるが、プラトンもアリストテレスもこのような主張を批判し、政治はソフィストがいうようにノモス（約束事）ではなく、基本的にはピュシス（自然）の領域にあると考えていた。アリストテレスに関しては、『政治学』以外では、友愛を一種の同意と考え、また法律を契約と考えるなど、社会契約の主張もあるが、『政治学』では基本的に人間は「自然に政治的動物である」ことが原則であった［Gough 1936: 13; 1957: 14］。

この点で興味深いのは、アリストテレスの影響を強く受けた一三世紀のスコラ哲学において、人間は強制ではなく、自発的に「共通善」のために、同意して支配者に服従するという主張が現れ、そこから社会契約によって、国家や政府の起源を説明することも生じてきたと指摘していることである。一四・一五世紀になると、この「アリストテレス主義と中世的な契約の伝統の混合」は一般化されていくが、人間は政治的動物であることは背景におかれ、強調されるのは契約による自発的な国家の起源になった［Gough 1936: 37ff.; 1957: 39ff.］。私の観点からは一三世紀以後にアリストテレス－アクイナスの「共通善の政治学」が社会契約論を取り込んでいったことになる。

ガフの『社会契約』において、「共通善」に言及しているのは、ほかには引用のなかであるが、ルソーの「一般意志」がつねに「共通善」を導くという指摘である［Gough 1936: 159; 1957: 169］。すでに述べたように、ガフはルソーの議論、とくに「一般意志」の議論から、集団主義や全体主義の方向を読み込んでいる。このような「共通善」としての「一般意志」が個人主義や個人の自由と対立するという見解は、タルモンの本にも見られるように、二〇世紀前半のリベラル一般の見解であるといってよいであろう。

ただ、ガフ自身は「リベラルの原理」に全面的に賛同しているのではなく、ガフの著作の副題にあるように、彼の研究は社会契約論の「批判的研究」であり、最後の結論において、「自然権」が孤立した個人のものではなく、他者との関係においてあるという主張をする。この点で、とくに「道徳的義務」でもある「政治的責務」の問題に関して、社会契約の議論は不必要であると主張する。彼にとって、「法律に対する服従は、社会契約に訴えることなく、権利と必然的に相関的である仲間に対する責任と義務から説明されうる」。また、革命や抵抗の場合でも、契約違反に訴えるよりは「その抵抗によって得られるより大きな一般的善」によって正当化されるという［Gough 1936: 228-230］。

このように、他者との関係で個人の権利や義務を考える点では、前回述べた現代コミュニタリアンによるロールズの社会契約論批判のような「共通善の政治学」に近い立場にあると思われる。この点は第二版においてより明確に述べられ、普通の市民は自発的な契約に基づいてではなく、自分たちの安全のために、政治的権利や義務をもって政治生活を送っている。その点で、「統治契約」であれ、「社会契約」であれ、「社会契約論はメタファー的な意味で擁護することができるように私には思われるが、この意味で、しばしば有益であるとしても不可欠なものではない」と主張する［Gough 1957: 254］。

ルイス「社会契約は存在するのか？」

個人主義に基づく契約の問題は、単行本にはなっていないが、「社会契約」を「道徳的義務」の問題から批判するH・D・ルイスの「社会契約は存在するのか？」によっても主張されている。彼によれば、宗教改革によって始められた個人主義以後の社会契約論は「個人が服従するという制約が自分自身の同意の点からのみ正当化される」ものである。しかし、このような「非妥協的な個人主義」はある種の「快楽主義」や「功利主義」に繋がる傾向がある。社会契約論者はその点で「同意や誓約（covenant）の観念」だけに頼ることはできないことに気づいていたという［Lewis 1940a: 67］。

またルイスによれば、政府への同意は「法強制システム」への同意であって、それは「非道徳的」なものである。これに対して、道徳的義務は「同意」に基づくものではなく、「道徳的目的」（彼は「一般意志」と同一視する）を促進するものである［Lewis 1940b: 179-181］。

ルイスは社会契約論者としてホッブズ－ロック－ルソーを取り上げ、ホッブズの「絶対主義」は法的義務論であり、ロックは法的義務と道徳的義務を混同し、ルソーはその二つを融合していると主張している［Lewis 1940b］。このように、ルイスもまた「道徳的義務」の問題は社会契約に基づくものではないと考えている。また彼の主張は先回引用した若きロールズがホッブズ－ロック－ルソーの社会契約論を利己的な議論として批判し、コミュニティに統合されることが善であると主張していたことを思い出させるものであり［Rawls 2009: 126ff.］、現代のコミュニタリアンに近い議論であると思われる。逆にいえばこのようなコミュニタリアン的議論が当時は英米でもむしろ一般的であったと思われる。

バーカー『社会契約』の序文

次に取り上げたいのは、アーネスト・バーカーが社会契約論の批判者であるデイヴィッド・ヒュームの作品も収録した『社会契約』（一九四七年）における序文である。バーカーは、ギールケの『自然法と社会理論』の英訳者でもあり、ガフと同様に、「統治契約」と「社会契約」を区別し、ホッブズ－ロック－ルソーが「統治契約」に何の関心も示さず、「社会契約」にもっぱら力点をおいているという。ただ、ホッブズの「社会契約」には特別の点があるといい、実際にこのアンソロジーにはホッブズの著作は含まれていない［Barker 1947: xii-xiii］。

バーカーは社会契約が「自由の価値」と「正義の価値」を重視するものであると主張し、この点では一三世紀のアクイナスにすでに社会契約論があることを指摘する。「聖トマス・アクイナスの著作においてこそ、契約論は最終的に孵された」。また、アクトン卿を引用して、アクイナスには「政治的リベラリズム」の要素がかなり含まれているという。この要素とは⑴聖書、⑵ローマ法、⑶アリストテレスの『政治学』である。この点で、アクイナスの影響を受けたリチャード・フッカーを通して、ロックは自然法と社会契約論を明確に結び付けたものとして評価される［Barker 1947: viii-x］。

つまり、バーカーによれば、社会契約論はリベラリズムの議論であるが、アリストテレス‐アクイナスの「共通善の政治学」（この言葉をバーカーは使っていないが）から始まり、ロックによって明確にされたものになる。

バーカーは、一六五一年のホッブズの『リヴァイアサン』と一七六二年のルソーの『社会契約論』の間を「社会契約の教説の偉大な時代」と呼び、とくにホッブズ‐スピノザ‐ロック‐ルソーが示した「騒乱を生じさせる政治原理の哲学」の時代であったという。ただ、ギールケのいうグロティウスとプーフェンドルフからフィフテとカントまでの「自然法学派」を背景とした社会契約の時代でもあり、その点ではロックとルソーは「社会契約の特定の理論」でもある［Barker 1947: xxix-xxx, xxxviii］。彼らの契約理論が「統治契約」から区別される「社会契約」である点を指していると思われる。

ただ、ルソーは自然法を信じていないところもあり、「自然法学派」に属していないと指摘している［Barker 1947: xxix-xxx］。また、ルソーは主権者に限界を認めていない点で、「全体主義者」であり、人によっては「左派」でもあり、「右派」でもあり、これに対してロックは「中央」であるともいう［Barker 1947: xxxviii-xxxix］。

社会契約一般の結論として、バーカーはこの点ではガフと同様に、社会は契約によって形成されるものではないと考えている。しかし、社会から区別される国家を契約によって形成されると考えることは可能であり、憲法を契約の条項とみなすことができる。ただ、この契約は「社会契約」ではなく、むしろ「政治契約」と呼ぶべきであるとバーカーは主張する。また、現在では政府は平等な市民からなる法的アソシエーションの一部であるために、「統治契約」ももはや必要ではないと主張している［Barker 1947: xiii-iv］。

シュトラウス『自然権と歴史』

社会契約論を直接扱ったものではないが、本書のテーマである「共通善の政治学」や「伝統的自然法」とホッブズ－ロック－ルソーの思想との関連を論じているレオ・シュトラウスの『自然権と歴史』（一九五三年）をここで論じておきたい。シュトラウスによれば、「ローマ・カトリック系の社会科学」以外の「今日のアメリカの社会科学」は「自然権」を否定することによって、個人の「恣意的で、したがって盲目的な選好」だけを当てにする「ニヒリズム」に落ち込んでいる〔Strauss 1953: 2-5＝2013: 15-18〕。また、現在のリベラルも伝統的な「自然権」の否定を当然のことと考え、個人が自己選択したものを「自然権」とし、「個別性の自由な発展」を主張する「相対主義」となっている〔Strauss 1953: 5-6＝2013: 18-19〕。

アリストテレスやトマス・アクイナスに認められる「古典的形態」の「自然権」は「目的論的宇宙論」に基づくが、「近代自然科学の勝利」からこのような目的論が否定されている。「今日の社会科学」が「自然権」を否定するのは、「歴史」と「事実と価値の二分法」を根拠としているからである〔Strauss 1953: 7-8＝2013: 22-24〕。

この古典的形態の「自然権」（邦訳では、古典古代の natural right を「自然正」と訳している）は、既存の「正（the right）」を支えている既存の「権威への疑い」から生じ、「本来的に善きもの」、「自然本性的に善きもの」を根拠とするものである〔Strauss 1953: 84, 91＝2013: 123, 132-133〕。古典古代では、法は「共通善」を確保するものであり、その「共通善」とは「正しさ（the just）」と同一のものであり、その正しさは取り決めではなく、「事物の自然本性」によって決められる〔Strauss 1953: 101-102＝2013: 145-146〕。

この「古典的な自然権論」をシュトラウスは三つのタイプに分類している。(1)は「ソクラテス－プラトン－ストア派的自然権利論」であり、ここでは「正義」とは善であるよりも、「能力に応じて」、「功績に応じて」人にふさわしいものを与えることである〔Strauss 1953: 146, 148＝2013: 202, 205〕。

(2)は「アリストテレスの自然権の教説」であり、彼にとって正義は「共通善」であるが、「共通善」は「社会の安全性の要求」を目的とし、「私的善に優先して選ばれなければならない」という規則以外は、社会の状況によって異なるものである〔Strauss 1953: 156, 161-162＝2013: 214, 219-221〕。

(3)は「トマスの自然権教理」であり、より一般的には「自然法」の教理は、絶対的な順守を求める「自然神学」

と不可分のものである。近代の自然法は「この神学による自然法の吸収」に対する反作用である［Strauss 1953: 163-164＝2013: 223-225］。

シュトラウスはこのような近代以前の「自然権理論」と対立する「近代的自然権」の主張をホッブズから始めている。ホッブズの自然哲学は無神論的であり、「自然的義務から自然的権利への強調点の移行」によって、「近代的な自然法理論の創始者である」［Strauss 1953: 170, 182＝2013: 234, 248-249］。ホッブズは各人が「自己保存」の自然権を最善に保持する手段を自ら判定でき、そのための責務が「契約当事者の合意」、つまり「主権者の意志」から生じるという「社会契約」を主張した［Strauss 1953: 185-188＝2013: 234, 252-254］。

ホッブズに対してロックは伝統的な自然法に従っているようであるが、彼の自然法は「政治的幸福」、「繁栄と現世における人類の幸福」だけを目的とするものである［Strauss 1953: 213＝2013: 283］。ロックが『統治二論』においてリチャード・フッカーの自然法の記述に従っているようではあるが、自然状態の記述はフッカーにはなく、自然状態で各人が自己保存にとっての有益な手段の判定者であるとしている点ではホッブズと同様である［Strauss 1953: 221-222, 228＝2013: 291-292, 299］。

ホッブズの社会契約は社会というより「主権者」への「服従契約」であるように、ロックの社会契約は「立法権」への「服従契約」である。ただ、ホッブズと違って、市民社会の目的が「財産の保全」にあることを「公共的な幸福あるいは共通善」にとって不可欠なことであるとロックが述べていることをシュトラウスは指摘している［Strauss 1953: 232, 234＝2013: 304, 306］。

ルソーは古典古代の自然権に関して「古典古代的であると同時に超近代的でもあり」、「近代性」の批判者であった［Strauss 1953: 252-253＝2013: 328］。ルソーは人為的な「近代国家」や「政治社会（civil society）」よりも「自然状態」の方が望ましいと考え、「自然への回帰」を主張した。しかし、ルソーのなかには「古典的都市」への回帰も認められ、それと「自然状態」への回帰の間に「緊張関係」がある。そのため、一方では「個人の権利」や自由を熱心に主張し、他方では個人が社会や国家に対し全面的に服従し、厳格な「社会的規律」に好意を寄せる二面性を示している［Strauss 1953：254＝2013：329-330］。

ホッブズやロックの自然状態は「消極的な基準」にすぎないが、ルソーにとって自然状態は「積極的な基準」であり、「善き生」が実現する状態である。ホッブズやロックと同様に、ルソーは自然状態ではすべての人間が自由で、平等であり、「自己保存」を追求するという前提から出発する。しかし、自然状態から政治社会が形成されていくなかで人々の「同情心が減退し」、不平等になり、自由が失われていく［Strauss 1953：282-283＝2013：361-363］。そのために個人の権利をすべて放棄して、「一般意志」による立法化が必要になり、「一般意志が自然法にとって代わる」が、この「一般意志」は啓蒙される必要があり、「自分の私的善よりは共通善を選ぶ市民」に変わらなければならない［Strauss 1953：286-287＝2013：366-368］。

ルソーにとって「国民的な慣習や国民的結合」が「計算や利己心に比べて、したがって社会契約に比べて、政治社会のより深い根源である」とシュトラウスは指摘する［Strauss 1953：289＝2013：371］。結局、シュトラウスによれば、ルソーは「近代自然権の教説」を受け入れたが、その問題点も理解するようになり、「前近代的自然権概念への復帰」を示唆した［Strauss 1953：294＝2013：378］。

このようなシュトラウスの研究からは、たしかに「前近代的自然権」理論から「近代的自然権」理論を唱えるホッブズ－ロック－ルソーの社会契約論という理解が得られるが、ホッブズを別とすれば、ロックもルソーも政治の目的は「共通善」であるという前提に立ち、そういう意味では「共通善の政治学」も「近代的自然権」理論とは無関係でないことを示している。またロックやルソーは伝統的自然法も全面的に否定していないことが指摘されている。

さらにシュトラウスは、近代の社会契約論も「自然権」のためというよりは、権力への「服従契約」の理論として考え、それが「計算や利己心」に基づく功利主義的なものであるとみなしていたと思われる。いずれにしても、シュトラウスは近代社会契約論における「近代的自然権」理論の問題点をむしろ強調している。

一九八〇年代の社会契約思想史――ライリ

このシュトラウスの研究もそうであるが、英米では政治思想史の通史や論文などで、社会契約論一般の研究は存在しているものの、一九五〇年代から私の知る限り社会契約をタイトルにした単行本の研究はなくなっている。ところが、一九八〇年代以後に英米では、単行本としての社会契約論に関する歴史的・理論的研究が増大していく。このことは一九七一年にロールズの『正義論』が出版され、それに対する様々な論争が巻き起こったことや、また「現代の契約主義のルネサンス」があることが背景にあると思われる。

一九八二年に出版されたパトリック・ライリの『意志と政治的正統性――ホッブズ‐ロック‐ルソー‐カント‐ヘーゲルにおける社会契約論の批判的解説』では、ロールズなどによる「現代の契約主義のルネサンス」も結論では取り上げられ［Riley 1982: 200ff.］、しかも序文のなかで助言を受けた一人にマイケル・サンデルの名前が挙げられている［Riley 1982: xii］。

ライリはこの著作の意図が歴史的であり、かつ理論的であるという。彼によれば、社会契約の主要な関心は「なぜ政治的正統性と政治的責務が平等な道徳的行為者の自発的な創造とみなすべきであるか」にある［Riley 1982: x］。すべての社会契約論は個人の自発的な意志による同意を基礎とする主意主義である。一七世紀にそれまでの「善き国家」の観念から個人の意志に基づく「合法的国家」の観念が支配的になる。

古代の「共通善の道徳性に基づく高度に統一され、集団主義的な政治学」は、主意主義ではなく、政治的責務の理論もなかった。アリストテレスの『ニコマコス倫理学』には、法的責任としての主意主義もあるが、彼はそれを政治学までは拡大しなかった。

トマス・アクイナスは自発性の観念を法律や罪と善行の問題に適用したが、政治までは適用しなかった。しかし、それ以後、彼の影響を受けた中世の理論のなかで政治にも適用され、そこから社会契約論も生じてくる［Riley 1982: 6］。

ただ、「道徳的能力として理解された意志に基づく同意や一致」が完全に政治哲学の中心になるのは一七・一八世紀であり、ホッブズ以後である［Riley 1982: 8ff.］。このようにライリによれば、アリストテレス－アクイナスの「共通善の政治学」と完全に対立する主意主義的な「社会契約論」を始めたのがホッブズである。

ただし、ライリはホッブズのような個人の意志に基づく社会契約論の問題点も指摘している。つまり、個人の意志が道徳的能力として政治的合法性の基礎となるかどうかの問題である。この点で、ホッブズとロックは意志を道徳的能力としてではなく、欲求や欲望のような生理的・心理的なものとみなして正統性の基礎とするが、ルソーとヘーゲルは意志を道徳的因果律として関心をよせるか、気まぐれで、利己的なものとして反発するか、いずれにしても「自発的な同意理論」を非一貫的な哲学的基礎を欠くものにしている。

ただライリによれば、カントの意志の理論だけは道徳律に従う行為としたことで、このような契約論の問題点を克服している［Riley 1982: 15ff.］。現代のロールズのような「契約主義者」もこのような問題点には十分答えていない［Riley 1982: 200ff.］。

すでに、ホッブズとロックに関しては、マルクス主義者のC・B・マクファーソンは彼らの思想が「所有的市場社会」に適した功利主義的な「所有的個人主義」に基づくものとして批判していた［Macpherson 1962=1980］。「現代の契約主義のルネサンス」における社会契約理論家のなかには、功利主義的な公共選択論による社会契約論や、功利主義としての社会契約論による正義論も登場しているが、本書は政治思想史としての社会契約論を対象としているのでここでは省略したい。

一九八〇年代の社会契約思想史——レスノフ

政治思想史研究として次に取り上げたいのは、マイケル・レスノフの『社会契約』（一九八六年）である。彼もライリと同様に「政治的責務」の問題を中心にして、中世から現代のロールズとロバート・ノージックまでの社会契約論を歴史的に論じている。彼はその序において、これまで歴史的関心しかなかった社会契約論が現在では「壮観な再生」をもたらし、一九七四年の選挙の時のイギリス労働党マニフェストを引いて、実際の政治にも登場していることを挙げている［Lessnoff 1986: 1］。

レスノフは社会契約論を定義し、「社会契約論とは、契約が政治的権威を正当化し、あるいはまたそれの限界を定めるために用いられている、いいかえれば政治的責務が契約的責務として分析されている理論である」という［Lessnoff 1986: 2］。

レスノフによれば、社会契約論の政治哲学としての重要性は以下の四点にある。⑴主意主義、⑵同意論、⑶個人主義、⑷合理主義である。また、非契約論としてのヨーロッパ政治思想の伝統として、⑴王権神授説のような超自然主義と⑵アリストテレス哲学のような自然主義を挙げている。ただ、すでにガフが指摘していたように、中世やその後に、レスノフも「アリストテレスの自然主義と契約主義との結びつき」があることも指摘されている［Lessnoff 1986: 6］。

歴史的には、社会契約論の全盛期は「一六世紀から一八世紀まで」と「現代の復興」であるが、ホッブズの『リヴァイアサン』は政治哲学上、プラトンの『国家』と匹敵するものであり、「契約主義哲学の最高傑作である」と主張され、この伝統はホッブズによって確立したと考えられている。しかし、ホッブズの理論は「一般的な契約思想の非典型的なもの」としばしば理解されていることも指摘され、この時点でも、ホッブズは社会契約論の本流ではないという見方がかなりあったと思われる［Lessnoff 1986: 9–10］。前章で述べたように、ロールズが一九七一年の『正義論』において、ホッブズを外して、ロック－ルソー－カントの社会契約論の伝統を語ったのはその時点では不思議ではなかったといえる。

レスノフは、ホッブズの社会契約論における革新性が自然状態における自由で平等な個人の契約から、「直接に合法的な政治権威」を導き出したことにあるという。その点で、支配者・主権者に絶対的な権威を与えたことは当然であるが、これは無制限のものではなく、ホッブズの前提から当然、各人は主権者から自己の生命を擁護できる［Lessnoff 1986: 54–55］。

これに対してより中世の伝統とも結び付くロックの革新性は個人主義的な「不可侵の自然権の理念によって政治

的権威を制限する最初の契約論」を主張した点にある［Lessnoff 1986: 59-60］。

ルソーは「契約論の古典的段階の頂点」に位置し、ルソーの独自性は自然状態における自由で平等な個人という仮定を公民の国家においても彼らの自由とともに平等を保持することを望んだことにある。このような平等性の追求によって、初めて民主的な社会契約論を追求したことになる。しかし、逆に自由の維持には失敗した理論であったともレスノフは指摘する［Lessnoff 1986: 74, 81-82］。

ロールズに対しては、このような古典的な社会契約論に対する独自性として、「政治的責務と政治的権威の正統性」をほとんど議論せずに、「社会システムと社会構造の正義」の問題に焦点を当てている点があるといわれている［Lessnoff 1986: 131］。

レスノフは古典と現代の社会契約論を集めた『社会契約論』を一九九〇年に編集、出版しているが、その序文ではロールズの評価がかなり高くなっている。社会契約論は「政治的権威の正統性と支配者と被支配者の責務（とその限界）を、これらの事柄に関連する一つのあるいはいくつかの前提された契約に根拠づける」ものであると、レスノフの『社会契約』と同様の定義をし、この点でロールズの社会契約論は「明確に非伝統的な目的」を持っているという。それは政治的権威と政治的責務ではなく、「より一般的な社会制度の正統性」を問題としているからである［Lessnoff（ed.）1990: 3］。

また、伝統的な社会契約論では、「国家なき社会（「自然状態」）」と比較して、国家における「すべての人間の共通の利益」に関心を寄せているのに対して、ロールズの議論は、「対立する利益」から、「すべての人間の利益を十分に保護するために正義を確保する」正義論であるという［Lessnoff（ed.）1990: 18］。

レスノフによれば、伝統的社会契約論でも、契約の当事者は個人である以上、このような「対立する利益」を前提とする正義論でなければならないのに、この問題を誰も気づいていなかったという弱点があった。ロールズの強みはこの点に気づき、「対立する利益」を消滅させるのではなく、制御しようとした点にある［Lessnoff（ed.）1990: 24］。

私の観点からは、伝統的社会契約論のなかには「共通の利益」追求という意味での「共通善の政治学」の要素があり、その点を否定したのがロールズの正義論であることになるが、この点は次章以後の伝統的社会契約論を個別的に論じる際に確かめていきたい。

一九八〇年代の社会契約思想史――マコーミック

レスノフの『社会契約』の翌年に出版されたピーター・マコーミックの『社会契約論と政治的責務――批判と再評価』は、主としてホッブズ‐ロック‐ルソーの社会契約論をライリやレスノフと同様に、「政治的責務」の問題として論じ、その「正統派の社会契約論」とロールズの議論との比較をしている。

マコーミックによれば、グロティウスによって確立された社会契約のモデルは以下の要素を持つ。(1)コミュニティの必要条件としての自然法、(2)理性によってのみ見いだされるもの、(3)人間の基本的特徴からすべての人間を拘束するもの、(4)合理的同意を伴う社会契約である [McCormick 1987: 7]。

ホッブズの重要性は「主権者と人民の契約ではなく、各市民とすべての他の市民との契約」にし、「主権者が契約の当事者ではなく、契約のもとでの権力の受容者にすぎない」としたことである。この点でレスノフと同様に、ホッブズの主権者の権力も絶対的なものではないと理解している [McCormick 1987: 21-23]。ロックに関しては、ホッブズとの相違はそう大きくないという。両者とも自然状態での個人間の協働を認めるが、規則を破る個人がいるために、この協働は不安定になり、そのことが政府に正統性を与えるものになると考えている。

大きな相違は、ホッブズにとって自然状態は「前政治的」でもあり、「前社会的」であるのに対して、ロックにとっては「前政治的」であっても「前社会的」ではないことにある。そのため、人間の社交性は自然のもの、「前契約的」なものであり、国家以前に社会は存在するために、政府はホッブズのような自己保存のような権利だけでなく、より広範な「自然権」を合法的権力の制限として受諾しなければならない [McCormick 1987: 46-48]。しかし、ロックの権利のなかには自己統治や投票権のような「政治的権利」は含まれていない [McCormick 1987: 52]。

一般的にはホッブズは自然の協働性や社交性を否定するものと考えられているが、この点はホッブズを論じるさいに確かめていきたい。そのことを別として、マコーミックによるホッブズとロックの理解は、政治的権利としてではない、自然権としての個人の権利を擁護するための社会契約という「リベラルな原理」に基づいたものであり、前章で述べた「正＝権利の政治学」を示していると思われる。

この二人の「正＝権利の政治学」に対して、私の観点からみれば、マコーミックはルソーの社会契約論を「共通善の政治学」として記述している。ロックとルソーの相違として、「ロックの国家は個人に属する権利を保護するために存在しているが、ルソーの国家は徳の実現と共通善の促進に向けられている。それゆえその責務の正当化となるのがルソーの『一般意志』である」[McCormick 1987: 87]。

「功利主義的なリベラル民主主義」の投票者は「あなたは何を望んでいるのか」ということが期待されるが、ルソーの投票者は「コミュニティの一般的な善は何かとあなたは考えるのか」ということが期待されている。つまり、ルソーにとって、投票者が求めるべきであるのは「共通善」であり、リベラル民主主義のように「私的善」であってはならない[McCormick 1987: 100–101]。

「すべての市民にとって共通となる利益や善」である共通善に対して「一般意志」は向けられるのであり、その点で「この共通善はコミュニティの概念の核となる」ものである[McCormick 1987: 113]。一般意志の対象である共通善を共有するメンバーが自分の所属するコミュニティの存在に同意しているのであり、その点で「コミュニティのメンバーであることは同意したということである」[McCormick 1987: 120]。

このような共通善の実現したコミュニティはたしかに理想化されたものではあるが、ルソーはその実現に「社会化の概念」を導入している。マコーミックによれば、ホッブズとロックは自然状態と社会における人間を同じものと考えていたのに対して、ルソーは「自然人」は変化しないと考えているが、社会における人間は、少なくともその一部は自分の「環境の産物」であるとしている[McCormick 1987: 131]。

私の観点からは、ルソーの社会契約論はアリストテレスの「人間は自然に政治的動物である」という命題を共有していないが、政治社会（コミュニティ）の目的は共通善の追求にあるとする点で「共通善の政治学」と呼びうると思われる。この点はルソーを論じる際にさらに議論したい。

またあとで述べるように、ロールズはルソーの社会契約論を高く評価しているが、マコーミックはロールズの社会契約論がルソーに基本的に対立するものとして理解している。ロールズは人々の同意の理論として「自律的な個人というリベラルの神話」に根拠を求めているが、そこにはかなり功利主義的傾向があることが指摘されている [McCormick 1987: 153-154]。

一九九〇年代の社会契約思想史──『社会契約論の系譜』

一九九〇年に出版され、邦訳もある『社会契約論の系譜──ホッブズからロールズまで』もホッブズからロールズなどの現代の社会契約論までを論じているが、社会契約論の批判者にも多くの章をあて、そのなかに現代のコミュニタリアニズムも含まれている論文集である。ここではその編者であるデイヴィッド・バウチャーとポール・ケリーによる第一章「社会契約論とその批判者たち」を取り上げたい。

彼らはロールズの『正義論』の出版以来「社会契約論への関心の復活」があったことから、「古典的契約論者」のホッブズ－ロック－ルソー－カントへの「新たなる関心」が起きていることをまず指摘している。ただ、古代ギリシアから始まる社会契約論の伝統が一つではないことが指摘され、(1)「道徳的」、(2)「公民的」、(3)「立憲主義的」と三つの伝統が区別されている [Boucher & Kelly 1994: 1 = 1997: 3]。

(1)は道徳的といっても、功利主義的な「打算的合理性」や「道具的合理性」と道徳を等置するものであり、現代のデイヴィッド・ゴーティエの社会契約論が代表的なものとされている [Boucher & Kelly 1994: 3-4 = 1997: 5-7]。(2)は「古典的契約論者」のことをさし、「強制的な政治的権威を正統化し、あるいは権威の正統性に頼らないで強制的な拘束を評価する」社会契約論であり、「既存の道徳的権利と義務」を確実にするための契約を主張するものである。現代の論者としては、ノージックやロールズなどが挙げられている [Boucher & Kelly 1994: 4ff. = 1997: 7ff.]。

(3)は中世に呼び起こされ、宗教改革者によって抵抗権のために主張された「人民と支配者との間に結ばれた」ものであり、「本質的に法学的観念である」。ここで、アクイナスの「共通善」に言及され、彼もこの伝統に属する理論家とされているが、現代の社会契約論者のなかではこの伝統に属する者は挙げられていない［Boucher & Kelly 1994: 10ff. = 1997: 15ff.］。

バウチャーとケリーの議論からは、「古典的契約論」はすでに述べてきた一九八〇年代からの社会契約論一般の議論と同じように、何よりも権威の正統性の問題をめぐる議論、とくにその強制力に関する理論であり、権利とともに義務も重視しているものである。少なくとも、この第一章では、ガフがいう「リベラルの原理」である「個人の自由の争い」としての「古典的契約論」一般についての記述はない。

一九九〇年代の社会契約思想史――モリス

この点では、ホッブズ‐ロック‐ルソーに関する研究論文を収録した『社会契約論者――ホッブズ‐ロック‐ルソーの批判的論文集』（一九九九年）の編者クリストファー・モリスの短い序文において、ホッブズ‐ロック‐ルソーの社会契約論が「リベラルな原理」で統一されている。

彼ら三人が「近代社会契約の伝統を開始した」と位置づけられ、彼らの共通性を次のようにまとめている。「原始の自由と平等や、政府を同意に基礎づけ、被治者の利益に役立つように期待する」ことが彼らの社会契約論で展開されている［Morris 1999: ix］。また、彼らは「政府や政治的階層制はある意味でわれわれが創造し、維持している」ことをわれわれに気づかせたという［Morris 1999: xi］。

このように、モリスによれば、彼ら三人の社会契約論は、近代の政治原理を形成するものであり、本質的に自由で平等な個人の同意によって政治社会を構成する理論である。ただ、彼は「権利」という言葉ではなく、「利益（interests）」という言葉を使っている点は、むしろバウチャーとケリーのいう「道徳的」に近いものと考えていることになるが、現代の社会契約論には功利主義的側面があることが反映されているかもしれない。

二〇〇〇年代の社会契約思想研究——スワンソン

最後に、私が見ることができた社会契約論一般の最も新しい歴史的研究として、ホッブズからロールズまで扱ったマシュー・スワンソンの『社会契約の伝統と政治的正統性の問題』（二〇〇一年）を取り上げたい。ここでも、タイトルにあるように、「正統性」の問題が中心的テーマである。

この本に序文をよせたジョセフ・ビーンによれば、「西洋の民主主義的リベラリズムの伝統」はイギリスのホッブズとロックが起源である。また、この本ではこの伝統に対するロールズの独自性として、より功利主義的傾向からより経験論的方向に変えたことが主張されている。つまり、過去の契約論は一連の権利を通して多くの利益を代表させる試みであったのに対して、ロールズの社会契約論は社会におけるすべての集団のための議論であるとスワンソンは主張しているという［Swanson 2001: i-ii］。

スワンソンは序論において、ホッブズ－ロック－ルソーの共通の関心は「政治的正統性に関する現代の論争を支配し続けている自由・平等・同意」であるという。政治的正統性の重要な原則として、「社会秩序・人間の自由・共通善」があり、「ホッブズ－ロック－ルソー」はこれら三つの原理を組み合わせて使っているという［Swanson 2001: 1-2］。ただ、スワンソンによるそれぞれの思想家の記述では、ホッブズが「秩序」、ロックが「自由」、ルソーが「共通善」を重視したようになっているが、とりわけ私の観点からは、この三人がどのように「共通善」について考えているかが問題であり、そのことを次章以降に考えていきたい。

スワンソンはロールズに関しては、政治生活を正当化するものとしての「社会契約の実行可能性」を再確立したが、彼は最小限の条件を提示して、「人間性の正しい理論」や「どのような社会制度や政治形態が最も正統的か」という問題を回避しているという。

しかし、自由を重視するリバタリアニズム、平等を重視する社会主義、共通善を重視するコミュニタリアニズム、男女両性（androgyny）を重視するフェミニズムと並ぶ現代の重要な政治的立場をロールズの「公平としての正義」があるという。そして、この五つの立場が道徳的により好ましいかを決める前に、それぞれの実行可能性や社会的コストを調べる必要があると述べて終わっている［Swanson 2001: 163-164］。

2　日本における社会契約論研究史

福田歓一『近代政治原理政治史序説』

ホッブズ－ロック－ルソーのそれぞれの翻訳や研究は日本では明治から始まっているが、少なくとも単行本においてこの三人の社会契約の意義を「近代政治原理」として、最初にまとめ、それ以後の研究のパラダイムとなったのは、福田歓一『近代政治原理政治史序説』（一九七一年）である。

この著作はそれまで公表されたいくつかの論文を収録したものであり、タイトルに社会契約論がうたわれていないが、第一部「道徳哲学としての近代自然法」の序章「伝統的自然法と近代自然法」において、ホッブズ－ロック－ルソーの社会契約論に共通する意義がまとめられている［福田 一九七一：七以降］。

福田はまず、古代ギリシア、とくにストア派から始まり、中世で展開された「伝統的自然法」から「近代的＝世俗的自然法」への展開のなかで、「近代自然法」と社会契約論との関係はこれまで十分に論じられていないと主張する。その点で、彼は伝統的自然法と明確に対立するものとして、「ホッブズにおいてその決定的指標を確立した契約説」を挙げ、それを何よりも「自然権の哲学」と呼んでいる。

その二つの対立は「存在と作為との論理的対立」、つまり「社会そのものを自然の所与として受け取る立場」と「社会そのものを原子的個人の作為と考える立場」にある。政治的には伝統的自然法のもとでの「身分制的契約説」は宗教改革以後では、絶対主義国家への服従を根拠づけるものであるのに対して、「主体としての個人間の相互契約が社会そのものを構成する」原理としての社会契約説は個人の自然権＝人権を擁護するものである［福田 一九七一：一七～二〇］。

このようなホッブズによって確立された社会契約論の基本的原理は、ルソーやロックに継承されていく。その展開を後の章の議論から簡単にまとめておけば、ホッブズの契約遵守のための自然法（＝自然権）は経験的推論と関連をもたないために、彼の契約論は機構論に展開することはないが〔福田 一九七一：六八〕、「伝統的立憲主義の継承者たるとともにその転回者」〔福田 一九七一：一三二〕であるロックは「自由主義の原理」〔福田 一九七一：一三五〕を成立させ、議会制度や私有財産制度を擁護する。

これに対して、ルソーは「徹底したデモクラット」〔福田 一九七一：一六四〕であり、個人主義と集団主義との間の鋭い分裂があるものの〔福田 一九七一：一六九〕、「個人主義確立の死闘」〔福田 一九七一：一九一〕による「道徳哲学としての近代自然法」の「最後の造型」〔福田 一九七一：二〇九〕として、「自由の実現をあげて全成員による国家の創造」〔福田 一九七一：二三六〕を求めて「共同体からの個人の解放を貫徹」〔福田 一九七一：二九八〕しようとした。

福田は第二部「政治哲学としての社会契約説」の「はじめに」において、この三人を「通念において最も代表的な契約論者」であるとし、彼らの理論の相違にかかわらず、その共通点として「政治社会を人間の作為とすること」を挙げている〔福田 一九七一：二四三〕。

このようにホッブズ－ロック－ルソーは「近代政治原理」を確立した社会契約論者であり、福田に従って彼らの社会契約論の意義を簡単にまとめると、自由で平等な個人の権利を確立するために、各個人が契約に同意して、「作為的」に政治社会（国家）を形成する理論である。

このとくに「作為」を重視する観点は、丸山眞男が『日本政治思想史研究』の第二章に収録した「近世日本政治思想における「自然」と「作為」」という論文（一九四一年）のなかで、ホッブズの議論を「近代的な制度観」の始まりとする、「作為」としての政治観から影響を受けたものであろう〔丸山 一九九六：三七～三八〕。

このような社会契約論に対する福田の理解とこれまで述べてきた英米の理解と少し比較しておきたい。まずホッブズ－ロック－ルソーが「最も代表的な契約論者」については、日本ではすでに「通念」として存在しているといらが、英米では一九八〇年代においても、ホッブズが社会契約論の代表的論者であることを批判する動きがあったこととは対照的である。ちなみに、戦後の最も古い『政治学事典』の「社会契約説」の項目では、一六世紀フランスの統治契約説と比較して、「社会契約説」は「主体的個人の理論」とされ、人物としてホッブズ－ロック－ルソーが挙げられていて、日本ではこの三人がすでに代表的論者とされていた〔原田 一九五四：五九九〕。

また、英米のとくに一九八〇年代からの研究では、社会契約論は権威の正統化と強制権力の問題として論じられていたのに対し、ホッブズ－ロック－ルソーの「社会契約論」に「近代政治原理」を求める研究であるために当然であるとはいえ、福田の議論ではこのことがそれほど重視されていない。この点では本章の第1節で取り上げたなかでは、彼ら三人が「近代社会契約の伝統を開始した」というモリスの議論に近いが、福田の議論では個人の「利益」よりも「権利」が重視されている。

最後に、私の観点から述べたいのは、福田の著作のなかでは、「共通善」という言葉が一度も使われていないことである。英米の研究では、すでにバーカーにも認められるように「共通善の政治学」の伝統との関連で社会契約論が語られることがあるのに、福田はこのことをまったく無視している。「共通善の政治学」と関連する伝統的自然法に関して福田は、トマス主義の役割にもふれているが〔福田 一九七一：一五〕、アクイナスの自然法の中心概念である「共通善」について何も論じていないのはともかく、ロックやルソーもこの概念を基本的に肯定的に用いていることをまったく論じていない。

ルソーに関しては、「共通善」に近い概念である「公共の利益」や「公共利益」を求めていることは指摘されているが、これらの概念を福田はそれほど重視していない〔福田 一九七一：一七五、二〇五〕。福田は別の著作では「公共の福祉」は絶対主義の正当化として用いられていたことだけが強調されている〔福田 二〇〇九：一七七〕。

結局、福田の議論では、「共通善の政治学」を否定した社会契約論が前面に出ている。福田のいう社会契約論では「共同体からの個人の解放」が重視され、政治社会という国家の役割として個人の権利を保障することだけが議論されているように思われる。

これは戦後の社会科学一般において、経済的には資本主義が「共同体」を破壊し、政治的には自律した個人によって形成される「政治社会」（最初は「国家」として語られたが、やがて「市民社会」という言葉に変化していく）が「共同体」を解体することが進歩であるというパラダイムの反映であると思われる。

現代コミュニタリアニズムや「共通善の政治学」を再評価することは、このようなパラダイムを再検討することであり、次章からホッブズ－ロック－ルソーの社会契約論に関して「共通善の政治学」の観点から考えていく。

田中浩『社会契約説』序章

ここではこの社会契約論に関するいわば「福田パラダイム」がその後の日本の研究において、どのように受け継がれているかを社会契約論全般に関する研究から考えていきたい。まずリチャード・フッカーからデイヴィッド・ヒュームまでを扱った論文集『社会契約説――近代民主主義の源流』の編者の一人、田中浩は、その序章「近代政治原理としての『社会契約説』」において、ホッブズからの社会契約論を「近代政治原理」、とくに論文集の副題にあるように、「近代民主主義の源流」として扱っている。

田中によれば、社会契約論は「自由・平等な個々の人間が政治の主体」となり、「平和に安全にかつ幸福に生きるための自由の確立」を求めるものである。また、そのための「強制力を有する統一国家の設立」が社会契約論者によって初めて理論化されたという。そのことは絶対主義のような「人の支配」ではなく、契約に自発的に同意して設立された主権者の命令＝法律に従い、「公平の原則と平等の原理」による「法の支配」を主張したものである。その点で「『社会契約論者』たちは、まさに言葉の正しい意味での民主主義者」である〔田中浩 一九七七：四～六〕。

このような社会契約論の理解は、強制力を持つ国家の存在を強調していることは異なるとしても、福田と基本的には同じである。なお、この『社会契約説』には「社会契約説と現代」という最終章があるが、そこではロールズのような現代の「契約主義者」に関する議論はない。

井上達夫「社会契約説の可能性と限界」

一九八四年には『法哲学年報　一九八三年』の「社会契約論」特集号が出版され、ホッブズに関する藤原保信やルソーに関する恒藤武二の議論などがあるが、社会契約論一般に関する議論はない。藤原や恒藤の議論はそれぞれホッブズとルソーのところで取り上げるので、ここでは思想史研究ではないが、「近代的社会契約説」を踏まえたうえでの現代の社会契約論を論じたリベラルな法哲学の井上達夫「社会契約説の理論的価値に関する一反省」を取り上げたい。なお、引用は『共生の作法』〔井上　一九八六〕の第四章「リベラリズムと国家――社会契約説の可能性と限界」として再録されたものからである。

井上によれば、社会契約論の課題は「自己の自由に対する国家の制約を容認し得るような国家の正当化理由」を求めることである。ホッブズ－ロック－ルソーなどの「近代社会契約説の提唱者たちの思想」と結び付けられている「政治的責務、違法義務、抵抗の正当化」などは古代・中世の「契約モデル」にすでに存在し、社会契約説はむしろ「契約モデル」よりもそれと結合した「自然状態モデル」が重要なものである。井上によれば、「自然状態モデル」は「契約モデル」に還元できない「自然権原理」に基づいている〔井上　一九八六：一六七～一六八〕。

近代社会契約論者はルソーを別とすれば、「自然権の全面放棄」は不可能であることを前提としている。この点では「契約モデル」は国家の正当化のためには「自然権」に基づく「自然状態モデル」とは異なる「国家の正当化」を述べておらず、不必要なものであり、有用性がないと考えることもできるが、その前提となる「合意の要素」は「国家の正当化」のためには必要なものである〔井上　一九八六：一七一、一七五〕。

しかし、この「合意の要素」は、現代の社会契約論者、「自然状態なき社会契約説」であるロールズの議論では、正当化では重要な要素を持たないものである〔井上　一九八六：一七八、一八二〕。このような井上の伝統的な社会契約論に関する議論は、歴史的なものではなく、理論的なモデルからのものであるので当然とはいえ、福田パラダイムのように「近代の政治原理」を語るものではなく、前節で論じた英米の社会契約論研究に見られるように、主として支配の正統性の議論として考えているものである。ただ、井上も近代の社会契約論の重要な要素は個人の「自然権」と考え、「共通善」の要素に言及することはない。

佐藤正志「社会契約」

論文集の『社会契約説』にホッブズの社会契約論を論じ、またバウチャーとケリー編の「ホッブズの契約論」の翻訳を担当した佐藤正志は『政治概念のコンテクスト——近代イギリス政治思想史研究』(一九九九年)に「社会契約」を書き、中世・近世の「立憲主義的契約論」との比較で、ホッブズ以後の「近代的社会契約概念」の独自性を論じている。彼はまずすでに英米の研究では一般的となっていたように、近代主権国家の正統性の問題としてホッブズ－ロック－ルソーの社会契約論が論じられているという[佐藤正志 一九九九：一五〇]。

彼らの社会契約論の独自性は、基本的に「個人を契約の当事者とし、社会を構成する主体」としたことであり、ホッブズは「アリストテレス－スコラ的な目的論」を否定して、「機械論的自然像」に基づいて、「徹底的に個別化され、主観化された世界における政治秩序」を提示した[佐藤正志 一九九九：一六〇、一六六、一七一]。

しかし、ホッブズの社会契約論は「市民による自由な政治社会の構成原理」の可能性を提示しただけであり、「相互的な規範」による「市民的公共性」は、ロックによって市民の「自律的な道徳的秩序」として構成された[佐藤 一九九九：一七〇、一七六]。この「道徳的自己規律化」を徹底したのがルソーである。

最後に、ロールズの『正義論』にも言及し、社会契約論が政治哲学において「再び中心的な役割を果たす」ようになっているが、それは政治秩序の正統性の問題に関心をよせない点でホッブズなどの社会契約論と異なるものの、「自由な諸個人のあいだの合意にもとづく政治社会という道徳的理念」としてのリベラリズムと関連するものであるという[佐藤正志 一九九九：一八〇～一八二]。佐藤の社会契約論の理解も個人主義的なリベラリズムの論理としてであり、基本的には福田パラダイムの延長上にある。

関谷昇『近代社会契約説の原理』

さて、このような福田の解釈が「個人」・「政治的自由」・「主体的作為」・「民主主義」を重視する「『自然／作為』パラダイムにおける『解釈パラダイム』」としての「福田パラダイム」であるとした関谷昇は、『近代社会契約説の原理――ホッブズ、ロック、ルソー像の統一的再構築』（二〇〇三年）において、このパラダイムの転換を試みている。

関谷は「自然／作為パラダイム」における福田の「個人主義的主体論」の意義を認めながらも、その限界として⑴「自然と所与性の混同」、⑵「個への還元のジレンマ」、⑶「存在論の欠如」を挙げる。⑴は所与性から切断された「個人」が政治社会を自律的に構成する条件が明らかにされていないこと、⑵は個人が政治社会を形成するという側面は述べられているものの、その政治社会全体と個人の関係についての議論がないこと、⑶は「自然」がもっぱら「作為」によって否定されるものとして理解され、「自然」と「所与性」が混同されていることである〔関谷 二〇〇三：二四以降〕。

⑴の問題に関しては、所与性に抵抗するための「個」の析出である「批判的析出」と、政治社会を構成する主体を抽象的に示す「個」の析出である「抽象的析出」の二つを福田は混同している〔関谷 二〇〇三：三八～三九〕。この「抽象的摘出」はヘーゲルやチャールズ・テイラーが批判した「原子主義」の問題となり、原子主義の作為からはむしろカール・ポパーのいう社会工学的発想と結び付いた全体主義を生み出す危険性がある〔関谷 二〇〇三：四〇～四二〕。そのため、既成権力に対する批判的契機を導入し、閉鎖的な共同性にならないための「批判的原子論」が必要である〔関谷 二〇〇三：四四～四五〕。

⑵に関しては、社会契約によって「共通の規範根拠」を作為するとしても、「契約に先立って共有される基準や基盤」や「義務を解釈していく実践的根拠」も必要である〔関谷 二〇〇三：五一〕。個人が自律的に行動するとしても、そのことを可能にする原理や動機、諸資源が必要であり、このことを関谷は「駆動力」と呼んでいる〔関谷 二〇〇三：二八〕。これは「批判的原子論」による「個から全体への方向」ではなく、「析出された『個人』の相互関

係」や「個人に還元されない諸相」が自己にどのようにあるのかという「解釈する自我」による「全体から個へ」の問題である〔関谷 二〇〇三：五二〕。ただ、批判的契機である「個から全体へ」の理論との両方向性も必要であると関谷は主張している〔関谷 二〇〇三：五四〕。

(3)に関して関谷は全体性の概念を区別している。まず、人間の実在性を超えた「形而上学的全体性」であり、これはこれまでの社会契約論解釈では完全に切断されたものとされてきたが、関谷は「主体は永久に探究されるべき課題」と考えれば、一定の評価ができるという。これに対して社会契約論が立脚するのは「世俗的全体性」であり、現実の政治社会との関係で主張されるものである。ただ、この「世俗的全体性」も「絶対的・完結的・閉鎖的全体性」に転化する危険性があり、その点で「相対的・非完結的・開放的全体性」を区別する。関谷の考える社会契約論の当事者は、「形而上学的全体性」において「実在の根源的条件を解釈する主体」であるとともに、「世俗的全体性」によって「実現可能性を補完する」主体でもある〔関谷 二〇〇三：五五～五七〕。

このような関谷の主張する社会契約論であることを、ホッブズ－ロック－ルソーの政治論だけではない哲学的議論にまで関して詳細に立証していき、最後に社会契約論は全体と個の「弁証法的綜合」として「理想社会を示し続ける」「永久革命」の理論であると結論づけている〔関谷 二〇〇三：二七四〕。

この関谷の議論は、個人の自然権に基づく個人の同意だけによって社会（全体）が形成されうるのかという社会契約の問題点を指摘したものとして興味深い。とりわけ私の観点からは関谷がいう社会契約のための「駆動力」が「共通善」とどう関係するかを、関谷による「福田パラダイム」の見直しについての評価とともに、以下のホッブズ－ロック－ルソーに関する章において論じていきたい。

なお、関谷は二〇〇四年に「社会契約説の応用と実践」という論文において、現代の社会契約論者としてロールズも取り上げ、社会契約説の現代的意義を論じている。まず、福田歓一の社会契約論は、「政治的な主体」としての個人が「作為」によって「政治権力を主体的に構成し、同時に政治権力を制限する」という民主主義のための実践的な原理であったと指摘する〔関谷 二〇〇四：四六〕。

またロック研究から出発した松下圭一の市民社会論は、むしろ「国家権力と行政による公共の利益の下降的構造（統治契約的）」を重視する「法学的思考」を否定し、市民による「公共の利益の上昇的構造（社会契約的）」を求めるものである。つまり、松下の議論は「公共善の自主構成」という「『共和』の観念」、「公共の福祉の自主構成」が課題とされる「市民自治」を求めるものである〔関谷 二〇〇四：四八〜四九〕。松下の市民社会論はともかく、彼のロック論において市民が「公共の福祉」や「公共善」を求めるものとして語られているかどうかは、本書第4章のロックに関する章で見ていきたい。

関谷によれば、近代社会契約論の「作為」の論理から、ロールズの『正義論』のような現代社会契約論は「正当性規準」の問題へと「転回」している。つまり、現代社会契約論は「民主主義を外在的視点から制約する規範理論」の構築へと変化しているが、そこでは「主体性論」がほとんどなく、「損失（cost）と便益（benefit）」の考慮から「配分的な正義原理」を導出して「効用の増大」を重視するものとなっている〔関谷 二〇〇四：五一〜五二〕。

すでに述べた井上達夫が社会契約論について論じ、そのあとで彼の正義論を展開していることも関谷は議論しているが、結局井上やロールズの「リベラリズムの正義論」は「政治過程の外部から制約原理を示し」たものであり、「法学的思考と法的制度」に基づくものであることを指摘している〔関谷 二〇〇四：五三〜五四〕。社会契約論に基づくかどうかは別としても現代リベラルの正義論は私も第1章で述べたように、政治的議論ではない法律的・制度的議論であるという指摘を関谷もしている。

これに対して関谷の主張する現代社会契約論は、「政治社会の作為主体」としての契約主体が「自己と他者との双方に無限に開かれた主体のダイナミズムを伴った」ものであり、そのような公共的な問題を判断する「当事者」は、自分たちの「諸問題をいかに発見し共有しうる」ものである〔関谷 二〇〇四：五五〜五六〕。このような関谷の議論は、彼が『近代社会契約説の原理』において、社会契約論を「永久革命」の理論であるとしたことの発展であるが、社会契約そのものがもはやそれほど重要なものではない議論になっているように思われる。

佐野誠「契約」

二〇〇七年に出版された『政治概念の歴史的展開』第二巻のなかで、佐野誠は、古代から現代までの「政治概念」としての「契約」概念を論じるなかで、近代の「社会契約」についても取り上げている。佐野によれば、ホッブズ－ロック－ルソーの社会契約論は「近代以後の政治社会や国家の起源を説明する」理論であり、この理論が「個人主義的な契約の意味」に基づいている［佐野 二〇〇七：五五～五六］。

そのような契約の概念は一七世紀後半から始まり、古代や中世の「契約論」、「統治契約論」から区別される「近代の社会契約論」の特徴は、「個人間相互間の契約」として「個人的権利に基づく契約論や抵抗権」にある。その代表的論者としてホッブズ－ロック－ルソーの「社会契約説」のそれぞれの相違についても指摘されながら、「欧米の市民社会、人民主権、民主主義等の理論的学説」となったものであると主張される［佐野 二〇〇七：六四～六五］。

このような佐野の「近代の社会契約論」の理解は、参考文献として福田や関谷の著作を参照文献に挙げていないが、基本的には福田パラダイムのなかにあると思われる。なお、佐野は現代の社会契約論者として、ロールズの議論についても述べ、リバタリアンやコミュニタリアンとの論争を引き起こしたことにも触れているが、ロールズやこの論争に対する評価はとくにない。

重田園江『社会契約論』

同じく福田や関谷の研究には言及していないが、「戦後啓蒙思想」による社会契約論に代わる「新たな読み方」として、二〇一三年に重田園江『社会契約論――ホッブズ、ヒューム、ルソー、ロールズ』が新書として出版された。これは副題にあるように、ロックの代わりに、社会契約論批判者のヒュームを入れるとともに、現代の社会契約論者としてロールズを論じたものである。

重田によれば、社会契約論は丸山眞男の「作為の論理」に示されるように、「個人の権利保護のために」、「国家を人々の自由意志に基づいて作る」論理として「戦後啓蒙思想」によって理解されたが、このような主張は一九八〇年代には急速に勢いを失い、社会契約論はあまり読まれなくなっていった〔重田 二〇一三：一四～一五〕。

そのため、重田は「戦後啓蒙思想」とは別の「新たな読み方」を主張する。それは「政治秩序と共同体を創造するはじまりの瞬間における約束」として、また「社会的ルールの正しさを考える」うえで重要となる「一般性」への「信頼の思想」として「社会契約」を捉えることである。この「約束する力」に関するのがホッブズとヒュームであり、「一般性を志向する力」に関するのがルソーとロールズである〔重田 二〇一三：二二～二三〕。

重田がロックを除外するのは、「具体的な場所で歴史的な実存」として存在する「人民の集合体」を契約の前提としてロックが信じているためであり、これに対してホッブズとルソーはそのような「実在」を認めず、「一回限りの契約」を主張しているからである。重田はその「一回限りの契約」に「社会契約論の革新性と近代性の源泉」を認めている〔重田 二〇一三：二八〇〕。

このような「一回限りの契約」が福田のいう「近代性」の源泉であるのかどうか、関谷が指摘するように「一回限りの契約」だけで政治の問題は解決するのかという問題があると思われる。私の観点からは、ロックに関する実存としての「人民の集合体」とは「共通善の政治学」と関連するものであるかどうかをあとで考えていきたい。

重田はロールズに対するルソーの影響力を最も重視し、「ロールズの思想」は「ルソーの一般意志についての現代的解釈」であるというが、ルソーがこの「一般意志」を「共通善」と呼んでいることにはまったくふれておらず、ルソーにおける「共通善の政治学」の問題はあとでとくに考えていきたい。

第3章　共通善の政治学とホッブズの社会契約論

1　ロールズによるホッブズ理解と日本のホッブズ評価

本章の課題

前章において、社会契約論の研究史として、とりわけ現代コミュニタリアニズムが主張するアリストテレスから始まる「共通善の政治学」と関連させて英米や日本における社会契約論の評価を概観した。

日本では、ホッブズから始まる近代社会契約論に関して、個人の自由や権利を尊重するための「契約」という「作為の政治」を明確に打ち出した「近代の政治原理」であるという福田パラダイムが現在でも一般的には維持されていると思われる。

また、福田パラダイムとは別に社会契約論を解釈する者も含めて、日本の社会契約論の理解では、「共通善の政治学」はほとんど問題とされていないことが理解できた。そのため本章では、福田パラダイムにおいて近代政治原理を開始したとされるホッブズの社会契約論に関して、とくに「共通善の政治学」との関連性を中心にして論じていきたい。

その際、第1章で指摘したように、まずロールズが『正義論』において社会契約論者としてホッブズからではなく、ロックから始めた理由を考えたい。次に、日本のホッブズ研究においても「福田パラダイム」が依然として存在するかどうかを理解するために、戦後日本のホッブズ研究について主として単行本から発行順に概観していきたい。とりわけ考えたいのは、「共通善の政治学」と関係の深い「伝統的自然法」がどのように論じられているかである。

第2節では、第1節の研究史をふまえて『リヴァイアサン』におけるホッブズの社会契約論は、とくに「共通善の政治学」とどのように関連するかを考えていきたい。その際、『リヴァイアサン』において「共通善」やそれと類似する言葉がどのように使われているかを中心に考えていく。

ロールズのホッブズ評価

第1章で指摘したように、ロールズが『正義論』を公刊したときには、ホッブズの社会契約論は利己的な人間観から絶対的主権者への服従を説く議論であるとして、近代リベラリズムの議論である社会契約論の系譜に彼を含めていなかったと思われる。ただ『正義論』出版以後に行われたロールズの政治哲学史の講義は社会契約論のホッブズから始められている。二〇〇七年に出版されたその講義録の「序言」において、ロールズは次のように述べている。

> 私は、民主的な立憲主義の伝統からリベラリズムを眺めたときの正義の政治的構想を実現するものとして、リベラリズムのより中心的な特徴を特定するよう努めている。この伝統の一つの構成要素である社会契約論は、ホッブズ、ロック、ルソーによって代表されている。
> [Rawls 2007: xxvii = 2011: xii]

つまり、ホッブズから始まる社会契約論は「民主的な立憲主義の伝統」に位置づけられ、リベラリズムの「正義の政治的構想」の構成要素となるものであるとみなされている。

ロールズは政治哲学の講義をホッブズから始める理由として、まず彼の『リヴァイアサン』が「英語で書かれた政治思想の最も偉大なただ一つの著作」であることがある。次に、ホッブズや彼に対する批判から「近代の道徳・

政治哲学は始まる」ことがある［Rawls 2007: 24＝2011: 42］。ただ、ホッブズが社会について考える仕方には「忌まわしい」点があることを指摘している［Rawls 2007: 23＝2011: 41］。

これは後の方でロールズが述べているホッブズの「機械論」と「唯物論」的原理に基づく利己的な人間論や絶対的権力の正当化を指しているものと思われるが、ロールズはこのような原理に依存せずに、ホッブズの社会契約論を論じることが可能であると主張する［Rawls 2007: 30＝2011: 52］。

ロールズによれば、『リヴァイアサン』において、ホッブズは人間が利己的であり、自己の善だけを追求するとは主張しておらず、「慈悲心」や「夫婦愛」のような「他の人々の善への関心」、さらに「正義の徳」や「信約を履行する」徳についても主張している［Rawls 2007: 45＝2011: 80-81］。ホッブズのいう自然法も「道理に適った原則」と呼ぶべきものであり、「合理的人間」が追求すべきものである［Rawls 2007: 60, 63＝2011: 108, 110］。

ただ、ホッブズが自然状態の無秩序から、主権者の法律への絶対的服従を主張している点を問題視する。ロールズによれば、ホッブズの「実質的な理論」は現在では一般的には正しいものではないと思われている。というのも、歴史のなかで「立憲的で民主的な制度が実際に存在してきた」からである。そこでは「ホッブズの意味におけるような絶対的主権者」は存在しない［Rawls 2007: 85-86＝2011: 151-153］。

このように、「絶対的主権者」のいない「立憲的で民主的な制度」を構築することがロールズのいう社会契約論の役割であり、この点で、彼は『正義論』のなかで、ホッブズを除いた社会契約論を評価していたといえる。ホッブズの社会契約論は「立憲的で民主的な制度」を確立するためには、問題が多いものであるとロールズは考えていた。とくに私の観点から興味深いのは、ロールズがホッブズの政治哲学も「共通善の政治学」の要素を持ち、その展開がむしろ不十分なことにホッブズの問題点があることを指摘していることである。

まず、ロールズによれば、ホッブズは個人の私的利益を追求しているときには、共通善を実現しているとはいえず、共通善を実現するためには自然法に従うことが合理的であることを理解させる「立法ないしは法律」が必要であると考えていた。その点で、ホッブズの主権者はつねに誤りのない正しい法律を作成する「公平な仲裁者ないし裁判官」である［Rawls 2007: 84＝2011: 149–150］。

ホッブズもまた政治の目的とは私的利益ではなく、「共通善」の実現であると理解していることをロールズは当然のことと考えているが、ホッブズの「共通善」は私が考える意味での「共通善の政治学」であるのかどうかは次節で考えていきたい。ただここでとくに指摘したいのは、ホッブズの「共通善」が一般人民の追求するものではなく、「公平な仲裁者ないし裁判官」が定めるものであれば、そのような「共通善」の概念は、ロールズが主権者（＝公平な仲裁者）の絶対性を否定する点では異なっていても、第1章で述べたロールズのいう「共通善」（「共通正」）にむしろ近いと思われることである。

次に、ロールズの興味深い指摘は、「立憲的で民主的な制度」が機能するためには、「道理に適った自己抑制の観念と公正の観念」に基づく「社会的協働の観念」が必要であるが、ホッブズの人民にはこのような観念がなく、「社会的協働が不可能である」と指摘していることである。このような「社会的協働の観念」はロックの社会契約論のなかで練り直されているという［Rawls 2007: 87–88＝2011: 156–157］。ホッブズにおいてはこのような「社会的協働」を否定しているために、権力の絶対化が必要になると思われることもあとで論じていく。

いずれにしても、ロールズは基本的には現在のリベラリズムおよびその制度論からホッブズの問題点を指摘しており、純粋にリベラルな社会契約論はロックから始まると考えている。この点で、ホッブズの社会契約論が日本の研究では、どのように位置づけられていたかを見ていきたい。

その際、ホッブズが絶対的主権を肯定していることをどう解釈するのかという点と、福田パラダイムや日本のリベラリズムからはまったく否定的にしか理解されない、ホッブズにおけるアリストテレス以来の「共通善の政治学」やそれと関係の深い伝統的な自然法、とくにトマス・アクイナスの自然法との関連をどのように理解するのかという点を中心にして論じていく。

太田可夫『イギリス社会哲学の成立』

日本におけるホッブズの紹介・研究は明治期から始まり、その研究史とりわけ戦前までの詳細な分析はすでに高橋眞司による研究がある。戦前まではおおむね絶対君主主義論者として評価されていたようであるが、高橋の指摘では、第二次世界大戦の敗北を契機として本格的なホッブズ研究が始まる。それは何よりも近代市民社会成立を基礎づけた哲学者として理解しようとする当時の実践的課題からであった〔高橋眞司 一九九一：三〇三以降〕。

その始まりが一九四八年に出版された太田可夫『イギリス社会哲学の成立』である（以下では水田洋が編集した『イギリス社会哲学の成立と展開』一九七一年から引用）。太田によれば「人間的自然から、人間を材料としての、人間がその制作者である、市民社会をつくる原理を求めることがホッブスの理論的課題であった」〔太田 一九七一：一一～一二〕。

この点では、ホッブズの理論は、基本的に個人の自由や権利を保障する社会契約によって、市民社会を形成するものとして理解され、彼は絶対君主政を支持していても、それは彼の時代の限界にすぎず、むしろ「民主的原理」を確立したものとして評価される〔太田 一九七一：二六五以降〕。

太田は伝統的な自然法との関係では、ホッブズに対するストア派からキケロへの流れを重視し、理性によって自由で平等な個人の尊厳を基調とする古代ローマの自然法を重視するが〔太田 一九七一：一二四以降〕、それほど詳しく論じているわけではない。

水田洋『近代人の形成』

この太田の議論をより発展させたのが、一九五四年に出版された水田洋『近代人の形成』である。ホッブズの社会契約は、個々人が主張する自然権＝生存権を保障するものであり、ブルジョア社会発展の基礎となるものである。伝統的な自然法との関連では、中世のトマスの自然法を完全に否定したものと理解している〔水田 一九五四：二三以降〕。

水田によれば、トマスの自然法は「人間理性に反映された神の摂理」であって、人間はこの摂理に従い、社会秩序を維持していくためのものであるとされる。それは当時解体されようとしている封建制を基本的には維持しようとする試みである。ただ、トマスは人間がこの秩序から逸脱することも想定し、より高度の「神の法」も必要なものであると主張されている点では、当時の歴史的動向もふまえて「現実の歴史的発展と妥協していこうという、『うえからの』近代化の一典型にほかならない」といい、トマスの自然法の新しい方向性も示している［水田 一九五四：二八〜二九］。この「うえからの」近代化の方向は基本的に彼の経済的主張、とくに「利子論」に関して論じられているが、トマスの政治的主張について水田は議論していない。

このトマスの自然法に対して、ホッブズの自然状態は「人間社会の本質」として「自己保存権」を平等に争う状態であり、そのため、彼の自然法は基本的には「自己保存権」と同じものである。そしてその自己保存権を保持する手段が主権や国家である［水田 一九五四：一〇四以降］。このようなホッブズの主張は「近代的個人の自己主張」によって「自律的な社会秩序」を形成するためのものである。

ただ、ホッブズが絶対的主権によって個人の権利を制限しようとすることに関しては、当時の時代の限界としている。つまり、「近代的個人は、ホッブズの段階でもなお、そのままでは市民社会秩序を作りえなかった。そこで主権が個人の存続の手段としてもちこまれるのである」［水田 一九五四：一一二］。

ホッブズの個人は完全に自立できず、社会秩序を形成できないために手段としてではあるが、絶対的な国家権力を必要とした。その理由を、ロックと異なり、ホッブズが「生産における労働の低評価」をしていたという経済的なものに水田は求めている［水田 一九五四：一一八］。

福田歓一のホッブズ評価

太田は社会哲学として、水田は主として経済思想として、ホッブズの社会契約論に近代的個人からなる近代市民社会成立の哲学を見出したが、政治思想の観点からホッブズの社会契約論に市民社会でなく、近代的個人が形成していく近代国家成立を認めたのが前章で論じた福田歓一である。高橋眞司によれば、太田、水田、福田の業績は「戦後市民社会の建設ないし戦後民主主義の実現といった実践的意欲に支えられ」たものである〔高橋眞司　一九九一：三一一〕。

福田の『近代政治原理成立史序説』のなかで、最初に書かれた第一部の「道徳哲学としての近代自然法」におけるホッブズの社会契約論と自然法の関係の議論から見ていきたい。福田はストア哲学に自然法の起源を見出し、それが人間の不平等を説くアリストテレス哲学と違って、「自然理性の分有を根拠とする人間平等の理念」によって、近代自然法と関連することを指摘している〔福田　一九七一：九〕。

これに対して、中世のトマスの自然法は神意による普遍的秩序を人間が順守すべきものとして位置づけられ、基本的には「中世的身分制」を正当化する「保守主義」であるとされる〔福田　一九七一：一二～一三〕。前章でも述べたように、アリストテレス－トマスの自然法の流れを、英米ではE・バーカーのように社会契約論のなかで評価する者もいるが、福田においてはホッブズをはじめとする社会契約論とは根本的に対立するものとして理解されている。

近代自然法に関しても、グロティウスからプーフェンドルフ、トマジウス、ヴォルフの流れが本流であると一般的にみなされ、ホッブズとルソーの社会契約論がこの近代自然法と等置される傾向があることを福田は批判している。福田にとって、近代自然法も「絶対制国家のたんなる内的規制原理」であり、そこにおける契約論も「世俗権力の服従を根拠づける解釈原理」でしかない。これに対して社会契約論は「近代的政治秩序の構成原理」であり、何よりも個人の「自然権」を尊重するものである〔福田　一九七一：一九～二〇〕。

この点でホッブズの自然法の議論は「伝統的な一切の自然法概念」を否定したものであり、「自然法に対する自然権の圧倒的優位」を示すものである〔福田　一九七一：六五～六六〕。このようにホッブズの社会契約論は、伝統的な自然法を全面的に否定し、個人の自然権に基づく「近代的政治秩序の構成原理」として位置づけられている。

第二部の「政治哲学としての社会契約説」では、福田はホッブズの自然状態の意義として、「人間を理論的に規制の社会関係から切断し、原理としての人間＝自由・平等な個人を共同体から析出した、清掃の機能」に求めている。このことによって、「直接所与としての政治の現実は個人と国家という原理の問題に抽象せられ、近代国家は哲学の対象としての自律的形式を与えられた」〔福田 一九七一：二四八〕。

基本的にホッブズの社会契約論は、中間的なコミュニティ（「共同体」）を解体して、自由で平等な個人と国家が対峙する近代国家を原理的に構成したものである。福田はホッブズの社会契約論をもっぱら個人の自然権の尊重の理論と位置づけているが、それが結果的には絶対的主権を正当化する理論になっていることに関してほとんど述べていない。ただ、ホッブズの「悲劇」として、ホッブズの国家は「感性的個人から演繹された代用物」にすぎないために、彼の法理論としての国家理論は破綻せざるをえないと述べている〔福田 一九七一：二七六〕。

福田は歴史的な理由よりもホッブズの人間論自体に限界があると考えているようである。このことはあとで述べるように、利己的な人間を前提としたときには、市民の政治的自立は不可能となり、絶対的権力が不可欠になることとして私は理解していきたい。

岸畑豊『ホッブズ哲学の諸問題』

高橋眞司によれば、一九七四年に相次いで出版された岸畑豊『ホッブズ哲学の諸問題』と藤原保信『近代政治哲学の形成――ホッブズの政治哲学』によって、「ホッブズ研究の新しい段階を画することになる」〔高橋 一九九一：三一二〕。両者とも、『リヴァイアサン』以外の著作も丹念にあたり、とりわけ自然哲学と関連させて政治哲学を理解しようとする研究である。

岸畑の研究は、ホッブズの哲学体系全体を対象とするものであり、とりわけ彼の自然哲学の延長上に彼の政治哲学を理解しようとする方向を示している。ホッブズによれば、人間も「物体」として理解され、精神の働きも運動に還元されるが、人間は「自己の存在と運命」に強い関心があり、「自己保存を基本目的」とする〔岸畑 一九七四：一一五、一七〇～一七一〕。この「自己保存」のための「自己中心的な情念」によって自然状態が戦争状態になるのである。

ただ、岸畑はこの情念とともにこれまで一般に重視されていない「宗教という情念」の重要性を指摘している。後者の情念は自己の限界を知らしめ、自己の不安と恐怖を抑えるために、「神への服従」をもたらすものであり、「自己中心的な情念」と対照的なものである〔岸畑　一九七四：一八三〜一八四〕。

岸畑はホッブズが絶対的主権を肯定することもこの「宗教という情念」によって説明している。つまり、ホッブズの主権者は、「絶対的権力と合理的支配とが結合している」神の代理者である。その主権者の具体的イメージは「予言者モーゼ」である。このことは「王権神授説」のように「現実の権力を合理化する」ことではなく、主権者がそのような神の人格を演じるべきであるという主張である〔岸畑　一九七四：二六六〜二六八〕。このような主権者を要請せざるをえない背景に、岸畑は「自己中心的な情念」を強く持った「近代人の原罪ともいうべき人間悪の問題」があることを指摘している〔岸畑　一九七四：二七八〕。

自然法に関して、岸畑は古代・中世については論じていないが、後のロックも含めた「自然法学派」におけるホッブズの「逆説性」を強調している。自然状態では人間は個人として自由で平等であり、各個人は他人の自然権を尊重する義務があるとされるが、ホッブズは自然状態を戦争状態と記述している〔岸畑　一九七四：一七六〜一七七〕。

また、自然法学派では「社会に対する個人の優先」が国家理論の前提だけでなく、一貫して維持されることが主張されているが、ホッブズは自然権を理由なくして奪われるものではなく、各自には主権があるものの、「国家権力への譲渡」を主張している〔岸畑　一九七四：二四六〜二四七〕。

このようなホッブズの独自性から、岸畑は社会契約論の系譜のなかでもホッブズを異質なものと考えていたことになる。ただ、「自然法学派」のなかでは誰よりも強く「近代人の原罪」を認識していたことから、ホッブズが近代の政治哲学の創始者であるとともに、近代国家の問題性に取り組んだ哲学者であると考えていたことになる。岸畑は冒頭の「はしがき」において、「近代国家に内在する基本的な矛盾が様々な姿であらわれたとき」に、彼の国家哲学は再評価されるべきであるという〔岸畑　一九七四：二〕。私の観点からは、「自己中心的な情念」だけでは社会や国家が形成できないことを岸畑は理解していたと思われる。

藤原保信『近代政治哲学の形成』

藤原保信も岸畑同様に自然哲学の延長上で、ホッブズの政治哲学を理解し、近代政治哲学の創始者であることを主張するとともに、岸畑以上に近代国家の問題点を示している哲学者として考えている。

藤原もホッブズの自然哲学から切り離して政治哲学を論じることを批判し、アリストテレスの「目的論」と近代科学革命に由来するホッブズの「機械論」を対置させる。「ホッブズの基本的な自然観を機械論（mechanism）としてよぶならば、この機械論的自然観はそのまま機械論的な人間観にまでつらなり、それはさらに機械論的社会観にまでつながっている」。このことは「アリストテレスの目的論的自然観が、目的論的人間観にまでつらなり、さらにまた目的論的政治社会観にまでつながっている」ことと対照的である〔藤原 一九七四：一六〜一七〕。

ただ、ホッブズ自身は「アリストテレス・トマス的伝統」を全面的に批判しているが、藤原によれば「無意識のうちにアリストテレスに負っているところも大きい」〔藤原 一九七四：一七〕。しかし、後の方では何を無意識に負っているかは論じられず、アリストテレスとの相違について指摘されることが多い。私の観点からは、機械論的哲学だけでは政治社会を形成することは不可能であることを意味していると思われる。

藤原によれば、ホッブズの機械論的政治哲学の中心的概念は「力」である。そこでは秩序を脅かす「無限の『力』の衝突を抑える装置としての国家」についての考察が不可欠となる。しかし、このような機械論的自然観に近代政治哲学が基礎づけられていることがその「栄光と悲惨」をもたらすことになる。つまり、「人間を機械化し、政治社会を機械化していくことは同時に、人間を非人間化し国民をたんなる『力』の装置」とすることを意味する〔藤原 一九七四：一〇三〜一〇四〕。

まさにホッブズのいう自然状態の人間は「徹底的に反社会的である」。人間本性には他人との協力や共感もなく、あるのは他人への「優越」だけである。「古典的政治哲学の前提としたゾーン・ポリティコン」、つまりアリストテレスのいう「人間は本来ポリス的動物である」という概念はまったく否定されている〔藤原　一九七四：一六三～一六五〕。ただ、自然状態の人間は「反社会的」であっても、「非社会的」ではない。そこには人間的な交わりがあるから戦争になるのであり、自然状態は文明状態から切り離されていない〔藤原　一九七四：一六五〕。

自然法に関しては、藤原はレオ・シュトラウスに従って、伝統的自然法が「義務」の理論であるならば、ホッブズの自然法はもっぱら「権利」であるとしている。しかも、その権利や自由をより実現するために、権利や自由の制限として「法」が必要となることは、「ホッブズの政治哲学の近代的、いな自由主義的な性格をみることができる」と主張している〔藤原　一九七四：一八〇、一八二〕。

また自然状態は「共同体のあらゆる規範からも解放された原理的に自由で平等なる個人、つまり市民的人間の原型としての個人の析出を意味していた」〔藤原　一九七四：二〇〇〕というとき、近代政治原理として社会契約論を見る点で福田パラダイムのもとにあるといえる。

しかし、国家の絶対的主権の問題に対しては、藤原はホッブズの限界（福田のいう「悲劇」）よりは、むしろそのことが当時の絶対主義を超えた「近代の市民国家」の確立のためであると考えている。つまり、ホッブズの自然状態が後のヘーゲルがいう「欲求の体系」としての「市民の解放」であり、ホッブズの国家は「強制力を独占し」、そのような市民社会を自己崩壊から救い、「平和」と「安全」を維持するためのものである。そのような国家をヘーゲルにならって「外的国家」、「強制国家」、「悟性国家」と呼ぶことができるという〔藤原　一九七四：二五六～二五七〕。この点で、ホッブズの国家は絶対的であっても恣意的ではなく、合法性と道徳性を内包する倫理的国家でもなく、「公的なもの」を独占しながら「私的」な個人の自由な活動を保障する「法的国家」、「政治的国家」である〔藤原　一九七四：二六〇～二六一〕。

ホッブズの宗教論に関しても、藤原は政治論が浸透したものと考え、そこでも何よりも外面的な「平和」と「秩序」を維持することが求められていたとする。そのためイギリスの絶対王政を支持するように見えながら、「ホッブズのあまりにも近代的な思考」から、たとえば内面的な「良心の自由」を認めているように、「絶対主義の精神的基盤を破壊せしめる要素を含んでいた」〔藤原　一九七四：三〇二～三〇三〕。結論として、ホッブズの政治哲学は近代的転換を図る「市民社会の政治哲学」である〔藤原　一九七四：三一三〕。

藤原の記述から浮かびあがってくるのは、ロールズの主張とは異なり、近代自由主義（リベラル）国家の正当化を試みるホッブズである。しかし、藤原の主張は「ホッブズ的な『近代』」を現代の規範として語ることではなく、そのような近代を「批判の対象」にすることである〔藤原　一九七四：三二〇〕。

この点では、福田パラダイムを認めながら、「ホッブズ的な近代思考」の問題を解明しようとしているように私には思われる。藤原がこのようなリベラルなホッブズ的近代とは別な流れにある政治哲学者の研究に専心し、晩年には自由主義（リベラリズム）よりもコミュニタリアニズムを支持するようになったのは偶然ではないと私は考えている。

加藤節『政治哲学と宗教』

高橋眞司によれば、一九七九年はホッブズ没後三〇〇年にあたり、それ以後の八〇年代には日本でも研究が盛んになっている〔高橋眞司　一九九一：三一八〕。高橋が最も評価しているのは、一九七九年に出版された加藤節『政治哲学と宗教――一七世紀社会契約説における「宗教批判」の展開』である。

この著作は一七世紀のホッブズ、スピノザ、ロックの社会契約論を論じたものであり、前章で論じた方がよかったかもしれないが、ここではホッブズに関する議論だけを取り上げたい。加藤の問題意識は一七世紀社会契約論の政治理論と宗教論とを統一的に論じ、その宗教批判の政治的意味を明らかにすることである。

ホッブズに関していえば、「神と政治的主権者とに同時に服従することを可能とする宗教像」、つまり「内的なイエス信仰と、主権者＝体制宗教への政治的信従」を来世における救済に現世で必要な「真の宗教」とみなし、そのような宗教に基づくキリスト教国家をホッブズは確定しようとしたことである〔加藤　一九七九：四〇〕。

つまり、ホッブズが絶対的主権者を求めたのも、「永遠の生を喪失することなく」、「政治的主権者の命令に服従しうる」として「神と人間とに同時に服従することの困難性」を克服するためであった〔加藤 一九七九：一三二〕。しかし、神と人間の両方に服従することは「キリスト教の原精神」からは不可能なことであり、結局ホッブズによってては解決できなかったことが、後のスピノザとロックの社会契約論によって解決が図られていく。

加藤はホッブズの議論を「可能な限り論理内在的に分析」しているために〔加藤 一九七九：四〇二〕、ホッブズ以前の哲学や神学、とりわけ伝統的自然法についてはほとんど言及することがないが、それがホッブズの政治論＝宗教論にはおそらく重要なものであるとは考えていないと思われる。

また、ホッブズの哲学について、「『作為の論理』を貫いたこと、換言すれば、政治学の課題を、所与の政治秩序の理論的整序から、人間が新たに作為し構成すべき正統な国家一般の構成へと大胆に転換せしめて、政治認識に『人間の文化形成の論理』たる近代哲学を自覚的に貫徹したこと」を重視している点から〔加藤 一九七九：七五〕、基本的には「福田パラダイム」のもとにあるといえる。

田中浩『ホッブズ研究序説』

前章において、社会契約論一般として取り上げた論文「近代政治原理としての『社会契約説』」も収録された田中浩『ホッブズ研究序説』が一九八二年に出版されている。これは福田以上に肯定的な意味での近代国家成立の論理をホッブズに求めたものである。

ホッブズの自然法も「人間の本性」である自己保存、自然権の分析から導き出したことに最大の特徴があり、彼の社会契約も「従属関係を意味する臣従契約」ではなく、「生来、自由・平等な諸個人間の、いわば対等な横の関係としての人びとの間で結ばれたもの」であり、彼のいう主権者も主人としてあるのではない〔田中浩 一九八二：二七〕。

主権者に絶対的権力を与えても、個々の生命が危険な場合は抵抗権を認めているように、「近代的な個人的抵抗権」を初めて確立させ、権力の行使には「正しき公正の法という『法の支配』」に基づく「近代国家思想の原型」

を構築した。ただホッブズの国家論には「制度論が欠如している」という問題点も指摘している〔田中浩 一九八二：二二八、四二二〕。

一九九八年に出版され、より一般向けに書かれた『ホッブズ』では絶対主義者ではなく、「民主主義思想の先駆者」であることが強調されている〔田中浩 一九九八〕。田中のいうように、ホッブズが「民主主義思想の先駆者」であるとしても、その「民主主義」とはどのような意味であるのかをあとで考えていきたい。

木村良一『近代政治原理の源流』

高橋眞司が取り上げていないが、一九八四年には木村良一『近代政治原理の源流――ホッブズ研究序説』が出版されている。「まえがき」において「ホッブズ理論がいかに中世的桎梏からの切断であったか」が本書の「問題意識」であると述べられている〔木村 一九八四：二〕。ホッブズの社会契約を論じた部分を中心にして、どのような意味で「近代政治原理の源流」であるのかを見ていきたい。

まず、ホッブズの「自然法思想」に関しては、「自然法に対する自然権の圧倒的な優位」がホッブズの特徴であるとする。「極端なまでの個人主義」のもとで個人の自然権を守るために、「国家契約」を結ぶのには自然法よりも「個人的打算」から導き出されるしかなくなる。このようにしてホッブズの「主権論」は「人民各人のなかから、人民の手によって引き出されてくることになる」。「ホッブズ理論の近代性は、まさにこのことにある」〔木村 一九八四：一〇一～一〇二〕。

社会契約論に関しては、社会規約自体は古代からあるとしても、ホッブズによって「自由、平等の近代的個人が水平的契約関係を結ぶ」ものとなることが指摘される〔木村 一九八四：一〇四〕。ホッブズの社会契約論の近代性については、福田歓一に言及して「既成の所与の事実関係は、権利義務関係によっておきかえられ、個人の国家への服従は自分自身への服従となる」ことを指摘している。また、A・D・リンゼイを引いて、これまでの社会契約論にあった「宗教、道徳のヴェールを脱ぎ棄て」、「人間＝自然状態の見解から演繹される」新しい人間観に基づき、契約を遵守させる「公平な第三の当事者」の必要性を述べた点が「近代的な装い」であることが指摘されている［木村 一九八四：一〇八～一〇九］。

この「第三者の権利」の絶対化、すなわち「主権」の絶対化に関しては、水田洋が指摘する「目的と手段の転倒」があることも木村は認めている［木村 一九八四：一一一～一一二］。また、ホッブズが民主政治に対して混乱を生じさせるものとして否定的であったことも指摘する。しかし、「契約のための原集会は、民主的原理である」ことも指摘し、「民主政治思想と絶対君主政治思想とが同時的に存在している」ことが主張される［木村 一九八四：一一三～一一四］。

ただ、ホッブズは「絶対主権の限界」として個人の処罰に対する抵抗も認めており、「絶対主権に対する自己保存権の優位」は主張されていると木村は主張する［木村 一九八四：一一七～一一八］。結局、ホッブズの、一般的には近代の社会契約論の意義は「個人を国家の基礎として、個人の意思を重視し、尊重する」ことにある。ホッブズの場合、「各人の絶対権が契約によって、第三者に譲渡されるのだから、その権利も絶対的でなければならない」［木村 一九八四：一一九］。

このような木村の議論は基本的に「福田パラダイム」のなかにあるが、「主権の絶対性」を福田とは違い「悲劇」としてではなく、個人の自然権の絶対性を保持するために当然であると理解している。私の観点からは、ホッブズの社会契約論の近代性が「極端なまでの個人主義」にあることを木村は肯定的に捉えているが、それだけであれば絶対主義を擁護するものになることは当然であることをあとで議論していきたい。

前田康博「『リヴァイアサン』のホッブズ」

一九八六年に出版された論文集『民主主義思想の源流』に収録された前田康博「『リヴァイアサン』のホッブズ」は高橋眞司が取り上げていないが、前章で取り上げ、あとでも検討する関谷昇の社会契約論研究に影響を与えたものであり、ここで論じていきたい。

前田はまず、これまでの研究ではホッブズが「自然状態」を論じていることを当然としてきたが、『リヴァイアサン』では「自然状態」という言葉は使われておらず、そこでは「自然条件」という言葉が使われていることから、むしろ「ホッブズの政治思想の最成熟形態」である『リヴァイアサン』は「自然条件」を論じたものであるという〔前田 一九八二：二三～二四〕。

「歴史の発端」に想定される「相互非和解的絶対敵対状態」である「自然状態」であれば、そこから脱出することが不可能であることをホッブズは気づいていた。その点で、「自然条件」は「不完全社会状態」としての現実の「社会状態」のなかから発見される。この「自然条件」のもとで、各人が絶対的自由である「自然状態」では不要な「代表人格」（主権者）が方法的に要請される〔前田 一九八二：四〇～四二〕。

また、第一三章の「自然条件」に先行する章では「デ・ファクト不平等」（事実上の不平等）が経験的事実とされていたが、「絶対的命令として、法を完全規範化する」ために、方法として仮定されたのが「デ・ファクト平等」（事実上の平等）である〔前田 一九八二：四三～四五〕。

ただ、この「デ・ファクト平等」は「自然権」ではなく、第一四章から「自然権」が記述される。ホッブズにとって、「自然権は自由の運動原因であり、自然法は拘束する理性原理である」。この点で両者は相矛盾するものである。ホッブズの独自性は自然法をもっぱら「内面性の領域の法」だけに限定し、「外面性の領域」では自然法と自然権を「絶対矛盾性」において理解することである〔前田 一九八二：四九～五〇〕。

この内面性においてだけ義務づける自然法には内面性においても義務づける「普遍的保証」はもともとない。その解決のために「最大の命令権者：神の最大限模倣が方法的課題として方法的に照示される」〔前田 一九八二：五四～五五〕。

ホッブズの論理は「作為の論理」として「作為する人間のゆえの作為とだけ解釈する」ならば、「自然の論理に対抗できない」ものである。「作為する人間性」も「生成する自然の一環」であり、「自然の論理に対峙して原理的同格性を主張できるのは、作為する人間性が自然の自然に提供する水準をこえる作為の課題を負う」からである。

ここに「擬制の盟約」をした後に「絶対主権化」が要請される理由がある〔前田 一九八二：六五〕。

ただこの場合でもホッブズはあくまでも理性の命令としての自然法による「自然権の自己拘束」を求めたのであるが、それだけでは限界があり、実践上の条件としての「実践知」で補完されることも求めていた。しかし、それでもアリストテレスのように「実践知」によって「ゲマインシャフト原理」（共同体原理）に基づいて国家の組成を説くのではない。この点ではロックが「自然の共同体」として自然法に包み込まれている世界から出発し、「ホッブズ以前」にとどまっているのとは対照的である〔前田 一九八二：七二～七三〕。

結局、「代表人格担当者と被代表者とを通底する実存」、「現在を掌握する実存の決断」がホッブズの国家の構想である。彼の作為の原理は自然原理に内在している「予定調和」を断念したものである〔前田 一九八二：七三～七五〕。

前田の議論は加藤と同様に、基本的にはホッブズの論理を「論理内在的に分析」したものであるが、この論文のなかでは「近代」という言葉が使われていないように、加藤と違って近代政治原理を求めるものではない。また、「自然権」だけを強調せず、伝統的な「自然法」や「自然の論理」を全面的に否定しているのではない点では、福田パラダイムと異なるものである。

ただ前田はホッブズにおける「作為の論理」を強調し、彼が「自然の共同体」を否定していると述べていることは福田パラダイムのなかに位置づけることもできるが、私の観点からは、ホッブズはロックとはかなり相違し、むしろ「ホッブズ以前」と述べている点が興味深く、この問題は次章において論じていきたい。

水波朗『ホッブズにおける法と国家』

これも一九八七年に出版されているが、なぜか高橋眞司の研究史では取り上げられておらず、その後の政治学者によるホッブズ研究において言及されることがない水波朗『ホッブズにおける法と国家』を次に取り上げたい。これは日本の研究のなかではアリストテレス－トマスの「共通善の政治学」やスコラ哲学との関係を詳細に論じたものであり、私の観点からは最も有意義な研究である。

この本の最後に「付論」として、藤原保信の水波批判に対する反論があるが、水波は個々の解釈ではかなりの違いがあっても、藤原を「わたしと志を同じくする仲間」とし、彼が「近代の政治哲学に批判的である」ことを評価している〔水波 一九八七：一七五〕。

水波の基本的立場は、冒頭に示されているように、「近代法・国家思想をその生成の端緒において問」い、批判することであり、そのことは今日の「法実証主義」、「啓蒙期自然法論や理性法論」、さらに「功利主義」の源流であるホッブズを批判することである。ホッブズはその後の「西欧ブルジョア社会（およびその共産主義諸国版）」の両極、「原子化」した個々人の「大衆」の極とそれによって可能となるリヴァイアサンという「全能国家」の極とを予見し、理論化したものである〔水波 一九八七：一〕。

ホッブズにとって、「権利」は「自由」であり、「利益」であるが、このこと自体はスコラ哲学の伝統と同じである。各人は自然状態でも「私ノモノ」を持っている。自然状態でも他人の財産・生命・名声を奪うことは罪であり、法的義務がある点では、ホッブズを伝統的な自然法の義務論のもとにあるとする「テイラー＝ウォレンダー・テーゼ」は正しいといえる。しかし、このテーゼではホッブズにおいて自然状態が国家状態よりも「より根源的である」ことは説明がつかない〔水波 一九八七：三四〜三五〕。

ホッブズは若いころ学んだ「晩期スコラ哲学の名目論的・主意主義的教説」を後に否定しているものの、スコラ哲学の用語は使い、彼の思想の「全体的な（少くも）構図はスコラ的である」。しかし、デカルト哲学のような当時の近代科学の影響を受けた「近代的調子を帯びている」〔水波 一九八七：三五〕。

水波によれば、「アリストテレス＝聖トマス主義の現代の代表哲学者ジャック・マリタン」（私はアリストテレス－トマスの哲学を基にする政治学を「共通善の政治学」と呼び、とくにマリタンは現代コミュニタリアニズムの先駆者と考えている〔菊池 二〇一一：二二以降〕）がいうように、人間は「第一質料と霊的実体的形相という二つの形而上学的原理の合体から成る一つの実体的存在」であり、「質料」から「個体」が、「霊的実体」からは「人格」が現れるが、この二つはデカルトのような「身体と霊魂」の二元論ではなく、同時に存在するものである〔水波 一九八七：四一～四二〕。

ホッブズは人間をもっぱら「第一質料」の観点から眺め、「人格」の側面は無視し、「個体」と考えた。そのために、この「個体」は原子的で、自己閉鎖的なものであり、自己中心的なものである〔水波 一九八七：四二〕。「人格」を欠く「個体」の自己保存は、感覚的な快（善）を求め、苦（悪）を避けることであり、「個体の消滅」（死）が「最高悪」であり、それを避けることが「最高善」となる〔水波 一九八七：四三～四四〕。「人間存在の質料超越性」から「共通の目的のために共働する」という人間の「社会的本性」が出てくるが、このようなスコラ哲学の見方をホッブズは「大胆に徹底的に否定した」〔水波 一九八七：四四～四五〕。

結局、自然状態は「第一質料的観点からみられた人間生活の現状のホッブズ的ヴィジョンである」〔水波 一九八七：四六〕。ホッブズの議論が受け入れられていったのは、「ブルジョア社会の一般的な存在様態が質料化していたからである」。そこでは人間は「アトム化し、個体化し」、そのような「大衆 multitudo の上に厳しく立つレヴィアタン的全能国家が人工的に構成され、今日の管理社会が科学的成果を十分に活用して人為的に生み出された」〔水波 一九八七：四八～四九〕。

ただ、現実のホッブズは「人格者」として「自然法の洞見」によって生活していた。そのため、「全体として唯物論的な体系のなかにこれと矛盾する観念論的異分子を導入」し、「自然法の掟の義務の超越性」を認めていた。テイラー－ウォレンダー・テーゼはこの点では正しい〔水波 一九八七：四九～五〇〕。

ホッブズのいう主権者の権力は晩期スコラ哲学（「オッカム・スコットウス的主意主義」）の権威観念に通じ、「主権者の意思の秘儀的決断」に基づくものである。主権者の権威が絶対的であるのは、実力によってのみ「保護」するからである。実力による「平和と保護」に国家の目的があり、それが「共同善」である〔水波 一九八七：六三〕（なお、水波は「共通善」には「共同善」という訳をあてている。また、ホッブズの「共通善」はアリストテレス－トマスの「共通善」とはまったく違うことも水波はあとで論じている）。

ホッブズの国家は一元的であり、全体主義的なものであり、中間諸団体について述べられているが、それらは「保護＝服従」の関係に組み込まなければならないものである〔水波 一九八七：六四〕。『リヴァイアサン』の副題は「教会的および政治国家の質料、形相、権力」であり、スコラ哲学の用語が使われていることから、水波はスコラ哲学の「四原因説」からホッブズとの相違を論じている。ホッブズの国家では、国家の質料因は人口・土地・富などの自然的要素、国家の形相因は人工的魂としての主権（者）、国家の作用因は権力、国家の目的因は実力による平和と防衛である〔水波 一九八七：六四〜六五〕。

これに対して、アリストテレス－トマス、一三世紀の「盛期スコラ学」では、国家の質料因は「自然的存在としての特定数の各個の人間」であり、理論的には国家以前に多様な社会集団を形成している。また土地やそれに基づく自然的資源・富である。国家の形相因は国家の統一原理である「権威」あるいは主権者である。目的因は客観的諸目的と主観的諸目的の総合、「共同善」である。作用因は国家の保持のための治者、被治者の「人為の努力」である〔水波 一九八七：六五〜六六〕。

このスコラ哲学のいう国家は根本的に「多元的」、「補完的」である。そのために「友愛」が重視される。友愛が人間本性の法則であり、自然法である〔水波 一九八七：六六〜六七〕。ただ、アリストテレスには、当時のギリシアのポリスが「自閉的」なことから、全体主義的なところもあり、そのため「補完性」原理はなく、また「人格」の概念も明確ではない。トマスでは国家は全体的なものであっても、人間はその「人格」では国家に従属せず、国家自体が自己目的ではない。このようにスコラ哲学の国家本質論はホッブズの「全体主義的なそれと正反対」のものである〔水波 一九八七：六七〜六九〕。

「共同善」はホッブズではほとんど欠落している。アリストテレスでは「共同善」は国家ごとに異なるものである。スコラ哲学でも「共同善」はそれぞれの国家で異なるが、人間は普遍的に「共同善」における「秩序価値・平和価値の優先性」とそのための実力行使の必要性を知っている。そのために「国法」が制定される。スコラ哲学でも実力の必要性を認めていたが、ホッブズと異なって「国家は実力によって存する」とは考えない。またスコラ哲学では国家の「共同善」の内容ではなく、「共同善」そのものを問題とする。共同善は客観的な存在であり、「共同善」を現実化している限り、国家がある。スコラ哲学では善は存在と同義であり、悪は存在の欠如である〔水波 一九八七：七〇～七一〕。

主権はアリストテレスでは人民大衆 demos から、トマスでは multitudo から由来する。アリストテレスにとって大衆は「個々人としてでなく、全体として主権者である」。この民主政治とは実定法的な民主政とは別の自然法上の「始原的民主制」である。ホッブズもこのことを前提としている〔水波 一九八七：七四～七五〕。この主権的自己統治権を政体上の主権者に移すことをホッブズは「信託」や「暗黙の同意」という。しかし、このことは「実力による保護」に入ることの同意として理解すべきである〔水波 一九八七：七六～七七〕。

アリストテレスやトマスの議論のなかにすでに契約の要素がある。彼らによれば、自由な市民としての人民はその主権を信託して「法の支配」のもとに生きることに同意している〔水波 一九八七：七七～七八〕。このように古代・中世の国家契約説が自然法的「法の支配」への同意であるのに対して、ホッブズは「これを根本的に転倒させ、質料化し、物化して、『力の支配』への同意」とした〔水波 一九八七：八〇〕。

また、スコラ的理論にあって、ホッブズの理論に欠けているのは「参与」および「信託」の観念である。スコラ哲学では大衆は自らの主権を放棄しない。しかし、ホッブズでは「主権の質料化・物化」が行われ、大衆には契約後に主権は残らず、残るのは「権威に服する義務」、「国法に服する義務」だけである〔水波 一九八七：八一～八二〕。

結局、ホッブズの国家観は「近代的な道具的国家観の長い系列の端緒である」。この国家観は「絶対王制の警察国家」によって実行に移され、ベンサム的な「功利主義的国家観」に再現され、「自由主義的夜警国家観」として広まっていく。マルクス主義における「階級搾取のための実力装備」としての国家観も同様のものである〔水波 一九八七：八二～八三〕。

水波の議論の紹介が少し長くなったが、伝統的自然法や「共通善の政治学」は、保守主義的もしくは全体主義的なものではなく、むしろ多元主義的なものであり、民主主義的なものであることが福田パラダイムや戦後の政治学一般においてまったく無視されていることが理解できると思われる。次節では、私は水波を参考にしながら、アリストテレス－トマスの「共通善の政治学」をホッブズが否定したことから生じる問題点を考えていきたい。

高野清弘『トマス・ホッブズの政治思想』

一九九〇年代以後の研究のなかでまず取り上げたいのは、高野清弘『トマス・ホッブズの政治思想』（一九九〇年）である。この著作は太田や加藤の研究と同様に、ホッブズの宗教思想と政治思想との関連を中心に論じたものである。ただ、最後に加藤の『近代政治哲学と宗教』への批判が「附論」としてついているように、加藤と異なり、高野のモチーフは「西洋思想の根本的な矛盾と対峙してその解消を図」ろうとし、挫折した思想家としてホッブズを理解することによって、「キリスト教批判」することであると、「あとがき」で明確に述べている〔高野 一九九〇：二七九、二八二〕。

高野もまたホッブズによる「人間作為の能力への信頼」を指摘し、ホッブズの論理は「人間は一切の所与性を否定し、ひとえに自己自身に依拠して自己と自然とをのり超える存在であるとする」ものである。しかし、その論理は、当時の科学革命時代の「ガリレオ的自然科学の方法」をモデルとするとともに「プロテスタンティズムの内面性の原理」もモデルとしている〔高野 一九九〇：一六二、一六五〕。高野によれば、長老派やピューリタンは自己の「救いの確かさ」という個人だけに係わる価値や善を追求し、「まるで帳簿でもつけるように善行記録を綴ったピューリタン倫理の功利主義的・快楽主義的性格」を持っている点で、ホッブズの人間像と類似する〔高野 一九九〇：四九～五〇〕。

このようなピューリタンが「自己の救済」のために、封建秩序から自らを解放しようとし、当時のイングランドに内乱をもたらした。ホッブズは彼の社会契約論において、このような「他者との関係に顧慮することのない」人間に対して、「他者との関係についての認識を前提にしてはじめて成立する自然法を提示」する。しかし、「ここにホッブズの自然法論の根本的矛盾が内包されていた」〔高野 一九九〇：五〇～五一〕。

このような矛盾を解決するために、ホッブズは「十全な強制力を備えた主権国家」を求めた。その絶対的な主権者に関して、W・M・ラモントを引用して「全能にして批判不能な主権者はカルヴァンの神の顔を有していた」という［高野 一九九〇：五二、五六］。

しかし、ホッブズの神は「人間の理性的推論の究極に要請される神」でもあって、キリスト教以外にも認められる「第一起動者」としての神の側面もあった。この神は「恣意的独裁者ではなく、人間の認識の努力を担保するものなのである」。主権者は「第一起動者」として国家の設立後は「正邪の別」の基準となる市民法、「人民の善のために必要で、分かりやすい」「よい法」を制定する。主権者は臣民に恣意的に干渉せず、彼らの行動に「計算可能性と予測可能性」を保障し、広範囲な個人の自由を認める。この点で、「ホッブズの国家は、通常考えられている以上に自由主義的な性格をも有していた」［高野 一九九〇：五七〜五九］。

ただ、このようなリベラルな傾向がホッブズにあるとしても、あるいはそれゆえに高野はホッブズの思想には「非政治性」があることを指摘している。ホッブズの著作のなかには「政治への積極的な参加を奨励し、あるいはそのことの喜びを述べるような箇所はまず皆無といっていい」［高野 一九九〇：一二二〜一二三］。

高野によれば、このような「非政治的な」政治思想家にホッブズがなったのも、ジョン・ダンを引用して「市民精神と不倶戴天の敵」であるキリスト教、とりわけプロテスタンティズムとの格闘からである。このことはハンナ・アレントがいうように、現代では「人間であるというたんなる事実のみに由来する権利」や経済活動に専念する非政治的人間、「人間世界における足場を失った」存在を生み出していることであると高野は批判する［高野 一九九〇：一二三〜一二四］。

個人の権利を強調するリベラルであっても「非政治的」とりわけ政治参加を語らないホッブズとは、本書第1章で述べたように、ペイトマンやウォーリンのロールズ批判と重なるものであり、この点でもホッブズとロールズの社会契約論は意外と近いのかもしれない。

鈴木朝生『主権・神法・自由』

一九九四年に出版された鈴木朝生『主権・神法・自由――ホッブズの政治思想と一七世紀イングランド』は、副題に示されているように、ホッブズの政治思想を当時の歴史的コンテクストのなかで理解しようとする試みである。鈴木は「はじめに」において、彼の意図が「ホッブズの思想の〈全体像〉」を解明することではなく、「同時代の文脈の中」、とりわけホッブズに対する「同時代の非難」からホッブズの思想を理解することであり、何よりも「ホッブズ理論の《世俗》的性格」を明らかにすることであるという［鈴木 一九九四：一三～一五、一七］。その観点から鈴木は、ホッブズの政治哲学の三部作、『法の原理』、『市民について』、『リヴァイアサン』が「〈神の命令〉と〈人の命令〉」のどちらの命令に服従すべきであるのかをテーマとする「宗教論」であると指摘し、『リヴァイアサン』に関しても「〈臣民の自由〉論」について論じるだけである［鈴木 一九九四：一三八、二一九以降］。狭い歴史的文脈からは、ホッブズの社会契約論は問題とならないからであろうが、鈴木の著作は社会契約論自体に対する現在の一般的な関心の低下を示しているかもしれない。

佐藤正志『政治思想のパラダイム』

次に取り上げたいのは、佐藤正志のホッブズ研究である。前章では佐藤の社会契約論一般の議論は基本的には福田パラダイムのもとにあるとした。しかし、佐藤のホッブズ研究は、「福田パラダイム」では社会契約という「近代政治原理」を初めて展開したホッブズに関して、むしろその近代政治原理の抱える問題点を指摘したものである。佐藤の研究はその問題点から、むしろ新たなパラダイムを求める研究であり、藤原や高野の議論と重なるものである。

佐藤は藤原と共著で『ホッブズ　リヴァイアサン』という入門書を書き［藤原・佐藤 一九七八］、いくつかのホッブズに関する論文を書いているが、ホッブズに関するまとまった単行本がないために、補論に「ホッブズの政治哲学と近代」がある『政治思想のパラダイム』（一九九六年）のホッブズ論から論じていきたい。

彼はその「はしがき」において、古代ギリシアの「ポリスにおける〈実践〉という政治のはじまり」に立ち返り、「その根源的意味」から「近代的なパラダイムへのラディカルな問いかけ」をしていくことが本書のモチーフであるという［佐藤正志　一九九六：一〜二］。佐藤はこの点で当時のアリストテレス実践哲学の再評価の動きを挙げ、ポリスの政治とは「言語を媒介とした活動であり、互いに議論し、説得し、共通の同意に基づいて理性的な決定に達することにほかならない」ことを指摘し、そのことはアリストテレスが人間を「政治的動物」と呼んだ理由であるとしている［佐藤正志　一九九〇：一四］。

これに対して、ホッブズは言語を「独立した個々人の純粋に内的な思考の単なる記憶のための符号」としたが、「そのような純粋に内的に形成される概念を表現するための中性的な媒体として機能する言語」が「政治的共同体の絆」とはなりえないことを佐藤は指摘する［佐藤正志　一九九六：一四〜一五］。ホッブズは一七世紀の科学革命の時代に「近代科学を範とした真の政治学」を宣言したが、その政治学は「学問的厳密さ」とともに、「技術的関心」の強いものであった［佐藤正志　一九九六：五二］。

ホッブズにとって国家は「自然の所与」ではなく、「政治秩序は、人間の技術によって作り出されるべきもの」である。この秩序の形成過程は「因果的な必然的メカニズム」として構成されるが、それが「〈科学〉としての新しい政治学」である。そこで絶対的主権者の権力に服従するのは個々人の「自己保存の自然的衝動」であり、「自律的な市民主体」としてではない［佐藤正志　一九九六：五六］。

結局、ホッブズの「新しい政治哲学」では「原子論的に解体された抽象的個人」は「絶対的な因果的必然性」のもとに「技術的に適用可能な」ものとされ、「自己決定の自由」が与えられた理性的存在であるが、その理性は「支配のための技術的、道具的理性に還元され」ている［佐藤正志　一九九六：五六〜五七］。

このような佐藤のホッブズの評価は、福田パラダイムそのものを見直すためのものであると私は考えている。実際ここではコミュニタリアニズムも「新アリストテレス主義」として一定の評価を受けている［佐藤正志　一九九六：一一］。また、「リベラル‐コミュニタリアン論争」についても言及し、コミュニタリアニズムや共和主義の主張にも一定の理解を示している〔佐藤正志 一九九六：二〇七以降〕。

とくに佐藤はリベラリズムを次のように批判している。「自由主義は、まさしく法のパラダイムに属している。そこでは、人間は生来政治的であるという前提が否定され、市民の政治参加の水準は低められる」〔佐藤正志 一九九六：二一二〕。本書の第1章でも述べたように、ロールズのリベラリズムはまさにこのようなリベラリズムであり、ホッブズもリベラルであるとしたら、このようなリベラルであると思われる。

高橋一行『ホッブズからヘーゲルへ』

次にホッブズのモノグラフの研究ではないが、日本のホッブズの政治学研究で初めて本格的に「ゲーム理論」を導入したものとして、高橋一行の『ホッブズからヘーゲルへ』（二〇〇一年）のなかの第一章「ホッブズとゲーム理論」を取り上げておきたい。

高橋によれば、ホッブズの社会契約論の分析にゲーム理論を導入したのは、J・W・N・ワトキンスの一九七〇年の論文からであり、現在では欧米でかなりの研究がなされている〔高橋一行 二〇〇一：一三〕。ロールズも『政治哲学史講義』のホッブズのなかで、合理的人間による社会契約論としてゲーム理論を用いて分析している〔Rawls 2007: 88-89＝2011: 157-159〕。

高橋はタルコット・パーソンズがいう「ホッブズ問題」、「自然状態からどのようにリヴァイアサンが導出されるか」という問題にゲーム理論を使って解答を試みる。まず、彼はワトキンスが使った「囚人ゲーム」（P・D）では、自然状態の行為者が合理的な計算をすれば必ず戦争状態になるという〔高橋一行 二〇〇一：一三～一六〕。

次に、リバタリアンの法哲学者森村進がP・Dを修正した「保証ゲーム」（A・G）、つまり約束を守るという社会的規範が内面化している場合は、人々は裏切り行為よりも協調戦略を取り、「合理的に合意が形成され、合理的に国家が導出され」るという〔高橋一行 二〇〇一：一六～一八〕。

最後に、高橋は最もホッブズに適用できるモデルとして「チキンゲーム」（C・G）を挙げている。これはともに殺される場合という最悪の結果を避けるために、平和戦略を選ぶことが合理的になるものである〔高橋一行 二〇〇一：一八〜一九〕。

この三つのモデルが一回限りのゲームであるのに対して、高橋は「繰り返しモデル」、とくにロバート・アクセルロッドの研究をもとにして、ゲームが繰り返されれば、P・Dでさえも協調に至ることが可能になるという。このことを「ゲーム理論が利己的な個人（個体）から出発して、協調的行為を説明し得る鮮やかな理論」であると高橋は呼んでいる〔高橋一行 二〇〇一：二五〕。

高橋によれば、P・Dは国家を形成しようとする議論を生じることがなく、ホッブズが平和に至る可能性を論証しているとすれば、このモデルはホッブズ理論にはふさわしくないものである〔高橋一行 二〇〇一：二八、三三〕。A・Gの問題点は「社会性を持たない個人」から社会が形成されるためには「個人のなかに社会的規範」が形成される必要があるが、その規範は「社会の中でしか形成され得ない」という矛盾があることである。この点で、C・Gが最もホッブズ理論を説明できるという〔高橋一行 二〇〇一：三二〜三三〕。

C・GはP・Dと同様に、「人は利己的であり、戦争好きである」という前提があるが、P・Dのプレイヤーは「理性的な計算のできる個人」であるのに、C・Gは「名誉欲と死の恐怖という情念の間で揺れ動く、感情的な人間である」。この点で、C・Gの方が「より現実的な人間観」であり、そのためにホッブズは現実的に平和への可能性を証明したと高橋は主張する〔高橋一行 二〇〇一：三三〜三四〕。

高橋は「繰り返しモデル」についても考察し、ホッブズが「利己的な個人から協調の必然性を導出した」としても、このモデルはホッブズに適用できないとする。その理由は、ホッブズの自然状態には、国家成立以前の「純粋自然状態」と国家が一時的に崩壊した内乱状態の両方が含まれるが、「純粋自然状態」では、人間は利己的であり、協調行動はできないとされているから、人間は利己的から利他的になって、社会や国家を形成するという「繰り返しモデル」はホッブズには適用できないからである〔高橋一行 二〇〇一：三四〜三五〕。

結論として、ホッブズの記述に曖昧さが残るものの、はじめはP・Dであるが、それでは平和状態にならないために、C・G的状況を考えた。しかし、その状況は平和になる可能性があるものの、それは十分でないために、「すぐに国家が要請される」という［高橋一行 二〇〇一：三七］。

この高橋の研究から、ホッブズの社会契約への「ゲーム理論」の応用が多いのは、自己の利益を最大限追求しているという「経済人モデル」として、ホッブズの議論が理解できると思われているからであることと、「利己的な個人」の想定だけでは国家を形成することは不可能であることを示していることが理解できる。

有馬忠広『ホッブズ『リヴァイアサン』の人間像』

二〇〇二年には有馬忠広『ホッブズ『リヴァイアサン』の人間像』が出版されている。これはいくつかの論文をまとめたものであり、『リヴァイアサン』を直接論じていないものも含まれているために、ここでは有馬の『リヴァイアサン』解釈を展開している第一章「ホッブズにおける個人と国家」、第二章「ホッブズのノミナリズムと国家設立における人間像」第三章「ホッブズの自然権と理性的人間」だけを簡単に取り上げたい。

有馬は第一章のはじめで、レオ・シュトラウスのホッブズ解釈が「自然権の優位」であるのに対して、むしろ「自然法」を重視し、「自由と自然権」との関係が重要な問題であると主張する［有馬 二〇〇二：一〇］。ホッブズの主権論は「情念的人間」ではなく、「道徳的規範を内在化している理性的人間」を対象とするものである［有馬 二〇〇二：一五］。主権者たちは自らの「良心を拘束する道徳的規範」として「自然法」に服従しなければならない［有馬 二〇〇二：二二］。しかし、国民は自然法ではなく「市民法という行為規範」によって「外面的行為」だけが服従を要求される［有馬 二〇〇二：二四〜二五］。

結局、有馬によれば、「大多数の人びと」がエゴイストであるとしても、「例外的な人間像」としての「高邁な性質の人びと」が「理性的推理」によって自然法を発見し、「大多数の人びと」にその遵守を促すという二元的な人間性にホッブズは依存している［有馬 二〇〇二：四〇〜四一］。ホッブズにおいて「自律という近代的原理」は「理性的人間」に関することである［有馬 二〇〇二：五六］。「ホッブズの主権論の近代性」に関して、主権が自然権の保障のためにあることが強調されているが、有馬によれば、自然権は自然法のための手段でしかなく、「自然権が自然法に優越している」というべきである［有馬 二〇〇二：五七］。

このように福田パラダイムで主張されている自然法から自然権という社会契約論を否定し、ホッブズの社会契約論はむしろ権力に対する服従の論理と有馬は考えている。有馬の議論が正しいとすれば、ホッブズの「自然法」や「理性」は、すべての人間に関するものではなくなり、伝統的な理性とは異なっていると思われる点もあとで論じていきたい。

関谷昇のホッブズ評価

次に、取り上げたいのは前章で福田パラダイムの修正として取り上げた関谷昇『近代社会契約説の原理』（二〇〇三年）のホッブズに関する議論である。関谷はまずホッブズの哲学を要約し、ホッブズは「個人主義的な政治思想」を展開しているのではなく、「機械論の哲学」に立脚して、絶対的な政治秩序のための「政治的一体性」を強調したと指摘する。つまりホッブズは、「全体から個へ」の論理を普遍化するために、「個から全体へ」の論理を媒介させた「全体」と「個」の「弁証法的綜合」を試みた哲学者であった［関谷 二〇〇三：七一～七二］。

ホッブズの人間論の特徴はアリストテレス哲学の「ゾーン・ポリティコン」の観念を否定するラディカルなものである。ホッブズは「機械論」的人間観に立ち、人間は「情念」という「駆動力」をもとに、作用と反作用の力学に立脚して運動する存在である。このことから、とくに「高慢」という情念によって、「既存秩序」を脅かす存在である人間の服従を確実なものにする国家の創造をホッブズは主張する。その点で彼の「個人の析出」はたんなる「原子主義」ではなく、「批判的原子論」である［関谷 二〇〇三：七五、八四、八九］。

ホッブズの自然状態は「方法論的仮定」であり、「人間を所与性から切断し、原理としての人間を共同体から析出する」ものである。そのような人間を「平和に向かわせる駆動力」は「死への恐怖」、「快適な生活に必要なものに対する意欲」、「必要なものを勤労によって獲得する希望」という情念である［関谷 二〇〇三：九二］。

関谷は前田にならって、自然状態でない「自然条件」では、人間は「所与の規範から論理的に解放され」た「完全な『自由』」を持っており、「批判的自我」である「解釈する自我」の駆動力がある。ホッブズの「自然権思想」は「個への還元」という「画期的な前進」を遂げたものであり、「善」と「快楽」を同一視するものである［関谷 二〇〇三：九六〜九七］。

国家の創造に関しては、「個々人が契約を通して相互に結合した後に主権者が選定されるというような時間的推移」はなく、「結合と主権者が理論的に同時に成立する」ものである。これがホッブズにおける「全体」と「個」の「弁証法的綜合」が「政治的一体性」へと推論される契機であり、ホッブズの国家は一部の利益のためでなく、全体の人民の利益を目指すものである［関谷 二〇〇三：一〇七〜一〇八］。

代表人格も「一体性」を要請されるが、主権国家は「自然権の自己抑制に立脚している」ために、そのまま「完成態として持続しうる」ことはなく、現実の関係では、政治的「一体性」は「それ自体非完結性を免れない」。ホッブズの社会契約説はメタファーであり、また「作為する人間の有限性」に基づくものである［関谷 二〇〇三：一一五］。

また主権の「一体性」の維持は主権者自身しか行うことはできず、人民は「臣民」でしかない。その点では、「批判的原子論」と「原子主義」の両義性がある。ホッブズには「抵抗権」はなく、「不服従の権利」があるだけである［関谷 二〇〇三：一二一、一二四］。

結局、ホッブズの社会契約においては「個々人における内面からの公共性の自覚」をもたらすものではなく、その権力の行使では「人間の管理・操作に展開する危険性を内包している」。ここには「解釈する自我」の混迷を見ることができる［関谷 二〇〇三：一三一〜一三二］。

このような関谷のホッブズ理解は、少なくとも個人の自然権を保障するという社会契約論の問題性も指摘され、福田パラダイムの再考を促すものである。ただ、関谷のいうホッブズの「駆動力」では、国家を形成するのには「非完結性」を呼び起こすものでしかないと思われ、この点ではロックやルソーの「駆動力」ではどうなのかも後に考えていきたい。また、ホッブズの「批判的原子論」とは何か、何に対する誰の「批判」なのか私には理解できなかった。結局、主権者だけの「批判的原子論」でしかないように思われる。

梅田百合香『ホッブズ　政治と宗教』

梅田百合香『ホッブズ　政治と宗教』（二〇〇五年）とは加藤や高野と同様にホッブズの宗教思想を主として論じたものであるが、最大の特徴はホッブズの哲学を機械論・唯物論としてではなく、当時の自由意志論を批判する「意志論」の文脈に位置づけ、またアングリカンのリチャード・フッカーの思想の影響を論じた点にある。

梅田によれば、ホッブズの「自由意志論」では、「良心や理性が絶対化され、政治的反逆を生み出す」と考えられ、人間の意志が必然的に決定され、人間自身のコントロールを超えているために、国家権力が内面の意志に介入せずに、外面的な行為だけを操作する「外面的国家」である［梅田 二〇〇五：一一七〜一一八］。自然法に従う義務も「自己保存という合理的な自己利益から導出されるのではなく、神の『意志』と人間の『意志』との一致という倫理的・道徳的空間の誕生から引き出される」［梅田 二〇〇五：一四〇］。また、国家は「強制力」によって、恐怖心を抱かせ、「新しい意志」を形成させる［梅田 二〇〇五：一四六］。

社会契約を国家の構成原理とする発想はフッカーから由来し、ホッブズとフッカーは「同一の思想類型として位置づけられる」と梅田は主張する［梅田 二〇〇五：一四八〜一四九］。梅田によれば、フッカーとの共通点は以下の五点である。⑴国家設立の原理としての人民の「同意」、⑵この同意に基づく世襲王制の是認、⑶統治者の主権をモーゼの主権からの類推、⑷カトリックとピューリタンへの対抗と包摂、⑸「国家と教会とを同一社会の二つの側面とするアングリカニズムの論理」である［梅田 二〇〇五：一五一〜一五二］。とくに、服従理論を人民の同意に基礎づけることは「ホッブズとフッカーに共通する独自性であり近代性である」［梅田 二〇〇五：一五五］。

ただ、梅田はフッカーとの相違もあることを指摘し、とくにフッカーの自然法は「アリストテレス‐トマス的な伝統的自然法」であるのに対して、ホッブズの自然法は「独自の意志論によって導かれる、自己の意志となった理性の指示」という「まったく新しい意味」になっていることを指摘している［梅田 二〇〇五：一七〇］。しかし、この問題はそれ以上論じられず、私の観点からいえば、両者が類似しているのは、国家と教会の主権者が同一のものであるアングリカニズムを支持するという点から生じているのであり、フッカーとホッブズはまったく異なる「思想類型」である。

また服従理論が人民の同意に基礎づけられることを近代的なものとしているが、水波が指摘しているように、伝統的な自然法にも「同意」の概念はあり、それ自体は近代的な概念ではない。私はフッカーの政治思想を「共通善の政治学」に位置づけ、この点でロックに影響を与えたことを論じているが［菊池 二〇〇五：三二～三四］、この点も次章のロックのところで述べていきたい。

いずれにしても、梅田によれば、「ホッブズの社会契約論（政治学）は、ルターからフッカーに還流する『受動的服従』の思想を継承した『義務の理論』と言えるのではないだろうか」［梅田 二〇〇五：一八四］。梅田は結論において、ホッブズの政治思想は多様な近代の一つの類型と考えているが、ホッブズの社会契約論が基本的に自然権の理論ではなく、「義務の理論」としていることは本人が意図したかどうかは別としても、福田パラダイムの否定になっている。

川添美央子『ホッブズ　人為と自然』

次に川添美央子『ホッブズ　人為と自然』（二〇一〇年）では、中世から近代への変化を「人為」「作為」の原理への過程と捉え、ホッブズの政治学を「制作者」としての人間像から「人為原理」を全面的に展開したものとすることによって、「自然から作為へ」という福田パラダイムに基本的に従っているといえる。しかし、川添はむしろ「人為と自然の関係」を問うことによって、ホッブズの相互性の「契約論」ではなく、上からの主権者による「制作学」に注目して、ホッブズの政治学の問題性を明らかにすることに力点を置いている。

川添によれば、ホッブズの自然法は、基本的には主権者の「恣意的決定」に対する「実質的制約」になるものではなく、そのため「国家は主権者による一方的な制作物」でしかない〔川添 二〇一〇：一二九～一三〇〕。しかし、ホッブズは主権者の恣意的な意志を制限するための二つの制約を主張している。

まず、「自己保存のための計算理性ではなく第三者的理性」によって「臣民」が納得するための「道具」としての「契約説」である。この「契約説」は「暴走しかねない人為に対する自然の側からのわずかな条件づけ」である〔川添 二〇一〇：一五六～一五七〕。次に、主権者は「完全に人為的な記号空間を無から作りうる」ことはできず、「名誉や価値の序列を決定する際など、既存の『自然的しるし』を取り込む必要」があり、このような「人々の間に存在する人間的自然」が主権者への制約になる〔川添 二〇一〇：一五七〕。

ただし、このような「人間的自然」は利己的で他者の力を計算することが前提となり、「他者と共同して社会を形成しうる実践的で道徳的な能力、特に権力による強制がなくとも約束を実行できる能力にはあと一歩およばない」。神と主権者と人民に共有されていた「規範でもあり存在の働きそのものでもあった自然」が失われたために、「共同行為を可能にする道徳的能力」も骨抜きになったからである〔川添 二〇一〇：一五八〕。

結局、ホッブズの政治学は「哲学者や主権者といった少数者のみが特権的に参画できる」「制作学」であり、人民はあくまでも「制作」の素材でしかない〔川添 二〇一〇：一六三～一六四〕。このような川添の研究は、言及してはいないものの、関谷の福田パラダイムの見直しとしての社会契約論における機動力としての「自然」の評価の問題と関連する議論であり、私の観点からは「作為」や「人為」だけではもっぱら「権力」によってしか国家を形成できず、「共同行為を可能にする道徳的能力」（私は「共通善」と呼びたい）が必要であることを述べていると思われる点で興味深い研究である。

中村敏子『トマス・ホッブズの母権論』

最後に現時点では最も新しいホッブズ研究である中村敏子『トマス・ホッブズの母権論――国家の権力　家族の権力』を取り上げたい。この研究はこれまでの日本の政治学ではまったく論じられることがなかったホッブズの

『法の原理』の「自然状態」で論じられている「母権論」の意義を評価するものである。「はじめに」において、中村は本書の意図として、ホッブズの母権論から「国家権力と家族の権力との関連」を理解したうえで、「近代の自由主義国家によって生じた女性をめぐる問題解決」に繋げていくことを主張している〔中村敏子 二〇一七：一〕。

中村のホッブズ母権論の評価は、キャロル・ペイトマンの影響であることをまず明らかにしている。ペイトマンによれば、ホッブズは「男性の女性への自然的な支配は存在しないという前提から出発した唯一の契約論者」であり、母権が最初の権力として認めた「希有な思想家」であった。このことはキリスト教の「神の秩序」とは無関係に「人間社会の秩序」を考察したからである〔中村敏子 二〇一七：五～六〕。

中村によれば、『リヴァイアサン』の第三部、第四部から、ホッブズの意図は「この世の生から死後の世界への恐怖を取り除く」ことであり、その点で聖書にもある女性の肉体や出産に関する否定的な指摘がまったく論じられていない。ホッブズが主張したいのは「人類という種の不死性」であり、それを保障するのが「国家主権」としての「リヴァイアサン」であり、これは「神の秩序」と対抗するものである〔中村敏子 二〇一七：六〇以降〕。『法の原理』や『市民論』の記述では男女は敵対関係でなく、惹きあう関係である。またキリスト教では否定的であった「性欲」や「食欲」のような「欲情」を「喜びとして解放している」〔中村敏子 二〇一七：八一〕。当時としては画期的なことに、子供を産み出すことは「男性の協同」であるというが、産まれた子供を「保護する母権」が子供の「推定的合意」によって母親にある〔中村敏子 二〇一七：八三～八五〕。

この「母権」は男女の「服従のない共同関係」に入るが、「信約」によって父親に譲渡され、国家のもとでは主権者が支配するようになり、「母権」が失われることになる〔中村敏子 二〇一七：八六～八七〕。ホッブズは「父権的支配」は奴隷に対する「専制的支配」と同様のものと考えていた〔中村敏子 二〇一七：一〇〇〕。ただ、『リヴァイアサン』ではこのような母権の問題は論じられておらず、父権の存在を当然のものとしている〔中村敏子 二〇一七：一〇二～一〇三〕。

このようなホッブズの議論を評価したペイトマンは、ホッブズが強制的に女性を社会契約に組み込んだものとしている。しかし、中村はあくまでも母権から父権の譲渡であることを強調している〔中村敏子 二〇一七：二四五～二四六〕。そしてホッブズの現代的意義として男女平等の「パートナーシップ」を主張したことを評価している〔中村敏子 二〇一七：二五八～二五九〕。

この中村の議論では、ホッブズが『リヴァイアサン』において、たんに私的利益の追求を認めたのではなく、「人類という種」の利益を追求することを目指したことになり、私の観点からは興味深いものである。また、一般的にリベラルな社会契約論によって自由主義国家を確立したといわれるジョン・ロックをむしろ女性と子供を「公的領域」から排除した「男性主義的国家」や「家父長的自由主義」を唱えたものとし、これがある意味では現在までは西洋で支配的であることを中村は批判している〔中村敏子 二〇一七：二一四以降〕。

このように中村のホッブズ論は「福田パラダイム」とは別の観点からの議論であるとともに、中村の社会契約論は、むしろ「福田パラダイム」を認めたうえでの批判である。『リヴァイアサン』には「母権」の問題は直接論じられておらず、私はこの問題をあとでは取り上げないが、「近代政治原理」である社会契約論から排除されている別の問題を第5章で取り上げることにする。

2　ホッブズと「共通善の政治学」

ホッブズと共通善

前節で述べてきたように、日本の理解では肯定的に考えるか、否定的に考えるかは別にして、「共通善の政治学」と関係の深い「伝統的な自然法」とホッブズのいう「自然法」とはまったく別のものであり、ホッブズの「自然法」が「近代的」なものとする点では一致していると思われる。ただ、「伝統的自然法」と関係の深い「共通善の政治学」に関して、ロールズでさえホッブズの「共通善」を議論しているのに対して、日本の研究では水波以外は「共通善」自体を議論するものはなかった。

その点で、ここではホッブズの『リヴァイアサン』における「共通善」あるいはそれと類似する概念がサンデルのいうアリストテレスに基づく「共通善の政治学」（＝コミュニタリアニズム）の「共通善」とどう違うのかを中心にして検討していきたい。その際、宗教的な問題の重要性は認識しているものの、現在それに関して正確に答える準備がなく、またこの問題は私の観点からはそれほど重要性がないために、『リヴァイアサン』の第一部と第二部のみに限定して論じていきたい。

善と悪

まず取り上げたいのは、『リヴァイアサン』の第一部第六章、意志による運動の内的端緒としての「情念」に関する章で「善悪」について論じている箇所である。ホッブズにとって「善」とは個人の欲求や意欲の対象であり、「悪」とは憎悪と嫌悪の対象である。それらはその言葉を使う人の主観的・相対的判断であり、国家がないところでは善悪に関する共通の基準はない。ただし、国家があるところでは、個々の「人格」を「代表する人格」から、あるいは個々の人格が同意して設置され、その判決を規則とする「仲介者ないし裁判官」から、引き出された「共通の規則」がある［Hobbes 1996: 39＝1954: 100］。

ホッブズにとって「善悪」の問題も、個人の欲求の問題であり、相対的なものでしかない。ただ、国家状態では主権者や裁判官が法として善悪の「共通の規則」を定める。この記述からは水波のいうように、ホッブズの哲学は「法実証主義」や「功利主義」の源流とみなすことができよう。

前節で述べたようにロールズはこの「共通の規則」を「共通善」とみなしているが、これは「人格」という言葉を用いていても、アリストテレス－トマスの「共通善の政治学」の「共通善」ではない。「人格」のうちに内在的に存在する自然法に基づいて、「共通善」を「大衆」が求めていくものではなく、あくまでも主権者や裁判官が定めた実定法が「共通善」となるのである。そうであれば、ホッブズの「共通の規則」は、第1章で述べたロールズのいう「共通善」（＝「共通正」）と似通う、法的なものであり、政治的なものではないことになる。

サンデルがロールズの「善に対する正の優位」を繰り返し批判するのも、「正（義）に対する（共通）善の優位」を説き、市民の政治への参加の重要性を説きたいからであるが、このサンデルの「共通善」とホッブズの「共通の規則」は異なるものである。

自然条件

次に問題としたいのは、第一三章の「自然条件」に関する記述である。ここでは「自然は人間を非常に平等に作った」から始まり、平等から不信が、不信から戦争が生じると続く。人々が情念から出てくる行為を「禁止する法」を「同意」のもとで作り、人々を威圧する「共通の権力」がなければ、「各人の各人に対する戦争」になると主張する［Hobbes 1996: 86-88＝1954: 211-213］。その条件のもとでは「社会はなく」、「継続的な恐怖と暴力による死の恐怖がある」という［Hobbes 1996: 89-90＝1954: 211］。ここでは基本的に国家や社会が存在しない「自然条件」を記述している。

この「自然条件」では、「社会」がないことから、チャールズ・テイラーが批判するような孤立した個人、「原子論的個人」の条件が示されている。私がとくに注目するのは、後のロックと違って、「自然条件」に関して、「コミュニティ」と言葉が使われていないことであり、この問題は次章のロックに関して述べていきたい。

ただ、多くの研究者がいうように、この「戦争の条件」は当時のイギリスの内乱状態を指し、その点でこの「自然条件」の記述は国家状態が消滅した条件と考え、そのような戦争状態から平和を回復することがホッブズの『リヴァイアサン』の大きなテーマであると考えることもできる。しかし、ホッブズが具体的に挙げているのは「アメリカの多くの地方における野蛮人」の例であり、そこでは「小家族の政府」を除けば「政府はない」ことからも、主として国家以前の「自然条件」を考えていたことは間違いない［Hobbes 1996: 89＝1954: 212-213］。

ホッブズがすでに「情念」において論じたように、このような政府が存在しない条件のもとでは、「正邪（Right and Wrong）と正不正（Justice and Injustice）の観念も存在しない。つまり、共通の権力のないところには、法はなく、法がないところには、不正はない」[Hobbes 1996: 90＝1954: 213]。このような権力や法もない「条件」から「共通の規則」としての法を定めるのは人々の同意に基づく「共通の権力」である。

共通の規則

このようなホッブズの「共通の権力」による「共通の規則」は、アリストテレス的な意味で「共通善」とは呼べないことはすでに指摘した。実は、ホッブズ自身、『リヴァイアサン』ではそう考えていないと思われるのは、ホッブズが最初に政治哲学を展開したラテン語で書かれた『市民論』（一六四二年）やその英訳（一六五一年）では、このような内容の箇所で「共通善（bonum communis/common good）」が使われていたからである。そこでは「多数の人々の合意」とは、彼らがその行動をすべて「同一の目的に、すなわち共通善に向ける」ことであると述べられている [Hobbes 1983a: 132＝2008: 119; 1983b: 87]。

『リヴァイアサン』において、「共通善」という言葉が使われなくなっているのは、ホッブズ自身、伝統的な「共通善」との違いを明確に意識するようになったからであると思われる。「戦争の条件」から「共通の権力」によって人々が平和に向かう理由としてホッブズの主張するのは、「共通善」からではなく、「情念」とくに「死への恐怖」であるとともに、「理性」による「自然法」である。しかも、この「理性」も「自然法」もアリストテレス－トマスの伝統と異なるものである。

「自然条件」の記述の次の第一四章と第一五章は「自然法」の記述である。ホッブズは、第一四章のはじめで、自然法について語る前に「自然権」について論じている。自然権とは各人が「生命を維持する」ために、各人の「意志」通りに、各人の「力を使用する」ことについての各人の「自由」である。端的には、権利とは「どんなことでも行う自由」である。次いで、自然法とは「理性」によって発見された「一般法則」である。それは自己の生命を脅かすことを禁じるものである。この点で「権利」と「法」の相違は「自由」と「義務」の相違のようなものであり、対立するものである [Hobbes 1996: 91＝1954: 216-217]。

自然法

このように自然権と区別された第一の自然法は「平和を求め、それに従え」であり、それができないときはあらゆる手段によって自分を防衛する「権利」があるということである。第二の自然法は「平和と自己防衛」のために、必要なときにはこの「権利」を自発的に放棄し、「他人と同じ大きさの自由で満足すべきである」［Hobbes 1996: 91-92＝1954: 217-218］。

ホッブズの自然法に関しては、これはむしろ自然法ではなく自然権を擁護するものであり、福田パラダイムでは「自然法から自然権へ」の転換があるとされている。この点では、たしかにホッブズのいう自然法は、伝統的な自然法とは違うとしても、第一の自然法でも、まず平和を維持する「義務」が語られ、第二の自然法でも「平和と自己保存のために」、個人の「権利＝自由」を放棄する「義務」が語られ、第三の自然法以下でも「契約」を遵守する「義務」などについて語られ、個人の「権利＝自由」を拘束する「法」であることは間違いと思われる。

しかし、福田パラダイムで強調されているように、伝統的自然法と異なるのは、まず個人の権利＝自由の重要性をもとに展開されていることである。ただ、その「権利」とは自己保存のために「どんなことでも行う自由」であり、「個人の利益」追求と変わらないことに注意すべきである。これは「共通善の政治学」では、アリストテレス-トマスの伝統における「人間の尊厳」の発展から二〇世紀に「権利」となるものとは、まったく異なるものである［菊池 二〇一一 参照］。

権利＝自由＝私益という観念は、水波によれば伝統的自然法にもあるが、人間の「人格」の側面を切り捨て、質料としての「個体」の「権利」にし、「西欧ブルジョア社会」の原理となったものである。現在でもリベラリズムやリバタリアニズムは基本的にはこのような意味で「権利」について語っていることが現代のコミュニタリアンの批判でもある。

理　性

ホッブズのいう「理性」も、伝統的自然法の主張とはまったく異なるものである。トマスによれば（『神学大全』第一巻第二部第九一問第二項）、「自然的理性の光」が「自然法」であり、それによって「何が善であり、何が悪であるかを判別する」。「自然法とは理性的被造物における永遠法の分有である」［Thomas 1943: 22＝1977: 19］。ホッブズのいう理性はこれとまったく異なっている。すでに述べたように、ホッブズの善悪の判断は主観的なものであり、普遍的な理性の働きではない。第一巻第五章でいわれているように、「理性（reason）」とはもっぱら「計算」能力にすぎず、自己保存や自己利益を追求できるか、できないかを計算するものである。「自然法」もそのような「理性」によって見出された規則に従う法則でしかない。このような「合理的人間」であるために、現代ではゲーム理論が適用されてホッブズの社会契約論が議論されるのは当然である。

第二の自然法に関して、自分の生命が奪われるような場合は「抵抗する権利」を放棄できないというが、この場合も自己の「善＝利益（good）」の問題であるとしている［Hobbes 1996: 93＝1954: 220-221］。その点で、ホッブズは権利の相互的な譲渡は「契約（Contract）」であるのに、相手を信頼して相手に委ねるものは「協定（Pact）」あるいは「信約（Covenant）」であると区別し［Hobbes 1996: 94＝1954: 221-222］、自然条件では恐怖によって強要された「信約」であっても、自分の生命が保障されるものであれば有効であるという［Hobbes 1996: 94＝1954: 229］。結局、ホッブズの社会契約とは「恐怖」と自己「利益」によって結ばれる「社会信約」が基本である。

共通の便益

第二部の国家を論じた最初の章（第一七章）において、「戦争の条件」から「信約」によって国家や政府が設立されていくことが論じられているが、その場合も自然法を遵守させる「処罰への恐怖」を理由に挙げ［Hobbes 1996: 117＝1964: 27］、人々に「信約」を遵守させ、「共通の便益」に向かわせるために、「共通の敵」に対する「共通の権力」が不可欠であるという［Hobbes 1996: 118＝1964: 29-30］。

ホッブズはこの点で理性や言葉を持たないハチやアリのような生物（アリストテレスによれば「政治的生物」）が強制的権力なしに社交的に生活し、「共通の便益（common benefit）」を追求しているのはなぜかという問題を提起している。その解答の一つとして、これらの生物では「共通善」は私的な善とは異なっておらず、私的な善を追求しても「自然に（by nature）共通の便益に向かう傾向がある」からである。これに対して人間は他人と比較して自分の優越を求めるものであり、私的な利益だけを追求すると考えている［Hobbes 1996: 119＝1964: 30-31］。

『リヴァイアサン』において「共通善」という言葉が使われるのはここだけであり、しかも人間は「自然に」、本性として「共通善」を追求して**いない**と述べている。「共通の便益」はすでに述べてきたように、もっぱら質料的なものであり、倫理的な意味も含む「共通善」ではない。このことは多くの研究者が述べているように、アリストテレスのいう「人間は自然に政治（ポリス）的動物である」の否定であり、私は「共通善の政治学」の否定であると考える。

ホッブズの人間のモデルは現在では「経済人（homo economicus）」と呼ばれるものであり、私はアリストテレスから始まり、現代のコミュニタリアニズムが主張する「共通善の政治学」の人間モデルは「政治人（homo politicus）」であると考えている［菊池 二〇一三：三四〇～三四一］。現代の政治学の多数派は、現実政治を「経済人」のモデルで考えているために、いい意味であれ、悪い意味であれ、ホッブズは現代の政治哲学者と**いえる**。

しかし、なぜ、ホッブズの国家は現代のリベラルな国家とは違い、絶対的権力を必要としているのか。問題とすべきは、人々が自分たちの人格を担わせ、「すべての権力と強さ」が賦与された一人もしくは合議体の「共通の権力」である［Hobbes 1996: 120＝1964: 32-33］。

共通の権力

この点で注目したいのは、次の第一八章ではこの同意に基づく「共通の権力」である主権者権力について「主権者の権利」を語っていることである。主権者と臣民の間には「信約」はなく、臣民は主権者の処罰ができないなど、主権者はもっぱら権利を有し、臣民はもっぱら主権者への義務を有していることが語られている［Hobbes 1996: 121ff.＝1964: 36ff.］。第三部第三二章のキリスト教国家に関して、「地上の最高統治者たる人々の権利」と「キリスト教徒たる臣民の彼らの主権者への義務」が「私の論究の原理」であると述べている［Hobbes 1996: 259＝1982: 33］。

もちろん、第一六章で述べられているように、代表する「主権者」は「行為者（役者）」であって、代表される「臣民」は「本人（著者）」であり、行為者の権利によってなされる行為は、その権利を持つ臣民の「委任または許可」によって行われるというように、主権者の「権利」は臣民の「権利」に由来する［Hobbes 1996: 112＝1954: 261］。しかし、この論理は臣民＝本人が主権者＝代表者の権利に絶対的に服従することが当然であることを正当化するためのものである。

この論理は第一九章における政体論においても用いられている。ホッブズは伝統的な政体の区分、善き政体と悪しき政体との区別を認めない［Hobbes 1996: 129-130＝1964: 53］。アリストテレスは『政治学』第三巻において（1279a-b: 1284b）、「正しい国制」が「共通善」、「共通の利益」を求めるものであるのに対して、「悪しき国制」は支配者の特殊な利益を求めるものであるとしている［Aristotle 1932: 206-207: 244-245＝1961: 138-140: 159-160］。

主権者の権利

この点でもホッブズは「共通善の政治学」を否定しているが、興味深いのは君主政に関しては君主が私的な善を追求することを当然としていることである。君主は「政治的人格」としては「共通の利益（common interest）」を追求するのは当然であるが、「自然的人格」としては理性よりも情念が強いために、「公共の利益（publique interest）」よりも、「私的な利益（private interest）」を追求する。しかし、「君主政においては私的な利益と公共の利益は同じ」であり、「君主の富、権力、名誉は彼の臣民の財産、強さ、名声からのみ生じる」。まさにこの「公共の利益」と「私的な利益」の予定調和は君主が臣民と一体化された代表者だから可能となり、人間は「自然に」共通善を追求しないことから生じている［Hobbes 1996: 131＝1964: 55］。

第三〇章では主権者の職務は「人民の安全の達成である」という。それは主として生命と財産の保全である。しかし、そのための主権はやはり「本質的な権利」であり、それを手放すことは「主権者の義務に反する」といい、そうなることは国家が解体することであり、戦争の条件に戻ることになると主張する［Hobbes 1996: 129-130＝1964: 259］。

結局、主権者の絶対権力は主権者の絶対的権利として、戦争の条件に戻らないために必要なものであるが、それは人々が自然に「政治的動物」であるのではなく、自然にコミュニティを形成しておらず、自然に共通善を追求していないからである。一般の「臣民」は「社会信約」に同意する際に参加しても、信約後も純粋な「自然的人格」として、自然法を遵守し、主権者の「権利」に違反しない限り、「自己保存」や「私的利益」を追求していくことは「自由」であり、そういう意味での「権利」がある。逆にいえば、「政治的人格」ではないために、政治に参加する必要はなく、そういう意味での「権利」はない。

権力の正統化のための社会契約

このことは当時の内乱の現実的状況から生じていることであり、一般的には近代の始まりにおいては、それまでの政治秩序が解体していくことから、絶対的「主権者」が「共通善」を無視して、「人為的に」、「作為的に」政治秩序を形成していくものであるという歴史的説明も可能であろう。

ただ、作為的に社会契約を結んで、政治社会を形成するという近代以後の「西洋文明」の理念自体がこのような絶対的権力を必要とすると理解することも可能である。動物学者のフランス・ドゥ・ヴァールは『類人猿と哲学者』において、「社会契約論とそれとともに西洋文明は、アリストテレスがわれわれに認めたゾーン・ポリティコンよりも、卑劣でさえある非社会的な生物であるという想定に浸っているように思われる」。ホッブズはアリストテレスの見解を否定し、「自律的かつ好戦的な」人間によって作為的に社会状態を形成しようとした。この点では、ロールズもより温厚ではあるが、同様な見解を抱いていると指摘する［de Waal 2006: 3-4］。

このホッブズとロールズの類似は、彼らが「政治人」モデルよりも「経済人」モデルを用いていることから生じていると私には思われる。ドゥ・ヴァール自身の人間論は、類人猿の研究から得られたものであるが、第1章で述べた初期のロールズと同様に、「個人の利益」よりも「コミュニティの価値」を重視して、「共通善」を追求するものである［de Waal 2006: 54-55］。

もちろん、ロールズはホッブズのいう絶対的権力を否定し、その後の西洋の政治においては、それを必要としない国家が形成されていったと主張する。しかし、国王主権から国民主権に代わっても絶対的主権の理念は残り、潜在的にでも国家は強大な権力を保持している。またリベラルな国家であっても、法の執行のためには、強大な権力を必要とし、その法への絶対的服従が要求される。このような点では、ホッブズの主張はむしろより現代的である。いずれにしても、ホッブズの社会契約論は臣下の自然権論であるよりも主権者の権利論である。本書第2章で述べたように、ホッブズの社会契約論はとくに近年の欧米の研究でいわれている「権力の正統性」の議論と考えた方がよい。これに対して「共通善の政治学」はいかなる意味でも「権力政治」に関する議論、まして戦後の日本の政治学で誤解されているような絶対主義や権威主義を正当化するものではないことを私は指摘したい。

第4章　共通善の政治学とロックの社会契約論

1　ロールズによるロック理解と日本のロック評価

本章の課題

前章では、ホッブズは『リヴァイアサン』において、基本的にアリストテレス以来の「共通善の政治学」を否定したゆえに、利己的な個人の契約によって絶対的な主権国家を形成する、そういう意味では近代的な社会契約論を唱えたことを明らかにした。

本章はホッブズとは異なり、絶対的な権力の正当化ではなく、個人の自由や権利を尊重するために社会契約論を用いている点で現代のリベラリズムや、とくに個人の所有権を尊重する点でリバタリアニズムによって評価されているジョン・ロックの社会契約論を「共通善の政治学」との関連で考察していきたい。

とりわけロックが社会契約論を展開している『統治二論』では、ホッブズが使わなかった「コミュニティ」や「共通善」という言葉が肯定的に使われていることから、ホッブズとは異なるロックの社会契約論を考えていきたい。本書第1章で述べたように、コミュニタリアンのチャールズ・テイラーはロックの社会契約論をホッブズと同様に、原子論的個人主義の理論と考え、この点ではロバート・ノージックのリバタリアニズム（テイラーの言葉では、「ウルトラ・リベラリズム」）と同様に「共通善」を否定する理論として批判しているが、このようなロック理解が正しいのかどうかかも本章では考えていきたい。

その際、前章と同様に、まず第1節ではロールズがロックの社会契約論をどのように評価していたかをロールズの政治哲学史の講義から明らかにする。次に日本のロック研究において、ロックの社会契約論が「共通善の政治学」との関連で語られているのかあるいはいないのかを論じることによって、社会契約論において、「共通善の政治学」や「伝統的自然法」との関連性を基本的に否定する「福田パラダイム」がロック研究においても支配的かどうかを考察していきたい。

第2節では、第1節の研究史をふまえて、『統治二論』におけるロックの社会契約論は、アリストテレスやトマス・アクイナスの「共通善の政治学」や「伝統的自然法」とどのように関連するのかを論述していきたい。その際、『統治二論』においてしばしば用いられている「共通善」やそれと類似する言葉、またホッブズの『リヴァイアサン』では一度も使われていない「コミュニティ」という言葉がロックの『統治二論』ではどのように用いられているかを中心に論じていく。

ロールズのロック評価

ロールズは彼の政治哲学史の講義録において、まずロックの「重大な難問」として、「ロックの社会契約論は、基本的な政治的権利と自由に関する不平等を許容もしくは正当化する可能性がある」ことを挙げ、彼の政体は「階級国家」であると指摘する［Rawls 2007: 104＝2011: 181］。

ロールズはこの「重大な難問」に答えるために、まずロックの社会契約論の意図に関して述べている。ホッブズの関心は当時の宗教的対立から生じる内戦の問題であり、その解決のための絶対的主権者であるのに対して、ロックは「混合政体の文脈内で、王権に対する抵抗を正当化する根拠を提供する」ことを目指している［Rawls 2007: 105＝2011: 183］。

そのため、ロックの社会契約は「自由で平等な、そして道理に適い、合理的な人々による同意のうえにのみ基礎づけられる」統治の正当化であり、すべての人々が平等に「自分たち自身の主権者である」自然状態から始まっているとロールズは指摘する［Rawls 2007: 107＝2011: 185-186］。

このようなロックの自然状態では、「共通善」あるいは「公共善」のために、理性的な存在としての人間が神の意志の宣言としての「根本的自然法」に従っている。ロールズによれば、「根本的自然法」とは「人類のコミュニティが分割されることで生じる、さまざまな政治社会の政治的・社会的制度を規制する原理」である［Rawls 2007: 114＝2011: 197］。

「根本的自然法」では、各人が自己保存をすべきであることが重視されるが、あくまでも「他者の自己保存と衝突しないかぎり」という条件がついている。ロックはそのことを「公共善と両立する」限り、そうすべきであると「共通善」と近い「公共善」という言葉を使っていることをロールズは引用している［Rawls 2007: 117＝2011: 202］。また、ロックの所有権の主張も「私たちは神の所有物として神のもとにある」という前提からのものであり、このような宗教的背景があることは、現在の政治哲学、とくにロバート・ノージックのリバタリアニズムとも異なっていることを指摘している［Rawls 2007: 120-121＝2011: 209-210］。

ロックの社会契約における合意は、「自由で強制されていない、全員一致のものであると同時に、すべての人の観点からして道理に適い、合理的なもの」である。この同意によって自然状態の平等・自由・執行権力を放棄することになっても、ロールズはロックを引用して、それは「もっぱら、自分自身の自由と所有権とをよりよく保全しようという各人の意図のもとに」行うという個人主義的な観点からのものであることを指摘するが、同時にロックを続けて引用して、その同意から作られる法律は「国民の平和・安全・公共善以外のいかなる目的にも向けられてはならない」と「公共善」が目的であることを指摘する［Rawls 2007: 129-130＝2011: 231-232］。

最後に、C・B・マクファーソンによる「所有的個人主義」というロックに対する批判に言及して、ロールズは「難問」としてロックの「所有権（property）」の問題を議論する。ロールズによれば、ロックは所有権を社会契約以前の権利としているために、社会契約によっても不平等な所有権が認められ、制限選挙による「階級国家」を主張している。ロックの社会契約論が正当なものであるためには、ロールズ自身が「無知のヴェール」を用いたようになんらかの修正が必要である［Rawls 2007: 138-139＝2011: 249-252］。

ロールズによれば、ロックの所有権の主張は絶対的なものではなく、「誠実な労働の成果に対する考慮」をするという正義の原理、他人の「能力や権能」を失わせることはすべきではない「自愛の原理」、すべての人が生活の手段を得ることができる「道理に適った機会の原理」が制約としてありうる［Rawls 2007: 146＝2011: 264-265］。

ロールズによれば、「所有権が協約的な本性」を持つということは「リベラルな社会主義体制」においてむしろ実現される。そこではロックの定義する所有権は侵害されることはない。歴史的にも「ロックの階級国家から、現代の立憲民主主義体制に似たもの」が登場してくるのである［Rawls 2007: 150＝2011: 271-272］。ロールズはロックの社会契約論を原子論的個人主義のリバタリアニズムの方向にではなく、それと区別されるロールズ自身のリベラリズムの方向に改善していこうと考えていることになる。

山崎時彦『名誉革命の人間像』

前章でホッブズの研究史を論じたように、本章では戦後の日本におけるロック研究のなかで、主としてロックの『統治二論』における社会契約論を研究した単行本を発行順に取り上げ、アリストテレス以来の「共通善の政治学」やそれと関係の深い伝統的自然法がロックの社会契約論との関連でどのように理解されてきたかを考えていきたい。

まず、ロックの名前がタイトルにはないが、戦後におけるロック政治理論研究の最初の単行本であると思われる山崎時彦の『名誉革命の人間像』（一九五二年）から論じたい。その「序論」において、戦前ではほとんど評価がなかったロックの『統治二論』の翻訳も近年になされ、研究も現れているが、いずれもロック政治理論の「妥協的性格とか二面的性格、中間的性格或いは中庸主義」（現代漢字表記に改めている。以下同じ）を指摘し、丸山眞男を引用して、ロックが「近代的政治原理の祖」であるが、「出発点と推理の過程において甚だラディカルでありながら、最後にはいつも温和な結論に落ち着いている」と山崎は主張する。山崎によれば、このようなロックの政治理論の特徴は、彼の性格からではなく、当時の名誉革命の妥協的性格のなかから考えるべきものである［山崎 一九五二：

三～九〕。

山崎にとって、名誉革命体制とは貴族階級が依然として支配権を掌握した「議会主義的寡頭制」であるが、「クロムウェル革命」によって没収された封建的土地財産を獲得した「近代的地主層とブルジョアジーとの妥協としてイギリス近代革命の端緒を示す」ものであった〔山崎 一九五二：一七～一八〕。

このような名誉革命の問題点は、とくにロックが労働による私有財産所有の根拠として、自然状態においても財産権が存在するように主張するが、現実の独占的所有は欲望の増大の結果としての貨幣使用に求めているように、「財産の根拠と起源」を混同している点にある。そのことは「政治社会の根拠としての自然状態と、政治社会の起源としての自然状態」とが混同されていることに示されている〔山崎 一九五二：一〇四〕。

山崎は「根拠としての自然状態」を「基礎的自然状態」と呼び、「起源としての自然状態」を「原始的自然状態」と呼んでいる。この「基礎的自然状態」では「平等に自由な人間の形成する財産秩序」のもと、各人は私有が認められ、財産や理性能力の点で不平等が認められている。「原始的自然状態」では労働による正当化ではなく、「家族における親子の関係」による正当化が用いられる〔山崎 一九五二：一〇六～一〇七〕。

この「原始的自然状態」から、ロックは家父長制を肯定して、「ウィリアム三世を頂点とする貴族寡頭政体」をもたらした名誉革命を正当化し、社会契約後の人民の抵抗権も、権力の打倒のためというよりも、為政者の「自粛・改革」を求めているに過ぎない〔山崎 一九五二：一一九、一二六～一二七〕。

結局、ロックは「基礎的自然状態」における「近代的合理的人間」を描きながら、「古い前近代性」を残す「妥協的理論」を駆使した〔山崎 一九五二：一四一～一四二〕。このように山崎は、丸山眞男が指摘するように「近代的政治原理の祖」であるとしても、古い要素がかなり残っている思想家としてロックを理解する。ただ、山崎は伝統的自然法との関係を何も論じることがなく、当時の歴史的な説明だけで終わっている。私はロックの「古い前近代性」と「共通善の政治学」や伝統的自然法がどう関係するかという点を次節で考えていきたい。

松下圭一『市民政治理論の形成』

山崎の研究と異なって、松下圭一『市民政治理論の形成』（一九五九年）は、ロックを「最初の市民革命としての一七世紀イギリス革命」が可能にした、自由な個人が理性の働きから議会政治を作り出していく「『近代』市民《ブルジョア》思想」の完成者とみなし、ロックの政治理論が基本的には近代的なものであると考えている［松下 一九五九：一、三］。この「市民政治理論」はグロティウス以来の「近代自然法学」から始まるものであるが、グロティウスの契約は「実質的には共同体間の契約」であり、「伝統的共同体」が前提としていた「《共同体》の自然法」であった［松下 一九五九：三四］。

自由な個人による「市民政治理論」としての社会契約論はホッブズから始まるが、ホッブズでは個人の自由はアナーキーをもたらすものとされ、自由と権力は対立する。この対立を解決し、「自然権の体系としての市民社会」における個人の自由が手続き的に保障される「権力機構」として「公的政府」を考えたのがロックである。このような「『ブルジョア』的解決」によって、ロックは「市民政治理論の古典的完成者」となった［松下 一九五九：三六〜三九］。

ロックの社会契約によって成立する国家は個人の自然権を保障するものであり、それは絶対主義国家への革命権を含む「具体的な市民国家」である。この国家は人民によって「信託」された「政府＝権力機構」と区別される「人民の結合体」としての「市民社会」である。この「市民社会」とは「所有の主体としての自由・平等な個人の原子論的機械的結合体」である［松下 一九五九：五七〜五八］。

松下はロックを引用して、「自己の権利を判定する自由」と「それを維持する自由」を「《個人》の自由」とし、自然状態の「個人」は「生命・自由・財産」を含む「所有」の「絶対的主人」であるという［松下 一九五九：七七］。また、自然状態は「個人に内在する自己保存＝欲望充足の原理によって自然必然的に結合してゆく共存の状態」である［松下 一九五九：八二］。

このように自然状態の人間が原子論的「個人」であることを強調する。この個人とは「初期資本主義」がもたらした「《自由》な《個人》」を表象化したものである〔松下 一九五九：二六〇〕。松下は最初は、原子論的市民＝ブルジョアであると主張していたが、しだいにそのような原子論的「市民」と普遍的な「個人」とを同一視していく。

ロックの自然法に関してもその近代性が強調され、それは基本的に「《個人》の主観理性」に基づくものである〔松下 一九五九：二六二〕。ロックの若い時の作品である『自然法論』における自然法も「人間の理性的本性」に基づくものである点から、伝統的自然法とは異なるものであることが指摘されている〔松下 一九五九：二六五〕。

松下によれば、「スコラ哲学の『最後の偉大な開花』」であるリチャード・フッカーの自然法がロックの自然法に影響を与えているとしても、それとは異なって「何らの超越的性格はもっていない」、「市民価値意識」のもとでの「市民自然法である」〔松下 一九五九：二六八〕。ただ、この「市民」とはブルジョアであることから、「《自由》な《個人》の階級的性格」も指摘され、ロックのいう「万人の自然権」はブルジョア化した「ジェントリの自然権」へと転換していることも述べられている〔松下 一九五九：二七八、二八五〕。

社会契約による「国家」も「個人の自己保存あるいは欲望」とともに「利己的賢明に基づく理性的配慮」の結果としてあり、フリードリッヒ・ポロックのいうように「株式会社」にすぎない〔松下 一九五九：三一五、三一七〕。いずれにしても、ロックが理論的に完成させた近代「市民国家も階級制をまぬがれ」ないものであることも指摘している〔松下 一九五九：三二八〕。

このようにロックの国家がロールズの指摘と同様に「階級国家」であることを認めているが、実際にはそのことはそれほど重視せずに、松下は政府に対する「信託」も、「抵抗権」あるいは「革命権」もあくまで、「《個人》による『信託』」〔松下 一九五九：三五五〕というように、個人が主体であることを強調し、またロックの自然法における宗教的性格もほとんど無視している。

松下は「個人の善と保全と平和のための国家という発想は、まさにホッブズ的論理の直接の延長上に成立しうるものであろう」〔松下 一九五九：一九八〕というように、ロックの社会契約論は、もっぱら「個人の善と保全と平和」だけを目的とするものである。しかし、第２節で論じていくように、社会契約はロック自身が主張するコミュニティ（共同体）の「共通善」あるいは「公共善」を目的していることがまったく無視されている。

このように松下の社会契約論は、ホッブズから始まる近代自然法に基づき、「共同体」から解放された自由で平等な「個人」により、「個人」のための国家形成を主張するものであり、その点では「福田パラダイム」の基本はすでに松下によって主張されていたことになる。しかし、あとで述べるように福田は松下ほどロックの近代性を強調していない。

また、イギリス革命が「最初の市民革命」、「ブルジョア革命」であることは現在の歴史研究ではむしろ否定的に扱われている〔近藤 二〇〇四：モリル 二〇〇四参照〕。松下の議論はイギリスの「近代市民社会」をあまりにも理想化し、理論的にも、歴史的にも山崎時彦がすでに指摘したロックの「二面的性格」をほとんど無視した一方的な議論である。

さらに、松下が訳したロックの「市民社会」という言葉は現在では「政治社会」と訳されるのが一般的であり、松下が「共同体」と対立させている「市民社会」（「政治社会」）という言葉は「コミュニティ」としてロックにおいては同義語として使われている。

歴史的にも一九六八年に出版され、イギリス革命の見直しとなった『イギリス革命 一六〇〇年—一六六〇年』というアンソロジーでは、イギリス革命は階級対立ではなく、「中央政府とローカルコミュニティ」の対立に基づくものであり、当時は「コミュニティ感覚」が非常に強力であり、地域差が大きいローカリズムが支配的であったという論文が多い〔Ives (ed.) 1968〕。

本書の第2章で言及した関谷昇が指摘しているように、松下は後の市民社会論では、「市民自治による市民福祉、いわば〈公共善〉の自主構成」の必要をいうように、市民による「公共善」の追求を肯定的に語っているが〔松下 一九七五：四八〕、ロック解釈ではロックがいう「公共善」や「共通善」についてはまったく論じられていない。

松下が一九八七年に一般向けに書き、二〇一四年に文庫になった『ロック『市民政府論』を読む』では、もはや「市民」＝ブルジョアであることをまったく論ずることがなく、「ロック理論を〈市民政治理論〉の《古典的形成》

と位置づけた、拙著の再確認となった」と『市民政治理論の形成』の議論を基本的にそのまま主張している〔松下二〇一四：二六五〕。

高梨幸男『自然法と民主主義の思想構造』

この点では、松下が簡単にしかふれていない『自然法論』を含むいわゆるラヴレス・コレクションの新資料を用いて、ロックの自然法と民主主義の問題を松下とは異なる理解で論じたのが、高梨幸男『自然法と民主主義の思想構造――ロック研究序説』（一九六二年）である。

まずロックの自然法に関しては、「中世から近世への過渡期」を背景とする「理性、科学および個人をそれぞれ尊重する世俗的自然法の代表的なもの」とする〔高梨 一九六二：五四〕。しかし、当時のイギリスではきわめて世俗的なホッブズの自然法ではなく、リチャード・フッカーのような「宗教的色彩の濃い」「神学的自然法」が支配的であったために、その影響を受け、ロックの自然法は「伝統的な保守性により宗教的でもあった」〔高梨 一九六二：五五～五七〕。

この点は、ロックの『自然法論』では自己保存を命じる理性としての「近代合理主義と歩調を合わせた理性法」であることとともに、「啓示による自然法」という宗教的な立場も否定しなかったことに示されている〔高梨 一九六二：五八～五九〕。『統治二論』においても「理性と啓示とが一致する」と考えられているが、高梨はその「啓示」が中世の神学と異なり、「理性に服従せしめられた」ものであったことも主張している〔高梨 一九六二：六〇～六二〕。

このような『統治二論』の「合理主義」と『人間知性論』の「経験論」の関係では、高梨は『自然法論』のなかで、自然法が「生得的な観念」でもなく、「伝統」からでもなく、「感覚」によって得られた知識であることにまず注目している〔高梨 一九六二：六八～七二〕。ロックにとって、自然法の認識は「自然の光」という「理性と感覚の両者協同」によるものであり、『人間知性論』でも、この「自然の光」の概念によって自然法を認識できることを述べている。また、『自然法論』において自然法を認識するためには、「自然法作成者」と彼の「意図」の前提が必要であり、つまり「万物の創造主としての神の概念」が必要であるとしている点は『人間知性論』でも踏襲されている〔高梨 一九六二：七二～七五〕。ただ高梨によれば、この神とは「中世の神学的神」ではなく、「自然神教的性格の神」である〔高梨 一九六二：七六〕。

いずれにしても、ロックは『自然法論』で名指しをしていないが、ホッブズのような「功利主義的な観点」からの自然法の基礎づけを否定し、自然法が各人の私益追求に役立つとしても、そのことが自然法の基礎にはならず、あくまで「神」が自然法の基礎となるものであると主張する〔高梨 一九六二：八一～八三〕。しかし、『人間知性論』では、感覚論的主張と変わり、「快楽主義」の立場に立っているが、彼の快楽主義はホッブズと異なり、「キリスト教快楽主義」の立場であり、「修正快楽主義」と呼べるものである〔高梨 一九六二：八六～八七〕。

つまり、ロックは自然法の基礎を「神」とともに「感覚」に求め、「快楽」を肯定するが、「道徳的な善悪の基礎とされる快苦」も「神」によって与えられるものであると考えている〔高梨 一九六二：八七～八八〕。このように神の意志が「絶対的正義」であると確信していることは、「ロックの全理論を通じて一貫して流れている」と高梨は主張する〔高梨 一九六二：九〇〕。

ロックは『統治二論』の自然状態では、各人は「なんら社会的な助力なしに自然法を認識し」、また「なんら社会的な機関の助力なしに」自然法の拘束力を考える点で、彼らは「個人主義的」であると主張する〔高梨 一九六二：九三～九四〕。一般的にもロックは「代表的な個人主義思想家」とされ、当時の自然科学における「原子主義 Atomism」の影響を受けていると高梨も考えている。

ただ、『統治二論』における自然法は個人から出発しても「全人類の平和と保存という」「普遍的な社会」に向かっている〔高梨 一九六二：一〇〇〕。高梨は「孤立の単一の個」となるものは現実に存在せず、「個はなんらかの意味で全体的な個」に繋がっていなければならないと主張し、ロックのいう人間もこのような「個人」であると考えている〔高梨 一九六二：一〇二〕。

このように高梨はロックを基本的には近代的側面に置きながら、その宗教的側面も重視し、またロックの個人主義も、「原子論的個人主義」であるよりも、テイラーのいうような「全体論的個人主義」であると考えていると思われる。

高梨は最後にロックの「民主主義」も自然法との関連で論じている。『統治二論』での自然法の内容は「自然権の理論」に転化し、それを保障する国家は「自己の自由意志」に基づく「契約」によるものであり、「自然法思想」と「契約思想」は繋がっている〔高梨 一九六二：一一一〕。高梨は当時の他の社会契約論者と比べて、ロックの自然状態が「自然法の拘束のもとにあるという特異なもの」であるというが、この点でも自然法に拘束される人間の動機である「便宜」と「性向」は「神」の創造した人間のものとして正当化しているという〔高梨 一九六二：一二五〕。

高梨がロックの社会契約論に関して強調しているのは「信託」の概念である。ロックの契約論は「段階説」であり、「最初に共同社会が個人間の『同意』によって生まれ、つぎに政府が共同社会からの『信託』によって生まれる」〔高梨 一九六二：一三〇〕。ロックのいう「同意」は「個人主義的」であるが、その次の「信託」では「共同社会の多数者という団体的要素のみが強調され」、個人主義的要素は失われていく〔高梨 一九六二：一三五～一三六〕。それは「個人と社会を調和せしめ、民主主義の理論を可能ならしめる」ものであった〔高梨 一九六二：一四〇〕。この「信託論」によって、「共同社会すなわち人民につねに最高権を与え」られることになり、ホッブズやルソーの社会契約論のような「絶対主義」に陥らなかったという〔高梨 一九六二：一四八、一四九〕。また「信託論」が「反抗権思想」の理論的根拠となり、「近代民主主義の政治理論」が確立されることになる〔高梨 一九六二：一六二〕。

このように高梨は、ロックが松下のいうような「個人主義者」でも、「近代市民思想」の完成者でもないが、伝統的自然法に従いながらも絶対主義的ではない民主主義者であることを主張している。この点は、「信託」や「抵抗権」が松下のいうような「個人主義」的なものではなく、コミュニティ（「共同社会」と訳されている）によるものである点を中心に次節で論じていきたい。

平井俊彦『ロックにおける人間と社会』

平井俊彦『ロックにおける人間と社会』（一九六四年）も、ロックの思想のなかに「近代的自然法に基づく近代的人間の政治的人格」を認めているが［平井 一九六四：七］、その人格は、高梨と同様に松下のいうような純粋に個人主義的人間であると主張していない。

平井によれば、ロックの『自然法論』の自然法は、神によって秩序づけられた世界の法として、自然権ではなく、むしろ義務を強調するものである。そして、自然権がそのまま放置されれば「戦争状態」となると主張する点ではまったく伝統的なものでしかない。政治的には、若きロックはピューリタン革命を否定し、王政復古を擁護する立場である。しかし、平井によれば、『自然法論』のなかにも、「イギリス啓蒙主義の要素」を認めることができ、認識論としては人間の「感覚と理性との結合」による「人間の主体的な働き」を重視し、この認識論が後の『人間知性論』の経験論へと発展する［平井 一九六四：二四、二六、二九］。

また、ロックの経験論哲学によって、彼の『利子・貨幣論』では「当時形成されつつあった初期ブルジョア階級の具体的な社会像が生き生きと描かれ」、彼の『統治二論』は貨幣による「経済の循環構造」は描かれていないとはいえ、『利子・貨幣論』と結び付く社会像が背景になっている［平井 一九六四：一三九、一四〇］。

このロックの「市民社会の論理」に関して、平井によれば二つの対立する見方がある。一つはロックが「個人主義」の立場に立ち、個人は私的な利益を追求し、生存権や財産権を他者から侵害されないために同意によって市民社会を形成するという見方である［平井 一九六四：一四二～一四三］。もう一つは「社会秩序を強調する…総体主義的な見方 collectivism」である。後者の見方はロック研究では「反主流派的な見方」であり、「社会は単に個人を原子とする集合体」ではなく、自然状態の人間も「離ればなれの孤立的個人」ではないと主張するものである。自然法も「あらゆる人間の保存という義務を課し」、社会の秩序を維持するためのものであり、「社会全体の利益は個人の利益に優越して」いると主張されている［平井 一九六四：一四三～一四四］。

平井によれば、両者はロックの一面しか見ていない。たしかにロックは「個人の自然権」を重視する立場に立つ

「個人主義的社会観」をとるが、問題はロックの個人主義とは何か、それが「共同体または社会秩序とどのような関係にあるのか」である。この点で、高梨と同様に平井もロックのいう人間を「原子論的個人」としていない［平井 一九六四：一四四］。

平井によれば、ロックの人間像は基本的に「理性的人間」であるが、自然状態では「自由に私的目的を追求する私人」と「他者との関わりにおいて自己を限定する社会的人間」とに分裂していながら、「相互に共存し調和」するものである。このような人間は「政治的人間」として記述されているが、その背景には「生産し労働する経済主体」があり、そのことによって、「二つの利益の分裂と調和が可能になる」［平井 一九六四：一四四～一四五］。

このような「理性的人間」が「個人的人間と社会的人間との統一体」としてあることは『人間知性論』にも認められ、「『自然的な感覚的な人間』と『道徳的な反省的な人間』との二重構造」として描かれ、現実に存在する人間は「身体と精神、物質と意識をかねそなえた人格」であるとされている。このことは『統治二論』でも基本的に同様であるが、『人間知性論』では「主観的側面」が論じられ、『統治二論』では「具体的に社会の客観的構造」が描かれるという違いがある［平井 一九六四：一四八、一五五～一五六］。

ロックの『統治二論』の自然状態では「理性的人間」が前提とされ、「さしあたり完全に共同体から分離した孤立的な個人」である。そこでは各個人は「自由に行動する権利」を持つとともに、このような人格として平等である。このことは「近代自然法の原理」であるが、個人が平等な権利を持つということは他者との関係を前提とし、他者への義務が伴っている。その点では自然状態では「理性的人間」がすでに「共同的人間」なのである［平井 一九六四：一五六～一五七］。

自然状態で「私的個人」と「社会的個人」とに分裂しながら、平和の状態であることの背景には「労働による生活手段の獲得」があるが、このことは「財産的世界」、「客観的世界」も「私的利益」と「公共の利益」に分裂し、それを関係づけるのが「個人の労働」であることを意味している。私的労働によって生産力が増大し、他人の利益を害することにならないからである［平井 一九六四：一五八～一五九］。

平井はこの自然状態から市民社会への転移を基本的には経済思想的に論じ、自然状態での生産力の増大が市民社会をもたらすものとして理解している。つまり、「商品生産を貨幣蓄積と流通」のうちに捉えるという「十七世紀の重商主義的性格」がロックの理論にあり、「貨幣」の価値を「有用性」ではなく、「合意」に基礎づけ、経済社会を自立化させず、市民社会が政治社会としてロックでは描かれている〔平井 一九六四：一六六〕。

結局、平井のいう「理性的人間」は「初期ブルジョアジー」、「商人・製造業者、近代的な経済地主・土地保有農・借地農業者」であって〔平井 一九六四：一六六、一七八〕、そういう点ではロックの国家が階級国家とみなされている。このような階級分析が現在の歴史研究から見て正しいかどうかはともかく、松下がまったく無視したロックの『統治二論』における個人とコミュニティ（「共同体」）の関係、「理性的人間」と「共同的人間」の関係、個人の利益と共通善（「公共の福祉」）の関係を次節のテーマとして考えていきたい。

田中正司『ジョン・ロック研究』

田中正司『ジョン・ロック研究』（一九六八年）も、松下のロック研究とは基本的には異なるロック像を提出している。田中はその「はしがき」において、ラヴレス・コレクションの公刊以来、「啓蒙思想家ないし近代自由主義の初期チャンピオンとしてのロック像の根本的再検討」をする必要があり、とりわけこれまで「政治的自由主義の典拠」としての『統治二論』の「権力国家的性格」を明らかにすることが目的であるという〔田中正司 一九六八：ⅰ～ⅱ〕。

ここではまず全体の要約である「総論」から田中の基本的主張をまとめておきたい。田中は従来のロック解釈が「市民革命の思想家」、「市民社会の個人主義的意味を開示した」思想家とする通説に対して、個人主義者どころか「形而上学的国家論の建設者」であると主張する〔田中正司 一九六八：九〕。田中によれば、一九四七年に公刊された新資料のなかで、とくに一六六〇年代に書かれた『自然法論』が重要である。この作品がその後の彼の全著作における「問題意識の出発点」となり、とくに『人間知性論』の認識論と『統治二論』の政治論との「共通の基盤」

となるものである〔田中正司 一九六八：一一～一二〕。

ただ、従来の研究がロックの『自然法論』のなかにある「経験的認識」を高く評価し、その後の著作との共通点を強調しているために、田中は「ロックの思想の発展過程」が十分に理解されていないという〔田中正司 一九六八：一四〕。ロックは「経験哲学の深化」とともに、自然法への懐疑を深め、その認識可能性を否定し、「近代的な思想」を展開するが、「その経験哲学自体が自然法の存在確信の上に成立していた」〔田中正司 一九六八：一五〕。

他方、初期ロックの政治思想が自然法を用いて「予想外に保守的」なことから、『自然法論』の自然法観はトマスやフッカーのような伝統的自然法観と同じものとみなす当時の研究動向も批判している。『自然法論』は認識論的な近代自然法への方向だけでなく、道徳哲学としての「自然法の人間化という近代自然法の課題」にも取り組んだものであり、そのような倫理観が『人間知性論』の倫理学や『統治二論』の政治論の「大前提」となっている〔田中正司 一九六八：一六〕。

このように伝統的自然法のいわば存在論的前提は『統治二論』でも維持されているが、この点では松下と同様に、認識論的には「近代自然法」の方向に向かっていると田中は主張する。しかし、自由で平等な「市民国家」という松下の主張と異なり、ロックの議論は「絶対主義的」な「権力国家」をもたらすものであることが強調される。

田中によれば、初期ロックの保守性が明らかにされ、「ロックに代表される近代の市民革命思想、ひいては『近代』そのものの反人民性が問われる」今日でも、「ロックを典型的な自由主義者ないし個人主義者とみる見方が一般的である」〔田中正司 一九六八：一八〕。しかし、自由主義的解釈が支柱としてきた「ロックの自然権の哲学」は、「万人の自然権」ではなく、「財産所有階級のそれ」を意味し、「非所有者階級を政治の主体から除外していた」〔田中正司 一九六八：一九〕。

ロックの自然状態も当時の「市民社会の現実を反映」し、「二義的・両義的な性格」であり、彼の国家論も「必ずしもリベラルなものではなく、むしろ多分に絶対主義的な性格をもつものであった」〔田中正司 一九六八：二〇〕。ロックの財産論もこれまでの通説のように「直接生産者の解放の論理」だけではなく、当時の交換価値の要請に応える「生産力の解放を意図していた近代初期のブルジョアジーの要請」に応える「近代性と収奪性」があった〔田中正司　一九六八：二一一〕。

このような財産論に基づく国家論そのものも「重商主義的な権力国家論」を持っている。この点はロック自身がいうように「社会がただ一つの意志をもつ」から、コモンウェルスの「構成員は一つの凝集した生きた団体に結合し融合しなければならない」ことにも示されている〔田中正司　一九六八：二一二〕。

結局、ロックの国家論は「ブルジョア的生産力の発展を阻害する反動体制とレヴェラーズ的大衆蜂起の危険に対する両面革命論」であり、「近代的な権利の観念から出発しながらも、その上に成立する国家権力そのものの絶対性を強調する」ことによって「ブルジョア階級の階級全体としての利益」を守るものである〔田中正司　一九六八：二一三〕。

このような田中のロック研究のなかで、ここではとくに伝統的自然法との関係を中心にして見ていきたい。田中によれば初期の『世俗権力二論』が保守的であり、伝統的なものにすぎないために、『自然法論』もそのように捉える見方があるが、そのなかに当時の「新しい科学」の影響を受けた「はげしい生得観念ならびに伝統批判や、自然法の経験的認識の精神」がある。たしかに、そこには「イデオロギー的保守性」や「伝統的イデオロギー」も認められるが、「懐疑的なインテリゲンチャないし知的革新者」の側面もあった〔田中正司　一九六八：三八～三九〕。

『自然法論』ではトマスやフッカーの影響から「神の法の支配」として自然法の問題をまず考えている。しかし、同時に主意主義的傾向も認められるものの、そこから「人間理性の自律性」までは進んでおらず、「神の恣意的な意志」によって、事物の自然（本質）のなかに法が存在するというトマス主義的な形而上学を信じていた〔田中正司　一九六八：四五～四七〕。

この点で、ロックは『自然法論』では、自然法を「人為的考案」としてではなく、人間の意志とは関係ない「自然の原理」から導かれるものであると主張し、ホッブズが「自然法を自然権の理論的帰結」と考えたのとは異なって、「自然法は人民の同意や自己保存の欲求の如き人間的動機」から導かれることは主張していない〔田中正司　一九六八：七〇～七二〕。

しかし、ロックはこの点ではカルヴァンと同様に、「法の拘束力の根拠を神の恣意的な意志」に置くことによって、かえって「法の人間的合理主義的解釈」に向かうことになったと田中は指摘する。神が創造した人間の「合理的本性」は神が創造した自然法と矛盾しないという論理によってである〔田中正司　一九六八：七四～七五〕。このロックの合理主義は「中世的伝統の残渣」ではなく、超越的な神の意志を「経験的・人間的に捉えようとする」ものであり、むしろ「近代自然法の文脈に属する」主意主義的なものである〔田中正司　一九六八：八〇〕。

ただ、ロックは人間が自己保存を求める功利主義的な側面が事実であると認めながら、それが自然法の基礎になることを否定し、「人間本性が個々人の利己心とは無関係な『共通善に向けられた一般的、自然的利益』の観点」から捉えられていた（『　』のなかはロックの『自然法論』からの引用）。この点は後の『人間知性論』や『統治二論』では、「人間本性の実質」を「快楽主義的な欲求に従って行動する人間の自然的欲求」のうちに捉えていたことと異なっている〔田中正司　一九六八：八五～八七〕。田中のいうように、『統治二論』では「快楽主義的な欲求」だけに従う人間像であるかどうかは次節で論じていきたい。

ロックは『人間知性論』において、「自然法の認識可能性をはっきりと断念する」代わりに人間の道徳は論証可能であると考えるようになった。初期の自然法の認識可能性が「権威主義」の政治観に繋がったことから、「道徳的基準それ自体の相対化」によって、「宗教的寛容と政治的自由主義」の傾向を強めることになった〔田中正司　一九六八：一二〇、一二二〕。

『人間知性論』では、アダム・スミスと同様の「みえざる神の手」ではあるが、「神の法の存在」を前提として、その支配下で、「実践的・合理的な倫理学としての論証的倫理学」と「経験哲学にみられる個々の断片的経験認識」とに専念できるようになった〔田中正司　一九六八：一三一～一三二〕。

ロックはこのような「経験認識」のうちで、とくに人間の「自己保存」が神の意志として「人間の最高の義務である」と『人間知性論』や『統治二論』において考えるようになり、このことが『統治二論』における「所有権成立の理論」となる〔田中正司 一九六八：一五〇～一五二〕。「『自然法論』にはじまる自然法の経験化の完成」を示しているのが『統治二論』である〔田中正司 一九六八：一五四〕。

このような経験化され、世俗化された近代自然法が「みえざる神の手」であるとしても、「神の法」、伝統的自然法を大前提とすることに関して、田中は、ロックの時代の「資本主義的生産力の発展」がまだ成熟しておらず、完全な「自然法則」としての認識にいたらなかったからであると歴史的な説明をしている〔田中正司 一九六八：一六二〕。

このような歴史的な説明が正しいかどうかはともかく、私の観点からは、『統治二論』がトマスの自然法と関係の深いアリストテレスの「共通善の政治学」とどのように関係するのか、またとりわけ伝統的自然法や「共通善の政治学」が田中のいうロックの「絶対主義的」国家論とどのように関係するのかをほとんど説明していないために（あるいは「共通善」を絶対主義的なものとみなす戦後の自由主義の「偏見」を自明のことと考えていたためか）、ロックの国家が絶対主義であるかどうかを含めて、次節ではアリストテレスの共通善の政治学との関連で議論していきたい。

福田歓一のロック評価

この点では、福田パラダイムにおいてロックの政治思想がどのように位置づけられているかを、あらためて福田歓一『近代政治原理成立史序説』の第一部「道徳哲学としての近代自然法」第三章の「ロックにおける近代自然法の定着」から考えていきたい。福田はホッブズやルソーが「伝統的理論」と対決し、それを切断して「まったく新しい構想を革命的に提示する」のに対して、「近代政治原理の父」であるロックの政治理論は「濃厚な伝統的色彩を帯び、とりわけロックの自然法も「中世自然法の再生たるフッカーの継受」であることを認めている〔福田 一九七一：一〇二〕。

しかし、福田はロックの自然法の特徴は何よりも「個人主義の徹底」にあり、この点では当時の自然法学と区別されるものであることも指摘する〔福田 一九七一：一〇四〕。『人間知性論』において、「人間個人の経験の出発点」

から、「感覚によって獲得」された「単純な観念」によって「経験世界の一切を構成」する〔福田 一九七一：一一四〕。ただ、『人間知性論』では、功利主義は否定されているものの、最晩年の『道徳学』では個人の幸福追求から「主体の平等」、「幸福追求の権利の平等」が説かれている〔福田 一九七一：一一六〜一一七〕。『統治二論』では「近代社会の倫理」が体系づけられ「個人の自己保存、幸福追求の規範的肯定、自然権の基本的承認」が「平等な幸福追求の主体」による「相互契約を通じてのルール」として成立する〔福田 一九七一：一一七〕。

福田によれば、このようなロックの自然法には「ホッブズの自然法とのいちじるしい類似」がある。「自然法を人間相互にわたる内面の規範として把握していること、人間を幸福追求の体系として捉え、そのかぎりにおいて自由と法との背反を認めている」ことなどである〔福田 一九七一：一一九〕。

しかし、両者には「越えることのできない距離」があるといい、それはホッブズが「国家権力」によって「社会の存立を保障」しようとしたのに対して、ロックは「内面の規範」によってそうしようとした点である。この二人の違いには、ホッブズの場合は当時の「現実社会」と彼が考えたものが「一定の財産の分配をめぐる闘争の場から、個別的経済主体の生産活動」へと推移していたが、ロックの場合は「ドラスティックな転換なくして」、「個人本位から社会本位に変容しえた」という「時代の推移」がある〔福田 一九七一：一二〇〜一二二〕。

そして、「政治権力」はロックを引用して「各個人の私有財産の調整」に限定され、この点では田中正司の理解とはまったく異なり、「要請されるのはむしろ弱い政府である」と主張する〔福田 一九七一：一二一〜一二二〕。

ただ、ロックには人間の欲望を追求する「自然的善」と自然法の「道徳的善」との間、「自然哲学」と「政治理論」の間には亀裂があり、「個人と個人との相互性に成立する社会関係」を解決していないという問題がある〔福田 一九七一：一二四〕。

またロックには「経験論の自己貫徹」とともに「明瞭な形而上学的、むしろ神学的要素」があり、「功利主義倫理の基礎づけによる自然法の解放に不安を抱」き、「道徳の保障」に「神の永遠の賞罰」を要求している問題がある〔福田 一九七一：一二六〕。この点では、「理性的であり、功利の原理に従う」ことが「神意と自然法」にかなうという人間と、理性的ではなく、「現世における感覚的快楽を禁圧し所与の道徳に盲従」して神の永遠の処罰をまぬがれる人間という二元論におちいっていると福田は指摘する〔福田 一九七一：一二八〕。

しかし、「理性的人間のみを基礎とするにしても」、内面的規範によって権力を制限し、しかも「成員の一般的承認」を求める点では画期的であると福田は述べている〔福田 一九七一：一二九〕。このことは「理性人相互の討論による共通的、一般的、普遍的規範の確立と、自然法そのものの流動性の可能性を開く」ものであり、ピューリタニズムによる自然法の「伝統破壊的機能」を回復させ、「法と自由との背反を自律の名の下に解決する」ものであると評価する〔福田 一九七一：一三〇〕。

結局、ロックの政治的立場は、ピューリタン革命のような民主化を求めるものではなく、「失われた伝統、脅かされた特権としての革命」を求めるものであり、この点で彼の「自然法の妥協性は不可避」であり、ロックは「伝統的立憲主義の継承者たるとともにその転回者」である〔福田 一九七一：一三二〕。この「立憲主義の転回者としての意義」は「自由主義の原理」を成立させたことにある。また、ロックの政治理論は「自然権の哲学と伝統的自然法概念との接合、その私有財産権の基礎づけ」に特徴がある〔福田 一九七一：一三五〕。

この点で、ロックの「機構論」である「ブルジョア化された特権層」による「議会」は「権力に対する自由の普遍的決済の場」であるとともに、「体制そのものを変革することなくして政治を量的に処理する通路」となった〔福田 一九七一：一三六～一三七〕。

このように福田によるロックの理解では、ホッブズのように伝統的自然法と断絶したものと捉えられてはおらず、イギリスの伝統的立憲主義との連続性についても語られている。しかし、松下と同様にロックを基本的には個人主義者（ただし、福田の記述からはロックが原子論的個人主義者であると考えられていないようであるが）や自由主義者（ただし、イギリス自由主義のより保守的な面を強調しているが）と考えている。その点では、「共同体」から解放された自由で平等な個人が彼らの「権利」を守るために、「契約」を結んで社会や国家を形成するという社会契約論のパラダイムはロックに関しても維持されていると思われる。

ただ、同時にロックが伝統的自然法の枠組みに従っていることについても福田は述べているが、そのことがピューリタンの革命思想批判のためという理由以外はあまり議論されておらず、またロックは『統治二論』において「コミュニティ」（共同体）や「共通善」という言葉を実際に肯定的に使っていることに関しても何の言及もない。そういう意味ではロックにおける「共通善の政治学」の要素についてなんら論じられていない。

以下では福田の研究以後に出版されたわが国の研究に関して、このような問題がどのように考えられているか、また「福田パラダイム」、というよりはロックに関しては「松下パラダイム」が基本的に維持されているかどうかを中心に論じていく。

中村義知『近代政治理論の原像』

まず中村義知『近代政治理論の原像』（一九七四年）は、松下‐福田パラダイムにあるよりも、田中正司と同様にロックの社会契約論が基本的にはブルジョアジーの権力確立の議論であるとみなすものである。「はじめに」では、「当時台頭しつつあった市民社会の育成・維持のための近代的な政治権力論の形成」にロックの意義があると主張されている［中村義知 一九七四：一］。

中村によれば、ロックの『自然法論』は「神の自然法の客観的存在」は前提とするが、その認識は「経験的知識や蓋然的判断」による「新しい自然法論」である［中村 一九七四：三］。ロックの『人間知性論』では認識論によって二つの自然法がある。一つは「観察に基づく一種の経験的自然法としての世評の法」である。しかし、この経験論的自然法だけではなく、「客観的自然法」の存在を前提として、そこから「合意的に論証される人為的主観的な自然法」もある［中村義知 一九七四：七九～八〇］。

中村によれば、このような「経験的知識」と「合理的知識」の二元論を『統治二論』は継承し、ロックは「近代合理論として近代社会科学の先駆者」であるが、『統治二論』でも「神意」に基づく自然法を前提とすることに

「ロックの哲学的限界」があり、それは時代の限界からであると考えている〔中村義知 一九七四：八二～八五〕。

このような古い要素（「伝統的自然法」）を前提として新しい要素（「経験的自然法」と「人為的主観的自然法」）を強調するロックの認識論についての理解はこれまでの研究とほぼ同じものであると思われるが、問題はそのことからロックの政治理論はどのように考えられるかである。

中村はまずロックの自然状態が「一種の社会状態」であり、田中正司の議論を引用して、自然状態から市民社会への移行は「貨幣経済に基づく商業社会としての市民社会の秩序の確立・維持のための共通の権力」設立のためであるという〔中村義知 一九七四：九一、一〇〇〕。ロックによれば、社会契約は独立した個人による「自由で自発的な同意」に基づくが、社会からの離脱の自由は「土地所有者」にしかない〔中村義知 一九七四：一〇八以降〕。

また、ロックは「人間の自然の平等」をいうが、社会状態では所有権の理論に見られるように経済的な不平等、「働く貧民」に「理性的能力がない」とみなすように理性の不平等、および制限選挙を主張するように「政治的権利の不平等」がもたらされ、それゆえロックの国家は「階級国家」であり、権力の安定性は「ブルジョア階級の安定性に大きく依存していた」〔中村義知 一九七四：一一五以降、一二一～一二四〕。

中村によれば、ロックは政治権力の根拠として「神権」か人々の「同意」かという問題を重視するが、「神が人間に内在化されるという形で」この問題は解決されている〔中村義知 一九七四：一三七〕。この点はロックが伝統的な「神意の法たる自然法」を依然として背景に置く理由である〔中村義知 一九七四：一三八〕。

ただ、『統治二論』の第一論文で批判しているロバート・フィルマーが神意による「家産国家論」として政治権力の基礎を「国家の所有」に求めているのと違って、ロックは政治権力の基礎を人々の「同意」に求めている。しかし、『統治二論』でロックが引用する伝統的自然法に基づいて「同意」を主張するリチャード・フッカーの議論とも「似て非なるもの」である。フッカーの議論はロックのように「私的権力の合成物ではなく」、「自然法によって定められた権力」に「同意」するだけの主張でしかない〔中村義知 一九七四：一三八～一三九〕。

これに対して、ロックの政治権力とは「自然状態において各人が所有している自然的権力の集合物」であり、各人の自然権力が限定的であるために、「その集合体としての政治権力も限定性」があり、この点では権力の限定性がないホッブズとも異なっている［中村義知 一九七四：一三九～一四〇］。

結局、ロックの社会契約論は各人にある「自然的権力を放棄して、これを共同社会に転移せしめる同意」に基づくものであるが、この「同意」は契約のような具体性がないために、「共同社会からの信託」によってのみ、政治権力は「現実の統治権力」となりうると中村は主張する［中村義知 一九七四：一四〇］。

このような「共同社会」が、ロックによれば「最高権力」を持つが、ロックの「政治権力体系そのものが『政治社会』」であり、「その内部に共同社会を母胎として包摂し、かつ、つねに後者に依存する」という二重構造になっていることを中村は指摘する。いずれにしても、「ロックの政治理論における共同社会の観念」は重要なものである［中村義知 一九七四：一四七～一四九］。

中村はこの最高権力としての「共同社会」に三つの制約があるという。第一に、個人の権利を保障する「自然法」、第二に、「相互に快適で安全な生活を送る」という「共同社会の目的」、第三に、共同社会は権力を「政府に信託」するためにそれ自体権力を行使しないことである。ただし、「共同社会が革命権を行使している」ときは「直接民主主義として行動する」［中村義知 一九七四：一八一～一八二、一八四］。この「共同社会」は多数決によって決定されるが、その多数派の意志に限界があることがこれまでの「伝統的学説」であった［中村義知 一九七四：一九二］。

しかし中村は、近年主張される多数派の権力の絶対性を主張する見解を支持し、とくに当時の「社会的歴史的現実、すなわち『市民社会』」と関連させて論じているC・B・マクファーソンの議論に基本的に従っている。つまり、市民社会の多数派は個人の財産を保護するためにすべての政府を自己の管轄下に置き、「個人主義は国家の集合的優位に委ねられなければならなかった」。一般的には「上昇資本主義社会の個人主義は個人にたいする国家の優位を排除することなく、反対にそれを要求する」というマクファーソンの主張に中村は注目している［中村義知 一九七四：二〇〇～二〇一］。

その点で、「ロックの立憲主義は、国家にたいする個人の権利の擁護をめざしたものというよりも、むしろ、拡大する所有権の擁護をめざすものといった方が適切である」〔中村義知 一九七四：二〇二〕。また中村はマクファーソンに従って、ロックは「自然権」をむしろ制限していくようになり、結局「ブルジョア的所有権」を重視するものになったと主張している〔中村義知 一九七四：二〇三〜二〇六〕。

このような中村の議論は松下とは対極の位置にあり、自由で平等な個人が自己の権利を保障するために契約によって市民社会や国家を形成するという正統的なリベラルが主張する社会契約論の異なる側面を語っており、興味深いものである。ただ伝統的自然法が絶対的権力の正当化であるかのような議論をしていることや、もともとロックの「市民社会」（civil society）とは「政治社会」の意味であることに気づきながら〔中村義知 一九七四：八九〕、後半ではもっぱら「ブルジョア社会」の意味に捉え、しかも「共同社会」は community の訳語であることが問題となっていないなど、やはり中村もロックにおけるアリストテレス以来の「共通善の政治学」に対しては、正統派と同様な理解しかないと思われる。

川中藤治『ジョン・ロック——市民政治の思想』

川中藤治『ジョン・ロック——市民政治の思想』（一九八六年）は五〇〇頁を超える大著であるが、タイトルからも理解できるように、松下圭一や福田歓一への言及は少ないものの、基本的に松下—福田パラダイム、あるいは戦後すぐの社会科学パラダイムのなかでの研究である。

たとえば第一章のロックの財産論では、「自己保存を本性とする独立自由な個人が自己の労働による自然的に獲得した財産を確保することによって、近代市民社会を理論付けた」のが「ロックの財産説」であるという〔川中 一九八六：八七〕。また、第二章のロックの自然法論では、「自然法は、ロックの市民社会形成のための理論的基礎である」としている〔川中 一九八六：一五九〕。いずれも、ロックの思想は「近代市民社会」形成のための理論であることになる。

社会契約論に関しては、第四章の「ジョン・ロックの政治思想」において論じられている。自然状態の自然法は「伝統的自然法論」に基礎を置くことも認めているが、「理性に根拠を求める『近代的合理的自然法』」であることが強調されている〔川中 一九八六：三三五〕。結局、結論としては、ロックの社会契約論は「封建主義的絶対主義的君主制を打倒し…自己の自由と財産とをひとびとの契約に確保する市民国家を創造する」ためのものであり、「ブルジョア社会の活気あり、活力に満ちた市民社会を描く」ことであった〔川中 一九八六：五三二〕。川中の議論ではロックの社会契約が個人主義の立場から「市民社会」や「市民国家」を形成することは当然のものと考えられ、ロックが実際に用いている「共通善」や「公共善」、さらに「コミュニティ」についてもちろん論じることもない。

友岡敏明『ジョン・ロックの政治思想』

わが国の研究のなかでは、「共通善の政治学」や伝統的自然法のロックに対する影響を最も理解し、ロックとアリステレスやトマスとを比較している研究が友岡敏明『ジョン・ロックの政治思想――〝伝統〟と〝革新〟一断面』（一九八六年）である。

友岡は最初に、ロック解釈に関して「伝統主義的解釈」と「近代主義的解釈」との対立する解釈が存在するが、そのなかで自然法との関連でロックの伝統性を強調する一方、ロックの「抽象的合理主義、個人主義的自由主義」などの点を重視し、ロックを「伝統との切断」として理解しようとする研究に注目している〔友岡 一九八六：六〕。友岡自身はロックのなかに「近代の香り」を認めるが、「神」を「存在根拠」とする「自然法」と「理性的個人」を主体とする「同意」とを重視する点で、「ロック政治思想は伝統的発展」であり、「中世とは〝異なった〟、中世に〝収まり切らない〟側面をもつ」という理解である〔友岡 一九八六：三〇〕。

これまでの日本の研究はロックにおける「伝統的」側面を認めても、それをむしろ否定的に扱う傾向が多かったが、友岡の研究は、現代の自然法研究者のメスナーを引用して、近代の枠が「初期ならびに中世キリスト教の推進力」によるというように、伝統的自然法を現代においても評価する立場からのものである〔友岡 一九八六：三八〕。

友岡によれば、ロックの『統治二論』における自然状態は「平和状態」でも「戦争状態」でもなく、「一定の連帯性が刻印され」た「高度に社会化された個人」によるものである。この「連帯性」の根底には、ロックを引用して「人間の精神にのみ発見される書かれざる自然法」がある〔友岡 一九八六：一六五〕。

「『理性的』な人間」はこの自然法を遵守しているが、「堕落した人間本性」によって、各自のプロパティ（生命・自由・財産）が侵害されるようになり、そのため「各個人の同意」によって、ロックのいう「プロパティを保存する権力」を放棄して「共同体の掌中への移譲」（友岡は原文の community を共同体と訳している）する〔友岡 一九八六：一六七〜一六九〕。

そして、この「『共同体』の意志、すなわち『多数派』の意志が『自然法』に適合的な『社会の法』を作成し、各人の『権利について判定する自由』を規制」する。この規制は「個人の専制」でも「多数派の専制」でもなく、ロックにとっては多数派の理性と自然法の可知性とは一致し、「神の被造物としての人間の本来的像のうちに解消する問題であった」〔友岡 一九八六：一七〇〜一七一〕。

ロックにとって「個人の同意」の個人とは「神の似像」や「神の作品」としての「個人」であるが、発展性を持ったものでもあり、ロックのいう「生まれながらに理性的である」ことは「適切な訓練・教育」によって「理性の状態」になるということである。ロックのいう「自由に生まれている」ということも理性的になるという発展性を示している〔友岡 一九八六：一七二〜一七三〕。

このような発展性を示すロックの「規範的〝個人〟」は歴史的に限定されるものでもなく、ローマやヴェネチアの建国者や当時のアメリカ大陸のペルーやブラジルの人々も個人としての「〝同意〟主体」であった。この「規範性と歴史的非限定性の点で」ロックのいう「個人」はレオ・シュトラウスのいうような近代的人間類型としての「個人すなわちエゴ」ではない〔友岡 一九八六：一七四〕。

このような個人の同意の結果、各人の持つ「〝自然的権力〟の集積庫としての〝共同体〟」は、ロックが自然状態で認めた「自然的な共同体」とは異なるものであるが、その共同体が各個人の「〝同意〟の基底」にあり、「〝自然的権力〟の集積庫としての〝共同体〟の基盤」となるものである〔友岡 一九八六：一七六〜一七七〕。自然状態にある各自のプロパティは「〝自然法〟＝〝神の意志〟」であり、「人間同士間の相互承認の関係」のもとで、各個人は規範的な「客観的〝プロパティ〟主体」である〔友岡 一九八六：一七八〕。

政治社会を形成した個人も「規範的共通意識」に支えられた「有機的統一体」として「共同体」を形成している。友岡によれば、「人間の神的被造物に発する〝個人〟的イニシアティヴを容れ、かつ自然法的秩序を土台としてこれを回転軸とした〝共同体〟主義者としてのロック像」が得られるという〔友岡 一九八六：一七九〜一八〇〕。

この「共同体主義者」とは一九八〇年代に登場する北米の「現代コミュニタリアン」を指しているわけでないとしても、少なくともロックは「原子論的個人主義」ではなく、むしろテイラーのいう「全体論的個人主義」に近く、他者との共通性を意識した個人主義というべきものを指していると思われる。もちろん、そのなかで「個人的イニシアティヴ」をより取り入れている点で、ロックは私の用語では「コミュニタリアン・リベラル」であると思われるが、この点も次節で考えていきたい問題である。

このように、ロックの社会契約論における自然法のもとでの規範的「個人」と「共同体」の関係を述べたあとで、友岡は伝統的な政治理論家であるアウグスティヌス、アリストテレス、トマス・アクイナスとロックとを比較していく。

ここでは私の関心である「共通善の政治学」との関連で、アリストテレスとトマスとの比較を詳しく見ていくことにする。友岡は、当時アリストテレスがよく読まれ、ロックもよく読んでいたことを前提に、政治共同体が「善く生きる」ために存在し、「すべての政治社会は自然に存在する」というアリストテレスの主張をロックが肯定していたと主張する〔友岡 一九八六：二五三〕。

また、アリストテレスの「政治〔共同体〕支配とは、自由・平等な人びとの統治である」という主張を引用し、ロックとの類似性が指摘される。さらに、アリストテレスのなかにも「同意」観念や国家の多元性の主張もあり、その点で両者とも「人為を排除しない共通なる目的原理」があると主張される〔友岡 一九八六：二五四〜二五五〕。

アリストテレスはプラトンを批判して、多元性を前提とする共同体を主張している。またその多元的な共同体についても、「同意に基づいているように思われる」と友岡は主張する〔友岡 一九八六：二五九〜二六〇〕。つまり、アリストテレスによれば、人間が自然に形成するポリスは多元的なものであるが、人間は「善悪」や「正不正」の認識を「共有」しているとともに、人間には「善」や「徳」を受け入れる「傾向性」があり、「教育によって共同的な意味での一なるものとする」とか「習慣を通じて完成される」と述べているように、人為的な「同意」が必要となるのである〔友岡 一九八六：二六一〜二六三〕。「ロック政治論の根本」である自然状態から同意を経て政治社会を理性的に構築するということは基本的にアリストテレスと変わっていない〔友岡 一九八六：二六五〕。

ただ、アリストテレスでは自然状態のもとでの人間が「最善の状態にある人間」であるので、彼の同意はこの自然状態でのものであるのに対して、ロックにとって自然状態は不都合がある状態であり、そこから移行するための同意であるという違いがある〔友岡 一九八六：二六八〕。その点では「〝人為〟と〝自然〟の二元性を克服したアリストテレスの〝ゾーン・ポリティコン〟理論」よりも、人為をより主張するソフィストに近い〔友岡 一九八六：二六七〜二六八〕。

しかし、ロックは「利害調整的な人為としての〝同意〟」という「ソフィスト的な利害均衡論」を退けており、ロックが「自然法の拘束力は、〔政治〕社会でも止むのではなく、…人定法によってその遵守を強化する」と述べているように、自然法の規範は政治社会でも残っている〔友岡 一九八六：二七〇〜二七一〕。いずれにせよ、ロックの政治社会は「各個人の同意」に基づく、基本的には人為的なものである〔友岡 一九八六：二七四〜二七五〕。

また、アリストテレスの政治社会論は「〝善〟＝〝徳〟と〝正〟＝〝正義〟の二範疇」に基づくが、ロックは「徳」よりも「正義」に関する議論が多くなっている。しかも、アリストテレスの普遍的な「自然的正」はロックでは「『神の意志の宣言』としての〝自然法〟となるとともに、…〝プロパティ〟となる」〔友岡 一九八六：二八三〕。

友岡によれば、『統治二論』は「〝プロパティ〟を核とする〝自然法〟の政治過程の貫徹」をねらったものであるとともに、「〝正義〟論の展開」としての政治論でもあった。この「正義の執行」は「個人のイニシアティヴ」に委ねられるが、そこには「平静・沈着な法治主義者」を認めることができる［友岡 一九八六：二八四］。

結局、アリストテレスとロックの違いは、アリストテレスが「人間の自然感性における個人と世界の調和」を主張するのに対して、ロックは「神の意志＝自然法に担保された個人的イニシアティヴの社会」を求め、「善の共有」よりも「正の共有」を発展させ、「正義」＝「プロパティ」が重視されている点にある［友岡 一九八六：二八六、二八八〜二八九］。この点ではロックはアリストテレスに比べれば、個人主義的な自由主義者になるが、アリストテレスとロックの思想にはかなり類似性があることも指摘されている。

なお、海外でもアリストテレス哲学とロック的な自由主義を関係づけて、とりわけ「共通善」は個人の自由や権利と対立しないという研究がある［Rasmussen & Den Uly 1991］。また、新しい『アリストテレス全集』の月報で加藤節は、ホッブズと違って、ロックやスピノザにはアリストテレスの影響が認められることを指摘していることも付け加えておきたい［加藤 二〇一四］。

トマス・アクイナスとの比較でも、友岡は基本的にはトマスの「善」を重視する「徳論的政治論」とロックの「プロパティ」を重視する「法規範論的政治論」との相違を主張する［友岡 一九八六：三四三］。トマスにとって、アリストテレス同様に、政治社会は「自然的」であり、その自然的なもののなかに「善」と「自由意志」が含まれる。トマスは「徳的生活と社会生活は人間本性の要求」と主張し、両者は神が創造した「人格」と「神の似像」としての「調和的な人間」観に立つ。それは「目的因の共通性」としての「共通善」の存在を前提としている。トマスにとって「共通善」の実現が「〝正義〟と呼ばれる〝徳〟なのである」［友岡 一九八六：三四六〜三四七］。

トマスによれば「人間の善は何らかの規範」に基づくが、この規範が「自然法」であり、その派生が政治社会の共通善を実現させる「人定法」であり、政治の大部分はこの法の制定に係わることである［友岡 一九八六：三五二］。ロックも「真の政治」が「道徳哲学の一部門」であると考え、自然法が軸となり社会関係の確保・維持を目的とする社会契約論が「目的論的な構造」である点はトマスと共通する［友岡 一九八六：三五二〜三五三］。

ただ、トマスにおいては「無政府状態」から「政治社会状態」へと変わるときに共通善を前提とする「含蓄的る。

〝同意〟」が語られるだけであり、ロックのような明示的同意はない。さらに、ロックにおいて「個人の主体性」は自然状態後でも「〝共同体〟の決定への参与」として存続している。このようにロックには「個人の規範的なイニシアティヴが容認されるような〝共同体〟像」がある〔友岡 一九八六：三五四〜三五五〕。トマスと同様に政治を「神的要求」のもとに置くが、そのなかで「個人のイニシアティヴ」が強調されているのである。このように、トマスとの共通点も述べながら、ロックに個人主義者としての相違があることも語られてい

る。

加藤節『ジョン・ロックの思想世界』

前章でも、加藤節の『近代政治哲学と宗教』におけるホッブズの社会契約論を取り上げたが、そのなかのロック論は基本的に彼の寛容論を論じているために、ここでは加藤のロックに関するモノグラフの研究『ジョン・ロックの思想世界』（一九八七年）を取り上げて論じたい。

本書の第3章ではホッブズに関して、「福田パラダイム」のもとにあると述べたが、ここでは加藤はロックに関しては、「ロックの実像はなお未確定」であるものの、近年の研究動向として、「クリスト教思想家」として捉える傾向が「確実に定着してきた」という。彼のこの著作も「クリスト教思想家」としてロックの実像を捉える試みであると主張する〔加藤 一九八七：二〕。

ロックがキリスト教の伝統を前提としていることは、福田歓一も指摘し、友岡もその伝統を根底に置いて議論を展開しているが、問題はその「キリスト教」とは何か、それがどのような政治理論を生み出しているかである。加藤はロックの全体像を理解しようとしているのであるが、ここでは彼の『統治二論』に関する議論を中心に論じたい。

加藤によれば、ロックのキリスト教は「個人の実存」の問題である。加藤はロックの書簡から、ロックの思想の根底に「自己と神の摂理との一体化において導かれた『思考する実存』としてのロックの自己意識」があることを

導き出す。そしてロックの初期の著作、『世俗権力二論』と『自然法論』からの彼の思想には、現世において生きる人間にとって、ジョン・ダンを引用し、「十全な規範の体系を全生涯に亙って提供してくれる慈悲深い神」の意味を問い続けることがあるという〔加藤 一九八七：三五〜三六〕。

ロックには啓示の判定を「自然的理性」に委ねる認識論とともに、キリスト教の「絶対的真理性」の確信という両面性があり、加藤は「ロックのディレンマ」と呼んでいる。この点では「『統治二論』が『政治的自由主義』の古典的宣言」であるのに対して、彼の寛容論は秩序を重視する「権威主義的」傾向を示すというように、それぞれの理論領域で異なる傾向がある。しかし、同一領域でも異なった傾向も示している〔加藤 一九八七：五五〜五六〕。

認識論では「独断論から一種の不可知論」へと根本的に変化している。政治学も含む道徳哲学では『自然法論』では、「神の意志と法」が理性的な推論で認識可能という立場をとっていたが、『キリスト教の合理性』では理性による道徳の「直接的論証」を否定し、「啓示＝聖書」による「完全な倫理の体系」を目指した〔加藤 一九八七：五六〜五八〕。この点でロックの著作は、ロック自身の「思考する実存」による「自己の率直な表現」として、「発展する精神」によるものと考えるべきであると加藤は主張する〔加藤 一九八七：六三〕。

この「発展する精神」の起点にある著作が『世俗権力二論』と『自然法論』である。『統治二論』は、『世俗権力二論』の系譜に属し、J・W・ガフのロック研究を引用して「『神的な自然法』を『政治的上部構造の道徳基礎』とみなす正統性論」、あるいはジョン・ダンの主張、「信託違反権力に対する宗教的な抵抗権の義認を通して、政治と宗教とのあるべき関係の判定基準を提示しようとする試み」であるという〔加藤 一九八七：六七〕。

ただ、『世俗権力二論』には「権威主義的」傾向があるのに、『統治二論』には「自由主義的」傾向があり、このような「イデオロギー的立場」の変化には、ロックの個人的経験として宗教的に寛容な「小都市」クレーフェを訪れたことと反王党派のシャフツベリ伯に仕えたことがあると加藤は指摘する〔加藤 一九八七：七〇〜七一〕。

しかし、そのような個人的事情以上に、理論的前提として、もう一つの系譜である『自然法論』から『人間知性論』への発展がロックの「『リベラルな』立場」を確立させたという。その一つは「自律的存在としての人間像」、二番目は「言語に関するノミナリズム」、三番目には道徳・宗教的信念に対する「不可知論」である〔加藤 一九八七：七一以降〕。このような発展には、ロックの「精神の基層」のなかに「個体化の原理」があると加藤は主張する〔加藤 一九八七：七六〕。

ただ、ロックの『統治二論』は「世俗的統治」として記述されているが、その背後に「神学」があることは確かである。『統治二論』においてロックは人間を「神の作品」であるといい、加藤によれば、「神と人間との義務論的な関係の一つの核心をなす自然法」が一貫してロックの政治的行動の「道徳的基準」である〔加藤 一九八七：一五八～一五九〕。ロックは当時の政治的「嵐」のなかで、反政治的な「静謐主義的」傾向と「社会的上昇」を求めながらその失墜を恐れる「深い実存的不安感」を抱いていたが、そのなかで「偶然に左右されない人間の確固たる自己同一性の根拠」として、「『神の手』への揺るぎなき信仰」を抱いていた〔加藤 一九八七：一六〇～一六四〕。

そこから各人が「神の栄光」のために、自己の義務を果たし、自己の職業労働に勤勉となり、自己の「魂への配慮」を果たす「宗教的個人主義」がロックの立場となった。この立場には「『政治的なもの』の支配を拒む領域」があり、「各人の『プロパティ』」を政治権力の及ばない領域とする方向を示している。しかし、人間の政治的行為も「神の意志」にあるという確信から、ロックは政治も「規範的に問い直す」方向性を示している〔加藤 一九八七：一六六～一六七〕。

ロックの主張する「抵抗権」も「神の意志」によって与えられた個人の「プロパティの保全」を侵犯する権力は神への反逆であるために、各人にとっての「宗教的義務」であった〔加藤 一九八七：一七九～一八〇〕。

加藤の議論はロックの『統治二論』について詳しく論じているものではないが、そのロックの立場を自由主義的なものであり、宗教的であっても「個人主義」に基づくものであるとしている点では、福田パラダイムの延長上にあると思われる。

しかし、彼の著作では「近代的」という言葉が一切使われておらず、あくまでロックの個人的な「発展する精神」のもとでの思想の変化を論じているだけであり、ロックの社会契約論が「近代政治原理」とどう関係するかは何も語っていない。逆に、ロックの宗教的政治論が友岡のいう「伝統」とどう関係するかも論じられていない。私が問題にしたいのは、加藤がいうように「宗教的個人主義」からはむしろ「反政治的なもの」しか生まれないことであり、この点でロックが「個人主義的」であるとしても、『統治二論』にある「共通善の政治学」の要素をどう考えていくかが重要な点であると思われる。

永山了平『社会契約説と人類学』

次に、永山了平『社会契約説と人類学――ジョン・ロックからジョン・ミラーへ』（一九九六年）はタイトルからいえば、本書第2章で取り上げた方がよかったかもしれないが、社会契約論者のなかで詳しく取り上げているのは、ジョン・ロックだけであるので、ここではそのロック論だけを取り上げたい。

永山はまずロックの「二面性」を山崎時彦や田中正司の研究に依拠して、ロックの「契約理論」と「歴史的議論」が併存していることを「十七世紀的な合理主義から十八世紀的な経験主義への過渡的な形態」として位置づけ、社会契約論のとりわけ歴史的根拠づけを問題としていく［永山　一九九六：五〇～五二］。

永山はC・B・マクファーソンの指摘するロックの自然状態の記述にある「あいまいさ」として、「大部分の人」が自然法＝理性に従い、平和な状態と記述されているのに、「大部分の人」は自然法＝理性に従わず、戦争状態と変わらないものとして記述されている点を指摘する。この点ではロックは「当時の人類学的な知識」に通じており、アメリカ・インディアンが戦争状態にはなかったと記述していることから、レオ・シュトラウスが主張するような自然状態が戦争状態であると考えていたのではなく、むしろ戦争状態のような記述は政治社会の成立の必要性のための「レトリック」にすぎないと主張する［永山　一九九六：五五～五八］。

この点で、最初の自然状態の記述は平和状態であったが、貨幣経済が導入されてから、「所有の拡大と人間の堕落」によって、所有の不平等が所有の不安定性を生じさせたことが「政治権力による統合を必要とする」政治社会の形成を促すことになったと永山は指摘する。ただ、ロックには人間の堕落を生じさせた「所有制そのものに対する批判を見出すことはできない」〔永山 一九九六：六〇〜六二〕。

永山は福田パラダイムとは異なって、ロックが彼の社会契約論において、コミュニティ（永山は「共同社会」と訳しているが）に「決定的な役割」を与えたことを指摘している。ホッブズの「臣民の自由について」の記述が抵抗権だとしても、それは「せいぜい個人的な抵抗権の承認にすぎない」が、ホッブズが「自然的権力の譲渡先」が『一人の人間』であれ、『一つの合議体』であれ」主権者に対してであったのに対し、ロックは「それ自体多数決原理に従って行動することのできる」コミュニティに対してであった〔永山 一九九六：六六〜六七〕。

ただ、永山によれば「自然法の支配」とその判定権をコミュニティに与えるという結論との結び付きは必然ではなく、「社会共同の経験の中から、行為の一般的な準拠枠が出来あがって行く十八世紀的な道徳観」の先取りであると永山は考えている〔永山 一九九六：六八〜六九〕。あとでも論じたいが、永山のいうように人間の堕落の結果、コミュニティへと個人が彼の「自然的権力」を譲渡するのである。ただ永山は伝統的自然法のもとでは経験的でないコミュニティが重要なものであることに気づいておらず、この点もあとで論じていきたい。

三浦永光『ジョン・ロックの市民的世界』

三浦永光『ジョン・ロックの市民的世界』（一九九七年）はロックの政治思想ではなくロック哲学の研究であるが、ロックの「市民的世界」や「市民的知性」を扱い、松下パラダイムに近いと思われる。三浦は序論において、ロックが「西欧近代」における「自由主義の原理」を確立させた思想家であり、それは「当時の新興の商工業者の姿勢」の表明として理解している〔三浦永光 一九九七：一一、一六〕。ただ同時に、松下と異なり、「西欧近代」の問題点もロックのなかに見ようとする研究でもある。三浦によれば、近代は「解放と自由」をもたらすとともに、「新たな支配と差別」を生み出し、ロックの思想も光と影の両面を持った「『西洋近代』の一つの典型」である〔三浦永光 一九九七：一七〕。

ここではこの著作の第一部の自然権論の部分だけを簡単に取り上げ、第二部の認識論はとくに政治論との関連はないので省略したい。三浦は、ロックが自然権のなかで所有権を重視していることから、「ロックにおける自由権・所有権の性格を問うことは、ひいては、近代西欧の人権思想の性格を明らかにする」という問題意識によって、当時の歴史的・思想史的文脈を押さえながら、むしろロックの自然権思想の問題点を明らかにしていく。

三浦によれば、ロックのいう自然状態の第一段階では「万人の生存と福祉の要請」で始まるのに、「貨幣の使用と商品の交換の普及」の第二段階では「生産力の増大を新興ブルジョアジーに期待する」ようになり、社会契約によって国家が成立する第三段階ではこの不平等な財産を確保する不平等選挙に基づく「市民政府の国家」になる［三浦永光 一九九七：六〇〜六二］。

フィルマーの絶対主義を批判するための「万人の平等と人民の『生命、自由、財産』への権利の標榜は…いつのまにか、その平等が薄れ、『生命、自由、財産』の主体たる『人民』がその一部分、つまり有産階級へと収縮する」。結局ロックの絶対主義批判は「人民全体」からの批判でなく、有産階級からの批判である［三浦永光 一九九七：六七］。

この点では、ロックが深く係わったアメリカの植民、とくにインディアンに対する見方でも同様なものであったと三浦は主張する。ロックの自然権思想は当時のイギリスの実際の植民地政策とは異なり、インディアンの権利を認めている部分もあるが、しかし基本的には当時の植民地政策を批判してはおらず、当時のイギリス人が「自然法と原住民の自然権とを甚だしく蹂躙していることを認識できなかった」［三浦永光 一九九七：一二八〜一三〇］。

また、アメリカの奴隷制やアイルランドの植民に関しても、自由で平等な個人が持つ普遍的自然権は、実際はロックのような階級だけのものであり、そうではない人々の権利に関しては尊重することがないと三浦は批判している。ただロックの寛容論に関して、『寛容についての書簡』でロックが一度だけ用いている「公共の福祉」が個人の良心を制限するおそれを指摘しているが［三浦永光 一九九七：二〇八〜二一〇］、これはあとでもいうように、「共通善」に近い「公共の福祉」に対するリベラルの「偏見」に基づく批判であると思われる。

なお、三浦は近年『ジョン・ロックとアメリカ先住民——自由主義と植民地支配』（二〇〇九年）を出版し、「西洋近代」の「光と影」のうちで、とくにアメリカ植民地との関係で「影」の部分を再考している。その副題にあるように近代西洋の「自由主義と植民地支配」、帝国主義の問題は近年様々に議論され、また社会契約論一般と「アメリカ」の関係もそれ自体重要な問題であり、第5章で論じていくことにする。

岡村東洋光『ジョン・ロックの政治社会論』

岡村東洋光『ジョン・ロックの政治社会論』（一九九八年）は、社会思想の著作であるが、ロックの思想を近代的なものと考える「松下パラダイム」に否定的であり、ロックの civil society は「市民社会」ではなく、「政治社会」であるという観点から『統治二論』の政治理論を詳しく扱っているので取り上げていきたい。

「序文」で岡村は「伝統と革新、理性と慣習（歴史）といった多面的な要素の調和こそがロックの思想を特徴づけるものである」といい、友岡同様に「伝統」の部分も十分評価しているが、基本的には『統治二論』の出版された「時代の問題」のなかでロックの「政治社会論」を理解しようとする試みである［岡村 一九九八：ii、viii］。

序文で述べられていることから第Ⅰ部「フィルマー、フッカー、ロック」をまとめると、まずロックのフィルマー批判にかかわらず、両者ともに「聖書を根拠としたキリスト教信仰心や家父長主義的家族（世帯の存在）を前提としている点」や、政治支配の根拠として、「神の命（自然法）を設定する」点では、両者には共通性がある。フッカーに関しては「キリスト教的な発想や人々の同意に基づく統治、平等な法による支配」などはフッカーから継承したものである。ただそれらをロックは「個人主義的に解釈し直した」が、これまでいわれてきた以上に、ロックとリチャード・フッカーの関連は大きいと主張する［岡村 一九九八：iv］。

第Ⅱ部が「ロックの政治社会論」であるが、私の観点から重要と思われる、とくに「伝統」との関連でロックの思想を岡村はどう理解しているかを本文から見ていきたい。まず岡村によれば、「自然状態」の正当化ではホッブズではなく、フッカーを引用しているのは、専制政治批判というロックの意図から当然である。岡本によれば、「アリストテレス的な脈絡とキリスト教的な脈絡の双方の結合」の観点から、トマスの影響を受けたフッカーをロックは引用しているのであり、ロックもこのような影響下にある〔岡村 一九九八：一二八〜一二九〕。岡村によれば、ロックが「同意」に基づく政治社会をいうのも、専制的支配への批判という意味からであるが、「マグナ・カルタ以来」の「人々の同意論」の流れにあり、ロックのいう「『古来の国制』としての立憲君主制」というイギリス固有の伝統のもとにもある〔岡村 一九九八：一四九〕。

ロックの「プロパティ論」は「近代的で資本主義的な性格」があるのかどうかというロック解釈の問題点に関して、岡村は「前近代的な要素と並んで近代的な要素が、また資本主義的な要素と並んで資本主義批判的な要素が存在していた」という。つまり、ロックのプロパティ論は「中世的な共同体主義を逆立ちさせることによる修正としての個人主義ではなく」、「個人と政治社会の間に共同体を置く」ことから、「自然状態と絶対的な統治の二者択一を乗り越えたものであり」、それは一七世紀イギリスという時代の「『社会』理論であった」〔岡村 一九九八：一七七、一八二〕。

結局、岡村によれば、ロックの伝統とは「イングランドの伝統（世俗の論理）と大陸の自然法学の発想（キリスト教の論理）を結び付けた」ものである〔岡村 一九九八：二二二〕。岡村もまたロックが純粋に近代的な思想家でなく、イギリスの伝統（「古来の国制」）や伝統的自然法の影響を受けたものであり、「中世的な共同体主義」を否定したものではないことを指摘している点で、注目すべき研究である。とりわけ私の観点からは、「個人」だけではなく、「共同体」（コミュニティ）も重視する思想家としている点は次節で考えていきたい問題である。

下川潔『ジョン・ロックの自由主義政治哲学』

下川潔『ジョン・ロックの自由主義政治哲学』（二〇〇〇年）はタイトルにあるように、歴史的研究でなく、ロックの政治哲学の研究であり、しかも彼の哲学が自由主義であることは証明していくことではなく、自明のことである。ただ、この本の「終章」ではその基本的原理を正しく理解するとともに、「ロック自由主義哲学を批判的に検討し、それを世俗化し、平等化しようと試みた」と修正を加えて、現代の政治哲学としていくことが目的となっている〔下川 二〇〇〇：三二三〕。このことは逆にいえば、ロックの自由主義は宗教的であり、不平等なものであることは当然であると下川はみなしていることになる。

「序章」において、ロックの自由主義哲学の「基本原理」として、「政教分離の原理」、「プロパティの原理」、「同意と服従の原理」、「正義の原理」、「公共性の原理」を挙げ、それが本書の各章に対応していると述べている〔下川 二〇〇〇：一～二〕。

次に、下川の考えるロックの自由主義とは、「自由主義的立憲主義」あるいは「古典的自由主義」と呼ばれる系譜に属するという。それはグロティウス、ホッブズ、プーフェンドルフらの「自然権理論の伝統」とともに、アリストテレス、トマス、フッカーの「立憲主義の伝統」を取り入れたものである〔下川 二〇〇〇：六〕。

このロックの自由主義の系譜は、アラン・ライアンの議論を使って、「ロック、スミス、トクヴィル、ハイエクらの古典的自由主義」の系譜に繋がり、「福祉国家的」な「ミル、グリーン、ホブハウス、ロールズらの現代的自由主義」とは区別されるものである〔下川 二〇〇〇：八〕。また、ロックはあくまで自由主義者であって、彼の「多数決原理、国民主義、国民による抵抗権といった民主主義的原理は、諸個人の自由の保全ならびに法の支配という自由主義の原理によって制約される」〔下川 二〇〇〇：一〇～一一〕。

ここではロックの社会契約論ととくに関係する第五章「同意理論と政治的服従の原理」、第六章「正義概念と正義論」、第七章「公共善とその実現」について見ていきたい。まず、ロックの社会契約論とは「同意プラス約束理論」であり、同意の重要性を強調し〔下川 二〇〇〇：二〇七〕、その同意理論が「自己決定尊重の原理」に基づくとともに、実定法の強制力によって「他者のプロパティを尊重する義務」を履行させる「支配の原理」から成り立ち、「政治社会における様々な権力を制限する」ことが目的としてある〔下川 二〇〇〇：二三二～二三四〕。

ただ、ロックの同意理論は「多数者の意志を過度に信頼している」という問題点があり、「共同社会」という「一つの意志をもった人格的団体という概念」を放棄して、実定法によって少数者のプロパティを尊重すべきであると下川は主張している。下川によれば、ロックが想定した「各人の同意と『国民の同意』との間には予定調和」

が存在しないからである〔下川 二〇〇〇：二三四〕。

この指摘はロックの同意理論が松下のいうようにたんなる個人の同意ではなく、コミュニティ（共同社会）の同意であり、個人の同意だけでは政治社会を形成することはできないことを意味しているが、そのことは現在のリベラルがいうように少数者の権利を必ず否定するものであるかどうかは次節で考えていきたい。

次に、ロックの正義概念はグロティウス的な『権利』の観点」とアリストテレス的な『法』の観点」の影響から、「権利の保全と法の平等性という二つの視点」を統合したものである〔下川 二〇〇〇：二四五、二四九〕。ただ、ロックには権利侵害に対して「法に従って裁判所で矯正する」というアリストテレス的な「矯正的正義の概念」はあっても、「現在の権利配分を保全しようとする」点では、アリストテレス的な「配分的正義の概念」はなく、ハイエクやノージックと同様に「保守的な概念」である〔下川 二〇〇〇：二六七～二六九〕。

そのため、下川は市場経済だけではうまくいかない場合は「ロックの『自己保存の権利』に代わるものとして『基本的必要を充足する権利』を設定」するように主張している〔下川 二〇〇〇：二八〇〕。この点でも、ロックの社会契約論をリバタリアニズムではなく、リベラリズムの方向に転換する必要性を説いている。

最後にロックの「公共善」に関しては、公共善と個人の権利が対立するものとしてしか理解されていなかったために、これまでのロック研究では論じられることがなく、ロックの自由主義は「自然権と公共善の対立によって形成されているのではない」ことを下川は指摘する〔下川 二〇〇〇：二八一～二八二〕。

実際、『統治二論』では「公共善」やその同義語である「共通善」、「社会の善」、「人民の善」、さらには類似した「社会の保全」、「人民の安全」などの言葉がしばしば用いられていることを指摘し、公共善概念はアリストテレス、アクイナス、フッカーと続く「立憲主義の伝統に由来する」ものであり、「政治権力は法によって制限され」、「立法と統治の一般目的」となるものである〔下川 二〇〇〇：二八三～二八四〕。

下川は量的な「最大化」を図る功利主義的な善と区別して、ロックのいう「公共善」とは「実定法や共通規則によって社会のどのメンバーにも無差別に提供される善」であるが、ロックが国王大権を「規則なしに公共善を行なう権力」と述べていることから、「派生的には…自由裁量や迅速な行動によってどのメンバーにも無差別に提供されるような善」であるという〔下川 二〇〇〇：二八七～二八九〕。

戦後のリベラリズムの「偏見」から離れて、「公共善」を権利と対立させずに、アリストテレス以来の私の用語では「共通善の政治学」が、少なくともイギリスでは立憲主義の伝統としてあることや、「公共善」を功利主義的な概念と区別して理解している点では、私の観点からは評価できる。ただこのような国王大権によって提供される「公共善」を「派生的」な意味と理解している点には異議があり、次節で論じていきたい。

愛敬浩二『近代立憲主義思想の原像』

愛敬浩二『近代立憲主義思想の原像――ジョン・ロック政治思想と現代憲法学』（二〇〇三年）は憲法学の立場からであるが、ロックに関する「松下パラダイム」のなかで、ロックの「近代立憲主義」を論じている。愛敬の問題意識は「序章」で明らかにしているように、憲法学では「立憲主義の憲法理論的理解」が低迷していることであり、また「近代立憲主義思想の源流」であるロックの『統治二論』に関して、現在の政治思想史研究では「宗教的契機」の重要性や「中世立憲主義」との連続性が語られることが多いのに対し、政治思想研究を通して、ロックの自由主義・個人主義に基づく「近代立憲主義」を確認したいことである〔愛敬 二〇〇三：七以降〕。ここではいくつかの主張を取り上げて論評していきたい。

まず、愛敬はロックの政治思想の「宗教的契機」を無視すべきではないというが、それはあくまでもウェーバーや大塚久雄の史学に基づく「ピューリタニズム的規律文化」を指している〔愛敬 二〇〇三：四〇～四五〕。この点では愛敬は伝統的自然法についてはまったく議論しておらず、もっぱら近代以後の「宗教的契機」しか考えていない。愛敬は『世俗権力二論』の絶対主義から『寛容についての書簡』の「自由主義的・立憲主義的ロック」へと「転換」したことをロックがもっぱら「自律的人間類型」に転換したと考えている。

その転換の契機となったのは「シャフツベリ等非国教徒」、つまりピューリタンとの交流である。『世俗権力二論』では「『平和』という一般的・抽象的な価値」が重視されたが、『寛容についての書簡』では「『個人の生命・自由・財産』というようにきわめて個人主義的な観点」をとるようになったという〔愛敬 二〇〇三：七五～七六〕。また、ロックの社会契約論が「共同体中心の統治観」に基づくものであるという研究を論駁して、あくまで抵抗権の主体は「自然権の共有主体としての個人」であるとしている〔愛敬 二〇〇三：九六～九八〕。

このように愛敬は下川も論じている「共通善」や「公共善」にまったく言及せずに、ロックの議論が個人主義的であることを当然のこととしている。また、イギリスの伝統的な政治論である「古来の憲政」に関しても、ロックは「国王・貴族院・庶民院」という混合政体の外部に「『人民』という存在を法的な実体」を設定したことから、「古来の憲政」論を拒否したものであると考えている〔愛敬 二〇〇三：一二八～一二九〕。

結局、『統治二論』は、「古来の政体論」のような名誉革命を正当化するものではなく、「自然的自由にある人間」を基礎とする「あるべき正統な政府」の正当化のためのものであり、このような「近代立憲主義思想の原像」としてのロックの思想から現代の立憲主義が学ぶことができると愛敬は主張する〔愛敬 二〇〇三：一五〇〕。

このように愛敬の議論は「市民社会」という言葉をあまり使わないものの、現在の内外のロックに関する政治思想史研究では疑問視されることが多いロックの議論をまったく近代的なものとする「松下パラダイム」の延長上にある。

関谷昇のロック評価

次に、愛敬の著作とほぼ同時期に出版され、本書第2章において福田パラダイムの修正を主張する社会契約論全般を取り上げ、また前章ではホッブズに関する議論を取り上げた関谷昇『近代社会契約説の原理』（二〇〇三年）のロックに関する議論をここで取り上げたい。

関谷によれば、ロックはホッブズが「作り上げた社会契約説を全く異なる前提から新しく組み換えた」。つまり、ホッブズの「政治的『一体性』」を前提とする社会の構想から、ロックはその「『一体性』を打破」して、「全く異なる『全体』と『個』との綜合」にした〔関谷 二〇〇三：一三五〕。ロック解釈として、福田も含むホッブズの延長上に近代的な議論と考えるものと、当時の歴史的文脈のなかでロックの「新しい側面」を主張するものとがあることを指摘し、とくに関谷は後者の研究がいう「（ホッブズが批判した）神の秩序としての『全体』論を中世から継承している点」に注目している〔関谷 二〇〇三：一三五〜一三七〕。

つまり、伝統的「自然法」はホッブズと違って、ロックにとっては「内面と外面との双方を包摂する存在論的な規範」となり、認識論的にはホッブズと同様に人間の認識能力から出発する「個への還元」となるが、その「個人の析出」はホッブズと違って、「経験理論と（propertyをめぐる事実性に即した）秩序への働きかけ」となっていく〔関谷 二〇〇三：一四〇〜一四一〕。

このように、自由で平等な「個人」は自然法という「存在論的全体論」のなかで、「認識と実践を通して自らの位置を自覚していく」。関谷は神を「究極的な目的」として「個々人が自らの行為に意味と価値を見出していく」ことを「神学的作為」と呼んでいる〔関谷 二〇〇三：一四二〕。また、「必然的な因果的機械論」を主張するホッブズと異なり、「感覚」と「内省」に基礎づけられた「経験論」は「『内省』を通した自由な思考様式」によって「批判的原子論」となる〔関谷 二〇〇三：一四二、一四五〕。

このように、関谷は、ホッブズとの連続性よりも、その相違点を強調し、とくに伝統的自然法を存在論として認め、そのなかで「神学的作為」によって、ロックのいう社会契約が行われると主張する。しかし同時に、その「神学的作為」は「個人」が「自由な思考」によって判断し、実践するという「批判的原子論」に基づくものとして理解され、そういう意味では「近代的」なものとしてロックが評価される。

関谷によれば、ロックの人間論は「初期近代における政治的な企て」であり、政治の領域でも「自然法の認識と解釈」の実践であることと「政治を司法的な実践として理解」することが特徴である〔関谷 二〇〇三：一四五〜一四六〕。「自然法」のもとで、人間の行動の「駆動力」は欲望であっても、人間は「善」を欠くことに「不安」を覚え、欲望の追求を停止することがむしろ自由と考える。その点で「ホッブズ」と違って、「他者の善への配慮を伴う、自らの欲望追求の自己抑制」が自ら選択した幸福となる〔関谷 二〇〇三：一四八～一四九〕。

また、ロックは人間の意識から作られる「人格の同一性」を根拠づけるのは「報酬」と「刑罰」と考えているが、そのことは「他者との関わり」、「第三者による決定」によって人格が確立され、「人格が実践的に変容していく」ことを意味している〔関谷 二〇〇三：一五二～一五四〕。

ロックの自然法と伝統的自然法の相違点として、アリストテレス的な目的論としての「自然」に基づくものではなく、多様なものを個人が自己解釈する自然法であり、またトマス的な「内在的自然法」ではなく、「超越的な自然法」であり、「道徳的な意味での個々人の努力探求という解釈性」によって理解されるものである。関谷はこのことを「ロックによる『批判的原子論』と『存在論的全体』の接合である」と主張する〔関谷 二〇〇三：一五五、一五七〕。

この「存在論的全体」の基盤は、『統治二論』では「偉大な自然の共同体」であり、「自然状態」である。それはリチャード・フッカーを引用しながら「相互的な愛情への責務」に基づき、「相互的な『義務（duties）』『正義（justice）』『慈愛』の原理」を導き出すものである〔関谷 二〇〇三：一五九〕。このような「自然状態」はまた「極めて司法的なものとして理解されている」が、そこでは「共通の優越者は存在」せず、各自は他者への責任を自分でとるという「『個』の概念」があり、関谷によればこれが「批判的原子論」である〔関谷 二〇〇三：一五九～一六〇〕。

ロックにとって「全体」との関係における個人の「固有性」は「自然に自らの『労働』を加える」という行動と結び付いているが、これが不平等な所有にならないために「政治の技術」が必要となる〔関谷 二〇〇三：一六三～一六五〕。それは法による「刑罰と報酬の技術」であり、個人は「法を理解しうる能力」を発展させ、「規範意識」を獲得していく。それは「個々人の自己意識の形成と他者による承認からなる間主観的な空間」、「相互承認の空間」を形成することであり、「個々人の対等な関係の自覚と徳の養成が求められる」〔関谷 二〇〇三：一六六～一六七〕。

このように、関谷によれば「究極的には神を志向しつつ、個々人の相互性による自己解釈ないしは自己への反照を駆動力としている」ことがロックの人間論である〔関谷 二〇〇三：一六八〕。この点でロックが重視するのは教育による「『徳』の養成」であり、それは「相互にわかりうる尊敬」、「丁重さ」、「礼儀正しさ」、「気前の良さ」などの社会的価値である〔関谷 二〇〇三：一六八～一七〇〕。

このような「相互承認の空間」である「政治的共同体」で「同意」や「信託」が行われ、政治社会が形成される。ロックにとって「同意」は「人格形成の展開」としてあり、「政治的責務をもたらす誘因」となっている〔関谷 二〇〇三：一七一～一七四〕。

このような同意によって形成される政治権力は「公共善」あるいは「共通善」以外を目的としない。「立法部の権力」は「信託」され、「公共善」に限定される。この「信託」の主体は「人民全体」であり、「被治者が統治者に対して義務のみを負わせる概念」として理解され、ホッブズと異なって、「積極的な政治への関与を制度的に認める」ものである〔関谷 二〇〇三：一八一～一八三〕。

ただロックの執行権は「国王の大権」とも呼ばれ、自由な裁量が認められるものであり、「相互承認の空間から制度的に自立する側面が内在している」と関谷は指摘する。また「代議制を採る立法権」も「特権的な階層に限定され」、「実態としての人民」と「制度上の主体」とが離れてしまう可能性もある。このことを関谷は「『批判的原子論』から『原子主義』への転化」と呼んでいる〔関谷 二〇〇三：一八六～一八七〕。

この点がロックに「抵抗権」の問題を生じさせるが、この抵抗権もその「究極的な主体は人民である」。ここに「究極的な『批判と解放』の原理として、非政治からの『批判的原子論』が貫徹される」ことを関谷は認めている〔関谷 二〇〇三：一九〇～一九一〕。

ただ、関谷はロックの問題点として「道徳的全体像」を個人が解釈するにとどまり、「政治的全体像」を個人が解釈するまでに至らず、非政治の領域からの批判にとどまっている限り、「政治的なるもの」から個人は離れ、「原子主義」化という問題が残ってしまうことも指摘する。そのために、「個々人が政治共同体全体を配慮する視角が必要となる」〔関谷 二〇〇三：一九八～一九九〕。

このように関谷は、ロックの政治思想が「松下パラダイム」のようなたんなる個人主義（「原子主義」）ではないことを指摘しているとともに、非政治的な「原子主義」自体に問題があり、「政治的共同体を配慮する視角」の必要性を指摘している点は私の観点からはとりわけ示唆的である。ただ、ロックが用いている「公共善」や「共通善」はこの「視覚」と関連するものであると思われるが、関谷はこの点は詳しく論じていない。

中神由美子『実践としての政治、アートとしての政治』

二〇〇三年には中神由美子『実践としての政治、アートとしての政治――ジョン・ロック政治思想の再構成』も出版されている。その「序――新しいジョン・ロック像を求めて」において語られているように、これまでの政治思想研究ではほとんどが『統治二論』を中心に論じられてきたのに対して、中神は「新しい視点」からロックの「政治思想の全体像」を明らかにすることを目的としている。その際、中神が注目するのはタイトルにあるように、政治の実践知である「慎慮 purdence」とこれと密接に結び付いた「アート art」としての政治である〔中神 二〇〇三：三～四〕。

中神によれば、ロックはこの「政治のアート」と「政治社会及び政治権力の起源と範囲」という「二つの政治学」を区別し、彼の社会契約論は後者の政治の「原理的部分」にあたるものである。ただ、ロックの知識論からロックの政治学はアリストテレスのいう「実践学」に位置づけられることも指摘している〔中神 二〇〇三：四～六〕。ここでは第二部の「『統治二論』を読み直す」のとくにロックの社会契約論を論じた箇所を中心に中神の議論を見ていきたい。『統治二論』自体がロバート・フィルマーへの反駁の書であることから、第一論文を詳しく論じたあとで、第二論文のロックのいう「政治社会」とは、フィルマーの父権論に対抗して、「理性を有しかつプロパティを所有している自由な諸個人が明確な決意をもって設立する、或いはこれに加入する」ものであると中神は主張する。この「政治社会」には「明示的契約」によって構成された「第一の政治社会」と、「暗黙の同意」によって所属する「第二の政治社会」があると指摘する〔中神 二〇〇三：一三六～一三七〕。

このようにロックの「政治社会」は必ずしも社会契約によらずに成立していることを述べたあとで、「現実の政治社会」とは「抽象的な自然権」が個人の「プロパティ」〔所有権〕として「具体的権利」となるものであるという。このプロパティ秩序を擁護するために、「社会経済的な歴史」として、個人の労働に基づく「経済発展」が主張され、「政治のアート」はそれを促進するものであると指摘される〔中神 二〇〇三：一四八〜一五〇〕。

しかし、ロックはもう一つの「政治社会の歴史」、「ロック独自の〈古来の国制〉」を展開している。社会経済史と違って、この政治史のなかでは「堕落」からの回復をロックが主張したことを中神は指摘する。この「古来の国制」とは国王・貴族院・庶民院が立法権に参与し、国王と議会にバランスがある「混合され制限された君主政」である〔中神 二〇〇三：一五〇〜一五三〕。

この国制は本来「社会契約」に基づくものではないが、ロックの説明では各人が「明示的契約」によって政治社会に加入したあとではこれから脱退することは不可能となる。この点で、ロックは「古来の国制」の『権威』および安定性と、社会契約との齟齬の可能性」に回答を与えたと中神は理解している。いずれにしても、ロックの「自由な政治社会」は「過去から継承された共同性と現在生きている人々の共同性が交錯している場」である〔中神 二〇〇三：一五七〜一五八〕。

ロックにとって「政治社会の目的は『公共の利益』の実現」にあり、そのためには国王の大権のように、法の規定がないところでは、「裁量ないし自由な選択」という「慎慮」も認め、また各個人には「大義」のための抵抗権を認めているのも、私的な「自己保存」だけでなく、「公共的なもの」のための「政治的徳」を要求しているからである〔中神 二〇〇三：一六六、一七六〕。

この中神のロック研究は、「松下‐福田パラダイム」からは完全に離れ、「近代政治原理」としての社会契約論とは別の観点からの研究である。とくに私の観点から重要であるのは、ロックは政治的には進歩主義者ではなく、「古来の国制」という伝統を擁護し、個人の自由だけでなく、「共同性」も重視し、しかも「公共の利益」の追求を政治の目的とし、そのためには「慎慮」や「徳」という政治的「善」を重視したことである。

中神はどれほど意識しているかはわからないが、ロック自身も「公共の福祉」という言葉とともに「共通善」という言葉も使っている。アリストテレスの「実践哲学」とは「共通善」の実現を追求する「共通善の政治学」であることもこれまで私は指摘してきている。この点からロックの「社会契約論」と「共通善の政治学」がどのように関連するのかを次節でより考えていきたい。

伊藤宏之『社会契約論がなぜ大事か知っていますか』

ロックの寛容論や宗教論の研究や経済思想なども近年数冊出版されているが、それらは本書の主題とは直接関係がないために、ここでは省略して、伊藤宏之『社会契約論がなぜ大事か知っていますか』（二〇一一年）を取り上げたい。伊藤は『イギリス重商主義の政治学――ジョン・ロック研究』〔伊藤宏之 一九八九・一九九二〕において、ロックの「政治学」を論じているが、基本的には「イギリス重商主義者」としてのロックの社会・経済思想の研究であり、「社会契約」についてほとんど論じていない。

ただ伊藤は『社会契約論がなぜ大事か知っていますか』において、ロックの社会契約論を中心に論じており、しかも政治学者以外では、愛敬と同じように現在でも「松下パラダイム」が強いことを示す研究になっている。ここではロックの社会契約論の評価だけを簡単に紹介しておく。

伊藤はロックの「社会契約論は近代政治原理の基調を確立した」ものと評価し、ロックの社会契約論が「日本と世界の困難を打開する基本理論として現代において甦生されるべきである」と主張する〔伊藤宏之 二〇一一：九、六三〕。ロックの自然状態の記述には「自然権に基づく個人の自然法執行権」が一貫して主張され、「政治的個人主義」に基づくものである〔伊藤宏之 二〇一一：一三六〕。また、社会契約による「統治機構の正当性」は政治主体としての「国民の同意」に基づく立憲主義にある〔伊藤宏之 二〇一一：一九八〕。

このように、ロックの社会契約論は個人主義に基づく近代的立憲主義を確立するものであるという評価であり、ロックが『統治二論』で用いたコミュニティや公共善・共通善をまったく無視して、「共通善の政治学」や「伝統的自然法」の影響について何も語ることはなく、ロックの近代性を強調する点で、依然として「松下パラダイム」

のもとにあるロック研究である。

武井敬亮『国家・教会・個人』

武井敬亮『国家・教会・個人――ジョン・ロックの世俗社会認識論』（二〇一六年）は、「はじめに」においてロックの「世俗社会認識」から「その思想的特徴」を明らかにすることを彼の意図としている。この「世俗社会」とはCivil Socityの訳語である〔武井 二〇一六：一〜二〕。

武井は序章において、ロックのCivil Socityに関する内外の研究から、(1)「近代市民社会」、(2)「神意に適う政治社会」、(3)「反聖職者主義」としてロックに注目して「世俗社会」という三つの解釈があるという。武井によれば、(1)は歴史的文脈を無視したアナクロニズムであり、(2)は歴史的文脈を重視しているものの、抽象的・理論的な議論であり、その点でロックが「直面していた個々別々の出来事」にそった「立場・見解」を「具体的に示そうとする」(3)が武井の立場であるという〔武井 二〇一六：一七〜二〇〕。武井は松下圭一の研究をまったく論じておらず、「松下パラダイム」と無関係に議論を進めている。

この点で、あくまで「宗教問題を含む歴史的文脈を踏まえたロック研究」が目指され、ロックが実際に関係した四つの論争からロックの著作が論じられる〔武井 二〇一六：二五〜二六〕。第六章で論じられる『統治二論』は、「ロバート・フィルマー批判」としての「第一論文」だけであり、終章で「第二論文」にも言及しているが、まったくロックの社会契約論に関して論じることはない。

ホッブズ研究の鈴木朝生のように、狭い歴史的文脈からは「社会契約」がまったく問題とならないという近年の動向を示す研究である。もちろん、ロックが『統治二論』で用いている「公共善」や「共通善」、さらに「政治社会」と同じ意味で用いている「コミュニティ」に関しても武井はなんら問題としていない。

小城哲理『ロック倫理学の再生』

最後に最新のロック研究である小城哲理『ロック倫理学の再生』を取り上げておきたい。「ロック倫理学」というタイトルであるが、ロックの「自然法論や同意論、抵抗権」へのこれまでの研究の批判を通して、ロックの社会契約論の現代的意義を探求することが本書の意図であり、『統治二論』を主なる対象とすると「序論」で述べられている〔小城 二〇一七：七〜八〕。

小城によれば、ロックのいう「自然状態」は通説とは異なり、「成人前の子供」のように「統治下にも存在する」ものである。ただ、自然状態では「共通の統治」は存在せず、各人は「生命、自由、財産と総称されるプロパティへの排他的な権利」を持っていることから、「統治に服従する」ための「同意」が必要となる〔小城 二〇一七：三三、三八〜九〕。

ロックの「自然法」は『人間知性論』における「哲学的法」としての徳や善悪を判断する「評判法」と同じ役割のものであり、神学的知識がなくとも「自然法の内実」は各人が理解できるものである〔小城 二〇一七：五四〜五七〕。

ロックの社会契約論は結局は「同意論」であり、しかもそれは「現実的同意論」であることを小城は強調している。「自由で平等で独立している人間が他人に服従する」のは「同意」以外にはありえないからである。〔小城 二〇一七：六三〕。この点で小城は「同意で根拠づけられる統治の正統性」と「自然法を遵守することによって根拠づけられる」「正当性」とを区別している。「特定の統治への服従義務」は「自然法が規準になる」としても、統治の「正統性」のためには自然法とは別の「契機」が必要であり、それが「同意」である〔小城 二〇一七：八二〕。

この同意には「明示の同意」と「暗黙の同意」があることをロックは主張するが、これまでの研究者はとりわけ「暗黙の同意」に関して明確なものではないと批判してきた。しかし、小城によれば、この「暗黙の同意」とは、立法部の自由な討論によって、「異議を唱えない者」は「明示の同意」をしたと推定されることであると理解する。

ロックの抵抗権論に関しては「統治」と「社会」の区別から小城は考えている。小城によれば、「統治」が解体されて、「人民」は「自然状態」に戻るものの、「社会は解体されない」。ロックのいう「統治の解体」は「統治」が「信託」に違反して、「人民との戦争状態」に入ることを意味している［小城 二〇一七：一〇五、一〇七］。このような「統治なき社会」としての自然状態＝戦争状態はジェームズ二世が逃亡した当時の名誉革命の状況でもある［小城 二〇一七：一一二］。

私の観点から興味深いことは、このようなロックの社会契約論の理解から、ジョン・ロールズのような「仮説的同意」に基づく「自然的義務の主張」からは、特定の統治に対する「政治的責務」や「統治の正統性」が説明できないと小城が批判していることである［小城 二〇一七：一三七以降］。このことから、「ロック倫理学の現代的意義」として「現代の民主主義的体制に改革を迫るもの」があることが指摘されている。つまり、ロックの同意論は、すべての「被治者」に開かれ、「立法部に参加できる」という「暗黙の同意」による「制度設計」となるものである。このロックの同意論はアメリカ独立戦争のさいに、「立法部への参加」として用いられたのである。ロック倫理学は「異議申し立て」としての改革を要求するものである［小城 二〇一七：一〇五、一六七〜一六八］。

ロールズの「仮説的同意」が特定の統治に対する同意や正統性を説明できないとする点は、現代コミュニタリアンのロールズ批判と類似しているものであり、ロックの「現実的同意論」はこのような批判をまぬがれているように思われる。しかし、小城のロック解釈でも、同意という「契機」は個人のプロパティを守り、「評判法」という個人主義的な原理であり、「共通善」に言及することはせず、また「社会」という言葉で統一されたものが「コミュニティ」であることも論じられていない。さらに次章のアメリカとロックの関係で論じるように、ロックの同意論はすべてのものに開かれているかどうかが問題として残る。

2　ロックと「共通善の政治学」

本節の課題

前節で述べてきたように、ロックの社会契約論を個人主義的なものとして論じる研究がほとんどであるが、彼の理論が純粋に近代的なものであると考える研究はむしろ少なく、そういう意味では「松下パラダイム」は少なくともロックの政治思想研究に関してもはや存在していないと思われる。ただ、私が最近批判を強めているように、自由な個人が「共同体」(コミュニティ)から解放されて「市民社会」を形成することが進歩であるという意味でのパラダイムは日本では政治学者も含めていまでも一般的にも維持されている。

そのため、ロック研究においても、『統治二論』で用いられている「コミュニティ」および「共通善」や「公共善」さらにそれと類似する言葉に関して、まったく論じていない議論がいまでも多く、そういう意味ではロックにおけるアリストテレスから由来する「共通善の政治学」の影響に関して、友岡を除けば詳しく論じているものはない。

本節ではロックの歴史的研究や評価ではなく、『統治二論』の第二論文で用いられている「コミュニティ」や「共通善」、それと類似した言葉の意味を通して「共通善の政治学」との関連を探ることによって、彼の社会契約論の理論構造を明らかにすることが目的である。

政治権力

ロックは第二論文のはじめで「統治の発生、政治権力の起源、政治権力の所有者」の問題に関して、第一論文で批判したロバート・フィルマーと違うものを明らかにすることがこの論文の目的であるという。そのために、ロックは第一章第三節で政治権力を定義している。

> 政治権力とは、プロパティの調整と維持のために、死刑、したがって当然それ以下のあらゆる刑罰を伴う法を作る権利であり、またその法を執行し、外国の侵略からコモンウェルスを防衛するためにコミュニティの力を行使する権利であって、しかもすべて公共善のためにだけそれを行う権利である。［Locke 1960: 286＝2010: 292-293］

ここでまず注目したいのは個人の力ではなく、「コミュニティの力」と述べていることであり、次に権力の目的として「プロパティの調整と維持のため」はあくまでも「刑罰を伴う法を作る」ことに関していわれるのに対して、「公共善」は権力全般の目的として主張されていることである。つまり、プロパティに関する以外はあとでも詳しく述べるように、個人主義的主張ではないと思われることである。

自然状態

いずれにしても、『統治二論』は権力の正統性の議論であり、ロックは政治権力を理解するためには、その「起源」を探究する必要があるとして、第二章第四節では「自然状態」を記述していく。自然状態のすべての人間は「自然法の範囲内で、自分の行動を律し」ながら、「他人の許可を求めたり、他人の意志に依存したりすることなく」、自分の判断で「自分の所有物や自分の身体」を自由に処理できる「完全に自由な状態」である。また、生まれながらに「同じ自然の便益を享受し、同じ能力を行使」し、同等に権力を有するという意味で「相互に平等」である［Locke 1960: 287＝2010: 296］。

この自分の意志で行動する「個人」という点では、多くの研究者がいうように、個人主義的人間であるが、この自由で平等な「個人」とは「原子論的個人」でないことは、自然状態の人間が自然法の支配内で行動することからも明らかである。実際、第五節でロックは続けて「賢明なるフッカー」を引用し、「この自然の平等」から「人間の相互的愛への義務」、「正義と慈愛という偉大な原理」が導き出されたと主張している［Locke 1960: 288＝2010: 297］。

「自由」に関しても、「放縦」とは異なり、すべての「造物主の作品」である「他人の生命、健康、自由、あるいは所有物を侵害すべきではない」という自然法＝理性に従った自由である［Locke 1960: 288-289＝2010: 298］。このような自然法＝理性とは本書第3章で述べたようにトマスに認められる考えであり、この点から見ればロックの自然状態の人間は「伝統的自然法」に従っている「個人」といえる。

さらに決定的なのは、続けてロックはこの自然状態を「自然のコミュニティ」と呼んでいることである［Locke 1960: 288＝2010: 299］。つまり、ホッブズの「自然条件」と異なり、人間は本来（自然に）コミュニティのなかで暮らしているのであり、そこでは自己保存だけではなく、他人の自由・権利も尊重するという意味で、個人は「原子論的個人」ではない。第一五節では明確に「賢明なるフッカー」を引用して、人間は「本性上、他者との交わりと共同関係とを求める」ものであると主張されている［Locke 1960: 296＝2010: 308］。

ただ、伝統的自然法のもとでは、人間は本来「共同関係」のなかで、「共通善」の実現を目的として行動するものであるのに対して、ロックはこの自然状態での個人が「共同関係」にあることをほとんどいわず、すべての人間が他人の権利を尊重しているはずなのに、第二章第八節ではあくまでも他人の権利を侵害する者に対する「処罰権」や「賠償を受け取る権利」を各人が権力として持っていることだけが強調されている。自然状態では「すべての人間は自然法の侵犯者を処罰する権利を持ち、自然法の執行者となるのである」［Locke 1960: 290＝2010: 301］。

この点のみに関していえば、たしかにロックの人間像が「原子論的個人」と理解されてきたのは当然であり、他者との関係では自己の権利だけを主張する存在である。ただ、このような人間は本来の自然状態の人間であるのかどうかはあとで論じていきたい。

自然状態の人間

このような自由で平等で自己保存を求める「個人」が近代的人間類型あるいはその理念型であるという主張はロックに即していえば間違っている。ロック自身が第八章第一〇二節で自然状態の人間として自由で独立した古代ローマ人やヴェネチア人を挙げ、とりわけヨセフ・アコスタの記述からアメリカでは「多くの地方では統治がまったく存在しなかった」という。こういう人々は自由であり、「同意によってすべて平等であった」［Locke 1960: 352-353＝2010: 412-413］。

つまり、自由で平等な人間とは「近代人」ではなく、普遍的に存在しているとロックは考えているのである。このようなロックのいう人間は現在の人類学でも一般的にいわれていることと一致している。たとえば、政治人類学者のピエール・クラストルは『国家に抗する社会』のなかで、農業をやめて狩猟社会を形成している北南米のいくつかの部族に、国家や権力を拒否する社会を見ている。そこでは、戦時以外では指導者は他の部族の者を強制力によって服従させるものではない。クラストルはこの「社会」に対して、コミュニティ（communauté）という言葉も使っている［Clastres 1974: 55＝1987: 79］。

また、集団で狩りをし、集団で食する平等な狩猟採取社会から農業社会への移行において国家が形成され、不平等な階級社会を維持するために権力が必要となったことをフランシス・フクヤマも人類学などの知見から『政治の起源』で述べている［Fukuyama 2011: 53ff.＝2013: 上91ff.］。いずれにしても、狩猟採取社会では人間は平等であり、強制的に労働させ、税を強要する権力は存在しないという意味では自由である。

人間の堕落

このような人間から成立している「自然のコミュニティ」としての「自然状態」が「政治社会」に移行するのは、ロックが第九章において説明しているように、自然状態では個人の権利が「他者による権利侵害にさらされ」、不安定であり、「プロパティの保存」のための立法権・司法権・執行権が欠けている「不都合」があるからである［Locke 1960: 368-369＝2010: 441-443］。

ただ、続けて第九章の第一二八節において、これまでの研究において、政治学者では友岡敏明や中神由美子以外は指摘していないが、「自然のコミュニティ」である「自然状態」が「堕落した人間の腐敗と邪悪」によって変化したために、政治社会を形成するとロックは述べていることに注目すべきである［Locke 1960: 370＝2010: 444］。

このことは第八章の第一一節でも、「虚しい野心、邪な所有愛、邪悪な貪欲が人々の心を堕落させ、真の権力と名誉とについて誤った考えをもたらせるようになる以前の黄金時代」と述べていることに対応するであろう［Locke 1960: 370＝2010: 444-445］。「黄金時代」は、支配者も「大権」を、被支配者も「特権」を乱用しないと述べているように、自然状態ではなく、理想的な政治社会の記述であるが、コミュニティから政治社会への変化を政治的には「進歩」と考えていないことは確かである［Locke 1960: 360-361＝2010: 424-425］。

「堕落した人間」によって自然状態が明らかに変化し、「偉大な自然のコミュニティ」が解体される状態になったのである。ロックの『自然法論』では自然法が遵守されなくなると「コミュニティはすべて解体してしまう」と主張されている［Locke 1954: 118-119＝1962: 143］。この自然状態は第三章で記述している「戦争状態」とは変わらないものである。

ロック自身は同じ「自然状態」という言葉を使っているが、私は「自然のコミュニティ」を「自然状態1」と、「堕落した人間」によるコミュニティ解体の状態を「自然状態2」と呼んで区別したい。

所有権

この点で第五章の「所有権」の問題について考えていきたい。本来、神が「人類共有のもの」として与えた世界からなぜ私的所有権が発生したかに関しては、ロックは個人の「労働」に理由を求めている。まずロックは狩猟採取社会の「労働」から始め、この段階ではあくまでも私的所有物は「自分自身の用に役立つ限り」という自然法＝理性の制限にとどまり、「他人を侵害することもいかに少なかったか」という［Locke 1960: 308＝2010: 330］。

これが本来の「自然状態1」であり、現代の人類学の知見とも一致するが、ただロックの場合あくまでも、ドングリを拾い、魚を捕らえるような個人の労働しか考えておらず、狩猟採取社会でのような集団・協働の労働は考えていないことが特徴である。次に土地所有の問題であるが、この場合も「人が耕し、植え、改良し、開墾し、その産物を利用しうる」という個人の「労働」による私有化が正当化される〔Locke 1960: 308＝2010: 331〕。

最後に、この所有権が拡大することを「貨幣の発明」によって説明している。「自分が必要とするもの以上のものを持ちたいという人間の欲望」が「人間生活にとっての有用性という…本来の価値を変え」、「消耗したり腐敗したり」しない貨幣が価値を持つようになってから、「私有財産の不平等」が生まれ、所有の権原をめぐって争いが生じ、他人の権利の争いが生じるようになった〔Locke 1960: 312, 320＝2010: 336, 351〕。

つまり、貨幣がもたらした私有財産の不平等によって、財産権をめぐる争いが激しくなり、「自然状態1」は「自然状態2」へと変化したのである。ロックはたしかに個人の労働によって土地の生産的価値が増大することを肯定し、そういう経済的意味では進歩的であるが、しかし同時にそのことは道徳的・政治的には人間の堕落を進めていくと考えていたのであり、そこからすでに述べたように政治社会や政治権力の必要性が生じているのである。第四五節でも、「（人口や家畜の増加が貨幣の使用とあいまって）土地を不足させ」たために、「コミュニティの内部でも、法によってその社会の私的な個人の所有権を規制するようになり、その結果、労働と勤労とによって始まった所有権が、契約と同意によって確定される」ようになったと主張されている〔Locke 1960: 317＝2010: 346〕。

ただその場合、ロックの正義論には個人の所有権への侵害に対する「矯正の正義」が主張されても、アリストテレスにも認められる「分配の正義」の考えはなく、経済的不平等が認められている。第六章「父親の権力について」で所有権の子供への相続を認め、また個人の労働による成果としての所有権しかいわず、所得の再分配について語らない点では、現代の原子論的個人主義のリバタリアンによる所有権の絶対化の根拠としてロックの議論が用いられているのは当然である。しかし、このような所有権の絶対化は人間の堕落の結果であり、ロックは所有権の法的規制の必要性も主張している点に注意すべきである。

コミュニティ

このような「自然状態2」からの移行であるが、第七章の「政治社会（Political or Civil Society）について」では、その成立の「主要な目的はプロパティを保存すること」であり、自分のプロパティを自分で守るという「自然の権力を放棄して…コミュニティに委ねる」契約によってなされる［Locke 1960: 341, 342＝2010: 391, 393］。この点ではたしかに個人の権利を守るために契約が結ばれ、個人主義的なものであると思われるが、問題は個人の権力が委ねられる「コミュニティ」とは何かである。まず、このコミュニティは「自然のコミュニティ」が解体しているから、そのコミュニティの再生あるいは新たなコミュニティの構築とも理解できるが、いずれにしてもここでのコミュニティは「政治社会」と同義語であることに注意する必要がある。

日本ではいまでもcommunityを「共同体」と訳し、civil societyを「市民社会」と訳し、あたかも対立するものであるかのように語られることが多く、そのため、これまでの日本のロック研究でも「政治社会」に対して「コミュニティ」という言葉が使われていることがほとんど論じられていない。現代でも英米では「コミュニティ」と「社会」が同義語として存在していることについては、イギリスの多元論者、アーネスト・バーカーなどを引用して、私はすでに指摘している［菊池 二〇一一：一一二～一一三］。

いずれにしても、契約以後の政治社会と同義語で使っているコミュニティを「コミュニティ2」と呼び、「自然状態1」で「自然のコミュニティ」としているものを「コミュニティ1」と呼んでさしあたり区別をしたい。この「コミュニティ2」は「国家（Commonwealth）」とも同義語として使われ、それは「一つの人民、一つの政治体」となるものであるが、その立法部は各人に代わって「社会の公共善」が必要とする「法を作る権威を与え」、法の執行に関しては「自らが下した命令であるかのように」各人は手助けをする［Locke 1960: 343＝2010: 395］。

つまり、政治社会は「自然状態2」の各個人が「一つの人民」＝「コミュニティ2」となり、全人民の代理者である立法部や行政部が「公共善」を目的として組織化される。このように、「コミュニティ2」は全人民と同義語であり、「コミュニティ」を全人民と同一視し、その代理人が立法を行うというロックの主張はトマスにも認められることである。

トマスは、『神学大全』の第一巻第二部第九〇問第二項の法の目的が共通善であることに関して述べている箇所で、アリストテレスのいうように、個人は国（civitas）である「完全なるコミュニティ（communitas perfecta）」の一部であるために、人間生活の究極の目標である「共通の幸福」（「共通善」）に配慮することが法の固有の働きであるという［Thomas 1943: 10＝1977: 6］。

それゆえ、すべての人間の理性が法を制定しうるという箇所の第三項では、法を制定することは「人民全体（tota multitude）か、もしくは全人民の代理として統治する者に属する」［Thomas 1943: 12＝1977: 9］。この全人民の代理とは、法の定義の箇所の第四項では「コミュニティに配慮する（cura communitatis）」者と言い換えられている［Thomas 1943: 16＝1977: 12］。

つまり、「人民全体」とは「コミュニティ」を指すのであり、法は全人民が直接にかその代理者によって、コミュニティ全体の「共通善」の実現を目指して制定されるものである。もちろん、トマスはこの代理者として基本的には君主を考えながら、理念的には直接民主政も主張している点では、基本的に現実的なものとして間接民主政を主張しているロックとは異なっている。

ただ、このトマスの主張から一四世紀以後「コミュニティ主権」という主張が生じたという研究もあり［菊池 二〇一一：一〇八参照］、ロックの人民主権の主張も、「人民全体」としての「コミュニティ主権」とみなすことができ、伝統的な立憲主義、「共通善の政治学」に従ったものであると思われる。

共通善

第八章の「政治社会の起源について」では、この「一つのコミュニティ」を形成することに各個人は同意するが、その「コミュニティ2」が「一体となって行動する」ためには、その「多数派（majority）」の決定に従わなければならないとロックは主張する。ロックによれば、その「多数派の決議が全体の決議として通用」することは、「全個人の同意が不可能に近い」ことから当然である［Locke 1960: 348-350＝2010: 406-409］。

つまり、ロックのいう「同意」とはあたかも全個人が一致して同意したかのようにみなされることであり、政治社会＝「コミュニティ2」では全員が全体の決議＝法に従うと主張されている。この多数決に従うことは個人の権利を否定することになるという現代の観点からの批判があるが、これは別のところで私が論じているように、トマスの自然法では個人の善と全体の善（共通善）は一致するということに従っているからであると思われる［菊池 二〇一一：一八参照］。

また、現代的に見ても、国民主権（人民主権）とは、多数決による決定であっても全員がその決定された法に従うべきであるように、個々人の主権ではなく、あたかも全員の意志としての主権としてしか理解できないはずである。ところが、なぜか現代の日本のリベラルは個人の権利の延長上に人民主権を考えていることが不思議でならない。また、この点でのロックの個人主義は、原子論的個人主義とはいえず、テイラーのいう「共通善」を追求する全体論的個人主義にむしろ近いと思われる。

実際、第九章「政治社会と統治の目的について」の第一三〇節では、多数派によって成立した立法権力を制限するものとして「共通善」を挙げている。「自然状態1」の「コミュニティ1」と違って、個人の権力を放棄する政治社会＝「コミュニティ2」では、個人は「同じコミュニティに属する人々の労働、助力、交際から多くの便宜を享受している」という共同生活をしているので、「自分自身のためだけに配慮する生来的な自由を放棄しなければならない」と個人の自由を放棄する必要性をいう［Locke 1960: 371＝2010: 445-446］。

第一三一節では、このことは「自分自身の自由とプロパティとをよりよく保全しようという各人の意図のもとになされる」のであり、その点で「立法部の権力が共通善を超えたところまで及ぶとは考えられない」と主張されている［Locke 1960: 371＝2010: 446］。

つまり、ロックにとって個人の自由と権利は「共通善」とは対立しないのであり、むしろ自由と権利を尊重することが「共通善」であり、「共通善」の実現が政治の目的である。現代のリベラルが主張するように個人の自由や権利だけでは、政治社会とりわけ「善きコミュニティ」は形成されないことが現代コミュニタリアンの主張であり、ロックも個人の自由や権利だけの主張ではアナーキーになることを理解し、共通善ないし公共善の必要性を語っているのである。いずれにしても、社会契約後の「コミュニティ2」の方が、リチャード・フッカーの議論に見られるように、伝統的自然法でいわれている共同生活をする「コミュニティ」に近いのである。

立法権力

第一一章「立法権力の範囲について」の第一三四節でも、立法権力を支配する「第一の基本的な自然法」として、「社会を保全すること」と「公共善と両立する限り」、個人を保全することを挙げている。そしてこの立法権力はコミュニティによって委ねられ、「公衆」が選挙した立法部が定めた法のみが効力を持つと主張されている。この注としてロックはリチャード・フッカーを引用し、「公的な是認」、「われわれ自身の同意」によって法が効力を持つことを主張している［Locke 1960: 373-374＝2010: 453-454］。

また、第一三五節でも立法権力は「社会の公共善に限定される」の注として、フッカーの「政治的な法」は「社会設立の目的である共通善の妨げにならないように規定する」という主張を引用し、ロックは「共通善」と同じ意味で「公共善」を使い、法の目的は共通善の実現であるという伝統的自然法に従っていることを示している［Locke 1960: 375＝2010: 455-456］。

第一四二節では、コミュニティの信託に基づく立法権力の権限をまとめている。⑴平等に適用される「公布され確立された法であること」、⑵「人民の善」を目的とすること、⑶人民自らかその代表者による「同意」以外に課税できないこと、⑷立法権力は人民が定めた立法部以外に譲渡できないことである［Locke 1960: 381＝2010: 465-466］。

このような制限があるものの、第一三章「コモンウェルスの諸権利の従属関係について」ではロックは立法権力が最高であるという。それは人民から「信託」されたものであり、その信託に違反した立法権力は失効し、別ものへと委ねることができ、そういう意味では人民＝コミュニティが「最高権力を保持している」のである［Locke 1960: 385＝2010: 473-474］。

このように、人民主権＝コミュニティ主権をロックは明確に述べている。ただ、理念的には人民全体に主権があっても、第一五八節ではイギリスの伝統の議会政治の選挙を念頭に置いて、制限選挙を主張しているように、実際は人民全体ではなく、「階級国家」であるという問題は残っている［Locke 1960: 391＝2010: 484］。

執行権力

執行権力に関しても、第一五六節では「公共善」を実現する思慮を持った者に信託すると述べているように公共善の追求をすることは当然のこととしている［Locke 1960: 389＝2010: 481］。この点で第一四章「大権について」の第一六〇節では、国王大権は「法の規定によらず、ときにはそれに反してでも、公共善のために思慮に基づいて行動する」権力であると定義されている［Locke 1960: 393＝2010: 489］。

この「公共善」とは下川潔が主張する「派生的な意味」ではなく、前章でも述べたように、善き統治は共通善を追求し、悪しき統治は自分たちの利益を追求するものであるというアリストテレスの一般論を国王大権にあてはめたものにすぎない。

実際、第一六一節では、「公共善のために」は、「コミュニティの利益のために」、「人民の善のために」大権が行使されるべきであるといい、第一六二節では「愚かな君主」が大権を「公共の善のためでなく君主の私的な目的のために」用い、人民に不利益を与えたときは「明示的な法」によって大権を制限するようになると述べている［Locke 1960: 394＝2010: 490-491］。

抵抗権

第一六八節では大権が正しく用いられたかを裁決するのは誰かという問題に関して、「人民全体としても、単一の人間としても」判定権を持つと述べ、個人による抵抗権を肯定している［Locke 1960: 397＝2010: 497］。第一八章の「僭主政について」では、「公平で正当な君主」は「法によって権力の限界と公共善」を「統治の目的」とするのに対して、僭主は「自分自身の意志と欲求」に従って支配すると述べている［Locke 1960: 418＝2010: 538］。

この点では、ホッブズが否定したアリストテレスの「共通善の政治学」による「君主」と「僭主」との区別にロックは従っているのである。また、国王大権にも人民主権は適応されているように、僭主に対しても人民は「実力をもって抵抗すべきである」と主張している［Locke 1960: 420＝2010: 541］。ただ、個人の抵抗権まで認める主張は「共通善の政治学」の伝統にはなく、新しいものである。この点で、最後にロックの抵抗権の問題について述べたい。

第一九章「統治の解体について」の第二二一～二二二節でロックは、立法部か君主が人民のプロパティを侵害し、恣意的に処分するという「信託」に反する行為をしたときには、人民には「根源的な自由を回復する権利」があり、「新たな立法部を設立して」、「自分自身の安全と保護とに備える権利」があると主張し、このことは「最高の執行権者」に対してもあてはまるという［Locke 1960: 430＝2010: 560-561］。

第二四〇節では、誰が立法部の信託違反を裁決するかという問題では「人民」であると答えるが、大権に関しては個人でも抵抗できるとしていたのに、ここではあくまでも「人民全体」であることを主張している［Locke 1960: 445＝2010: 586］。ロックの抵抗権はやはり個人ではなく、全人民の名によって行われるのが基本である。

最後のロックの結論では、社会に入るときに最初の合意によって個人の権力をコミュニティに与えたのであり、また立法権力をなんらかの集会に委ねたのであり、それを人民が取り戻すのはその委ねた「至高の権力」が失効したときであるが、その権力は個人ではなく社会（＝コミュニティ2）に戻るのである［Locke 1960: 445-446＝2010: 588-589］。政治社会でのロックのいう人民主権は当然個人のものではなく、集合的なものであり、コミュニティ主権と呼べるものであることは間違いない。

本章の結論

ロックの社会契約論と共通善の政治学の関係をまとめておきたい。ロックの「自然状態1」では、人間は自然法に従って生き、「自然のコミュニティ（コミュニティ1）」のなかで、個人の労働に基づくプロパティの相互保存の状態を続けていたが、人間の堕落によって「自然状態2」では他者から個人のプロパティが侵害され、プロパティの保全が困難になったために、全員で同意して契約を結び、個人のプロパティを保持するために「自然状態1、2」で持っていた個人の権力を「コミュニティ2」に放棄して、その立法権力に服従する。

その権力は個人のプロパティの保全と「共通善」ないし「公共善」のために用いられるように、各人は多数決によって信託したものである。各人の代わりに立法と行政を行う権力はその目的に反して信託違反の場合は、人民はそれに抵抗できる。このようなロックの社会契約論が自由で平等な個人の権利を尊重する近代立憲主義となったのは、ホッブズと違って、「共通善の政治学」や「伝統的自然法」を完全に否定したからではなく、それらの発展の上に築かれたからである。

このことは「共通善の政治学」や伝統的自然法の延長上にロックの「立憲主義」があることを示しているとともに、個人の自由と権利の尊重を共通善としている点は新しいものである。この点も別に論じているように、一九世紀から二〇世紀のイギリスのT・H・グリーンや彼の影響を受けたニュー・リベラリズムとフランスのジャック・マリタンを中心とする新トマス主義によって、個人の権利も共通善であると明確に主張されるようになり、それが現代のコミュニタリアニズムに影響を与えている〔菊池 二〇一一：二二以降、三七以降〕。私は彼らをコミュニタリアン・リベラルないしはリベラル・コミュニタリアンと考えている。

ロックの立場はロールズやサンデルとは異なり、分配の正義を認めるものではなく、「階級社会」を肯定するものであるとしても、個人の権利を重視しながら、共通善の政治学を肯定するロックの立場は政治的にはコミュニタリアン・リベラリズムであると考えることができるというのが私の結論である。

第5章　アメリカとホッブズ－ロックの社会契約論

1　ホッブズ－ロックと「アメリカ」

本章の課題

本章は、第3章と第4章を受けて、ホッブズとロックが「自然条件」あるいは「自然状態」の例として「アメリカ」先住民の生活を挙げ、しかもかなり対照的に用いていることから、この二人の社会契約論の相違やその影響力についてあらためて考えるためのものである。このことは「アメリカ」問題がホッブズとロックの社会契約論の成立とどのように関係しているかを考えることであるが、さらに彼らの社会契約論が現実のアメリカ合衆国成立やその後のアメリカの発展や拡大とどのように関連しているのかを考えることでもある。

自然状態とアメリカ

まず、ホッブズが『リヴァイアサン』の第一部第一三章において「自然条件」として、アメリカ先住民が戦争状態にあることに言及している箇所をあらためて引用したい。

アメリカの多くの地域における野蛮人は、自然の情欲に基づいて和合する小家族の統治を除けば、まったく統治を持たず、今日でも私が前にいったような残忍なやり方で生活している。いずれにしても、恐怖すべき共通の権力がないところでは、生活の様式がどういうものになるかということは、以前に平和な統治のもとに暮らしていた人々が、内乱に陥るのをつねとする生活の様式から、見てとることができよう。

［Hobbes 1996: 89-90＝1954: 212-213］

次に、先回も取り上げたようにロックは、『統治二論』の第二論文第八章第一〇二節における自然状態の人間に関して、ヨセフス・アコスタの記述を引用し、アメリカ先住民の社会について述べている。

ところで、ヨセフス・アコスタの言葉をそのまま受け取るとすれば、アメリカの多くの地域では統治がまったく存在しなかったという。…もし、そこでは、すべての人間は生まれつき父親あるいは家族の主張に従属しているといわれるとしても、すでに証明したように、子供が父親に対して当然に負うそうした服従の義務は、子供が適当と思う政治社会へと結合する自由を決して奪うものではない。それはともかくとして、こうした人々が実際に自由であったことは明らかであって、今日、ある政治学者たちが、これらの人々のうちの誰かに優越性を与えるとしても、それは彼ら自身が要求したものではなく、彼らは、同意によって自らの上に支配者を戴くまでは、すべて平等であった。したがって、彼らの政治社会は、すべて、人々の自由な結合と、統治者および統治の形態を自由に選択しようとする相互の合意とから始まったのである。

［Locke 1960: 352-353＝2010: 412-413］

ホッブズとロックの比較

両者によるアメリカ先住民社会の記述を比較したい。ホッブズの「自然条件」やロックの「自然状態」の例として、「アメリカ」が挙げられているのは、両者ともにアメリカの多くの地域では「統治」がないと述べているように、「権力」なき条件や状態を描くためのものである。また、両者とも、そこでは自由で、平等な人間が存在していると考えている。

しかし、自由で、平等な人間から成る条件や状態としての「アメリカ」の内容は対照的である。まず、ホッブズであるが、アメリカ先住民をいきなり「野蛮人」と断定しているように、当時のヨーロッパ人の「俗説」に基づく記述であると思われる。ロックが依拠したアコスタの『新大陸自然文化史』（一五九〇年）では、インディオ社会の記述の目的として、「インディオに関しての俗説――残忍で、動物的で、悟性を欠くか、その名に値するほどのものを持たない存在だとする誤った意見を論破することである」という〔アコスタ 一九六六：二五五〕。

ホッブズのいう「自然条件」では「継続的な恐怖と暴力による死の危険があり、それで人間の生活は、孤独で貧しく、つらく残忍で短い」〔Hobbes 1996: 89＝1954: 211〕。このような戦争状態が「アメリカ」では一般的になっているとホッブズは考えていた。このことは第3章で述べたように、ホッブズの「人間論」からは当然のことである。自由で平等ではあるが、私的欲望によって支配された人間は「恐怖すべき共通の権力」がなければ、平和な状態になることはない。これに対してロックは、「自然状態」では、ホッブズとは異なる意味での自由・平等である人間が「アメリカ」には存在していると考えていた。

アメリカ先住民に関する歴史研究

このロックによるアメリカ像は、現代の人類学に言及してむしろ正しいことを前章で指摘した。ここではW・E・ウォシュバーンの歴史研究からアメリカ先住民の政治組織とホッブズやロックの議論を考えていきたい。先住民の政治組織に対する白人の仮説は、それがまったく「専制的」であるとか、まったく「無政府的」であるとか、両極端に分かれるが、「真理は複雑である」と、ウォシュバーンはまずその多様性を強調している〔ウォシュバーン 一九七七：五八〕。

ただ、アズテック帝国のような「絶対的権力の型が、現合衆国領域のインディアン国家の首長によって行使されたのを見つけ出すことは難しい」〔ウォシュバーン 一九七七：六二〕。そこでの先住民の指導者は「強制」よりも「説得」に頼ることが多い〔ウォシュバーン 一九七七：五九～六〇〕。彼らの「永続的単位は家族」であり、「親族集団以上に大きな領土的組織」はなかった〔ウォシュバーン 一九七七：六〇〕。

チェロキー部族では七つの氏族があり、それぞれの部落の構成員の殺害や傷害に対する復讐が義務づけられていた。チェロキー族部落では「部落協議会」が組織され、男子の部落民はすべて、自由な発言が許された。部落協議会が戦争に関して「満場一致」で決定を行うが、それに不服なものは引退を表明した。戦争が開始されれば、戦時協議会となり、戦時首長には強制的権限があるものの、戦士たちの同意も必要であった〔ウォシュバーン 一九七七：六三〜六四〕。このように北米の先住民によって戦争や殺人が行われるとしても、その動機についてウォシュバーンは何も語っていないが、一定の手続きによって、しかも集団的に解決がなされるのであって、ホッブズのいうように戦争状態が常態としてあるのではない。このことはロックのいうように、自由で、平等な人間によって「自由な結合」と、「相互の合意」による政治が行われていたことにより近いと思われる。

さらに、アメリカ植民地者の記述には先住民が自由で、平等な「連邦共和国」を形成していたと記録しているものがかなりあり、このような先住民の政治がアメリカ建国の際に手本となったという説がある〔グリンデ／ジョハンセン 二〇〇六〕。この学説は学界では少数派であろうが、あとで取り上げるアメリカ建国者の一人であるトマス・ジェファーソンも、そのことが彼の民主主義論にどの程度、影響を与えたかどうかは別として、アメリカ先住民の政体が共和政体であると考えている。

心理学者ピンカーの社会契約論

前章でも述べたように、「共通善の政治学」を批判するホッブズの人間論は「経済人」モデルであるのに対して、ロックも前提としている「共通善の政治学」は権力追求という意味ではなく、アリストテレスのいう「人間は本来政治〔ポリス〕的動物である」という意味での「政治人」モデルに近いと私は考えている。このモデルでは人間は本来「コミュニティ」のもとで、ホッブズのいうように「私的利益」を追求するのではなく、「共通善」（「共益」）を追求する存在である。

ところが、人類学や進化理論などを用いて人間本性論を議論する心理学者であるスティーブン・ピンカーは、ホッブズの自然状態の人間論は基本的に正しいものであると考えている。彼は「社会契約論」の伝統を「社会とは合理的で自己本位な個々人によって交渉される取り決めである」と考え、これは現代の経済学の「経済人」モデルであり、「公共選択のコスト・ベネフィット分析の基盤になった」という。さらに、「現代の進化理論はこの社会契約論の伝統にすっぽりおさまる」ともいう［Pinker 2002: 285＝2004: 下13］。ピンカーは「高貴な野蛮人」を主張するルソーよりも、絶えず戦争状態にある残忍な野蛮人を説くホッブズを評価する。というのも、人間は太古から暴力的存在であり、戦争をしてきたからである［Pinker 2002: 306ff.＝2004: 下51ff.］。

この点については先史時代から現代までの人間の暴力の歴史を扱った近著『暴力の人類史』では、ピンカーは人口比から見て、「前国家状態」にある暴力の方が数量的には多く、文明化が進むほど少なくなっていることを実証的に明らかにしようとしている。ただし、彼は「前国家状態」の記述としては、ホッブズもルソーも事実として正しくないと述べている［Pinker 2011: 43＝2015: 上89］。ホッブズの人間論として、人間には利得・安全・評判という戦争となる原因があることを主張したのは正しいが、「前国家状態」が絶えず戦争状態であったとはいえず、「数年ごとに襲撃されたり戦闘に巻き込まれることはあっても…皆で食べ物を囲んだり、歌ったり、物語を語ったり、子育てをしたり、病人の看病をしたり」して大部分は平和に暮らしていた［Pinker 2011: 68＝2015: 上122］。

ピンカーの人間本性論ではロックにはそれほど言及されていないが、ホッブズやルソーに関しては、彼らのいうように人間は孤立して暮らす存在ではなく、対立するときでも集団対集団で行う「社会性生物」であるという［Pinker 2002: 8, 322＝2004: 上31, 下82］。そういう意味では、ピンカー自身の人間論は純粋に利己主義的で個人主義的な「経済人モデル」ではない。彼は社会契約で形成される「社会は、人々が自分の自律性の一部を犠牲にし、それと引き換えに、他者の自律性の行使による侵害を受けない保障を得ることに同意した時に発生する」という［Pinker 2002: 285＝2004: 下13］。

たしかに、ピンカーは現代進化理論では「個体…を利するために進化したのであって、コミュニティや種を利するために進化したのではない」と「利己的遺伝子」の主張に基づいて考えているが、同時に「ゲーム理論」の「最適化のテクニック」による「とりわけ、互恵的利他主義（reciprocal altruism）はまさに社会契約という伝統的な概念を生物学の用語で言い換えたものである」と主張している［Pinker 2002: 285＝2004: 下14］。そのために、彼はルソーによる「高貴な野蛮人」を批判するものの、逆にホッブズが主張するように、残忍な野蛮人を主張しているわけでもない。

哲学者シンガーの社会契約論

ピンカーも言及している動物社会学や進化理論を倫理学に応用した哲学者ピーター・シンガーは『拡大する円環』において、「互恵的利他主義」が倫理学の基本にあることを指摘しているが、ピンカーと異なって、社会契約論は否定する。その冒頭において、シンガーは「人間は社会的動物である」と主張し、ルソーが自然状態で孤立した人間を描いていることを否定して、社会契約によって人間が道徳性を形成するという主張を問題視している［Singer 1981: 3-4］。また、ホッブズの自然条件の記述では、「倫理学は人間にとって自然のものであることが否定されてきた」ことを批判する［Singer 1981: 23-24］。

シンガーによれば、「近親者利他主義（kin altruism）」が動物にも人間にも自然のものとして認められることから、その利他主義が同じコミュニティに属する仲間への「グループ利他主義」へと拡大し、人間の場合はさらに別のコミュニティに属する人間にも拡大して、「人類愛」の方向へと向かっていく。シンガーはさらに人間は人間以外の生物への利他主義へと進化していくべきであると主張する。

シンガーは、この「互恵的利他主義」が「啓蒙化された自己利益」と思われるかもしれないが、そうではなく進化論的にはこのような「真正な利他主義者」の方が存続する可能性が強いことを強調している［Singer 1981: 42. 49］。いずれにしても、「コミュニティの拡大が利他主義の拡大に役割を果たすに違いない」［Singer 1981: 135］。個人的（私的）レベルでは、生物学的な欲求に従うとしても、集団的（公的）なレベルでは「拡大する利他主義」は

「理性」による倫理的行為である［Singer 1981: 147］。

シンガーは、他の著作では功利主義的立場をとるというが、個人的利益だけではなく、「他者の利益」にまで拡張された「利益に対する平等な配慮」を行う功利主義を主張している［Singer 1993: 12ff.＝1999: 14ff.］。このようなシンガーの公的な意味での「互恵的利他主義」は、私が考える「政治人」モデルの倫理学にむしろ近く、しかも、近親者の愛情から出発し、それが拡大していくことは、現代コミュニタリアンが拡大された「コミュニティ」や拡大された「共通善」を説いていることからも、彼らの「共通善の政治学」に近いといえる。

私の考えでは、世界市民の意識から出発し、全世界のために行動しようとするコスモポリタンと異なり、現代コミュニタリアンは、まず身近なコミュニティへの「愛着」から出発して、仲間と熟慮しながら、身近なコミュニティのために行動し、その「愛着」が拡大されていき、最終的にはグローバル・コミュニティへの問題まで考え、行動するものである［菊池 二〇一四参照］。

ホッブズのアメリカ植民論

次に、一七世紀においてすでにイギリスによる「アメリカ」の植民が始まっており、ホッブズとロックが彼らの社会契約論において、この問題についてどのように考えていたか考察していきたい。

まずホッブズであるが、『リヴァイアサン』第二部第二二章において、植民地の政治形態は様々であるが、ほとんどは君主政体であると述べている。その例として「イングランドから、ヴァージニアやサマー諸島に植民するために、移民団が送られた」ときのことを挙げ、ロンドンの合議体によって、植民地の合議体に支配は委任されずに、各植民地に一人の知事を送ったという。というのも、ロンドンの合議体メンバーの「共通利益の統治」は「民主形態よりむしろ君主政治形態の統治に委任する」ことが一般的であったからである［Hobbes 1996: 159＝1964: 113-114］。

ホッブズにとって、基本的にイギリスの植民はイングランド人とりわけロンドンの商人の物質的な「共通利益」の観点から考えられているのであって、「アメリカ」における先住民の問題は視野に入っていない。第二四章でも、

「移民たちの権利は…彼らの主権者が、彼らが植民することを権威づけた、その免許または証書にまったく依存する」と移民の権利が問題になっても、先住民の権利はなんら問題となっていない［Hobbes 1996: 175-176＝1964: 146］。

ホッブズは第一部第一四章において、信約をする対象者に関して、「獣と信約を結ぶことは不可能である」という。「なぜなら、彼らは、われわれの言葉を理解しないので、権利のいかなる移行も理解せず受容もしないし、いかなる権利も相手に移行させることができないからである」［Hobbes 1996: 97＝1954: 228］。基本的にアメリカ大陸の先住民は社会契約の対象とは考えていないと思われる。

ロックのアメリカ植民論

ロックの「アメリカ」観や植民地論については、前章で指摘したように、三浦永光『ジョン・ロックとアメリカ先住民――自由主義と植民地支配』が批判的に詳細に扱っているが［三浦永光 二〇〇九］、ここではとくに『統治二論』に即して考えていきたい。『統治二論』の第二論文第五章「所有権について」の第二四節では「人間に対して神は世界を共有物として与えた」が、それは「あくまでも勤勉で理性的な人間の利用に供するため」であった［Locke 1960: 309＝2010: 332］。

しかし第三七節において、「改良も開墾も耕作も施されないで自然のままに残されているアメリカの原始林や未墾の荒蕪地」では、「貧しく惨めな人々」がいるという［Locke 1960: 312＝2010: 337］。第四一節では、「貧しいアメリカの諸部族」は「自然から豊かな資源、すなわち、食物、衣服、生活の快適さに役立つものを豊富に生産するのに適した肥沃な土地を他のどの国民にも劣らないほど惜しみなく与えられておりながら、それを労働によって改良するということをしない」［Locke 1960: 314-315＝2010: 341-342］。第四九節では、太古では「全世界がアメリカのような状態であった。…どこでも、貨幣というようなものは知られていなかった」ので、個人の所有物を拡大しようとすることはなかった［Locke 1960: 319＝2010: 350］。

このような先住民に対して、第三七節では貨幣の発明により、「自分自身の労働により、自ら土地を占有する人間は、人類が共有する貯えを減少させるのではなく、むしろ増加させる」のであり、イングランドのデボンシャーの土地をその例として挙げている［Locke 1960: 312＝2010: 337］。また、第四二節では「確立された自由の法によって、人類の誠実な勤労を…保護し、推奨しようとする賢明で神のような君主」が必要であると主張されている［Locke 1960: 316＝2010: 343］。

三浦はこのような記述に、ロックが通商移民委員会のメンバーとして活躍していたことから、当時のイギリスによるアメリカ植民地の正当化の議論を見ている。

英国人は植民地建設によって、けっして先住民の土地を奪い、彼らを貧しくするのではない。むしろ植民者はアメリカ先住民に農業による生産力の増大を教え、彼らの生活を貧困から救う力となるだろうというのである。

この点で植民地建設はロックが主張している「平和と全人類の保全を願う自然法」とは矛盾しないものである［三浦永光 二〇〇九：六二］。また、三浦は、ロックのパトロンであり、カロライナ植民地の特許状を授与された領主の一人であるアシュリー（シャフツベリー伯）とともに作成したカロライナ憲法において、「カロライナのいかなる自由人も、彼の黒人奴隷がどんな見解または宗教を持とうと、その者に絶対的な権力と権限を有する」という条項［Locke 1997: 180＝2007: 31］を挙げ、このことは『統治二論』の第七章第八五節で、奴隷は「自然権によって、主人の絶対的な統治権と恣意的な権力に服従せしめられる」［Locke 1960: 340-341＝2010: 391］ことと整合性もあると指摘している［三浦永光 二〇〇九：一七八～一七九］。

三浦によれば、ロックの『統治二論』において「自由主義政治思想と植民地支配論の両方」が矛盾せずに、「統一的な論述」になっているのは、自由主義が「文明」国であるイギリスや当時のヨーロッパの政治に妥当するのに対して、「植民地支配論は文明世界の外部である『自然状態』の地域に対する政策であるという彼の区別（差別）によってである」［三浦永光 二〇〇九：二〇三］。

ただし、ロックはアメリカ先住民のもっぱら経済的貧しさについてのみ語っているのであり、彼らの「自然状態」に対して道徳的・政治的に、文明と野蛮という区別（差別）をしていないことに注意する必要がある。すでに、前章で述べたように、ロックは道徳的・政治的には進歩主義の立場をとっておらず、経済的発展は「私有財産の不平等」をもたらし、「権原に関する争いや他人の権利への侵害」を引き起こしたために［Locke 1960: 320＝2010: 351］、統治や権力の必要性を生じさせたと主張している。

そのような統治や権力が存在しないから、アメリカ先住民は自由で、平等なのである。ロックがアメリカとともに自然状態の例として挙げているのは、古代ローマやヴェネチアであり、現在では共和主義として評価されているものを指している。実際、すでに述べたように、当時の北米の先住民は絶対的な首長のもとではなく、合議体のもとでの連合組織としてあった。

また、「アメリカ」が非文明国として、文明国であるヨーロッパよりも道徳的には劣った存在でないことは、『統治二論』の第一論文の第六章第五八節でも主張されている。「理性に欠け、教養もない住民が自然に従って正道を歩んでいる森の方が、自ら文明的で理性的であると称しながら、先例の権威に導かれて道を踏み外している人々の住む都市や宮廷よりもわれわれに規範を与える」［Locke 1960: 201＝2010: 117-118］。

国際政治思想のデイヴィッド・アーミテイジは、(1)ヨーロッパを文明の頂点とする、(2)進歩主義の観点に立つ、(3)ヨーロッパ人の能力を普遍的基準とするという点から「帝国的」と考えるならば、ロックの議論は「帝国的」ではないという［Armitage 2013: 115＝2015: 164-165］。ただ、それでもアーミテイジによれば、ロックは「リベラリズムと植民地主義とをつなぐ歴史的な鎖の決定的な環であり」、「一九世紀以前の主要な政治理論家で、ロックほど積極的に理論を植民地に適用したものはいない」［Armitage 2013: 91, 92＝2015: 130, 131］。

アーミテイジはこの点では『カロライナ憲法草案』の個人奴隷の支配を述べた次のような条項で「領主以外の現地人または何人からも…購入または贈与またはその他の方法によって、何人もカロライナに土地を保有、または保有権を主張できない」ことを社会契約との関連で挙げている［Locke 1997: 180＝ロック 二〇〇七：三二一］。つまり、「契約はイングランド系アメリカ人と先住アメリカ人との間ではなく、イングランド系アメリカ人のなかでのみ成立するという考えの明白な証拠である」［Armitage 2013: 110＝2015: 152］。『統治二論』ではアメリカ先住民との契約や同意の問題については何も述べていないが、逆に何も語っていないことは、やはりロックは彼らを契約の対象とは考えていなかったことを示すと思われる。

自由の帝国

この問題は一般化すれば、イギリスの植民地支配は主として経済の問題であり、その点では政治的リベラリズムとは矛盾するものではないことを意味している。実際、ホッブズも述べているように、イギリスの植民地経営は国王の勅許に基づいて持ち株会社によって始まった経済的支配であった。

ロックは基本的にこのような観点からアメリカの植民を考えていたのであり、それがもっぱら経済的に先住民にも豊かさをもたらすという正当化をしている。しかし、このことが自由で平等な先住民にどのような結果をもたらすかについては無頓着であり、あくまでも道徳や政治と経済とは別のものと考えていたと思われる。

ウォルター・ラッセル・ミードによれば、その後帝国化していくイギリスや、それを引き継いだアメリカ合衆国が覇権国家となったのは「神と黄金」によってである。つまり、「資本主義の巨大な力」を発展させていくことがアングロ・サクソン人の「宗教的定め」となったからである［ミード 二〇一四：三一～三二］。

ミードはその実例として、ピューリタン革命の指導者オリヴァー・クロムウェルの反スペイン（反カトリック教）の演説とレーガン大統領の反ソ連（反共）の演説とに「深い類似点」があることを指摘し、それは「悪の帝国」に対して、神のために戦争を続行し、すべての人間に圧政からの「自由」を約束するものであったという。このことは九・一一以後のブッシュ大統領の演説にも認められることである。

ただ、このような宗教的・政治的背景には、実際にはクロムウェルによるカトリック教徒のアイルランドに対する侵略のように、その土地を奪うという実利が伴うものであった〔ミード 二〇一四：三八以降〕。

私は、このようなアングロ・サクソンの帝国をアーミテイジがいうように、「自由の帝国」と呼ぶことができると思う〔Armitage 2000: 101＝2005: 144〕。このように自国の「自由」を強調し、敵対する国家を「悪の帝国」と呼ぶことは実際にはプロパガンダでしかない。とりわけ、スペインがアメリカ大陸で原住民を虐待したという「黒の伝説」はアングロ・サクソンの反スペインのプロパガンダであり、実際にはアメリカ先住民を「冷酷残忍」に扱ったイギリス人と比べると、はるかに「新大陸のインディオに対する三世紀に及ぶスペインの保護と福利厚生のための公的配慮」は優れていたという見方がある〔パウエル 一九九五：四二、五九〕。

実際、松森奈津子によれば、一六世紀前半に「ルネサンス精神によって再構築されたトマス主義」であるラス・カサスを代表とするサラマンカ学派によって、「インディアス問題」をめぐり、ホッブズやロックのような自国内だけの主権国家論が中心となる「近代国家論」とは別の「もう一つの国家論」が登場した。

つまり、その国家論は「終局的には神に由来する法や公共善といった人為を超える倫理的制約」によって、「『未開な』インディオをも、諸民族に共通の法が適用される秩序の内に含めようとするものであった」が、この国家論はその後に忘れ去られていく〔松森 二〇〇九：六、三四六〜三四七〕。私の観点からは、アリストテレス‐トマスの「共通善の政治学」や自然法のなかで、人間の普遍的権利が主張され、拡大された「共通善」が追求されていることになる。

私の読みが正しければ、ロックは共通善の政治学や伝統的自然法からアメリカ先住民も普遍的な人間であると考えていたが、彼らの政治的権利を考察することはなかった。一般的には普遍的な自然権の尊重を唱え、近代の政治原理となったといわれる社会契約論、とりわけホッブズとロックの議論がアメリカ建国にどのような影響を与えたと考えられるのかを次に見ていきたい。

2　アメリカ建国とホッブズ－ロック

アメリカ建国の政治思想

アメリカ建国に与えたヨーロッパの思想に関しては論争があり、それ自体大きなテーマであるが、ここではとりわけ、ロックの社会契約論がどのような影響力を持ち、それがアメリカのリベラリズムとどのように関係するかを論じていきたい。

一七六〇年から一八〇五年までのアメリカで出版された政治的著述のなかで引用されたヨーロッパの思想家の統計をとったドナルド・S・ラッツによれば、最も多く引用されたのはモンテスキュー、次いでブラックストンであり、ロックは三番目に位置するが、一七八〇年代以後は少なくなる。ただ、ラッツの統計からはホッブズの引用はもっと少なく、またルソーの引用はまったくなく、彼らの社会契約論はアメリカ建国にそれほど直接の影響を与えていないように思われる［Lutz 1984］。

ラッツの統計にもかかわらず、現在でもロックの影響を重視する研究が多いが、ロックよりもホッブズが「アメリカ立憲主義の真の祖先である」と重視するフランク・コールマンの『ホッブズとアメリカ』（一九七七年）という研究がある。コールマンはホッブズを重視する理由として、ホッブズが「リベラル民主主義の原理」を「権利の唯一の源泉が個人の絶対的意志であること」から導き出した点と「リベラル民主主義の国民」にふさわしい「紛争管理（conflict-management）」という「新しい立憲主義理論」を提出した点を挙げている［Coleman 1977: 55］。コールマンの理解では、ホッブズはリベラル民主主義者であり、この点では私の理解とかなり異なるが、ホッブズの影響は「ロックとマディソンの仲介による影響を通しての伝統」にあるというだけで［Coleman 1977: 54］、直接的影響を具体的に明らかにしているのではない。

ただ、コールマンは、自然状態の記述がホッブズとロックでは同じものであり、「フロンティアは自然状態であり、無制限に獲得・保持できるというロックによって是認された標準的仕方で『勤勉で、合理的に』占有する機会を拡大するものである。ホッブズとロックによって描かれた自然の平等性はイギリス社会でよりもより完全に実現された」と指摘している［Coleman 1977: 121］。

この点でのコールマンの主張が正しいのであれば、ホッブズとロックの自然状態の記述は、アメリカでは先住民を無視した「平等性」の根拠として使われたことになる。現代では、ホッブズの自然状態の記述は、現代アメリカのネオコン、ロバート・ケーガンによって戦争状態である国際秩序をアメリカの強大な権力によって平和にするものとして正当化されている［ケーガン 二〇〇六：五四］。もっとも、ケーガンの主張は「社会契約」の必要性を指摘せず、圧倒的なアメリカの実力を背景にしたものである。

さらに、コールマンと同様に、アメリカ建国への影響としてロックよりホッブズを重視する研究としてジョージ・メイス『ロック、ホッブズ、フェデラリスト』（一九七九年）がある。メイスによれば、ロックはホッブズと同様に、「人間本性論は人間を理性的ではなく、情動的である」と考え、「心理学的な利己主義」の傾向がある［Mace 1979: 6＝1987: 7-8］。

しかし、ロックは人間性の不平等を認め、逆に多数者の支配を認める点で、ホッブズの方がより「個人主義やリバタリアニズム」であり、独立宣言の主張もむしろホッブズに近い［Mace 1979: 44＝1987: 72-73］。メイスもホッブズの著作がアメリカ建国の父たちの蔵書に含まれていることを注で指定しているだけであり［Mace 1979: 123 n.3＝1987: 181］、ホッブズの影響を直接証明しているのではない。

しかし、メイスの主張が正しければ、あとで取り上げる独立宣言の起草者であるジェファーソンのいう「幸福」も利己主義的なリバタリアンの主張するもっぱら経済的なものにすぎず、政治的なものではないことになるであろう。

ロックの影響

アメリカ建国に関して、このようなホッブズの影響を重視する議論はあるものの、やはりロックの影響を重視する研究が多いが、近年の議論ではロックよりも「共和主義パラダイム」と呼ばれる古典古代からの共和主義がアメリカ建国に影響を与えたという議論が増えている。

このような動向もふまえながらも、依然としてロックの重要性を説くのが大森雄太郎『アメリカ革命とジョン・ロック』（二〇〇五年）である。彼はラッツが統計的に多いとしたロックへの言及の時期、イギリス本国への抵抗運動から独立宣言までの『統治二論』の影響を当時のパンフレットや新聞評論の資料から、以下の三点にまとめている。⑴「イギリス法制の伝統的な観念である『同意による統治』の観念」。「同意による課税」はロックのオリジナルなものではないが、それに「自然権論的な表現」を加え、植民者はそのことを知ったうえでロックの議論として用いた〔大森 二〇〇五：一〇～一一〕。

⑵『統治二論』第二論文第八章「政治社会の起源について」で示された「移住理論」。植民者はロックの「移住の自然権の概念」によって、それぞれの植民地がイギリス帝国内の「個別の独立国家」であると主張するようになった〔大森 二〇〇五：一一～一二〕。

⑶第一九章の「統治の解体について」の「抵抗理論」。植民地が独立を目指す以前から、ロックのいう「統治の解体」や「天への訴え」の訴えが使われ、「独立宣言」においても植民地の「イギリス本国からの分離の正当性」としてロックの抵抗論は使われた〔大森 二〇〇五：一二～一三〕。

いずれも、当時の歴史的状況からは当然であるが、本国政府に対してイギリスからアメリカに移住した「イギリス人の権利」の正当化として、『統治二論』は使われたことになる。たとえば⑵の「移住理論」に関しては、「ブリタナス・アメリカナス」という著者が『ボストン・ガゼット』に寄せた論評で、「最初の定住者たち」は「自然状態」にあり、彼らの望むように社会を創設し、統治権力を設立したので、イギリス国王とその臣民は植民者に対して何の政治的支配権もないと主張した。また、「フリーマン」という著者は『ニューヨーク・ガゼット』において、

「アメリカの無人の地域に所有物を得るために」植民し、「国王とイギリスのネーション」が契約によって、「彼らの自然権」を保持する〔大森 二〇〇五：三六〜三八〕。

このような議論を発展させ、ロックの「移住の自然権」の議論を使って、イギリスとは別個の独立した政治体としたのがリチャード・ブラントの『イギリス植民地の権利の探求』（一七六六年）である。大森によれば、ブラントの主張は、植民者たちは「自分自身の負担で定住し、『未開人』を放逐・征服し、独力で植民地を発展させてきたという植民地独力定住・発展論に立つ」〔大森 二〇〇五：四四〕。

いずれも、アメリカ先住民の存在を無視しているが、先住民の存在を認めた議論もある。セパラティストの牧師ジョン・クリーヴランドは『エセックス・ガゼット』において移住の権利から植民地国家独立論を唱えるが、その際イギリスからの植民者以前のアメリカ先住民がイギリスとは対等の独立性があったことを強調する。それは植民者がアメリカで「土地を『購入した』」ときに、アメリカの土地が母国イギリスとは何の関係もない自然状態にあったことを主張したいためである。そのためイギリス国王はアメリカに対して何の権利も主張できず、それは「アメリカのどのようなインディアン君主も、イギリスに対して何の権利も主張できないことと同じである」とクリーヴランドは主張する。つまり、植民者は「どのような国家にも服従する状態はなかった」のであり、アメリカ先住民の臣下でもないことを主張したいためである〔大森 二〇〇五：一〇九〜一一〇〕。

この点ではサミュエル・アダムズが『ボストン・ガゼット』において、「正当な所有者から土地を公平に購入した」と述べているが、このことは大森によれば、「アメリカ先住民に関する道徳的問題を無視」するためである〔大森 二〇〇五：一一四〕。

なお、トマス・ジェファーソンは先住民の「征服」を歴史的事実として認めているが、大森によれば、「ジェファーソンにとって大事なことは、アメリカ植民地とイギリス本国の関係を説明することであって、イギリスからの定住者と『インディアン諸君主』との関係を整合的に説明することではなかった」〔大森 二〇〇五：二一八〕。

アメリカ先住民に関する箇所だけを見てきたが、全体的には大森がジェファーソンに関して述べているように、ロックの影響は「アメリカ植民地とイギリス本国の関係を説明する」ためであって、その点でロックの「移住」「契約」「同意」「抵抗」のような概念が用いられたと思われる。

結論としては、大森は「『共和主義パラダイム』の有効性を軽視」するものではなく、実際本文においてはロックの影響とは別に、「奢侈」を批判し、「公徳心」を説く共和主義的言説も本国政府を批判する際に用いられていることを認めている〔大森 二〇〇五：一七九〜一八〇〕。

また、最近の研究では、「ロックと『共和主義』を引きつけて理解しようとする傾向」があることを認めているが、大森自身はロックと共和主義の伝統を明確に区別しようとし、現在の研究動向は、アメリカ建国における共和主義的要素も認めながらも、「ロックの重要性を再評価しようとする運動である」という〔大森 二〇〇五：三三六〜三三七〕。

ロックと共和主義

この点で、アメリカ建国へのロックの影響を理解するために、大森は区別しようとしているが、ロックと共和主義の関係について「ロックと『共和主義』を引きつけて」解釈する議論を見ておきたい。

まず、トマス・パングルの『近代共和主義の精神――アメリカ建国者とロックの哲学の道徳的ヴィジョン』（一九八八年）である。タイトルや副題にあるように、ロックや建国者の思想が共和主義であるとしても、それを「近代共和主義」と主張するものである。パングルは序論で、アメリカ建国者はロックの著作に彼らの「道徳的ヴィジョン」の三つの支柱、「『自然』あるいは自然の神、プロパティあるいは『幸福の追求』と合理的人間存在としての個人の尊厳」を見出した［Pangle 1988: 2］。このアメリカの哲学は「近代リベラル共和政の土壌に埋め込まれた」ものであると主張している［Pangle 1988: 4］。

パングルによれば、「古典的共和主義」は「徳の概念」を強調し、反資本主義的なものとして、一八世紀に理解されていた。アメリカ建国に共和主義の主張を見る代表的なものであるJ・G・A・ポーコックの『マキアヴェリアン・モーメント』も建国者の思想をアリストテレス的・中世的であると述べている［Pangle 1988: 28］。

しかし、ポーコックも古典的共和主義の復興者と位置づけているマキアヴェッリはむしろ「新共和主義」の立場である。この「マキアヴェッリの新共和主義」と「ロックのリベラルな経済・政治思想」が対立するものではないことを当時のアメリカではかなり理解されていたことをパングルは指摘している［Pangle 1988: 29-30］。

パングルによれば、ロックの思想自体は、合理主義的で、個人主義的なものであり、合理主義的で、個人主義的な「近代リベラル共和主義」である。たとえば、私が前章で述べたように、ロックが『統治二論』でしばしば「賢明なフッカー」を引用しているのは、「敬虔で、比較的保守的なイギリスの紳士層としての読者」を説得するためであるにすぎず、フッカーとロックの思想は異なるものであるとパングルは理解をしている［Pangle 1988: 32-33］。私が指摘したロックにおける「共通善の政治学」の要素については、パングルはまったく重視していないことになる。

これに対して、マイケル・ツッカートの『自然権共和政――アメリカの政治的伝統の基盤に関する研究』（一九九六年）では、ロックやアメリカ建国者の「新共和主義」を古典的共和主義との伝統のなかで基本的に捉えている。ツッカートによれば、アメリカの政治的伝統は⑴伝統的イギリス立憲主義を主張する「旧ウィッグ」、⑵「政治的宗教」としてのピューリタニズム、⑶「共和主義」、⑷「自然権哲学」が混ざり合ったものであるが、ロックの影響を受けた「自然権リベラリズム」を優位に置く「新共和主義」である［Zuckert 1996: 7, 95］。ただ、ツッカートはポーコック同様に、ロックのリベラリズム（「ロックの自然権／社会契約リベラリズム」）と共和主義の伝統は対立するものと考えている［Zuckert 1996: 205-206］。

このことはジェファーソン起草の「独立宣言」によく見てとることができる。その宣言では「人間は本来、あるいは自然に政治的ではない」。その宣言では個人の私的利益が「共通善」に従うことが主張されていない。「共通善は反対に権利と呼ばれる個人の利益のまさに調停された満足である」。

また、「自然権哲学では、政治や政治参加は手段でしかない」［Zuckert 1996: 206］。自然権リベラリズムにおいては、「プロパティも自然権であって、それゆえに政治的機能に特に結びつけられていない」[Zuckert 1996: 207]。ジェファーソンはこのように「自然権哲学の権威ある主張者」であるが、同時に生涯を通して「共和主義者」である。彼は建国者のなかでは最も「共和主義の民主主義的異種」を展開し、民主政体が唯一自然権と一致する「唯一の正当的政体」であると主張した。つまり、「ジェファーソンは自然権リベラリズムと共和主義との関係を最も深く、最もあらわにした思想家である」[Zuckert 1996: 210]。このような彼の「強健な民主的共和主義」は古典的な共和主義と対立するものではなく、「プレモダン」の要素も組み込んだものである[Zuckert 1996: 239-240]。

ツッカートによれば、このように理解されたジェファーソンの共和主義はアメリカでは完全に実現されているのではない。とりわけジェファーソンが主張した「シティズンシップへの責任と政府による略取行為への警戒に訓練を積んだ民衆の精神を活力づけること」を現在のアメリカのシステムは促進していない[Zuckert 1996: 242]。また、共和主義の「手続き的次元」とジェファーソンのいう「自己表明的（expressive）」次元との「緊張感のもとでわれわれは暮らしている」。そして、「リベラルとコミュニタリアンとの論争はこの緊張が持続していることの現代の現れである」と現代の「リベラル－コミュニタリアン論争」にも言及している[Zuckert 1996: 243]。

ジェファーソンの「新共和主義」

この点で、ジェファーソンの新共和主義がどの程度、コミュニタリアン的であるかを考えていきたい。ツッカートはロックが新共和主義者かどうかは語っていないが、前章において展開したように、ロックは基本的に、政治的には「政治人」モデルで語り、「共通善の政治学」を主張していると考えられる。すでに本書の第3章で主張したように、ロックは個人の権利を尊重しながらも、それが共通善や公共善のために存在すると主張する点では、「コミュニタリアン・リベラル」と考えることもできる。

ジェファーソンはロックの自然権哲学の影響を受けながらも、ロック以上に政治参加を重視する「民主主義的共和主義」を唱えている点では、より現在のコミュニタリアン、とくにマイケル・サンデルの主張に近い。私はサンデルがリベラルな共和主義者との論争で、自らの共和主義を「強いバージョン」と呼び、「政治参加・自己統治を共有する」ことを重視するものであると主張したことを論じている［菊池 二〇一一：一五一］。

また、サンデルはアメリカの伝統として、自己統治を重視する公民的な共和政治を評価する著作を書き、そのなかでジェファーソンを高く評価している［Sandel 1996＝2010, 2011］。私にはこの点で、ジェファーソンも「コミュニタリアン・リベラル」ないしは「コミュニタリアン共和主義者」と呼べると思われる。

この点を確かめるために、ジェファーソンの『政治著作集』［Jefferson 1999］を見ていきたい。まず、彼がホッブズやロックについてどう考えていたかから論じることとする。一八一六年のある書簡のなかで、ジェファーソンはホッブズを批判している。まず、ホッブズの人間論を批判し、「正義と不正義の感覚」が「自然の組織」ではなく、「黙諾（convention）」に基づくものであるという主張を否定している。「人間は社会的交わりのために創造されたが、社会的交わりは正義の感覚なくして、維持されえない」［Jefferson 1999: 143］。

この点では、興味深いことに「自然状態」の記述で、アメリカ先住民を例に挙げ、ホッブズが記述するような戦争状態ではなく、すでに述べたように共和主義を自然状態の政治と考えるロックに近い議論をより具体的に記述している。

われわれのインディアンは明らかに自然の状態にいて、単独の家族のアソシエーションのもとで暮らし、実定法の権威や承認された長官（magistrate）に服従しない。各人は自分自身の傾向に従って完全に自由である。「他人の権利」を侵害する者は軽度の場合は「公論」によって罰せられ、重大な場合はまさかりで処刑される。チェロキー部族では正規の法律、各タウンから選ばれた代表者の政府の確立を熟考していることを伝えている。いずれにしても、アメリカ先住民は「一人の人間の意志に服従することはない」。彼らの政治は「家父長制や王政の統治」からではなく、「共和政」統治から始まっている［Jefferson 1999: 143-144］。基本的にはホッブズがいうように、社会契約によって政治社会が始まるのではなく、ロック同様に自然状態では共和政治が行われていたとジェファーソンは考えていた。

ロックに関して、ジェファーソンの『政治的著作集』のなかで直接言及しているのは短いものだけであるが、重要な思想家であると位置づけていることは確かである。一七九〇年の書簡では「ロックの統治に関する小冊子はできうる限り完全なものである」というが、それ以上の説明はしていない［Jefferson 1999: 261］。

ただ、ジェファーソンはベーコン、ニュートン、ロックを「三位一体の三人の偉大な人間」と呼んでいる他に［Jefferson 1999: 427 cf. 39］、「独立宣言」に関して述べている一八二五年の書簡では、「独立宣言」は「アメリカの精神の表明」を意図したものであるが、独創的なものでなく、「アリストテレス、キケロ、ロック、シドニーなど」のような見解を表明したと述べている［Jefferson 1999: 948］。

アリストテレスとキケロは現在では共和主義の源流とみなされ、ロックとほぼ同時代のイギリスのアルジャノン・シドニーは共和主義者とみなされている人物である〔菊池 二〇一一：三五～三六参照〕。この三人とともにロックの名前を挙げていることは、ロックもまた共和主義的議論をしていると理解しているとともに、ジェファーソンの新共和主義は「プレモダン」の伝統も評価したものであることを示している。

「独立宣言」の政治思想

最後に、ジェファーソンにおけるリベラルな「自然権哲学」とコミュニタリアン的な共和主義を理解するために、ツッカートによれば、共和主義的な要素が少なく、もっぱら非政治的な「自然権思想」が述べられているという「独立宣言」（一七七六年）について考えていきたい（邦訳は高木八尺訳［ジェファーソン 一九七〇］を参照した）。まず、最も有名な一節から考えたい。

われわれは、自明の真理として、すべての人は平等に造られ、造物主によって、一定の奪い難い天賦の諸権利を付与され、そのなかに生命、自由および幸福の追求の含まれることを信じる。また、これらの権利を確保するために人類の間に政府が組織されること、そしてその正当な権力は被治者の同意に由来するものであることを信じる。

[Jefferson 1999: 102＝ジェファーソン 一九七〇：二二二]

神によって与えられたとあるが、人間が自由で平等であることを「自明の真理」としているのは、ロックのいう「自然状態」を考えているからであると思われる。

その自由と平等は共和主義的な意味であること、つまりホッブズとは異なる政治的な自由と平等であることをこれまでも述べてきた。諸権利としては「生命、自由、および幸福の追求」が重視されているが、このなかで「幸福の追求」とはロックが重視する財産権に当たるものであると思われ、主として経済的なものであるとみなすことができる。

ハンナ・アレントは『革命について』において、フランス革命と比較してアメリカ革命の「幸福の追求」が政治への参加としての「公的幸福」であることを評価する。この点で、代表的な論者としてジェファーソンを挙げるが、独立宣言の「幸福の追求」自体はジェファーソン自身が「どのような種類の幸福を考えていたのか」わからず、その後のアメリカ史のなかでも、むしろ「私的幸福」の追求となり、「公的幸福」が追求されなくなっていくことを指摘している［Arendt 1963: 117-119＝1968: 158-161］。ジェファーソンのいう「生命」もホッブズも述べていた「自己保存の権利」であり、人間の基本的権利として、政治的権利以前の権利であると思われる。

この点で問題となるのは、「独立宣言」において「自由」と述べられている権利が公的なものであるか、私的なものであるかどうかである。この点では「正当な権力は被治者の同意に由来する」というように被治者の政治参加を必要とする政治的自由の主張であると理解できる。

しかし、後の方で「同意なくして租税を賦課」することを批判していることや、「人民が議会に代表される権利」を国王が奪っていることを批判していることから、もっぱらイギリス的な議会政治が考えられているのであり［Jefferson 1999: 103, 104＝ジェファーソン　一九七〇：一二三、一二四］、民衆の直接的政治参加は、少なくともこの「独立宣言」では主張されていない。ただ、抵抗権に関して、どのような政体であっても「それを変更し、廃止して新たな政府を組織することが人民の権利である」と、抵抗権の主体が人民であることを主張している。

また国王批判の冒頭で、法律の目的は「公共善」（高木訳は「一般の福祉」）であることを述べている点からも、「独立宣言」でいう権利はたんなる私的権利ではなく、共和主義的・政治的権利でもあることを示している［Jefferson 1999: 102, 103＝ジェファーソン　一九七〇：一二二、一二三］。

契約から排除される先住民

ただ、私がとくに問題としたいのは、「独立宣言」でいう権利が普遍的なリベラルの権利であれ、共和主義的権利であれ、あるいはコミュニタリアン的権利であれ、ここでは「契約」という言葉は使われていないが、権利を尊重する権力の「同意」の対象として、アメリカ先住民が考えられていたかどうかである。

「独立宣言」では、国王批判の最後に、すべての破壊を「戦争の法則」とする「苛酷なインディアン野蛮人」をイギリス軍が用いていることが批判されている［Jefferson 1999: 104＝ジェファーソン　一九七〇：一二六］。ここではイギリス本国政府の批判のためとはいえ、ロックではなく、ホッブズのアメリカ先住民の記述に戻っている。

コミュニタリアニズムが「他者」を排除するものであると批判し、ロックを創始者とする、個人の権利を尊重する普遍主義的なリベラリズムを評価することは、日本の理解では一般的になっているが、英米のリベラリズムはその後の「リベラルな帝国」のもとで、ますます「他者の排除」を行っていく。とりわけ、アメリカは先住民を排除するどころか、その後のフロンティアへの展開のもとで、先住民を殲滅に近い状態まで追い込んでいった。このような状況に対しては、社会契約は何の意味も持っていない。

森分大輔は、アレントがアメリカ革命において「公的幸福」を追求することを評価した点に関して、ホッブズのような「同意」に基づく「近代社会契約論」と「約束」に基づくアレントの社会契約論を区別し、後者は「メイフラワー誓約」から始まり「憲法」を生み出したアメリカ革命の「『活動』過程」から生じたものとして評価している〔森分 二〇〇七：二一四、二一七〜二一八〕。

ただ、森分は先住民がその「約束」の対象から実際には排除されるようになることは何も語っていない。アレントもアメリカには黒人奴隷という「社会問題」があることは認めても［Arendt 1963: 60-62＝1968: 82-84］、アメリカ先住民については何も論じることはない。

第6章　共通善の政治学とルソーの社会契約論

1　ロールズによるルソー理解と日本のルソー評価

サンデルのルソー批判

ホッブズとロックの社会契約論と「共通善の政治学」との関連の検討に続いて、本章ではジャン＝ジャック・ルソーの社会契約論と「共通善の政治学」との関連を考察していく。以下で論じていくように、ルソーはロックと同様に社会契約論において、「コミュニティ（communauté）」や「共通善（bien commun）」という言葉を使い、さらにホッブズやロックと比較すれば、小規模な「コミュニティ」における民主主義的な政治参加を主張し、「共通善」を追求する政治学を主張する点で、次節において述べるように、コミュニタリアニズム的であるという見解すら英米にはある。ただ、ルソーの「一般意志」（＝共通善）が全体主義的であるとする見方も英米にあり、現代コミュニタリアニズムの「共通善の政治学」も同様に個人の自由や権利を否定する全体主義的なものであると批判する見解もある。

マイケル・サンデルは、このような批判があることを意識してか、より論争し合うトクヴィル的な「共和主義的政治」と区別して、ルソーの「共和主義的政治」を次のように批判する。ルソーが「一般意志」を単一的なものと考え、熟議が必要であるとしても、長々しい議論は必要としないと主張していることから、「共通善が単一的であり、議論の余地がない——という想定こそがルソーの政治を強制に導くものである」［Sandel 1996：320＝2011：249］。

逆にいえば、サンデルのいう「共通善」は日本でかなり誤解されているような議論の余地がない単一のものではなく、強制的なものでもない。

テイラーのルソー評価

ただ、サンデルとともに現代コミュニタリアンの代表的人物であるチャールズ・テイラーはルソーの「自由」に基づく共和主義を基本的に評価している。本書の第1章で述べたように、テイラーはホッブズやロックのような社会契約論者に対しては、「原子論的個人主義者」として批判するが、この原子論的個人主義と対立する古代からの共和主義の影響を受けた「近代リベラル民主主義の伝統」に属する思想家として、モンテスキューやトクヴィルと並んでルソーを評価する。とくにルソーは、「自由が中心的価値となる」という「近代文化の重要な要素」を主張し、そのような自由と「道徳的秩序」や「共和政的自由という古代の見解」との連関を発見した思想家である。『社会契約論』の教説がわれわれに示しているのは、真の自由とは市民共和国においてのみ可能なことである」[Taylor 1985: 321]。

しかし、テイラーは『マルチカルチュラリズム』の「承認をめぐる政治」では、「平等な尊厳をめぐる政治」として、「ルソー・モデル」を評価するものの、「役割のあらゆる差異化を厳格に排除する」としてその限界も語っている[Taylor et al. 1994: 51＝1996: 70]。このように、現代コミュニタリアンの理解のなかでも、ルソーに対する基本的な評価は分かれるとともに、その問題点も指摘されている。

本章の課題

この点では、現代アメリカのリベラリズムを代表するジョン・ロールズのルソー評価はどうなのか。これまでと同様に、第1節ではロールズがルソーの社会契約論をどのように評価していたかをロールズの政治哲学史の講義から明らかにする。次に日本の戦後のルソー研究において、ルソーの社会契約論が「共通善の政治学」と関連させて語られているかどうかを概観して、社会契約論と「共通善の政治学」や「伝統的自然法」との関連性を基本的に否定する「福田パラダイム」がルソー研究において現在でも支配的なのかどうかを考察する。

第2節では、第1節の研究史をふまえて、『社会契約論』におけるルソーの主張がアリストテレスやトマス・アクィナスの「共通善の政治学」や「伝統的自然法」とどのように関連し、どのような独自性があるのかどうかを、自然状態が記述された『人間不平等起源論』や『ジュネーヴ草稿』から『社会契約論』への展開のなかで探求していきたい。

ロールズのルソー評価

ロールズによれば、ルソーの社会契約論の意図は、ホッブズやロックよりも広い関心のもと、「文化や文明の批判者」として「古い秩序」を否定することであり、ルソーは「来るフランス革命への道を準備した世代を代表する」[Rawls 2007: 192 = 2011: 344-345]。その点では、ホッブズやロックよりもルソーの社会契約論はより革命的な主張として評価される。

また、『社会契約論』は「現実主義的にユートピア的なもの」であり、「正義に適う実行可能で幸福な政治社会の理想」を描いている[Rawls 2007: 192 = 2011: 346-347]。ロールズが『公正としての正義　再説』において、政治哲学の役割を「現実主義的にユートピア的なもの」であると主張したことから考えれば[Rawls 2001: 4 = 2004: 8]、ルソーの『社会契約論』は基本的には肯定的に評価されていることになる。

ロールズは『社会契約論』を論じる前に、「自然状態」が記述されている『人間不平等起源論』を取り上げる。ルソーの「自然状態」は四つの文化的段階の最初の段階だけを指すが、この最初の段階の「原始的人間」を理想とするのではなく、文明がかなり発展した三段階目が理想的なものである。このような自然状態の記述から、ルソーが主張したいのは「人間は生まれつき善であるが、社会制度のために悪になる」ことである[Rawls 2007: 197 = 2011: 352-353]。

ロールズによれば、通常のルソー理解と異なり、最初の段階である自然状態での「自己愛（amour de soi）」は動物と共通した感情であり、それ自体発展するものではなく、不自然で邪悪な「自尊心（amour-propre）」とは区別されるが、文明が進んでからの「互恵性の原理」を認める本来の目的を持った「自尊心」をルソーは評価する［Rawls 2007: 198-199 = 2011: 355-356］。

文明化の過程のなかに、人間の「完全可能性」が実現されていく過程と、経済的不平等の拡大によって、「人間同士の疎外が増大していく過程」の両方があるが、この二つの過程から「恣意的な政治権力の支配」が可能となる［Rawls 2007: 204 = 2011: 364-365］。

このような文明論において、ルソーが人間本性を「善」とするのは、キリスト教の原罪とホッブズの自然状態の人間論を否定するためである。つまり、ルソーは人間の「善性」から「正しい安定した幸福な政治制度」が可能であることを主張したいためである。この「政治制度」を論じるのが『社会契約論』である［Rawls 2007: 205-207 = 2011: 366-369］。

『社会契約論』の冒頭で、人間を「あるがまま」に捉え、「正義と効用」が分離しないように「権利」と「利益」の両方を結び付けて、「人間本性の基本的な原理と傾向に従った人間のあるがままの姿」を研究するという［Rawls 2007: 214-215 = 2011: 384-385］。

『社会契約論』の第一篇第六章の社会契約論では、ロックとほぼ同様に、「政治的権威は社会契約に基づく」ことから論じられ、その契約は「自由で平等な、道理に適った合理的な同意」によるものであると主張される［Rawls 2007: 216-217 = 2011: 387-388］。

ルソーの社会契約は四つの仮定に基づき、第一の仮定は契約当事者が「自らの根本的利益」=「道理に適った合理的な善」を追求することである。これはすでに述べたように、本来の「自尊心」から、他者の立場を尊重することである。第二の仮定は他者との「社会的な相互依存の諸条件」のもとで、自己の利益を追求することである。第三の仮定はすべての者が「自由のための能力と自由への利害関心」を平等に持つことである。第四の仮定はすべての者が「政治的な正義感覚の能力」を平等に持ち、それに従って行動することである［Rawls 2007: 217-219＝2011: 389-392］。

この四つの仮定から、「共通の力」によって「各人の人格と財産」を保護するための結社に同意することが「道理に適い合理的である」というルソーの主張が導き出される［Rawls 2007: 219＝2011: 392-393］。

このような社会契約によって、各人がその権利と自身を「コミュニティ全体に完全に譲渡する」ということは、自分の思うままに振る舞う「自然の自由」を失うことであり、その代わり「共通善の増進に必要な政治的自由」と「自らに課した法に従う」という「道徳的自由」を得ることである［Rawls 2007: 220-221＝2011: 393-395］。この譲渡によって、「社会的結合」は完全なものとなり、「社会自体に反するいかなる権利」も妥当とならない。また、この譲渡によって、われわれの「人格的独立」は確立される。なぜならば、他人と同じ権利をわれわれが持つという「権利の交換に同意する」からである。このようにして、「各人は平等な市民であり、何人の恣意的な権威にも服従することはない」［Rawls 2007: 221-222＝2011: 395-397］。

このように社会契約に関して述べたあとで、ロールズは「一般意志」（「と共通善や共通の利益のようなそのさまざまな類概念」［Rawls 2007: 216＝2011: 387］）について論じる。社会契約によって社会を形成する各個人は「一般意志や共通善」とは異なり、ときには反する「特殊利益」を持っていることをルソーは当然の前提としている［Rawls 2007: 223-224＝2011: 399］。

そのうえで、一般意志とは社会契約に基づく「政治社会の構成員」としての全市民の意志であり、各人は「熟議的理性の能力」によって、「共通善の一つの構想を共有する」ことを意志する。各市民は政治的決定をする際に「特殊な私的利益」を追求するのではなく、「共通善を最も増進させる」選択肢を選ぶべきである。このように「一般意志は共通善を意志する」のであるが、「その共通善は共通の利益によって明確化される」［Rawls 2007: 224-225＝2011: 400-402］。

このような一般意志は「市民を超越する全体の意志ではなく」、市民に共通の「根本意志」であり、それは「人間本性に関するルソーの構想」に基づくものである〔Rawls 2007: 225-226 = 2011: 402-403〕。このような一般意志は、量的功利主義のような個人を犠牲にする「集団的原理を基礎」とするのではなく、自己愛や自尊心によって表明される「人格と所有権を保護することへの利害関心」のような「根本的利益」を意志するものである〔Rawls 2007: 229-230 = 2011: 410-411〕。

次に、ロールズはこの一般意志が「法の支配」、「正義」や「平等」とどのように関連するかを論じていく。まず『社会契約論』第二篇第四章の第五段落において、「権利の平等」とそこから生じる「正義の観念」は、各人が「まず自分自身を優先させる」という「人間本性」から、すべての人に適用されるために一般的になるという主張が重要であるとロールズは指摘する。ロールズによれば、この段落は簡単に要約できないものの、一般意志とは「社会の絆を生み出す共通の利益」を最も増進し、他人と「共有する根本的利益」をもたらす「法」を意志することである〔Rawls 2007: 232-234 = 2011: 414-417〕。

ルソーのいう道徳的・政治的自由も市民が「同じ根本的利益」を共有するという「自由意志の能力」を平等に持ち、その根本的利益を実現する「法」、「自分自身に与える法」に従うことである〔Rawls 2007: 236 = 2011: 421-422〕。自由とともに「体系的立法の目的である」平等に関しては、「誰もが一人の平等な市民という同じ基本的地位を持つ」ことであり、経済的・社会的不平等は、各人の人格的独立を保障し、自らの根本的利益を増進するために軽減されるべきものである〔Rawls 2007: 246-247 = 2011: 439-440〕。

ただ、このような根本的利益を追求する一般意志を形成する制度は、市民の同意だけでは難しく、「立法者」によって設計される必要があることをルソーは主張する〔Rawls 2007: 241 = 2011: 429-430〕。

ルソーの社会契約論が全体主義的・集団主義的であるという議論はロールズにはなく、基本的には自由と平等を両立させる個人主義的なリベラルとして好意的に理解されている。ロールズは、ルソーの社会契約論を彼自身の「正義論」の方に位置づけ、個人の自由や権利、さらには個人の利益の擁護と両立するものとしてルソーの「共通善」の主張を考えている。

ロールズによれば、ルソーのいう「共通善」は「各人が他の人々から人格的に独立しながら、政治的自由の制限内で自らの根本的利益を増進しうることを保証する諸条件」である［Rawls 2007: 246-247 = 2011: 440］。私の観点からは、あとで検討していくように、日本ではルソーの「共通善」やその「類概念」がほとんど問題とされていないのに、ロールズはルソーの「共通善」の主張を重視している点が興味深い。

わが国のルソー研究において、ルソー自身が「一般意志」と関連づけて使っている「共通善」やロールズのいう「類概念」、さらにそれと関連する「コミュニティ」をどのように理解しているのか、あるいは問題としていないのか、第3章や第4章と同様に、戦後のわが国のルソー研究を通して考察していきたい。ただ、ルソー研究はホッブズやロック以上に膨大にあり、しかも文学や教育学などにおいてもかなり研究されているために、ここではルソーの社会契約論に関して論じている箇所がある単行本だけに限定して論じていきたい。

稲富栄次郎『個人と社会』

最初に取り上げるのは、教育学の研究であるが、戦後最初の『社会契約論』に関する単行本、稲富栄次郎『個人と社会――ルソオ「民約論」の研究』（一九四八年）である（なお、この本からの引用は現代漢字表記に改めている）。稲富は「序」において、『社会契約論』の根本問題は「個人と社会」という現在でも未解決の問題であると指摘する［稲富 一九四八：一］。

次の「序論」では、ルソーが「個人主義者であったか、国家主義の主張者であったか」という問いを最初に挙げる［稲富 一九四八：五］。『社会契約論』においてこの問題を論じる前に、稲富は「個人的教育に終始した」『エミール』から論じる。

稲富によれば『エミール』では、孤立した「徹底した個人主義」から、「自己愛」に基づく「自然人」に対する教育が論じられ、社会から孤立した「孤立人の世界」がルソーの「人間の理想郷」である［稲富 一九四八：一八～二〇、三二］。しかし、ルソーは「人間の社会的本性」も認め、青年期の人間は他者への愛情によって孤立的存在ではなくなり、「一般的な人類愛」へと向かう「道徳的秩序」のなかに入っていく〔稲富 一九四八：三八～四〇、四四〕。ただ、『エミール』では、「個人は社会よりも本質的」であると考える「個人主義」にとどまり、「公的教育」を考察するために、「国家、及び国法の本質」に関して論じる『社会契約論』が必要となる〔稲富 一九四八：五二、五六〕。

『社会契約論』では、『エミール』において人間を堕落させるものとして否定された「社会的秩序」が「神聖不可侵の法」として絶対化される〔稲富 一九四八：五八〕。このような「社会的秩序」の重視の背景に「社会の起源」の問題がある。ルソーはアリストテレスのように、「自然」ではなく、「人間の弱さ」や「人間の有限性」に社会の起源を求めている〔稲富 一九四八：五九～六二〕。

社会の成立のための「契約」は各人の「所有する力と自由と財産」のすべてを他人のために与えて、「国家の主権は絶対的な権威」を持つので、ロックの社会契約が「個人主義の憲章」であるのに対して、ルソーの社会契約は「極端なる形式の」集団主義であるという見方がある〔稲富 一九四八：七一、七五～七六〕。

社会契約によって『エミール』の「孤立人」あるいは「無知蒙昧な動物」でしかない「自然人」は、「高次の社会的自由と道徳的自由」を獲得する「真の人間となる」〔稲富 一九四八：七八〕。このような「社会契約による自己放棄の結果」、むしろ「個人の人格」は更生するが、そのことは「個人主義の完全な放棄」ではない〔稲富 一九四八：八二～八三〕。ルソーは、「社会契約」が自由への強制であると述べているが、それは「自由意志による自由の譲渡」として「最も自発的なもの」であり、自分自身にしか服従しないことから、ルソーの立場は基本的に「個人主義、自由主義の立場」である〔稲富 一九四八：八五、八八～八九〕。ただ、ルソーに関しては「全く反対の解釈を共に可能」とする「契機」も含まれ、「個人と社会の二元論」が「一つの避け難い循環」に陥っていると指摘する〔稲富 一九四八：八九～九〇〕。

この点を理解するためにも、稲富はルソーの「一般意志」について論じるべきであるという。ルソーを引用して、個人の意志を一般的なものとするのは「投票の数によるのでなくて、彼らを結合する共通の利益である」〔稲富 一九四八：九五〕。「一般意志」はたまたま一致するのではなく、より「普遍的な一般的な本質」を持ち、社会契約によって「独立的な個人は消滅して」、統一された「社会」が形成される〔稲富 一九四八：九七〜九九〕。各人はあくまで「独立の意見」を持った「独立した個人」でありながら、彼らの「意志が完全に一致した時」に「一般意志」が成立する。このことは少数者の多数者への専制ではなく、あくまでも「全員一致」の意志によるものである〔稲富 一九四八：一〇二〕。

このように形成された「政治体」は、主権者＝一般意志の「意志と行動」による法に基づく「徹底的な法治国家」である〔稲富 一九四八：一〇五〕。ただ、ここでは「主権者はその国民に対して忠誠を要求」し、国民に「絶対的支配力」を行使する。また「国家緊急の場合」には法の停止による「独裁官」の存在もルソーは認めている。この点では個人主義、民主主義よりも集団主義や国家主義、さらには「独裁主義」まで主張していると思われる〔稲富 一九四八：一〇八〜一一〇〕。

ただし、主権者と国民の利益が完全に一致し、「主権者と国民」は「一体不可分」であり、個人が失った自由は「より高度の自由」によって回復する〔稲富 一九四八：一一二〜一一五〕。この点では「一般意志との契約」は「自分自身との契約」であり、ルソーのいう市民とは「臣民と主権との綜合」であって、国家も「自己を超越した絶対者」ではない〔稲富 一九四八：一一六〜一一八〕。

稲富は「民主主義自由主義の立場」が「ルソーの本領」であると指摘するが、同時にルソーの「社会哲学」は「両頭の蛇」であり、「一義的な解決を与えることは絶望ではないか」とも指摘する〔稲富 一九四八：一二四〜一二五〕。この解決のためには『社会契約論』第三篇で具体的に描かれた「理想の政治」を考える必要がある〔稲富 一九四八：一二六〕。ルソーによれば、「政治の堕落」は代理人や金銭によるものであり、これに対して「理想の政治」は市民の「完全なる自治」によるものである〔稲富 一九四八：一三九〜一四〇〕。この「真の民主主義」は「小国」において実現されるものであるが、そのような国家も「永遠不滅」であるとルソーは考えていない〔稲富 一九四八：一四二〜一四五〕。

ルソーの理想は、「農民の一団」が国務を賢明に運営することを例に挙げているように、「牧歌的な彼の自然主義の本来の立場」に戻って、「正しい一般意志」のもとで国民が完全に意志を通じ合い、自治を行う「小規模な直接民主国家政治」であり、「絶対主義、専制主義」を主張するのではない〔稲富 一九四八：一四六〜一四八〕。

また、ルソーの「一般意志」は彼個人と国家とのジレンマから生じ、「個人主義と国家主義の両面」があるものの、「個人の自由意志を母胎とした社会契約の所産」として、ルソーの「根本的立場は個人主義、自由主義」であるというのが稲富の最終的な結論である〔稲富 一九四八：一五二〕。

戦後最初の研究であり、当時何が問題になっていたかを理解するために、いくぶん詳しく内容を紹介してきた。このように稲富は、全体主義的・集団主義的要素を認めても、ロールズと同様に個人主義的なリベラルの方向でルソーを評価する。私の観点からは、ロールズと異なり、ルソーの「一般意志」が「共通善」や「共通の利益」の追求であることがほとんどふれられていないために、ルソーの政治論では、教育論の個人主義的立場が集団主義的立場へとどう変わっていくのか、いかないのか十分に議論されていないように思われる。

杉之原寿一「ルソーの社会思想」

次に、京都大学人文科学研究所報告『ルソー研究』〔桑原編 一九五一〕のなかから、ルソーの社会契約論の問題を論じた杉之原寿一「ルソーの社会思想——個人主義と集団主義」と恒藤武二「ルソーの『社会契約』説と『一般意志』の理論」を取り上げたい（なお、引用は字句的訂正にとどまる第二版〔桑原編 一九六八〕からである）。まず杉之原は「ルソーは矛盾の人である」と述べることから始め、「個人主義者」か、「集団主義者」かという問題に、稲富も含めて「さまざまな解釈が下されて」きたことを指摘する〔杉之原 一九六八：九五〜九七〕。杉之原によれば、そのどちらがルソーの思想のなかで重要かを問うよりも、この二つの矛盾する立場がなぜルソーの思想のなかで同程度に存在しているかを問うべきである〔杉之原 一九六八：九八〕。

ルソーは、一方では「功利主義者や啓蒙的自然法思想家」と同様に個人の利益追求を当然のものとしながら、他方では「穏便憐憫の情」という「社会的感情」が、しかも自然法論者たちと異なって「人間の内面的な本質的な結合感情」としての「社会的性向」であると考えている〔杉之原 一九六八：九九～一〇〇〕。

ルソーはこの二つの性向が歴史的に変化すると考えるが、杉之原はこの「人類発展」の過程を、『人間不平等起源論』や『エミール』から四段階に区分する。第一段階は「純粋な自然状態」であり、人間は孤立して「自己保存」だけを追求する。第二段階は家族生活のなかで「自然的な紐帯が生じ、民族が形成され」、人間はそれ自体が他者と「一心同体」の「一つの独立完全な存在」となり、最も幸福な状態、「自然的社会状態」にいる。杉之原によれば、この状態はテンニエスの「ゲマインシャフト的な社会」である〔杉之原 一九六八：一〇三～一〇四〕。

しかし、人々の欲望が増大して「不平等」が増大し、人間は社会との関係で価値を持ち、自己の利益を求めて競争し合う「戦争状態」の第三段階の社会となる。杉之原によれば、この状態が「ゲゼルシャフト」である〔杉之原 一九六八：一〇五～一〇七〕。「公共の福祉と個人の利益は完全に分離し」、「全体と個、社会と人間、社会と自由との対立」が現れる「悲惨な状態」のなかで、「国家」が生じる第四段階となる。その国家は「社会的危機」の原因を取り除くものではなく、不平等性がますます増大する「富者の国家」である〔杉之原 一九六八：一〇八～一〇九〕。

このような国家状態の「矛盾対立」を解決する新たな社会制度を作ることがルソーの中心的な社会思想である〔杉之原 一九六八：一一〇〕。彼が理想として求めるものは、「純粋な自然状態」への回帰ではなく、「ゲマインシャフト的生活・感情に満ちた新しい社会」である〔杉之原 一九六八：一一一～一一二〕。

このことは第二段階の「自然的社会」を基盤とした国家を「社会契約」によって作り出すことである。ルソーがその契約の際に、各人の権利や存在そのものも「全共同体」に譲り渡すと主張していることは、個人の権利や自由を否定する強制的なものではなく、権利や自由をより確実で高度のものとして回復させる「相互性」に基づくものである〔杉之原 一九六八：一一四～一一六〕。

杉之原は稲富のいうような「個人と国家との循環論」があることを認めるが、重要なのは「個人的利益と公共の福祉」のような「矛盾対立」を、「社会契約」によって解決しようとすることである〔杉之原 一九六八：一一六〕。

「共同の利益、公共の福祉」しか考慮しない「一般意志」は「経験を超えた絶対的なもの」としてあるが、個人の利益や自由を放棄するためではなく、それらがより確実なものとして個人に戻ってくるためにある。一般意志＝主権者も「自己自身以外の何物でもない」［杉之原 一九六八：一一八〜一一九］。

ただ、この一般意志がどのように「個人の利益」となるかという「個別意志と一般意志の調和」の問題は、ルソーの「理論と現実」の区別を考慮すべきである。ルソーはこの「調和一致」が現実的に可能であると考えておらず、可能にする手段として「市民宗教」や「立法者」の存在、緊急の場合の「独裁者」の必要性を語っている［杉之原 一九六八：一二二〜一二四］。いずれにしても、社会契約によって「矛盾対立」の「調和一致」を主張し、「個人主義的な要素と集団主義的な要素とが結合統一」されることが求められている［杉之原 一九六八：一二五〜一二六］。

「純粋な自然状態」での「孤立人」をルソーの理想的なものと考える稲富と異なって、ルソーにおける個人主義的なものを認めても、「共通善」と類概念である「公共の福祉」を求める集団主義的なものを評価し、とりわけ私の観点からは、ルソーの理想をむしろ「ゲマインシャフト」（コミュニティ）的なものとして評価する杉之原の主張は興味深い。ただ、杉之原はルソーの個人主義と集団主義を結ぶものである「共通の利益」に言及しても、「共通善」という概念にふれず、またそれと関係の深い伝統的自然法についてもまったく論じていないために、稲富と同様にルソーの「集団主義」の説明は不十分であると思われる。

恒藤武二「ルソーの『社会契約』説と『一般意志』の理論」

この点では恒藤武二の議論も同様であるが、彼は伝統的自然法や啓蒙的自然法と明白に対立するものとしてルソーの社会契約論を論じている。恒藤によれば、『人間不平等起源論』における「ホッブズ、ロック等の自然法」に対するルソーの批判は、それが自然のものではなく、「人為的な」もの、つまり彼らの社会契約説を導き出すための「論理的前提」でしかないことに基づいている。ルソーは「自然法」と「人間意志」を秤にかけ、人間意志の方に傾いている［恒藤 一九六八：一三二］。

また、「自らを完成する能力」を人間と動物を区別するものとして評価しながら、同時にそれは人間の「あらゆる不幸の源泉」であるとも主張するが、自然状態へ回帰するような主張をはっきりと否定する〔恒藤 一九六八：一三三～一三四〕。『人間不平等起源論』は一面では「技術」が人間にもたらした「不幸の歴史」を描いているが、その「悪」は「社会技術としての法」によって解決されることにルソーは関心を持っている。以上のことから、『人間不平等起源論』では「自然法的思考」はしていない〔恒藤 一九六八：一三三～一三五〕。ルソーは自然法を「自然社会の理法」、むしろ現代の用語では「社会法則的なもの」と考えていた〔恒藤 一九六八：一三五〕。

恒藤によれば、ルソーは『人間不平等起源論』のなかで、「立法権が全市民に共有であるような国」を求めているように、『社会契約論』は当時としては「革命的な要求」である「人民主権」の国家を、「公共と個々人との間の相互の約束」としての社会契約によって根拠づけるものである〔恒藤 一九六八：一三八～一三九〕。この社会契約は実力による支配を否定し、社会秩序の維持として国家権力を認めるとともに、国家を「個人の自由と財産権を保障する」ものであるとする〔恒藤 一九六八：一四一～一四二〕。

ルソーにとって、「一般意志と主権及び法は異なった面から見られた同一のもの」であり、彼は人民主権を前提とした「法主権論的な考え方」をしていたが、ルソーは「自然法的思想と法実証主義的思想の間」で揺れ動き、「一般意志の表現としての根本法」、つまり現代では「近代憲法の中の人権保障」ということを明確に主張していない〔恒藤 一九六八：一四六～一四八〕。

ただ、ルソーは「法的概念としての一般意志」と「法の理念としての一般意志」を区別していると考えるべきである。「法的概念としての一般意志」に関して、全員一致による一般意志の形成以外は、立法は全員一致ではなく、多数決によるものとルソーが考えていることは当然である〔恒藤 一九六八：一五二〕。

「法の理念としての一般意志」に関しては、「自由の理念」を制約する理念として、「現実に基礎をおいた社会的理念」としての「共同の利益」あるいは「公共の利益」を挙げているが、これは観念的なものでなく、具体的なものである〔恒藤 一九六八：一五三〕。

次に、「自由の理念」を制約するものとして、「多数者の意志に内在すべき」である「平等の理念」があるが、「自由の理念」と「共同利益」や「平等の理念」を結び付けるのは「理性とモラル」の問題である〔恒藤 一九六八：一五四〕。

結論として、ルソーは基本的には自然法を否定して「実定法主義的立場」にあり、「一般意志」も「社会的現実」に基礎がある「実定法に対する理念的要請」であって、ルソーはホッブズから始まる「政治権力の世俗化への努力」を完成させた者である〔恒藤 一九六八：一五四～一五五〕。

ただ、ロックが「自然法と自然権の概念」によって実定法を制約しようとしたことが「所有権の不可侵性」によって、「労働者を抑圧し、工場立法を阻止するための理論的根拠」となったと、現代のリバタリアンとは逆にロックを批判して、これとは逆にルソーが所有権を絶対化しなかったことが、むしろ現代的に意味があると評価する〔恒藤 一九六八：一五五〕。

また、「共同の利益」を「具体的な個人の幸福」と考えれば、ルソーはベンサム的な「功利主義的な学説」と繋がっていると評価している。ただ、「ルソーの政治理論の最大の欠陥」は直接民主政に固執したことであり、現代では彼の制度論はまったく意味を持たないと批判的である〔恒藤 一九六八：一五七〕。

このように、恒藤は基本的にルソーが「実定法主義の立場」にあると理解し、「共通善」と類概念である「公共の福祉」や「共同の利益」を具体的な個人の利益であり、功利主義的なものであると考えているために、ルソーにおける「伝統的な自然法」や功利主義的ではない「共通善」は当然問題となっていない。

内井惣七「ルソーと自然法思想」

『ルソー研究』が再版されるとき、その初版にほとんど手を付けなかったために、新たな論文集として編纂された『ルソー論集』〔桑原編 一九七〇〕で、『社会契約論』を論じているのは内井惣七「ルソーと自然法思想――論理的観点から」である。

内井の論文は副題にあるように、歴史的な議論でなく、論理的に構成した「自然法的原理」と「実定法原理」がルソーの政治論のなかでどのような関係にあるかを論じたものである。内井によれば、「『人間の本性』という価値概念」や「自然に内在する価値あるいは規範」を前提とする「あるがままの人間」から政治原理を導き出そうとする点では、ルソーは「自然法論者」であるが、彼の「社会契約論」や「一般意志」の議論に「意味のすりかえ」や「トリック」があり、実際には「実定法的原理」を主張する者である〔内井　一九七〇：六二～六三、六六、六八〕。とりわけ、「共通の利益」や「公けの利益」の議論のように、各人が本当はつねに持っているはずの「真の利益」という「経験的に反証でき」ない「形而上学的な概念」にルソーは頼っている〔内井　一九七〇：六八～六九〕。

ルソーは実定法が「一般意志の表明であるかぎり」、正当なものであると主張し、個人が国家と一体化するために「市民宗教」という「いかがわしい宗教」を導入している〔内井　一九七〇：七一〕。また、人民に真の「共通の利益」を教えるために、「人間性をかえる力」を持つ「神々」=「前近代的なタイプの立法者」が必要となる。内井によれば、ルソーの「共通の利益」は「形而上学的、権威主義的な性格」を明白に持っている〔内井　一九七〇：七一～七二〕。ルソーが「権威主義的な帰結」を導くのも、注でアイザィア・バーリンの「二つの自由概念」に言及して、彼の「自由」には「消極的な自由」、「権力からの自由」という考えがなく、もっぱら自由の「積極的な意味」だけが強調されるからである。

結局、ルソーの「真の利益を追求する一般意志」から生じる「民主主義的な自己統治の概念」は「権威主義的圧制政を正当化するための道具」となると批判されている〔内井　一九七〇：七三～七四〕。内井の記号論理的な議論は省略して、彼の結論だけを述べると、ルソーには「自然法的思考の名残り」はあるが、「一般意志説」は「実定法原理」に基づき、それが「彼の形而上学的性格と、無自覚に結びつけられ」ているために、彼の政治論が「危険な性格」を持つものになっている〔内井　一九七〇：八七〕。

ここまで私が扱った日本の研究は、ルソーのなかに個人主義的・自由主義的傾向を認めていたが、内井は明確にそれとは反する権威主義的で危険なのものを認めている。私の観点からは、内井のルソー批判は、「共通の利益」、

「共通善」に関する誤解に基づき、個人主義的でないために権威主義的であるという批判になっているように思われる。

福田歓一のルソー理解

次に、これまで福田パラダイムとして論じてきた福田歓一『近代政治原理成立史序説』のルソーに関する第一部第四章の「ルソーにおける自然法批判の意義」から彼のルソー理解を考えたい。この章のタイトルにあるように、ルソーはフランスの絶対主義体制に対決して、「大陸自然法学」を「道徳問題」に回帰させて批判し、逆説的に「道徳的内面性」に支えられた集団主義の立場から、「近代革命への理論的道程を完結した」というのが福田の基本的理解である〔福田 一九七一：一四〇〕。

福田によれば、「大陸自然法」は、「個人の私的動機」を「人間性」として示しながら、実質的には「社会＝国家権力」による規制された社会、あるいは「公共の福祉」を主張した。その個人主義の背後には「ゾーン・ポリティコンの人間観」が隠れ、その自然法が世俗的であっても、理性法に基づく「良心」の判断を求めている点で、「本質的にトマス理論の世俗化にすぎない」〔福田 一九七一：一六二〕。

つまり、当時の「大陸的自然法」は、アリストテレスやトマスに基づく伝統的自然法と政治的には実質的に変わらず、国家権力による規制としての「公共の福祉」を主張する。また、実際、このような自然法の影響を受けた当時のフランス啓蒙主義者は「啓蒙専制主義」のような立場をとっていた〔福田 一九七一：一五七〕。当時の「自由思想家たち」が宗教批判をしていたのに対して、ルソーは倫理に関心を抱き、「宗教的な問題意識」を持っていたが、そこには「強い個人主義の色彩」がある〔福田 一九七一：一六五～一六六〕。

『人間不平等起源論』では個人主義者であり、『社会契約論』では集団主義者であるように「鋭い分裂」があるが、この問題も、ルソーが自然法に対してどのような見解をとっていたかに関係する。福田は『社会契約論』の形式が自然法に従っているという解釈を否定し、従来の自然法学が「自由、平等の法的表象によって専制の粉飾」となっている点をルソーが激しく批判していると指摘する。また『人間不平等起源論』におけるルソーの試みはホッブズと同様に、従来の自然法学を全面的に否定した「自然法による自然法の破壊」である〔福田 一九七一：一六九〕。

福田によれば、『人間不平等起源論』において、ルソーは「徹底した個人主義者」であり、最も「尖鋭な『文明社会』の批判者」である。当時の絶対主義体制や「自己疎外」をもたらす「文明社会」に対して、自己の自由を回復し、人間の尊厳にふさわしい道徳的存在として生きる「実践主体」を確立することから、ルソーの政治哲学の構想が生まれた。当時の文明は「科学と技術」、「産業と法律」によって巨大な業績を達成していたが、人間は「欲望と悲惨」に満ち、「不信と猜疑、虚栄と競争心」によってまったく堕落していた。このような状況はホッブズの戦争状態としての自然状態に当たるものである〔福田 一九七一：一七〇～一七二〕。

このような状況では、「私人のエゴイズム」が「虚偽の道徳」によって美化される「倒錯したイデオロギー」が支配する。福田によれば、「公共の福祉」を「最高規範」とする「自然法学の規範体系」もこのようなイデオロギーであり、ルソーはこのイデオロギーに対してラディカルに挑戦せざるをえなかった〔福田 一九七一：一七三～一七四〕。

ルソーは自然法学がいう「自然状態」も「社会理論構成」のために便宜的に作られたものであることを見抜き、その批判のために『人間不平等起源論』では、「構成せられた自然状態」に、社会的不平等が存在しない、孤立した「自然」人を描こうとした〔福田 一九七一：一七六～一七七〕。

ルソーにとっては「理性以前、道徳以前の原始状態」は「全く自足的な完全態」であり、「幸福の状態」であった。福田は、ロールズや杉之原が区別した自然状態の段階を区別せずに、この自然状態から文明社会成立までを長い過程とするが、その変化の動因として「人間の完成能力」を指摘する。この能力はむしろ人間の堕落の原因ともなり、福田はこのことに「理性と進歩」を信じる啓蒙哲学者や「理性の格率」によって自然法を主張する自然法学者への根本的批判を見ている〔福田 一九七一：一八一～一八三〕。

当時の啓蒙主義者の説く「理性」の普遍性に対して、ルソーは「感情の優位」を説くが、文明生活では「感情」

は歪められ、「情念の専制」と戦うためには「情念の力」に頼らざるをえないと主張する〔福田 一九七一：一八五～一八六〕。その「情念の力」とは各自の「自己保存」が衝突するときに呼び起こされる「同情」である〔福田 一九七一：一八八〕。当時の「絶対主義のイデオロギーとしての世俗的自然法学」に対するルソーの闘争は「個人主義確立の死闘」であり、この個人主義にはロックの影響が強い。しかし、ルソーとロックには「決定的な断絶」があると福田は主張する。その相違として、何よりもロックの自然法の問題がある。つまり、ロックは自然法を「理性法」とするが、ホッブズに従って、その「理性」は「功利的打算の合理性」であり、「理性人以下の無産の庶民」という「愚民観」があるために、ロックの「自然法」には「閉鎖的性格」がある。これに対して、ルソーは「理性」から見放された「庶民の感情」のうちに疎外されていない「人間の本質」を、「自然法」を持たぬ自然状態に「平和」を見出したが、このことはロックのような「愚民観の根底的な覆滅であり、倫理の普遍的内面性の回復」である〔福田 一九七一：一九二～一九三〕。

ただその際、ルソーが意識的に対立したのは、「ホッブズの人間学」であり、それに基づく自然状態＝戦争状態の記述である。ルソーは「同情」という「種全体の保存」を目指す感情によって、自然状態が平和状態であることを示した。「大陸系の自然法」が絶対主義を正当化するものと違って、「個人の解放」を前提として「利害調整する」というホッブズやロックの「自然法の近代性」をルソーだけが引き継ぎ、「同情」によって「超越的権力の支配」をなくし、平和や秩序が生じると主張した。このように、『人間不平等起源論』の自然状態は「近代的秩序の提示」であり、「ユニークな個人主義の造型」であり、「当時の思想に対するユートピア設定」であった〔福田 一九七一：一九二～一九六〕。

ルソーには「古代国家への郷愁」があるものの、自然状態は永久に失われたものと考えているために、この「郷愁」は『社会契約論』にはなんら反映されていない〔福田 一九七一：一九八～一九九〕。ただ、福田は『社会契約論』の草稿、『ジュネーヴ草稿』の第一篇第二章や第三章に注目して、「人類社会」の欠陥を修正し、人民の力を統一し、団結することによって「国家の組織」を作ることがルソーの「根本問題」であり、「人民主権の新しい政治体制」

を形成することが彼の社会契約論の「国家理論の革命的性格」を示すものであるという〔福田 一九七一：二〇一〜二〇三〕。

このことは『人間不平等起源論』における「自然法批判」が『社会契約論』において活用されたことを示している。その「新しい政治体制」とは「市民の自由な共同体」であり、その法は身分制を維持する「理性の法」でもなく、古い主知主義的な自然法学でもなく、「われわれが制定した法」であった。その法の一般性は特権の排除と「公共利益 l'utilité commune」のみが一般意志の正しさを保障することから生じている〔福田 一九七一：二〇四〜二〇五〕。

このように、福田は『社会契約論』を高く評価したあとで、ルソー解釈の若干の問題を論じていく。『社会契約論』はあくまでも「自然法」を否定し、「各人の自由意志による新しい国家像」を主張したものであるから、「自然的自由の全部放棄が、政治的自由を媒介として、道徳的自由への止揚をもたらすという逆説」は「詭弁」ではない。この点では、ルソーが自然法を否定して「自由な国民の自由な共同体」を描いたことを強調し、ルソーが個人主義者か集団主義者かという問いを問題としない〔福田 一九七一：二〇七〜二〇九〕。

しかし、この点では「立法者」の問題がルソーの政治思想の最も困難なものであり、それは彼が「問題の具体的な解決」と「現実との距離」に悩んだ「悲劇」であって、この点では「古代都市国家」や「国家宗教 religion civile」に解決を求めたことと同様な問題である〔福田 一九七一：二一五〜二一六〕。

このことは「戦闘的な人民主権者としてのルソーの挫折」であり、後の彼の人間嫌いの方向性を示している。ただ、この点でも彼の挫折よりも、彼が「政治哲学の画期的転回」、「国民の意志に基礎づけられた国民国家という、近代国家政治理論の不滅の公理を確立した」ことを評価すべきであり、実際ルソーの理論だけがフランス革命を準備した。ただし、その革命を動員したのは「ルソーの憎悪する『文明社会』の優勝者」であり、その革命は「逆説的な勝利」であった〔福田 一九七一：二一七〜二一八〕。

このように福田のルソー理解によれば、ルソーの社会契約論が当時の政治体制を根底から否定する「人民主権」

に基づく「自由な国民の自由な共同体」を主張し、ホッブズやロック以上に革命的なものである。そのように革命的な主張になったのも、ルソーが伝統的自然法や大陸的自然法のような普遍的な「理性の法」を根底から否定し、「理性以前」の自由で平等で孤立した自然人という「徹底した個人主義者」の立場をとったからである。その立場から当時の「文明社会」を批判し、『社会契約論』ではそれと代わる人民が団結する集団主義的な「人民主権の新しい政治体制」を主張し、この主張がフランス革命を準備することになった。

このような福田のルソー理解に対して、私の観点からは以下のような疑問点がある。まず伝統的自然法も含めて「自然法」における「公共の福祉」がもっぱら絶対主義を擁護するものであるという点は、本論文でもこれまでたびたび主張しているように、少なくとも「伝統的自然法」に関しては一面的な理解である。

この点では、ルソーが用いている「公共の福祉」と類概念である「共通善」について福田はまったく論じておらず、「共通の利益」という言葉も「公共の利益」という訳語になっている。そのために『人間不平等起源論』の個人主義者と『社会契約論』の集団主義者との関係も自然状態での「同情」から社会状態での「団結」へということ以外は説明されていない。

さらに、個人を「共同体」から解放し、人為的に「社会」を形成することが福田の社会契約論一般に関する主張であるのに対し、ルソーに関しては、自然状態を理想的なものにしているために、『社会契約論』における「自然」と「人為」の関係があまり議論されていない。この点に関連して、「自由な」という形容詞がつくとしても、「社会」でなく、「自由な共同体」という言葉を使っていることも福田は何の説明もしていない。

以上の私が問題とする点は『近代政治原理成立史序説』の第二部第三章「国家契約説の強行」においてある程度は論じられている。福田は、一般意志が自然人の「自己超越」によって「合意」に達するものである限り、「少数者の多数者への服従」は「詭弁なしに『自由への強制』」であり、一般意志が他のいかなる意志によっても拘束されないものである点で、「ルソーの国家は『開かれた社会』であり」、しかも自然法に拘束されるロックの国家よりも「動態的な社会」であると評価する〔福田 一九七一：三四三〕。

社会契約によって、人間は所与性から解放され、私的欲望に従わない「叡智的存在」となり、「正統な国家」が実現される。このことは「アリストテレスのいわゆるゾーン・ポリティコンの原義を求める」ことである〔福田 一九七一：三四四～三四五〕。

福田は第一部では、アリストテレスの「ゾーン・ポリティコン」の主張は「公共の福祉」を求めるものとして否定的であったが、ここではこの言葉を肯定的に用いている。私は本書の第5章において、アリストテレスの「共通善の政治学」の中心的概念である「ゾーン・ポリティコン」（政治的人間）は、ホッブズの人間観である現代では主流となっている「経済人」に対して、「政治人」として評価する試みをしたが、ルソーの社会契約論も「政治人」モデルで語ることができるかどうかをあとで論じていきたい。

福田によれば、このような社会契約による人間の「自己超越」は「直接民主政」の「正統性理論」には不可欠である。第一部ではルソーが「愚民観」を否定していたと主張されていたが、ここでは人民が騙されることもあるとして、そのために人民に十分な情報が与えられ、つねに「独立の判断を保持する」ことが必要であり、また第一部では影響がないと述べていた古代の「ポリス」や「帝国ローマ」をモデルとしてルソーが求めていると主張されている〔福田 一九七一：三四五〕。

このことはルソーが「立法者」を求めたことにも繋がり、「立法者」による「習律の維持のために、検閲」を要求し、「古代民族信仰」を範とする「国家宗教 religion civile」を求めるように、ルソーの国家は「閉鎖性」を帯びるようになると否定的に評価する。このことを福田はルソーの「実存的悲劇」と呼び、「近代人ルソー」と自らが構成した「古代的国家」との「矛盾」とする〔福田 一九七一：三四九〕。

ただ、最後にルソーのこのような「革命的な正統性理論」はフランス革命に影響を与えた「巨大な実践的意義」を持ったものとして評価する。その場合でも、ジャコバン独裁のテロル政治に影響を与えたかどうかではなく、「代議制国家が一般意志の名を僭称」したことが例に挙げられている〔福田 一九七一：三五二〕。

なお、福田はホッブズ＝ロック＝ルソーのなかでは情熱的といえるほどルソーを評価し、ルソー論を多く書き、福田の全集の第六巻はすべてルソー論である［福田 一九九八］。その大半は講談社の『人類の知的遺産 四〇』の『ルソー』（一九八六年）が占めているが、そのなかの『社会契約論』解説の箇所のタイトルは「公民の共同体」であり、その「共同体」について以下のように説明されている。『社会契約論』の国家は、『エミール』の記述を引用して、「人間の絶対的存在を奪って…『自己』を共同体の一部とする」ものであり、それが古典古代をモデルとしている点で、ホッブズやロックと異なっている［福田 一九九八：一五二］。

福田によれば、「共同体」を「公的人格」とし、それが人民全体であり、そこに「主権」があると主張することは、「古代モデルにおける国家」の文脈に、絶対主義で用いられた「主権」を「人民主権」として用いたことになり、画期的なものであると評価する［福田 一九九八：一五五〜一五六］。

また、ルソーが「人間の正義、人間の秩序」を社会契約論によって構成しようとしたことは、「古典古代の用語」で「近代国家」を「人的団体」として組み替えることであり、そこには「共同体自治」のイメージが含まれ、その「人民主権」が主張されている［福田 一九九八：一七二］。

このように、福田のいう「共同体」は古典古代の「共同体」を指し、肯定的なものである。『思想』に掲載された講演「ルソーと古代モデル」（一九八四年）でも、「古典古代」がルソーの理想的モデルとなったのは、古代には「公的な徳と勇気」、「法のもと」の「自由」があったと考えたからである［福田 一九九八：二四八］。

ただ最後に、「フィクションとしての社会契約」を展開したルソーがその内容として「古典古代のモデル」の「実体」に頼ったことは「政治学史の最大の逆説の一つ」であると、ここでも「逆説」という表現を用いている［福田 一九九八：二五二］。

このことが「逆説」であるのは、ルソーを基本的にはリベラルな個人主義者（「近代人」）であるとみなすからであり、逆に政治における道徳的価値を強調し、不平等性を激しく批判して、「共同体」を重視する福田のルソー像からは、個人主義的で価値中立的なリベラリズム、サンデルの言葉では「手続き的リベラリズム」を批判する現代コミュニタリアニズムに近いものが私には感じられる。

樋口謹一『ルソーの政治思想』

福田の解説が長くなったが、以下では福田の研究以後に出版されたわが国のルソー研究のなかで、「共通善の政治学」や「伝統的自然法」を否定する「福田パラダイム」が維持されているのかどうかを中心に論じていきたい。福田の『近代政治原理成立史序説』の後の、ルソーの政治思想に関する単行本としては、まず樋口謹一『ルソーの政治思想』（一九七八年）がある。この著作には『ルソー論集』に連名で発表されていた「人間ルソー」と「ルソーの平和思想」が収められているが、第六章の「自己保存・自己優先・共同保存――『社会契約論』を読む」だけをここでは論じたい。

樋口はまずルソーが「《人間性研究者》としてモラリスト」であることを強調する。その観点から、『社会契約論』のなかで、「権利の平等」や「正義の観念」が「自己に与える優先から、したがって人間の本性から出てくる」と述べている箇所に注目して、「自己優先」が「人間の本性」とどう関係するかを明らかにすることが『社会契約論』の「読み直し」に繋がると主張される。というのも、『社会契約論』の冒頭で、「あるがまま」の人間を「効用」や「利害」と関係させていることから、『社会契約論』がルソーの著作のなかでは最もモラリスト的でなく、また『人間不平等起源論』や『エミール』で重視されている「自己愛」や「自尊心」という言葉が『社会契約論』では一度も使われていないからである〔樋口謹一 一九七八：二〇〇～二〇二〕。

ルソーによれば、「平等で自由」、「独立」の各個人が「自己保存」を目的として社会契約を結ぶが、そのためには「自由」と「服従」が両立しなければならない〔樋口謹一 一九七八：二〇五、二〇七〕。しかし、ルソーはこのことが困難であることを自覚し、そのために「人間の本性を変える」「立法者」の「人為」が必要となる。ただ、「平等」を目指す「一般意志」と「自己優先」を目指す「特殊意志」との一致は「人為」によっては不可能であることも理解し、「自己優先」に「平等」な関係が強制されて、「共同の保存」となることが必要であると考えていた〔樋口謹一 一九七八：二一四～二一七〕。

結局、樋口にとって『社会契約論』のルソーは、諸悪の根本的原因としての「自己優先」と対立した「誠実なモラリスト」であり、そこに彼の「悲惨と偉大」とがある〔樋口謹一 一九七八：二二二〕。樋口は『社会契約論』を「自己保存」から「共同の保存」を必要とする政治的な作品であると考えているが、彼もそのために必要となる「共通善」やその「類概念」についてはまったく論じていない。

新堀通也『ルソー再興』

次に、教育思想の観点からであるが、新堀通也『ルソー再興』(一九七九年)のなかの補稿である「ルソーにおける契約概念の発展」を取り上げたい。新堀によれば、ルソーの思想は「自愛心と利己心、一般意志と特殊意志、自然と文明、個人と社会」などの「二原理」の対立を「総合調和」するものである〔新堀 一九七九：一六七〕。『社会契約論』のなかで、「共通の利益」や「共通の幸福」が「社会の目的」であるとルソーが述べていることなどを引用して、「一般意志は『共通の利益』、『共通の幸福』を目指す抽象的形式的理念であり、法はその形式の具体的内容なのである」と指摘する。しかし、契約は本来「相互的自発的」なものとされているが、「一般意志に合致する限り契約」には「命令的強制力」があり、契約のあとで法を作るのは「立法者の仕事」である〔新堀 一九七九：一七九〜一八一〕。

新堀は『ジュネーヴ草稿』と比較して、決定稿では「契約の強制的命令的性格」が増大していることを指摘し、コミュニティへの全面的譲渡や主権の不可分性を述べている箇所、また決定稿で加わった第二篇第五章で「個々人に対する生殺の権」を主権に認める箇所などを挙げ、「契約概念の発展」として「強制的絶対権の強調」があることを指摘する〔新堀 一九七九：一八二〜一八五〕。『社会契約論』では、「個人の権利」も否定され、「国家への全面的服従が声高に要求されている」。結論としては、「契約が自由による自由のための社会形成の基礎」という「根本理念」を「出発点」としながら、「結果においては絶対主義にと発展していった」〔新堀 一九七九：一九三〜一九四〕。

新堀は「立法者」の位置づけを誤解していると思われ、またとくに「共通の利益」などをルソーから引用しても、それについての説明もなく、「共通善」という概念が理解できていないために、ルソーの「一般意志」が「絶対主義」であると主張していると思われる。

小笠原弘親『初期ルソーの政治思想』

小笠原弘親の『初期ルソーの政治思想』（一九七九年）は、ルソーの初期作品、主として『学問・芸術論』から『人間不平等起源論』までの政治思想を扱い、基本的にはルソーを「体制批判者」と理解する。『人間不平等起源論』における自然状態の記述の特徴は人間の「〈依存関係〉の概念」であるとする。ルソーにとって、「依存関係」とは、人間が欲求を増大させて「他者へ依存する」という意味で、「道徳の堕落」や「貧者の富者への隷属」であり、「文明社会」を「呪詛する」ためのものである〔小笠原 一九七九：一一六〜一一七〕。

小笠原は、『エミール』において、「依存関係」には「自然」に基づく「物への依存」と「社会」に基づく「人への依存」という二種類があるとしている点に注目する。後者が「あらゆる悪徳」をもたらし、それを正すために「人」の代わりに「法」を置き、「個別的意志」の代わりに「一般意志」を強化する必要がある。小笠原は『社会契約論』にも言及し、それが現在の体制における「〈人への依存〉を〈物への依存〉へと転化させよう」としたのに対し、『人間不平等起源論』は「〈物への依存〉から〈人への依存〉が歴史的にどのようなプロセスを経て形成されたかを問う」ものであるという〔小笠原 一九七九：一二二〜一二三〕。

ルソーの自然状態は「物への依存」だけの状態にあり、「自然人」が「純粋な孤立状態」として「幸福な状態」である。このように人間の本来の社会性を否定することには、現在の社会は自然に根拠がないという「体制批判の思想的根拠」を得ようとする意図がある〔小笠原 一九七九：一三九〜一四〇、一五二〜一五三〕。

ルソーは「身体的不平等」のような自然の不平等と「政治的不平等」のような人為的な不平等とを分け、現在の「不平等の作為性」を批判する〔小笠原 一九七九：一五四〕。自然状態の特質として「孤立」とともに、「自然的善性」をいうのは、とくにホッブズに対する批判からである。この「善性」のうちでも、とりわけ「憐憫の情」、「同情」が「政治体制の構想へと駆り立てていく」ものである〔小笠原 一九七九：一六二、一六九〕。

このような「自然人」の「純粋な自然状態」から「文明人」の「第二自然状態」へと移行するが、小笠原はこの「第二自然状態」を「依存関係」の視点から三段階に区分する〔小笠原 一九七九：一八一、一八三、一八五〕。

その第一段階では、「自己完成能力」が活動を始めるが、まだ「人への依存」は成立していない〔小笠原 一九七九：一八七〕。第二段階では「定住」生活が始まり、「家族」や「民族」が形成されるが、この時期は「非常に限られた欲求」がすぐに充足され、他者の援助を必要としない「最良の状態」である〔小笠原 一九七九：一八八～一八九〕。第三段階は、冶金や農業の「生産技術の発見と確立」によって「分業と所有」が導入され、「人為的不平等」が生まれ、「依存関係」は人間を「強欲に、野心家に、邪悪に」し、ついには「戦争状態」となり、人類の終末へ至る〔小笠原 一九七九：一九〇～一九一、一九五〕。

ルソーはこのような変化を後戻しすることはできないと考えるが、歴史の終末を遅らせる人間の可能性として、「自己完成能力」による「作為」を主張する〔小笠原 一九七九：二〇五～二〇六〕。

ルソーは政治社会の歴史過程も三つに区分し、第一期は「政治社会の創成期」であるが、それは「富者の横領と貧者の略奪、万人の放縦な情念」によって「戦争状態」となるものである〔小笠原 一九七九：二一四、二一七～二一八〕。第二期は「公権力」によって各自の「生命、自由、財産」を保護するために、人民と首長の間に「政府契約」が結ばれるが、選挙によって徒党が作られ、内乱となり、「合法的政府」は「専制主義」となる〔小笠原 一九七九：二一九、二二七〕。第三期では政治的不平等が進み、首長と人民との関係は主人と奴隷との関係に変わる専制主義となる〔小笠原 一九七九：二二八〕。

ルソーは第三期を「〈自然状態〉への復帰」と位置づけ、新しい改革によって「解体させるか、あるいは合法的なものに近づける」という展望を示して終わっている。このようなルソーの「政治批判」には、経済的な「依存関係」が「政治的な支配—服従関係」へと必然的に変化することが背景にある〔小笠原 一九七九：二三〇〕。

ルソーのいう政治社会は「結合契約」によって、すべての成員の「共通の利害」を具体化するような「仮象」があり、すべての成員を義務づける「法の支配」も、「依存関係」によって規定されて「階級性」を帯びているために、「依存関係」を「真の共同性」にするものではなく、「幻想的な共同性」でしかない〔小笠原 一九七九：二三二〕。このような専制主義批判は当時の「フランス文明社会」や「フランス絶対王制」批判と重なり、その点で当時の啓蒙主義哲学と対立する〔小笠原 一九七九：二三五〕。

ルソーはこのような状態から「最高の叡智」によって、「堕落した人民は再生し、徳と自由を回復しうる」という「救済」が可能であると主張する。それがスパルタの立法者、リュクルゴスによる「道徳・習俗」の確立である。このような「最高の叡智」による「救済の可能性」が『社会契約論』へと発展していく〔小笠原 一九七九：二四一〜二四二〕。

このように「依存関係」という概念を軸として、『人間不平等起源論』は基本的には当時の啓蒙主義者や自然法学者が肯定している「文明」や絶対主義体制を批判し、自由・平等・善性の自然人から成る「純粋な自然状態」を新たな作為によって回復するという点では、基本的に「福田パラダイム」のなかにある。

ちなみに、小笠原は前年に白石正樹や川合清隆とともに一般向けの『社会契約論』の入門書を出版している〔小笠原ほか 一九七八〕。そのなかの小笠原による『社会契約論』の意義についての箇所を紹介したい。ルソーは「現代社会の悪しき作為性」を暴いてこれを解体し、「人間の本性にふさわしい政治社会の構想」に取り組んだ。それは「自由な個人の全員一致の同意」に基づく「統治契約」ではない社会政策契約によって、人民主権の政治社会を創設することであった。このルソーにおいて初めて「デモクラシーの政治思想」が提示された〔小笠原ほか 一九七八：五二〜五四〕。

小笠原のルソー理解は福田と同様に孤立した個人を理想とし、そこから「真の共同性」が生まれるという主張である。小笠原は基本的に「人への依存」を否定的に捉えているために、「共通の利益」も「仮象」としてしか理解しておらず、それが「幻想的な共同性」ではない「真の共同性」へと展開する可能性が「憐憫の情」や「立法者」に言及するだけでほとんど示されていない。

佐田啓一『ルソー』

次に、社会学の佐田啓一は『ルソー論集』に「ルソーの集団観」を公表しているが、この論文も含めた彼の『ルソー――市民と個人』（一九八〇年）のなかの社会契約論に関する部分を取り上げたい（人文書院によって出版された本書は一九九二年に増補版が筑摩書房から出版され、その再版である二〇一〇年の白水社版から引用する）。

佐田によれば、ルソーの価値観の変化（「自己革命」）は三段階に分けられるが、「ルソーの現実の社会との交渉はしだいに希薄になってゆく」［作田 二〇一〇：一三〜一四］。精神分析学を応用して、第一の「自己革命」は他人の「依存関係」から「内面化した〈父〉に依拠する自律性へと回帰する」。この時期に書かれた『社会契約論』が難解なのは「全体への愛と自己愛」を両立させようとしたからである［作田 二〇一〇：七七］。『人間不平等起源論』では現実の「依存関係」がどのように成立したかの分析がなされるのに対して、『社会契約論』では「この現実を克服する理念」が扱われ、社会契約による「全体と個の直結」が主張されている［作田 二〇一〇：八〇］。

佐田は「二つの自己革命に二つのユートピアが対応する」と述べ、『社会契約論』は「〈スパルタ〉ユートピア」であり、「祖国愛」によって「自己愛」も満たすものである［作田 二〇一〇：八五、九〇〜九七］。一般意志の概念は個人の欲望を「自発的に抑圧する」「理性」であるとともに、古代の英雄の持つ「徳」でもある。いずれにしても、ルソーの「理想主義」は「規律」を課する「攻撃性」を持っている［作田 二〇一〇：一〇三、一〇七〜一〇八］。

このような「理性」が示す「普遍的な法」が人民自らの参加によって作られ、それに人民が自発的に服従することが『社会契約論』の「思想の核心」であるという見方がある［作田 二〇一〇：一四四］。しかし、それは理性的なものではなく、「〈スパルタ〉ユートピア」の「市民の徳」が賛美される宗教的なものであり、すべての市民は「〈父〉＝神」に個人のすべてを譲渡することによって「浄化」される［作田 二〇一〇：一五〇〜一五一］。

このようなルソーの政治論の問題点として、佐田は「市民相互の同胞としての愛着」についてルソーが何も語っていないことを指摘する。ルソーにとって、「自然人」も「市民」も「民衆」も「一個の集合的単位」として捉えられ、「この単位内の諸関係」に関心がない［作田 二〇一〇：二〇二〜二〇三］。「理想我」あるいは「超自我」としての「父親」が「同一化を通して内面化され」て「共同の自我」となったのが「立法者」であり、彼が課した「法律」を「共同の自我」は遵守する。結局、「ルソーの思想体系においては垂直の関係が水平な関係よりも重要な位置を占めている」〔作田 二〇一〇：二〇六〕。

作田は二〇一〇年に書かれた「あとがき」で「ルソーは集団主義者でも個人主義者でもない」といい、ルソーの思想の流れは「自然から出発して完成された人為へと向かう」「独立我の上昇運動」であるとする。つまり、独立我が強まることによって、「身近な他者」との全面的な「前近代的結合」から自己を切り離して、目的に応じた「部分的結合」としての「近代的結合」に向かうが、さらに「自己を越えた集団との一体化である共同結合」としての「共同の自我」を形成する運動である。ルソーの一般意志による社会契約は、「この共同結合を形成するための脱自然的で高度に人為的な手続き」である〔作田 二〇一〇：二八五〜二八六〕。

作田によれば、「近代の利益結合」を批判し、「集団との人為的な一体化を通しての共同の自我の形成」を目指す点では、ルソーは「近代の思想家」といえるが、彼が自伝的著作で「自我の解体」を「存在の感情の体験」として語る点で「脱近代の思想家」でもある〔作田 二〇一〇：二八七〜二八八〕。

作田はもっぱらルソーの「自我」の問題を中心にして、「独立我」が「共同の自我」へと至るものとして社会契約論を論じ、そのこと自体が「近代」的であるかどうかは別として、基本的には「前近代的結合」から「近代的結合」へと向かうものとして、ルソーの社会契約論を論じている点では、「福田パラダイム」のなかにあると思われる。佐田も「共通善」という言葉に言及せず、「共通の利益」に関する議論もほとんどなく、それを基本的には「同一の利益」と考えているために、ルソーの「共同結合」が政治的なものとしては理解されていないように思われる。

白石正樹『ルソーの政治哲学』

次に、白石正樹の『ルソーの政治哲学——その体系的解釈』（一九八三〜八四年）を取り上げたい。これは上下二巻になる大部のものであり、『人間不平等起源論』から『社会契約論』への「主要軸」を中心にしてルソーの政治哲学を体系的に論じたものである。

白石によれば、『人間不平等起源論』は「自然法学、殊に大陸流の世俗的自然法を批判し」、「純粋な自然状態」や「自然人」を「仮説的」に設定して、ルソーの「自然法を確定しよう」とするものである〔白石 一九八三：三一〜三二〕。ルソーの自然法の「第一則」は、「ストア以来の自然法学の伝統」に基づく「自己保存」（そのための「自己愛」）であり、それのみを「行為の権利」の源泉としたことは、ホッブズやロックの「『自然権』理論の急進性」を引き継ぐものである。「第二則」は「他者保存に向かう自然感情」である「ピティエ」を「行為の規範」の源としたことであり、それは合理主義に基づく「大陸自然法学」と対立した「政治哲学の再建」を意味している〔白石 一九八三：三六〕。

このことはホッブズの自然状態論とも対立し、ホッブズの「推論的正義（justice raisonnée）の格率」から「ピティエ」に基づく「自然的善（bonté naturelle）の格率」への「転回」である〔白石 一九八三：四二〕。この自然状態から社会状態への移行は、自然人が潜在的に持っていた「社交性（sociabilité）」によるものであり、まず家族や国民などの「自生的社会」が生じる。それが「農業と冶金の発明」によって「政治社会」とその「腐敗」が始まる〔白石 一九八三：六八、七六〜八二〕。

まず不平等な土地所有によって「戦争状態」となるが、ある「富者」による人々を欺くための呼びかけから、「社会契約型の結合」がなされ、「法律」や「公権力」が設定されて「政治社会」が成立する〔白石 一九八三：八九〜九二〕。『人間不平等起源論』に見られる「社会契約」は『社会契約論』のとは異なり、支配者と人民の「統治契約」も含まれるが、これは人民には「服従を放棄する権利」を認めている点で、「フランス専制君主」への終焉を告げるものである〔白石 一九八三：九六〜九八〕。

この政治社会の変革は、「法律と所有権の制定」から「為政者職の設置」を経て「合法的権力から恣意的権力への変遷」に至るものであり、最後の段階で「主人と奴隷」、「専制君主と臣民」との関係による「一つの新しい自然状態」に戻るが、そこから『社会契約論』の出現が予告されている〔白石 一九八三：九八〜九九〕。

ルソーの『学問芸術論』や『人間不平等起源論』は「純粋な『自然』に依拠して、腐敗した『人為』を批判したものである」のに対して、『社会契約論』は「『自然』を規矩とした完全な『人為』の理念を提示したもの」である〔白石 一九八三：一〇七〜一〇八〕。

『人間不平等起源論』における「自然人」はホッブズやロック以上に「個人主義的」であり、『社会契約論』も基本的には「個人主義的理論」であるが、『人間不平等起源論』における「理想的な自然人」ではなく、「あるがままの人間」として「現実の人間」であり、「社会人」である〔白石 一九八三：一一七、一一九〕。

社会契約の全面的譲渡などの「根本的問題」については、「すべての人に自由を保障する新たな人為的法の創造、一種の法治主義」を目指したものであると理解し、ルソーの社会契約は「人民主権の共和国」設立のための「理性的な『完成された人為』」としての「近代憲法理念――いわば憲法の憲法――の画期的宣言」であり、「民定憲法思想の政治哲学的確立」である〔白石 一九八三：一三四〜一三五、一三八〕。

また、社会契約の「主権」に関して、ルソーがアダムやロビンソン・クルーソーのような単独者を例に挙げていることから、人民主権も個人主義的なものとして理解する〔白石 一九八三：一四〇〕。

さらに、ルソーは「政府の越権を防ぐために、主権者人民の定期集会と、政体ならびに役人変更権を強調している」ことから、人民主権によって、ロック以上に「政府に対する抵抗の論理」を明確化した。『社会契約論』では「権利論」の立場から「人間の自由」、「社会契約」、「人民主権」はたがいに連結されている〔白石 一九八三：一五一〕。

白石によれば、社会契約説の論理的特質は「契約の相互的性格」と、自己と自律的に約束する「自律主義的性格」にあり、とりわけこの自律主義的性格から「契約の破棄可能性」が導き出される〔白石 一九八三：一五八、一六〇〕。

ルソーの『ジュネーヴ草稿』では、社会契約は「共通利益」を実現することであるというが、それは「すべての人の最大幸福」を目指すことである。白石によれば、この「最大幸福」とは「個人主義に立脚する」ものである。ルソーの『政治経済論』や『永久平和論』を引用して、ルソーは当時の啓蒙専制主義で使われていた「『公共の福祉』の教説の虚偽性を鋭く見抜いていた」からである〔白石 一九八三：一六一、一六四～一六五〕。「すべての人の最大幸福」は立法の目的である「自由と平等」の実現であり、そのことを可能にするのが「一般意志」である〔白石 一九八三：一六五〕。この後、白石は「人民主権」、「一般意志」、「立法者」さらには制度論や宗教論を論じていくが、ここでは省略したい。

いずれにしても、ルソーが個人主義的な作為の立場から彼の社会契約論を唱え、絶対主義を正当化する自然法や「公共の福祉」を批判しているという点で、「福田パラダイム」のなかにあるが、福田以上にルソーにおける「矛盾」と思われる点を議論していない。白石は最後に、ルソーの政治思想は「体系的整合性を有する」と結論づけているが〔白石 一九八四：五四二〕、私の観点からいえば、白石はルソーの個人主義を前提としているために、それとは違う要素を切り捨て、社会契約の「自律主義的性格」と「相互的性格」との関係についてまったく議論をしていない。

吉岡知哉『ジャン＝ジャック・ルソー論』

吉岡知哉の『ジャン＝ジャック・ルソー論』（一九八八年）もルソーの政治思想の全体像を扱ったものであり、ここでは『人間不平等起源論』と『社会契約論』に関する部分だけを取り上げたい。まず、『人間不平等起源論』であるが、吉岡によれば、これまでの研究は第一部の「自然状態論」と「自然人論」がもっぱら議論され、「伝統的自然法論」や「近代的自然法論」を否定する点が強調されてきたが、むしろ重要なのは「歴史過程を叙述する」第二部である。というのも、「自然人」はあくまで、現実の「社会人」から「社会関係」を取り除いた存在でしかなく、その「自然人」へと回帰することを主張するものではなく、両義的な「関係性」において人間を捉える「関係の運動過程」がルソーにとって重要だからである〔吉岡 一九八八：七六～七七、八二〕。

吉岡によれば、ルソーが問題としているのは、「自然と人為」や「自然状態と社会状態」という「二項対立」ではない。「自然状態」は「現実批判のための『仮説』」であり、これによって当時の「社会とその進歩」を否定して、「近代人の疎外の問題」を先取りしたが、問題はそれほど単純ではなく、現実の社会から「自然の概念」を導き出す方向と自然状態から現実の社会を描くという両方向がある〔吉岡 一九八八：八八〕。

吉岡によれば、ルソーには自然や社会のいずれかを理想化する傾向はないことになる。『社会契約論』の冒頭では、「あるがままの人間」と「法をありうる姿」で捉え、「利害と権利」を結び付けるというように、ルソーは「原理」と「現実」の両方を結び付けようとしているが、実際には「原理を現実に適合させようとはしないし、逆に現実を原理にひきつけよう」ともしていない〔吉岡 一九八八：一三七〕。

私の観点から吉岡の議論でとくに興味深いのは、社会契約が「共同体の原理」を主張していると述べていることである。「自己を共同体全体に譲渡する」という「共同体」とは、吉岡によれば、「社会契約に外在するものではなく、社会契約行為によって成立する」ものである。その「共同体」はホッブズのいう「共同権力」と同じものであるが、ホッブズのように一人の人間や合議体が受取人としてあるのではなく、「共同の自我」としての「人為的集合体」である〔吉岡 一九八八：一一一～一一二〕。

主権者としての人民は「公民」として「主権者の意志」を構成するが、「臣民」としては「主権者の意志に従う」。しかし、「あるがままの人間」としては「共通の利益」ではなく、「特殊利益」を追求し、「臣民の義務」を果たさず、「政治体の滅亡」を招くこともあるとルソーは主張する。吉岡によれば、このことは「社会契約の論理」から生じるものではなく、「現実」の人間から生じることであり、そこで「自由への強制」が問題となる。それは「自然的自由」から「公民的自由」へと強制することであり、各人に「倫理的自由」を教育することである〔吉岡 一九八八：一一三～一一五〕。

ただ、ルソーは各人が「私的利益」を追求することから「共同利益」が生じるとも主張している。各人の「私的利益」は「共同利益」を追求する部分と純粋に「共同利益」を追求する部分とに分裂している。つまり、各人の

「私的利益」の追求は「共同体成立の根拠」であるとともに、「共同体の存立を危機に陥れる障害」であるという「両義性」がある〔吉岡 一九八八：一一七〕。

このような「あるがままの人間」の私的利益の追求は、「社会契約の論理」を破綻に導くものであるが、ルソーがその解決策として持ち出すのが、「立法者」である〔吉岡 一九八八：一一九～一二〇〕。この「立法者」は「あるがままの人間」と対照的な人間であり、「法をありうる姿」にするために導き出されたものである。しかし、この現実と理念の対立は「立法者」によって解決されるものではなく、現実と理念の「偏差」があると吉岡は指摘する〔吉岡 一九八八：一二一、一二四〕。

この「立法者」の登場によって、それ以後の記述は「立法者」の観点からの政治学となり、政体の持続性の問題が語られていく。いずれにしても、『社会契約論』は「理想的な人間像」を描いた「ユートピアの構想」ではなく、「原理と現実の〈偏差〉」によって成立した「政治そのもの」の作品であり、読者がそのことを体験する「教育的な作品」でもある〔吉岡 一九八八：一四四～一四五〕。

吉岡のルソー論は興味深いものであり、とりわけ社会契約が人為的なものであるが「共同体の原理」であるとしていることや、自然も人為も理想化するのではなく、「共通善」という言葉には言及しないものの「共同利益」と「特殊利益」の対立、「理念」と「現実」の対立そのもの（「偏差」）が「社会契約」の重要な問題として取り上げられていることは、次節でとくに考えていきたい問題である。また、ルソーの社会契約論を「近代政治原理」として述べていないことは、「福田パラダイム」とは別の視点で考えていると思われる。

土橋貴『ルソーの政治哲学』

次に、土橋貴『ルソーの政治哲学――宗教・倫理・政治の三層構造』（一九八八年）であるが、これまでの日本の研究と異なり、序章にトマス・アクイナスの政治哲学を置いて、それとの関連でルソーの自然法や社会契約論を論じている。土橋は「はじめに」において、ホッブズから始まる「実証主義的アプローチ」による近代政治哲学と異なって、ルソーの政治哲学が「秩序の宗教観と呼ばれる形而上学的前提」から導かれたものであり、「弁神論の再提起」であるという。その点でルソーは「隠蔽された政治神学者」である〔土橋 一九八八：三～四〕。

トマス・アクイナスの政治哲学が「対象を支配する能力」としての「近代的な理性概念」によって否定されたと一般的に主張されているが、アクイナスはこのような理性の持つ危険性を意識して、「信仰」を介する理性だけが「正しい理性」であると主張していた〔土橋 一九八八：一一～一二〕。トマスは、法の目的を「共同体全体の幸福」、「共通善」とし、アリストテレスにならって、人間が個人では生きられず、他者の協力を必要として自然に政治共同体を形成すると主張する。しかし、人間が自己中心的に生きる傾向があるために、最良の政体として「混合政体」を提案し、統治者は自然法を忠実に執行するものとした〔土橋 一九八八：二九～三二〕。

ルソーの自然法に関しては、土橋はトマスの神学の課題であった「恩寵」と「自然」との対立と統一の問題を「自然」と「歴史」との対立と統合の問題に移し変えたとする。つまり、ルソーは「恩寵」を「良心」という感情に置き換え、「自然法」と名づけ、「自然」を「不平等な人間関係」の形成という「歴史」に置き換えて、「両者の対立・緊張関係を止揚する政治哲学を構築する」。このことは「弁神論の問題」である「神の善と人間の悪の対立・矛盾の問題」を「近代的な政治理論」に作り直すことである〔土橋 一九八八：三四～三六〕。

土橋によれば、ルソーの近代政治哲学としての特質は、何よりも「一般意思の国家論」を展開し、「平等主義的自由」を実現しようとした点にある〔土橋 一九八八：三八〕。人間は「憐みの情」という「自然法」によって他者と結合するが、それよりも「自尊心」の満足を「自己の自由な意思」で選択し、「不平等な人間関係」となるために、ルソーは「自然法を相互的に守る『条件』」を探求した〔土橋 一九八八：五八～六〇〕。

それが「市民全体の自由」を実現するために、すべての市民が「『全体』＝『国家の力』」に完全に依存すべきである「自治の共同体」である。ルソーはこのように「個人的従属」をもたらす「力」を抑圧するために「『国家の力』すなわち人民全体の『力の総和』」を求めたのである〔土橋 一九八八：八八〕。

ホッブズ－ロック－ルソーは「原子論的個人」による「自己保存の権利」を重視し、「この権利を実現する手段として『自由』をもつ」と考えた（私はロックに関しては少なくとも政治的には「原子論的個人」ではないと主張した。ルソーに関してもそうであるかどうかはあとで考えていきたい）。しかし、ホッブズは、各自の自由が「他者の自己保存権」を侵害するために、社会契約によって各自の権利を全面的に主権者に譲渡することを主張した。ロックは自由の行使を「財産所有者」だけに限り、「『財産所有者の寡頭制』として代議制国家を要請した」。これに対して「弁神論の信奉者ルソー」は「神の善と人間の悪」の矛盾の原因を自由に求めたが、「腐敗する以前の自然としての自由」が「共同性」として「各自の自己保存権の相互的保証」をもたらす神からの「恩寵」であると考えた。この恩寵としての「自然の自由」を実現するのが一般意志である〔土橋 一九八八：九七〜九八〕。

この一般意志は「自然法の位置を占める」ものであり、自然法は一般意志によって「規範的効力を発揮する」〔土橋 一九八八：九九〕。『エミール』に見られるようなルソーの自然法とは、神が人間に与えた「秩序」、「人間の善」である「同類への愛」を人間が実践することを命じた「目的論的自然法」である〔土橋 一九八八：一三二〕。『社会契約論』で主張されている一般意志がつねに「公共の利益」を目指すことも、神が人間に善を行う意志を与え、「道徳的な秩序」を形成していくという確信があるからである〔土橋 一九八八：一七七〜一七九〕。

ただ、『社会契約論』では、「徹底した政治的リアリズムに依拠した国家論」を展開しているために、「所与の社会」ではロックのように自然法に基づいて自然に国家が形成されるとは信じていない。そのために、市民は自己保存の「権利」を持つとともに、他の市民の自己保存の権利も実現する「義務」という相互性があり、「法」が必要となる。また、「立法者」や「市民宗教」もそのために必要となる〔土橋 一九八八：一八二〜一八七〕。

土橋によれば、各人が「共同体」にすべての権利を譲渡するということも、「自己の他者性、他者の自己性、自己と他者がまったく同一の存在である」、つまり「他者との関係下でひとつの『共同体』を形成しうる『共同存在』である」ことを述べたいためである。国家を構成する主体は「『統一性』のある『一つの自我』」を持つ「倫理的人格」である〔土橋 一九八八：二〇四〕。このような「倫理的人格」は平等な存在であり、「相互のあいだで秩序を実現する『自由の共同存在』」となる〔土橋 一九八八：二一七〜二一八〕。『ジュネーヴ草稿』で、「共同の利益が市民社会の基礎である」と述べられているが、「共通の保存」や「公共の福祉」とも呼ばれている「共同の利益」は「一般意志」を意味している〔土橋 一九八八：二一九〕。

このように、これまでの研究では無視されてきた伝統的自然法との関連で、ルソーの「秩序の宗教観」に基づく「目的論的自然法」を前提とした政治哲学が展開され、しかも社会契約の主体が個人主義的なものではないことを主張している点で興味深いものである。ただ、土橋は一般意志が「共同の利益」であると指摘しても、ルソーが使い、またトマスに関して引用している「共通善」という言葉に言及しない。「共通善」は「平等主義」と関係する概念であり、土橋がいう「人間の悪」と対立するものであることが理解されていないようである。

なお、土橋はこの本と同じ内容の本を『ルソーの政治思想——平等主義的自由論の形成』として、タイトルと「あとがき」を変えて一九九六年に出版している〔土橋 一九九六〕。また二〇一〇年には前半に『ルソーの政治哲学』をそのまま載せ、新たにいくつかの論文を加えた『ルソーの政治思想の特質』を出版している〔土橋 二〇一〇〕。さらに、比較的新しい論文を集めた『概論　ルソーの政治思想——自然と歴史の対立およびその止揚』（二〇一一年）を出版している。いずれも、ルソーの社会契約論に関する主張は基本的に同じであり、「共通善」という言葉は使われていない。

『概説　ルソーの政治思想』でロールズをルソーと同様に、「平等主義的自由」の思想家として評価する一方〔土橋 二〇一一：一三一〜一三二〕、ロールズを批判するサンデルの『これからの「正義」の話をしよう』にもふれ、サンデルが市民の「美徳」を最高の正義とする保守主義者であると批判する〔土橋 二〇一一：六八〜六九、七八〜七九〕。この土橋の理解は、日本におけるコミュニタリアニズムに対する典型的な誤解であるとともに、サンデルが『これからの「正義」の話をしよう』でも「共通善」を重視していることを無視するという現在の日本の政治学者の典型的な議論となっている。

佐藤正志「ホッブズとルソー」

一九九三年に『ジャン＝ジャック・ルソー——政治思想と文学』〔市川編 一九九三〕という論文集が出版されている。政治思想に関するものとして、吉岡知哉の「理性のあらゆる相の下——ルソー的の方法をめぐって」もあるが、彼の著作はすでに取り上げたので、ここでは佐藤正志「ホッブズとルソー——近代国家論の一水脈」と川上文雄「ルソーの市民宗教論」を取り上げたい。

佐藤によれば、社会契約によって「精神的・集合的団体」が生まれ、この団体が「共同の自我」を受け取り、それが「公的人格」であり、「国家」であるというとき、ホッブズの「語彙」や「理論構成」をルソーは受け継いでいる〔佐藤正志 一九九三：四三〕。しかし、ホッブズが「主権者」を社会の構成員とは別の「自然的人格」とし、その「絶対的支配」を主張したのに対して、ルソーは「社会の構成員全員」を「政治的人格を代表する主権者」にすることによって、「人民主権」を主張した〔佐藤正志 一九九三：四八〕。

社会契約による「政治的人格の意志」としての「一般意志」は「共通の利益に配慮する意志」であり、この「一般意志」を行使する主権者は人民であり、「直接民主政」が導き出される〔佐藤正志 一九九三：五一〕。この「一般意志」は「相互的規範」ともいわれているが〔佐藤正志 一九九三：五二〕、それ以上の説明はなく、これが「共通善」であるという説明もない。

川上文雄「ルソーの市民宗教論」

次に、川上はルソーの市民宗教を基本的には「共同性（社会性）と個人性の宥和への志向」と考えている〔川上 一九九三：八七〕。この点で川上は、『社会契約論』第二篇第四章で主権の絶対性を主張しながら、同時にその限界も語っている矛盾について、「共同体」に何が必要であるかという問題と、市民の義務を「人民集会」の「共同討議」で決定されるべきとした問題であるという。つまり、「主権の絶対性」はすべての問題が「市民の共同討議」によって決定されることを意味している。この主権の絶対性は共同体に全面的に移譲された「自然権」を根拠にして否定できないが、この主権の絶対性から「自然権の実質」が保障される。またこの「共同討議」によって臣民の義務が確定される。

まず、各人は「特殊的利益」を表明し、そこから「共同利益」が生じる。「共同利益（一般意志）の本質は…各人の利益を考慮しながら、だれの利益をも優先しないことにある」。討議の過程で確認される「自己」は、「他者との相互交流、他者の必要や欲求の相互配慮」によって生じるものである。ルソーのいう「政治」は個人が「自己の利益の極大化」を追求するものではない〔川上 一九九三：八八〜八九〕。このように、ルソーの社会契約論は「共同討議」によって、「共同利益」が生じるものであるかどうかも、「共通善」という概念を用いて次節で考えていきたい。

浅野清『ルソーの社会経済思想』

一九九五年に浅野清『ルソーの社会経済思想』が出版されているが、社会契約論の政治思想の分析もしているので、少し見ていきたい。浅野によれば、『人間不平等起源論』は、当時の資本の原始的蓄積によって拡大する「社会的不平等」という「市民的原理のなかから現れ出てくる近代的支配に対する最初の狼煙をあげ」、「ブルジョア的国家論の対立者」である〔浅野 一九九五：一一四、一一八〕。

この点では、当時の啓蒙思想家の「選良意識」とは異なり、ルソーは彼の「自然人」の記述に見られるように「あらゆる社会的身分を捨象し超越する人間平等の観念」を提示した。『社会契約論』では、利己心によって諸個人の利益が対立するが、一致する点もあり、この「共同の利益」の維持が「統治の目的」であり、「人間の権利としての平等の維持・擁護」のために、「社会形成の主体としての商品生産者」を「主権者」とする「社会契約」によって「法律の制定」や「政府の設立」がなされる〔浅野 一九九五：一三四、一四〇〕。

浅野によるルソーの政治制度論の詳細は省略して、私の観点から興味深いのは、その制度論を支えている「人間の形成」がルソーにとっては重要であり、「人為と自然との接合」としての「新たな人間形成」によって可能となるという浅野の指摘である。ルソーにとっては「『自然』と『人為』という相反する原理は、ともに同一の目的をめざしている」〔浅野 一九九五：二四七〜二四八〕。
福田パラダイムではほとんど無視されている「共通善」と類概念の「共同の利益」を政治の目的とし、また福田パラダイムでは自然と対立し、人為的なものとして語られる社会契約論とは異なり、自然と人為を対立させない浅野の議論は、近代の政治原理を展開するものではなく、「近代的支配」を批判するものとしてルソーを評価する点では当然である。ただ、浅野の議論は基本的にはルソーの社会経済思想であり、「共通善の政治学」や「伝統的自然法」に関連する議論をしていない。

西嶋法友『ルソーにおける人間と国家』

この点では法学者の西嶋法友は、ルソーの社会契約論における「共通善」（ただし、西嶋は「共同善」という訳である）をこれまでの日本の研究者のなかでは初めて本格的に論じた『ルソーにおける人間と国家』を一九九九年に出版している。西嶋の基本的な問題意識は、ルソーが「法実証主義者」と解釈されることが多いのに対して「自然法学者」として理解することである。

西嶋によればルソーは「神的秩序としての秩序観」に立ち、「善なる神の被造物」としての「自然」のもとにある人間の本性を「善性」として信じている〔西嶋 一九九九：四五〜四七〕。この「自然人」は「理性と社会性」ではなく、「自己愛と憐憫の情」を本性とし、このことが「自然法の基礎」となり、当時の「合理主義的人間観」と対立するものである〔西嶋 一九九九：五一、五四〕。

『人間不平等起源論』で、ルソーは古代からの「人間社会本性」論を否定するが、孤立した人間を理想化するのではない。西嶋によれば、このことは「人間を社会的動物として捉えてきた伝統」自体の否定ではなく、その伝統に基づく哲学的議論が当時の社会を「正当化」するために使われていることに対する否定である〔西嶋 一九九九：五六〕。

つまり、福田の主張とは異なり、ルソーはゾーン・ポリティコンや伝統的自然法自体を否定してはいない。ルソーによれば、自然法は「固有の意味での自然法」と「推論的自然法」とに分類され、前者が理性でなく、「自己愛」と「憐憫の情」によって基礎づけられる〔西嶋 一九九九：六二～六四〕。

このような自然状態から社会状態への移行によって、「自己愛」も「利己愛」に変わり、「憐憫の情」も「窒息」し、自然法を実行することから離れてしまうが、このことは「人間の善性」が永遠に失われることではない〔西嶋 一九九九：九六～九九〕。西嶋はとくに社会状態において「良心」が働き始めることに注目し、堕落した社会でも人間は内面的に自然法を保持し、善良であるが、そこでは自然法は「実効性」がなく、人間の行為は「不正で邪悪でしかあり得ない」。そのために、その「自然法の実効性」を回復する「政治制度の樹立」によって「自然法を再建すること」をルソーは主張する〔西嶋 一九九九：一〇一～一〇三〕。

『社会契約論』でいう「あるがままの人間」は「自然人」ではなく、「利己的人間」であるために、これを「市民」にするためには「新しい結合」が必要となる〔西嶋 一九九九：一〇四～一〇五〕。ただ、人間の内面には「自然法の一定の格率」が存在しているはずなのに、社会契約直前の人間に関しては、自然法の格率はもはや少数者によってしか実行されていないとルソーは考えている。ここに「立法者」が必要となる理由がある〔西嶋 一九九九：一〇四～一〇七〕。このような腐敗した人間の「魂」をいかに再建していくかはルソーにとって難問であり、現代でもそうであると西嶋は指摘する〔西嶋 一九九九：一〇九〕。

『社会契約論』では、この問題は「共同の自我としての真の共同体の創出」によって可能となるとルソーは主張する。そのための論理が、市民間の「相互性」を可能とする「共同体」への「全面的譲渡」である。このことは社会契約が目指す「共同善の内容」が「個人の自己保存と自由」であることを意味している〔西嶋 一九九九：一〇九～一一二〕。「共同善」を樹立させる「一般意思」の一般性とは「主体の一般性」、つまり「人民主権の確立」と「法の一般性」を意味し、これによって「権利の平等と約束の相互性が確保される」〔西嶋 一九九九：一一二〕。

しかし、「あるがままの人間」が「自己の利益」しか追求せずに、「市民の義務」を果たさなくなれば、「共同体」は崩壊する。そのために、「法への服従」がむしろ「自由」を維持する条件であり、ここに「自由への強制」というルソーの「逆説的表現」の真の意味がある〔西嶋 一九九九：一一二〜一一三〕。

「法創造主体としての有徳の市民」が必要なのは「法律が『常に正しい』一般意思の表明」であるからである。「共同善」は「啓蒙された諸個人が持つ利益の共通部分」である。しかし、「あるがままの」個人は「特殊利益」に従うために、その「利己主義」を克服し、「共同善」を望むという「心理的要因」が働かなければ、「個人の個別意思」から「一般意思」が生じることはない。「一般意思」が自動的に生じるのであれば、「習俗、慣習、ことに世論」や「市民宗教」を導入する必要はないが、逆に「公教育」は必要となる〔西嶋 一九九九：一一四〜一一六〕。いずれにしても、「憐憫の情」を基礎として「自我の真の共同化＝有徳の市民の形成」、「道徳的共同体の設立」がなければ、「真の立法」は不可能である〔西嶋 一九九九：一一八〕。

西嶋にとって、ルソーの一般意志は「自然法の現実態」であるが、とりわけ理性ではなく「感情」としての「良心」である〔西嶋 一九九九：一四一〜一四三〕。このことは「知的エリート」による真理探究ではなく、万人の良心による「認識の直接性」という「《知の民衆化》」という意味を持ち、「民主主義の認識論的基礎づけ」をしたことを意味している〔西嶋 一九九九：一五七〕。

ただ、民主主義が機能するためには、「主権者たる人民」が「共同善の概念的認識」に到達しなければならない。つまり、「民主主義の成否の鍵は人民意思と一般意思の合致の可能性のうちにある」。「一般意思」は「倫理的意思」であり、「自然法そのもの」であり、それが「正・不正の基準」となり、「討議や評決」などの「一切の手続きに先立って存在する」ものである〔西嶋 一九九九：一五九、一六一〜一六二〕。人民の「立法意思」は「可謬的」であるのに「一般意思」は「恒常・不変」であるために、「立法意思」が「一般意思」に近いほど「国家は健全」である〔西嶋 一九九九：一六三〜一六四〕。

「人民の立法集会」において「共同善」が完全に実現するのは、人間の理性が完成する「歴史の彼方」であろうとルソーは考えている。しかし、このことは「ルソーの愚民観」を示しているのではなく、「民主主義のもとでの意思決定過程に内在する認識上の超克し難い困難」をルソーが深く洞察していることを示している。この点で「立法者」が必要となるとしても、「何が共同善であるかを人民自身が確定し、法として自らに与え」ることをルソーは主張しているのである〔西嶋 一九九九：一六八〕。

ルソーは一般意志が「利己的個人の計算から」導き出されるように述べている。しかし、西嶋は「利己的個人のあるがままの意思」では一般意志は実現されないと考え、外国の研究を参照しながら、ルソーの主張の「数学的モデル」も考察しているが、結局、一般意志は「経験的方法」では発見されないとする。ただ、ルソーが「近似的にではあれ、人民が共同善を実現し得るための最良の政治原理」を示した点は評価している〔西嶋 一九九九：一七〇、一七四〜一七六〕。

当時、「通説となっていた契約説」は「基本法による主権の制限と権力分立論」を主張していた。しかし、ルソーはこの二つとも否定する。ルソーの人権論も「《国家からの自由》ではなく、《国家における自由》であり、《国家への自由》、《国家による自由》であって」、市民の権利と主権は対抗関係にはない。このようなルソーの主張は、当時の悪しき社会を変革するための「共同善の実現の真の担保となりうる正当な主権者の存在」を求めたからである〔西嶋 一九九九：一九三〜一九四〕。

この主権者とは人民であり、ルソーが人民主権を主張したのも、「不可譲の自由という人間本性」を実現する「正当な国家形態」であり、また「政治的現実主義」の立場からも、「共同善」の実現にとって「最も相応しい妥当な制度」であったからである〔西嶋 一九九九：一九五〜一九七〕。つまり、人民主権は「主権者の利害と人民の利害を一致させる」ものであり、その一致した「国家の力」のみが人民を自由にするからである〔西嶋 一九九九：二〇〇〜二〇二〕。

西嶋のルソー論はこのように「共通善（共同善）」を中心に議論しているが、「はしがき」において、本書の第3章で取り上げた「伝統的自然法」の観点からホッブズを批判した国法学の水波朗から「知的刺激を受け続けた」とあるように〔西嶋 一九九九：ⅲ〕、トマスの自然法論に直接言及していないもののそれが背景にある議論であると思われる。法の目的が共通善にあり、しかも共通善は「大衆の善」として民主主義と関係する概念であることは第3

章で引用したように、トマスの『神学大全』にある主張である。ルソーは直接トマスを知らなかったと思われ、ルソーの自然法論と「共通善」は、彼自身の独自な観点もかなりあるとしても、ルソーの「自然法」をより政治の問題として次節において考えていく。

山本周次『ルソーの政治思想』

二〇〇〇年代になってからも、ルソー研究は盛んであり、まず山本周次『ルソーの政治思想』がある。「はじめに」によれば、この著作は個人主義とか全体主義とかみなされるルソーの政治思想を「自我と秩序」の関係の問題として捉え、彼の「コスモロジーの基本構造」を明らかにして、体系的に理解するものである［山本 二〇〇〇：i］。

ここでは『人間不平等起源論』と『社会契約論』に関する議論だけを取り上げる。山本によればルソーの『学問芸術論』は当時の「市民社会批判」を目的とするが、『人間不平等起源論』における「自然状態」はその市民社会を解体するための「作業仮設」であり、「理想的な秩序のあり方」を示すものであった［山本 二〇〇〇：一九］。

「自然人」が「自足的な存在」であることは、「原子論的個人主義」であることを意味せず、自然人が「自然の秩序」に従い、「自由の状態」にあるという意味である［山本 二〇〇〇：二五］。ただ、このような自然人が他の動物と違うのは「自由意志」による選択と「自己改善能力」の点からであり、この能力によって「脱自然化」し、「歴史」を形成していく。その「歴史」は善悪どちらにも進む「両義的なもの」であるが、力点は「悪」の方向に置かれている［山本 二〇〇〇：二六～二七］。

『社会契約論』は「純粋な自然状態」にあった「秩序と〝自然人〟との調和と一体化」を「社会の次元で創出する」ことを課題としている。その「政治」はホッブズと異なり、「道徳や宗教の規律」を受ける市民から成るものである［山本 二〇〇〇：三九］。

「悪」の存在をなくし、「人為的」にふたたび「政治秩序」を形成するためには「社会契約」が必要となる。その社会契約の目的は「自律的な意志を社会的次元にまで拡大した」「一般意志」と、その担い手である「共同の自我」

が創出され、それに服従することがそのまま「人間の自由」に繋がることである。「外的秩序と内的秩序」が一致して市民の自由が実現されることが、ルソーのいう「全面的譲渡」であり、「自由への強制」の意味である［山本 二〇〇〇：四一～四三］。

ただ、市民が一般意志を発見するだけであり、「秩序と無媒介に向かい合う」という点では、「市民相互のコミュニケーション」がないことからルソーの国家は「他者のいない共同体」である［山本 二〇〇〇：四四］。

結局、ルソーの「市民宗教論」に認められるように、「政治秩序」の維持は内的秩序である宗教的な「秩序への愛」によって支えられるという矛盾を示すものである。しかし、「市民社会と国家とが分裂した現実」を克服するために、秩序の観念を再構成しようとしながら、「近代人として内面的自由を求めて苦闘する」ことを山本は評価する［山本 二〇〇〇：四八］。

このように、山本はルソーにおける宗教的秩序の問題を重視するが、西嶋の議論と違い、「内面的自由」を強調しているためか、ルソーの「自然法」の問題は重視されていない。ルソーには「伝統的な意味での自然法」が存在せず、「彼独自の内在化された自然法」はあっても、これが自然法と呼ぶべきかどうかは「定義の問題」である［山本 二〇〇〇：一九二］。

さらに、ルソーは「道徳の個別性」を一貫して主張し、「政治的結合の基礎」を「権利によって規定された『利害』」と考え、人間の行動を動機づけるものが「理性」ではなく、「情念」としている点から、ルソーの自然状態でも社会状態でも「自然法を認めていない」と断定している［山本 二〇〇〇：一九八～一九九］。

結局、ルソーの政治思想は、「個と全体」が一体化した古代の「スパルタ・モデル」としての「徳の共和国」を目指すものである［山本 二〇〇〇：二九九］。山本によれば、ルソーは「近代的個人の持つ可能性」を述べながらも、「共同体から切り離された近代的個人の基盤の危うさ」も示している［山本 二〇〇〇：三一三］。このように、ルソーをリベラルではなく、共和主義的に理解していると思われるが、共和主義にも関係の深い「共通善」について山本はまったく論じていない。

鳴子博子『ルソーにおける正義と歴史』

二〇〇一年に出版された鳴子博子『ルソーにおける正義と歴史――ユートピアなき永久民主主義革命論』は、「まえがき」でルソーの「一般意志論」が「国家の共同性」を現実に作り出す「新しい共同理論」として理解するものであると主張する。『人間不平等起源論』における「ルソーの歴史観」を特徴づけるのは、自然が人間に与えた「自由な行為者」としての「自己完成能力」である。この能力は「自然人」が「自己愛」に基づいて自己保存するための「労働」に結び付くが、他者に対しても「憐みの情」を持ち、「種全体の相互保存」にも協力するものである〔鳴子 二〇〇一：二七～二九〕。

その能力が歴史のなかで発展していくことによって、生活様式が転換する「革命」が生じる。最初の「革命」によって「家族」と「定住」が始まり、そこでは「家族内の協働、両性間の分業」が行われる〔鳴子 二〇〇一：二九～三一〕。次の革命は社会状態に移行するものであり、「冶金と農業」によって「社会的分業」が始まる。ただそこでは「自己愛」は他者との比較で自己を優位に置くという「自尊心」に変化している〔鳴子 二〇〇一：三二～三三〕。この最初の革命の自然状態は「人類の幸福期」であるが、第二の革命による「社会状態」は「種の老衰への歩み」として否定的にだけ捉えられているのではない。社会状態においてのみ、人間は「良心に導かれた理性によって有徳な存在に高まる可能性」がある〔鳴子 二〇〇一：三四～三五〕。

鳴子はこの主張を『エミール』においても主張されている「手の仕事」という「労働観念」に結び付け、「人格」を完成させるものとしての「時間・労働・労苦」を重要なものと考えている。社会状態で不平等の問題は、労働しない者と他者のために労働する者とに分かれているという批判である。ルソーにとって、労働の担い手としての人間を相互に結び付ける原理が「人間愛」であり、これが「人間の正義の原理」である〔鳴子 二〇〇一：四七～四八〕。

鳴子によれば、『人間不平等起源論』と『エミール』は「個体としての人間の諸能力の段階的発展過程」を探求したものであるのに対して、『社会契約論』はそれらを乗り越え、「より高次の諸能力の段階にある人間存在」としての「市民（人民）」を示したものである〔鳴子 二〇〇一：五八〕。

鳴子は、「人格の発展過程」として、「自己愛」と「憐みの情」とを持った「自然人」としての「人間」や、「労働と道徳」による「社会性」がある「社会的人間」から区分されるとして、「公的人格」を持った「市民」が「社会契約」によって誕生するという〔鳴子 二〇〇一：六九、七七、八六〕。

社会契約は「個別の人格」のあらゆるものが「共同体全体」に「全面譲渡」され、「新しい政治体すなわち公的人格」を生み出すものであるが、その政治体の「自己保存」のために、「立法」が必要となる。その「立法権者」が「人民」であるが、その人民の「市民」としての「自己完成能力」を促進させる者が「立法者」である〔鳴子 二〇〇一：八七〜八九〕。

この「市民」は「労働義務」があり、「社会的人間」の「発展・完成形態」である。つまり、「社会的人間」では「自己労働による自己保存と他者保存」を同時に実現することは「道徳的要請」であったが、その同時実現を市民は例外なしに保存するように「政治体」から強制される〔鳴子 二〇〇一：九五、九八〕。

鳴子によれば、『社会契約論』は冒頭において、「革命肯定論」を述べているが、その痕跡を消して、第六章の「国家の設立論」を自然状態からいきなり国家状態に入るような「不自然な叙述」をしている〔鳴子 二〇〇一：一八〇〜一八一〕。

この点で、鳴子は通説に反して、『社会契約論』の冒頭にある「あるがままの人間」はたんに「私的利益」を追求する「社会人」ではなく、「革命を経た人間」であり、社会契約によって「全面譲渡」する直前の人間であると主張する〔鳴子 二〇〇一：一九一〕。

鳴子は一般意志の導出に関して「反対票」が重要であり、反対票は賛成票中にある「意志の過剰分（反対票と同数と考えられる）」を示し、賛成票から反対票を引いた数が投票総数に近づくほど「表出された共同性」は大きく、〇に近づくほど「共同性」は小さいと主張する（「一般意志＝賛成票－反対票＞0」）。一般意志はたんなる「平均」でもなく、すべての者に共通な「最大公約数」でもない〔鳴子 二〇〇一：一二八〜一三〇〕。つまり、一般意志の導出では「団体意志化する」ことは抑制すべきであるが、各市民の「個別意志」の表明から一般意志が生じると鳴子は考えている〔鳴子 二〇〇一：二三二〕。ただ、一般意志がつねに正しいとルソーが主張していることは、あくまで「相対的な正しさ」にすぎない〔鳴子 二〇〇一：二三八〕。

このような一般意志によって作られた契約国家も、人間の「自由と自己完成能力」の展開によって、「自尊心」が増殖し、不平等な社会となって、やがて国家の死滅に至る。しかし、また、人々は「良心」という「再生のメカニズム」によって「極端な悪〈疎外〉から自らを開放する革命」に向かう。そういう点でルソーの歴史観は「ユートピアなき永久民主主義革命論」である〔鳴子 二〇〇一：三三七〜三三八〕。

このように「新しい共同理論」としてルソーの社会契約論を考えていることもあってか、やはり鳴子の場合も「共通善」やその類概念に関してほとんど言及もなく、考察もされていない。鳴子は二〇一二年に『ルソーにおける正義と歴史』のうちから二章を選び、他の論文を加えた『ルソーと現代政治』を出版している。その社会系契約論は基本的には同じものであるが、ここではルソーの「政治体」に対してはルソーが「コミュニティ」という言葉を使っていることにはふれず、「自由になった人々が自発的な意志に基づいて創設する結合体」として「アソシアシオン」という言葉で統一している〔鳴子 二〇一二：一六〇〕。

関谷昇のルソー評価

次に、本書の第2章、第3章でも論じた福田パラダイムに対する修正を主張する関谷昇『近代社会契約説の原理』（二〇〇三年）のルソーに関する議論をここで取り上げたい。関谷はまず彼の社会契約論分析の基本的な概念を使い、ルソーの社会契約論の概略を論じている。ルソーの自然状態論は「批判的原子論」の徹底した完全に「孤立した人間像」が仮定されている。それは「既成の権力体制」の正当化に用いられる「権利義務関係」を否定し、「理想的な政治秩序」が成立するとすぐに「病理を孕む」ことの認識から要請されているものである〔関谷 二〇〇三：二〇二〕。

また、関谷にとって重要な概念である「存在論的全体論」は、ルソーの場合、個人主義か全体主義かの対立では捉えられない「『個』と『全体』との弁証法的な結びつき」によるものである。その際、重要なのは福田が否定した「自然法」のもとで「一般意志」を理解することである〔関谷 二〇〇三：二〇四～二〇五〕。「自然」と「作為」の関係では、ルソーが重視する「自然」は「存在の感情」による「全体」であり、「作為」を再構成するための基準である。「解釈的主体論」は「弁証法的な全体論」や「存在論的な規範」と結び付いて、個人が「自らの固有な自由の内実」を自己解釈していくものである。このようなルソーの議論は古代の「共和主義の思想と従来の社会契約の発想と新しい形で結び」ついたものである。それは「作為」が「人為」によって隠蔽された「自然」と結び付く「新たな共和主義の政治思想」である〔関谷 二〇〇三：二〇五～二〇六〕。

このような概略を述べたあとで、関谷はまず福田パラダイムの「自然から作為へ」という解釈は、ホッブズに引きつけてルソーを解釈するものであると批判し、ルソーが思想の根底に置くのは「自然」であり、人間の本性を「自然の善性」としていることを指摘する。また、このような「自然」は、『エミール』に言及して、宗教的な「摂理」としての「存在論的全体論」であり、啓蒙期の「自然法学」のような「道具的理性」に基づく「『原子主義』的『作為』」ではなく、本来の「自然」である〔関谷 二〇〇三：二〇七、二一一、二一四〕。

このような啓蒙主義の「人間の本性」論は、マッキンタイアを引用して、「道徳性の崩壊」をもたらすのに対して、ルソーの「人間の本性」論は、人間の内面的な「潜在能力」を評価し、「現実の悪」を徹底的に批判し、「新しい自我へ飛躍する」「批判的原子論」に基づく「解釈する自我」として画期的な意味を持つ。この点では、アラン・ブルームに言及して、ルソーは「物質主義」や「原子主義」の危険がある「自由主義に対する警告者」である〔関谷 二〇〇三：二一五、二一八〕。

『人間不平等起源論』における「自然人」は動物と異なり、「自由な駆動力という特質」と「完成する能力」を持ち、また『エミール』から引用して、「自己愛」と「憐れみ」の感情を持ち、「共通の惨めさ」によって相互に結合する存在である〔関谷 二〇〇三：二一九～二二二〕。

不平等の起源を明らかにするために「『人間の本性』に基づく関係性と、他者に依存した『自尊心』の無限の展開としての関係性」をルソーは区別する。関谷は「自然状態」における「自発的な関係性」と「自尊心」の無限の展開を「人為的な関係性」と呼ぶことを提案するが、その関係性の中間状態から偶然の結果としての「冶金」と「農業」による「第二の革命」が始まる。それは「私有の正統化」としての「最初の正義」をもたらすが、ここで認められた「権利」は「人間の本性」からではなく、「人為的な関係性」から生じるものである。その結果「戦争状態」となり、富者による「偽りの契約説」によって、「社会と法律」が生じるものの、それらは弱者にとっては「新たな足枷」でしかない〔関谷 二〇〇三：二二六～二二七〕。

ルソーはこのような社会状態においても、「本来の関係性」は失われず、関谷は『エミール』から引用して、「良心」とその声である「自然法」による「正義」の回復を考えていると指摘する〔関谷 二〇〇三：二二九～二三一〕。『ジュネーヴ草稿』では自然法を人間の「感性」による「固有の自然法」と「理性」による「推論的な自然法」とに区分し、前者を本来のものとする。しかも、『社会契約論』では省略されるが、「法は正義に先立つ」と主張され、自然に基づいて「正・不正の観念」も形成されるとする〔関谷 二〇〇三：二三三～二三四〕。

このような自然法に対する規範意識は、「個」が単独では「個」ではなく、他者との関係で「個」となるという「駆動力」によって、「批判的原子論」と「存在論的全体論」とが接合して形成されるものである。この点では、「駆動力」や「人間自身の陶冶」、さらに「利益や正義とのすばらしき調和」としての「共通善」「公益」「公共善」のような「発見すべき『自然』の価値」を考える必要があると関谷はいう〔関谷 二〇〇三：二三六～二三七〕。

ルソーは不平等の進展を最後の「専制権力の状態」において「人間の堕落過程の到達点」とするが、この専制状態によって、「円環」が閉じられ、すべての人々がまた「平等」になることから、これを「新たな自然状態」と呼んでいる。この状態から『社会契約論』の社会状態への移行に関して、関谷は「最初の人為」が「自然に加えた悪」を「完成された作為」によって償うことであるという『ジュネーヴ草稿』の主張から考えている〔関谷 二〇〇三：二三九～二四一〕。

関谷は『社会契約論』の「自然状態」という言葉は円環の最後の「新たな自然状態」ではなく、円環の最初の

「純粋自然状態」を指しているると主張する。というのも、「純粋自然状態」に存在し、現実に「潜在する『自然』の価値」から、社会契約を導き出そうとしているからである。つまり、ルソーは「現実に対置される理念の位相」から「真の社会としての『全体』」を考え、その「全体」を「現実の政治社会の中に存在する諸力の結合」として示すのが「社会契約というメタファー」である。この点で「自然」と「作為」の関係は、福田のいうように「切断」ではなく、「作為」の可能性と「作為」の極限としての「自然」を結合することであり、この「自然的作為」が「一般意志」である［関谷 二〇〇三：二四二～二四四］。

個々人が権利を譲渡する「共同体」とは契約によって同時に作られ、この点では「社会契約というメタファー」は、現実に生きている「個」を「公共」、「共同体」としての「全体」へと全面的に譲渡することによって、「個」と「全体」を結び付け、「人民主権」という原理を定式化するものである。「一般意志」が「共通の利益」を追求することによって、「一つの精神的で共同的な団体」が形成されるが、この「共同体」は「共同の自我」を受け取るものである。その際、「個」は「根本的に変質して」、「全体」を考慮する「新しい自己として究極終局的に自律する」「解釈する自我」となるのである［関谷 二〇〇三：二四七～二四八］。

「主権者」となる「人民」は徹底した「批判的原子論」が「解釈する自我」を通して「一般意志」という「政治的全体性」と結び付くものであるが、「人民の意志」がつねに正しい「一般意志」になるのではなく、「一般の正しさと個別の利益追求」という「両義性」を持っている。「一般意志」と「人民の意志」との一致は困難なことをルソーは自覚しており、「あるがままの人間」に期待をしているのではない。社会契約で示された「真の社会」が理念としては「全体」であっても、「その『全体』は現実的には非完結でしかありえない」と関谷は主張する［関谷 二〇〇三：二五〇～二五一］。

この「一般意志」の原理の実現のためには、「平等」とともに、人民を「一般意志」へ向かわせる「駆動力」としての「識見」による「審議」が必要となる。そこでは「公民」が自分の意見を述べ、「特定の党派や団体」のような「中間団体」が排除されるべきことをルソーは主張しているのであり、「国家に個人が吸収されてしまう集団主義」を主張しているのではない。また、「公共体」を実現するために、「立法者」の必要性をいうが、これは制度の問題であるよりも、「人間の感情」によって「有徳」へと人々を導くためのものである〔関谷 二〇〇三：二五三～二五五〕。

このような「平等」「識見」「立法者」が「一般意志」の成立の条件であるが、その条件がすべて揃うことは現実的には不可能であり、この点ではむしろ個別的なものを対象とする「政府」の役割が重要になる。ルソーは「意志」の問題である「主権論」と「力」の問題である「統治論」とを峻別し、「政府の設立」は契約によらないものとする。政府と主権はつねに対立するものであり、国家の「堕落や死滅」は当然のことであり、共和政ローマの「護民官」やスパルタのような「行政監督官」のような「主権と政府との均衡の維持」に努めるものが必要である。ルソーは政体としての民主政には批判的であり、「選挙貴族政」を評価している〔関谷 二〇〇三：二五六～二五八〕。「自由への強制」は、「個人の権利」を「公民としての権利」に変えるためのものであり、「個人を無視した暴力的な強制ではありえない」。「一般意志」と個人の意志が一致するためには、「精神的基底性における成熟」が必要である。その成熟のためには「古きよき習俗」を再確認し、「立法」によってよき「習俗」が生み出されることが必要である〔関谷 二〇〇三：二五九～二六一〕。また、「公民宗教」のような宗教も「公共体」にとって「精神的な駆動力」として必要不可欠なものである〔関谷 二〇〇三：二六二～二六三〕。

ただ、このような「駆動力」であっても、個別性の政府の意志が強まることによって国家は解体し、公民は「自然的自由」へと戻ることは必然的である。このことは「一般意志」を担う「自律的な個人への教化」が困難なことも示している。ルソーは「理念と現実との安易な整合」を図らず、たんなる「参加民主主義」ではない「民主共和主義と共和民主主義との緊張関係の理論化」を主張している。いずれにしても、ルソーの「社会契約を通して見出した公共性の理念」は、ホッブズやロックと異なり、「批判的原子論」と「存在論的全体論」の接合によって、「政治的全体性」となるのである〔関谷 二〇〇三：二六五～二六七〕。

このような関谷の議論は、ルソーの「自然法」を重視し、たしかに「自然から作為へ」という福田パラダイムを再考するものとしては重要な研究であり、関谷が主張する社会契約論における「批判的原子論」と「存在論的全体論」の接合とは、まさにルソーによって完成されるという指摘は、「特殊意志」と「一般意志」、「特殊利益」と「共通の利益」の関係として次節で考えていきたい問題である。

ただ、私の観点からはこの「存在論的全体論」の「駆動力」のための重要な概念である「共通善」、とくにあとで述べるように、「自然の善性」とも関連する概念について一度だけふれ、ほとんど説明されていないことは、彼がしばしば西嶋の研究を参照し、また原子論的なリベラリズムを批判し、マッキンタイアの近代批判やルソーの共和主義的側面を強調しているだけに私には不思議である。

川合清隆『ルソーとジュネーヴ共和国』

次に取り上げたいのは、川合清隆『ルソーとジュネーヴ共和国――人民主権論の成立』（二〇〇七年）である。これは小林善彦『誇り高き市民――ルソーになったジャン＝ジャック』〔小林 二〇〇一〕という「ジュネーヴ市民」としての「意識と誇り」をもって「思想形成」をしたルソーの『社会契約論』までの前半生の伝記を受け、『社会契約論』をフランス革命に影響を与えたルソーではなく、「ジュネーヴ共和国」のコンテクスのなかで論じたものである。

なお、川合はすでに『ルソーの啓蒙哲学――自然・社会・神』（二〇〇二年）という著作を出版している。そこでは『社会契約論』は、「啓蒙哲学者」としての「弁神論」の立場から、「地上の悪の地上における解決プラン」であるとしている。ルソーの「契約国家」は、「悪をなしうる自由の余地」がなくなるように国家を組織すること、「国家と社会、市民と人間を統合した体制の全体構想」である〔川合 二〇〇二：三二五、三一六〕。

これに対して『ルソーとジュネーヴ共和国』では、川合は当時のジュネーヴ共和国の歴史的状況から『社会契約論』のとりわけ「人民主権論」の問題について論じている。ルソーは『社会契約論』の「立法者」の一人としてカルヴァンを称賛しているが、川合によれば、「全市監視体制」によって「理想的な神政政治体制」を実現したカルヴァンをルソーは否定したことがなく、ジュネーヴという「信仰共同体」の「ジュネーヴ人民の共和主義の精神」を高く評価する〔川合 二〇〇七：三七〜三九〕。

ルソーは『人間不平等起源論』のジュネーヴ共和国への「献辞」のなかで「賢明に抑制された民主政」としてジュネーヴ共和国を記述している。これは当時のジュネーヴでは、「人民」と「主権者」は「同一人格」であり、人民が「立法権」を有し、すべての人間が法に服従するという『社会契約論』の「民主制の理念」に一致していることである。また「献辞」において、「革命」による「新設の共和国」が「扇動家」によって支配されることを批判している点でも『社会契約論』と同様である。ルソーの思想は急進的・革命的であっても、「現実政治における彼の政策」はそうではない〔川合 二〇〇七：八八〜八九〕。

ジュネーヴの「抑制された民主政」では、人民が行政権や執行権を持っていて、問題を起こす「純粋な民主政」との対比で、「行政を一部の経験豊かな代表に委ねている」。また、主権者人民が「直接立法権を行使する」場合も、立法権は濫用され、「朝令暮改の悪弊」に陥るが、ジュネーヴでは人民は直接法律を作らないために、この「悪弊」を免れている。このようなジュネーヴの「制限民主政」では市民はただ法を「批准」するだけであり、「最も有能で最も公平な人物」、つまり四人の市長を選出する。ルソーは個人には「新法を提案する権限」がなく、それを「為政者」だけに限定しているが、実際にジュネーヴでは「政府＝参議会」が立法提案権を持ち、「総会に集う市民にはその権限がない」〔川合 二〇〇七：九〇〜九一〕。

一七三七年にジュネーヴはルソーも経験した内乱状況となり、「寡頭政府と市民階級との深刻な対立問題」が発生した。「献辞」の時点（一七五四年）ではこの内乱は沈静化していたが、ルソーはその再発を恐れ、実際の解決策となった「政府と市民階級の『和解』」を評価し、「和解」がなくなれば、共和国は滅亡すると主張する。ルソーは、「寡頭政府」を打破して、「新たな市民政府」を作るべきであるというメッセージを市民には送っておらず、「現実政治」に対しては「現体制維持の保守的態度」を一貫して示している〔川合 二〇〇七：九二〜九三〕。

また「献辞」でルソーが「悪意の解釈や、毒のある演説」に従ってはならないと述べているのは、「和解」に反対した「過激派」のことを指しているとして、川合はルソーが「革命的左翼」ではなく、「穏健な順法主義者、改良主義者」であり、「人間の暴力を嫌悪する温和な性格」であるという〔川合 二〇〇七：九四、九七〕。「献辞」ではルソーは、為政者に対してジュネーヴ市民を高く評価し、「教養」において為政者と同様であるというが、このことはジュネーヴの人民が「民主政を支えるのに必要な十分な教養を備えている」と為政者に主張していることになる〔川合 二〇〇七：九九〜一〇〇〕。

このような前提をふまえて、川合は『社会契約論』の「内部構造の解明」を目指し、「人民主権論」の問題を中心に論じていく。『社会契約論』は、「ジュネーヴ共和国市民ルソー」が「ジュネーヴ人民の歴史的経験」をふまえて、グロティウスとホッブズから始まる「近代市民社会の政治学」、その「自然法理論と社会契約説の系譜」の再検討から、当時としては唯一「人民主権」を主張したものである〔川合 二〇〇七：一五六〜一五七〕。

川合によれば、『人間不平等起源論』の第二部は自然状態から当時の「ヨーロッパの絶対君主政時代」に至るまでの「政治史の鳥瞰図」である。この「政治体発展の全過程」には「不平等の進歩の三段階」があり、第一段階では「法律と所有権の設立」、第二段階では富者の呼びかけに基づく「契約」による「為政者の職の制定」であるが、問題はここで成立した「合法的権力」が「専制権力」へ変化する第三段階である。ルソーはここで政治体を「君主政、貴族政、民主政」に分類するが、それは主権者の数によってではなく、「為政者＝行政官」の数によって分類するものであり、「自然状態の平等」に近い政治体は「最高の行政官を共同で保持する民主政」であると主張する〔川合 二〇〇七：一五八、一六〇〜一六一〕。

「合法的な権力」を持つ執政者は人民によって選出されるべきであり、王政であっても「選挙王政」が合法的であり、世襲王政への移行は「非合法な専制権力」への移行である。特定の家族が権力を独占し、権力を世襲化していくことによって、人民は「奴隷」となり、不平等が拡大する「階級社会」となって専制政治が始まる〔川合 二〇〇七：一六一〜一六二〕。

『社会契約論』は、この専制政治のもとで生きている人民に対して「自由を回復させるための処方箋」である。

ホッブズを含む「専制主義の擁護者たち」の契約理論は統治権を君主に譲渡して、人民をその「臣民」とし、人民を「奴隷」にするものでしかない。この点では彼らの理論は、人間の不平等を肯定し、人民の自由を否定する、アリストテレスの政治学と変わらないものであると批判している〔川合 二〇〇七：一六四、一六六～一六七〕。

このような契約理論と違って、譲渡契約によっても人民が自由を失わない契約をルソーは主張する。まず、ルソーは「多数決の法」が確立されるためにも、「少なくとも一回」は「全員一致」が必要であるというのは、多数決による国家の設立では「少数者」は「他者である他数者の意志に拘束される」からである〔川合 二〇〇七：一六八～一七〇〕。

「共同体全体」へ「全的譲渡」することとは、全員が自分の権利を他のいかなる個人や団体に譲渡しないことを意味している。ただ、このように全員が主権者となって立法議会を構成する「民主政」が「万人と万人との契約」をするということは「非現実的な虚構形態」であり、「理論仮説を極限にまで」進めたものであることを川合は認めている〔川合 二〇〇七：一七〇～一七二、一七五〕。この「全的譲渡」によって、「単一性、共同の自我、生命、意志」を持つ「公共的人格」が生じることも、市民が「最高の安全と保護」を得て、国家が市民の一人でも害することができないためである〔川合 二〇〇七：一六四、一七五～一七六〕。

この「公共的人格」としての国家では、その人格の「意志」が「立法権」、その人格の「力」が執行権となり、執行権を行使する「政府」は「公共的人格の代理人」である。この執権機関は君主でもよく、「君主政共和国」が存在しうることをルソーは指摘している〔川合 二〇〇七：一八〇～一八一〕。

結局、『社会契約論』の「国家学」は「共和主義」である。立法権が人民に属する「主権在民の国家」だけが、「唯一正当な国家」であり、それをルソーは「共和国」と呼んでいる。川合は小林正弥の議論を引いて、ルソーの「社会契約説と共和主義思想」とは別のものではなく、社会契約論以外に「主権在民（国民主権）を正当化できる理論」はないと指摘する〔川合 二〇〇七：一八五～一八六〕。

ただ、ルソーは人民が主権者であっても、「基本法を編纂する能力」があると考えていない。そのために、現在では「前近代的」と思われる「立法者」や「市民宗教」をルソーは主張する。ただ、「立法者」は「人民主権の合理的体系性」を破壊するものではない〔川合 二〇〇七：一八七～一八九〕。

一般意志が表明される唯一の機関は「人民集会」であるが、これは「古典古代のポリス」の民主主義の機関や「ジュネーヴの市民総会」とも同じものであると川合はいう。この「人民集会」における「共通の利益」としての「一般意志」は、しばしば誤解されているように「全員一致」によって成立するのではない。それは「公共の討議」と「投票」によって得られるが、「単純多数決」によって得られるのではない。討議過程では「人民が十分な情報を持って討議する」ときに一般意志が得られる。その討議によって、個人の「特殊意志」が否定されて一般意志が成立するのではなく、「個別意志が総合されて一般意志が結集される」と考えるべきである。また、一般意志の成立のためには市民が事前に「打ち合わせてから」集会に出ることを禁じているのは、国家内に「部分的社会」を生じさせないためである〔川合 二〇〇七：一九七～二〇一〕。

フランス革命以後の「人民主権」の暴力性から、ルソーが全体主義的であるという批判があるが、人民集会での「一般意志形成過程」の無視から生じる批判であり、ルソーのいう「人民」には「市民としての《個人》」が生きている。ここには『人間不平等起源論』の「自然人」の「原子論的見地」が「市民の独立性」や「自律性」として貫徹していると川合は考えている。ルソーの人民集会は「圧政の機関」ではなく、「討議デモクラシー」の「公共の場」である〔川合 二〇〇七：二〇一～二〇三〕。

ルソーの一般意志論は、単純多数決のように少数者を否定するものではなく、集会の討議によって、「個別意志からそのプラス・マイナスが相殺され」ることは、多数派の意見が「少数派の比率分だけその強度が減じ」られることを意味している。このように一般意志は個別意志を統合して形成されるために、「全員が自分自身の意志に服従する」。ただし、川合は、このような一般意志が「現実の立法過程」ではほとんど実現不可能な「理想的モデル」であることは認めている〔川合 二〇〇七：二〇五～二〇六〕。

現代ではルソーの「代議制批判」は問題とされているが、主権は国民にあり、立法権を議会に与える「近代憲法の理論」と対立するものであり、「近代システム全般への根底的批判」とみなすべきである。ただ、ルソーの政治理論はジュネーヴのような「小規模国家」にしか適応できない〔川合 二〇〇七：二一二～二一五〕。

しかし、「四〇〇万人以上」のローマ共和国でも「区」ごとに集会したようにすれば、「大規模国家」でも可能であると「ローマ的古代モデル」をルソーは主張している。いずれにしても、啓蒙期に「人民主権」を主張したのはルソーだけであり、このことは彼が「ジュネーヴ共和国市民」であったという事実とは切り離すことができないことが川合の結論である〔川合 二〇〇七：二一七～二一九〕。

このように、ルソーは近代の個人主義的リベラル、あるいは近代の革命を準備した革命思想家であるよりも、「個人」を尊重しつつも古典古代からの共和主義者であり、とりわけ当時存在していた「ジュネーヴ共和国の市民」としての人民主権論者という像は、私の観点からは共和主義に近い部分を持った現代コミュニタリアンと重なるものである。

細川亮一『純化の思想家ルソー』

哲学の立場からであるが、二〇〇七年には細川亮一『純化の思想家ルソー』も出版されている。序章において、細川は最初「ルソーという人間」から「ルソーの統一像」を考えようとしたが、「人間と市民の両立不可能性こそルソーの洞察」であると考えるようになったという〔細川 二〇〇七：七〕。この点では『エミール』は「人間を作ること」を選択し、『社会契約論』は「市民を作ること」を選択したものである。ルソーは晩年には『孤独な散歩者の夢想』に描かれた「孤独な散歩者」というタイプを選択したが、「人間・市民・孤独な散歩者」の三つの「純粋型」が対立したままに「純化」した思想家である〔細川 二〇〇七：一三～一五〕。

ここでは『社会契約論』を論じた「市民」（私の言葉では「政治人」）の部分だけを論じたい。まず細川は『社会契約論』が「反自然法論」であると主張する。たとえば、『社会契約論』の第一篇第1章の社会秩序は「神聖な権利」であり、その権利は自然から由来していないというルソーの主張などから、「契約を守らせる拘束力」は自然法からではなく、「服従を強制する人為」から由来する〔細川 二〇〇七：一二八、一三四〕。

社会契約を結ぶことは「一つの精神的で集合的な目的という全体を創設すること」であるが、その契約の主体には「市民と臣民という二重の資格を与える」ことである〔細川 二〇〇七：一四八〕。その主体の自由とは「法に従うことの自由」であり、「自由であることを強いられる」ということは、情念の奴隷としてではなく、「精神的自由のうちに徳としての自由（自分の主人）」の契機が与えられることである〔細川 二〇〇七：一八三〕。

この点では、自然法に従う『エミール』も国家法に従う『社会契約論』も「法への服従」という「共通の目的」を持っている〔細川 二〇〇七：一八四〕。『エミール』の「人間」と『社会契約論』の「市民」の対立は「『極端な個人主義と極端な集団主義』の対立・選択」ではない〔細川 二〇〇七：一九〇〕。

結局、『社会契約論』の政治学と『エミール』の倫理学は「両者の相互純化」というものであり、政治学は人為的なものとして、倫理学は「神の意志がつくったもの」として純化されたことになる〔細川 二〇〇七：一九五〕。この点ではホッブズも不徹底であった「完成された人為」として社会契約を展開したルソーは「社会契約論の完成者」である〔細川 二〇〇七：二〇三〕。

このような「人為の完成」としてのルソーの『社会契約論』の評価は福田パラダイムの延長上にあるとも考えられるが、『社会契約論』にはまったく「自然」の要素がないかどうかはあとで論じていきたい。「あとがき」でこの著作の草稿を読んだ西嶋法友からの「貴重なコメント」に感謝しているが、細川は『社会契約論』における「共同善（共通善）」や「共同体（コミュニティ）」の問題をまったく論じていない。

なお、二〇〇七年には根本俊雄『ルソーの政治思想』も出版され、ルソーの政治思想全体が論じられているが、教科書的記述であり、最後の章の「立法者」にある結論の部分だけを紹介したい。ルソーは、「秩序ある自由を享受する市民」が「幸福」に生きる「祖国」として、「〝神義〟に基づく〝秩序と祖国〟が〝徳〟高き市民を創ることを精緻に論証した」〔根本 二〇〇七：一九七〕。「神義」を別にすれば、ルソーの社会契約論は、川合と同様に「共和主義」的なものになるが、根本はその言葉は使っていない。

東浩紀『一般意志2.0』

専門の政治思想研究者ではなく、ルソーの『社会契約論』の解説を試みたものでもないが、東浩紀『一般意志2.0――ルソー、フロイト、グーグル』（二〇一一年）は、ルソーの「一般意志」を現代に生かす議論としては興味深いものであり、ここでは一般意志論に関する議論だけを見ていきたい。

東は「序文」において、ルソーの「民主主義の理念」を「情報社会の現実」のなかで「アップ・デート」できると主張する。それは「熟議」も「選挙」も、「政局」も「談合」もなく、有権者たちの「不必要なコミュニケーション」もない、「非人格的な、欲望の集約」を行う「もう一つの民主主義」であり、「熟議が下手」で「空気を読む」ことが得意な日本の「文化風土」に合った民主主義である［東 二〇一一：一～三、七］。東はルソーの「一般意志」を情報科学でいわれている「集合知」であるとする。これは「情報技術の革新」によって「集約可能な意見の数」が飛躍的に増大したことが背景にあり、「構成員の予測の多様性」が増大するほど「群衆の予測」が正確になるとか、「群衆の予測」が「構成員の平均的な予測」より正確になるとか数学的に証明されていることである［東 二〇一一：二九～三二］。

東がルソーの「一般意志」論でとくに注目しているのは、彼の「数理的」な定義である。ルソーを引用して、全体意志を構成する「特殊意志から、相殺しあうプラスとマイナスを取り除くと…、差異の差が残る」ことが「一般意志」である［東 二〇一一：四三］。東は方向性がない「スカラーの和」としての「全体意志」から区別される、方向性がある「ベクトル」の差異を相殺した「別種の和」が「一般意志」であると理解する［東 二〇一一：四四～四五］。

次に、注目するのは、ルソーを引用して、一般意志の成立にあたって、「市民間の討議や意見調整の必要性」を認めていない点と「差異の数が多いほど」一般意志が正確になるとしている点である［東 二〇一一：五三～五五］。この点で、一般意志は「言葉」ではなく、「物質」に近いものであり、それへの従属は「人間への依存」ではなく、「事物への依存」であるから、「政府」もその「事物」に従わなければならない［東 二〇一一：五七］。

東はルソーのテキストから得られた「一般意志」を「一般意志1.0」と呼び、現在の情報社会（「総記録社会」）に合ったアップ・デート版を「一般意志2.0」と呼んで区別する。「一般意志1.0」はルソーの「理念」であり、「物語」であるために、そこからの「超越者」である「立法者」のような「バグ」が必要であるが、「一般意志2.0」は具体的な「データーベース」として「実在する」ために、「立法者」を必要とはしない［東 二〇一一：九〇～九一］。

東はアレントやハーバーマスのコミュニケーションに基づく政治学を批判して、彼ら／彼女らの議論の前提にある「文化や生活様式の共有」が現在では存在しないことを指摘する［東 二〇一一：九四］。ルソーがいう「一般意志」の「しもべ」にすぎない「政府」は、「情報環境に刻まれた行為と欲望の集積、人々の集合的無意識＝一般意志」に忠実な「来るべき政府」となるべきであり、このような政府を「政府2.0」と呼んでいる［東 二〇一一：一〇〇～一〇一］。

東によれば、この「無意識」とは「大衆の欲望」を意味し、それを「意識」＝「選良の理性」で制御する「選良主義」の政府を主張しているのではない。彼にとって「新しい政治」とは「大衆の欲望」を「制約条件」として「統治する術」である［東 二〇一一：一四七］。

このような政治は、理性の力を信ぜず、「『野生の人』の本能」に信頼を置いたルソーの理解に基づいていることも指摘する。「ルソーの理想は、意識ではなく無意識に、『人の秩序』ではなく『モノの秩序』に導かれる社会」である。しかも、ルソーはこの見えない無意識を体現化する「カリスマ」（立法者）を必要としたが、現在の「総記録社会」ではこの無意識が「『可視化』できる時代」になっている［東 二〇一一：一六五～一六六］。

この時代では、「大衆の無意識」を可視化した「データーベース」と「意識を失わない国家」による「熟議」が「補いあい、ときには衝突することによって…よろよろ運営される国家」がふさわしい［東 二〇一一：一七一］。

具体的な制度としては、「すべての政策審議」は密室でなく、ネットに公開され、会議自体は「専門家と政治家」だけが行うが、「中継映像を見る聴衆たちの感想を大規模に収集し、可視化して議論の制約条件とする」制度を提案する［東 二〇一一：一七六］。これは「グーグルやツィッター、Ustreamやニコニコ動画」のようなネット上のサービスを政治に応用することである〔東 二〇一一：一七六～一七七〕。

このような東の主張は、人間の理性よりも感情を重視し、コミュニケーションを重視せずに「一般意志」の導入を主張している点では、さらに政治とはそれぞれの国の「習俗」に基づくべきであるとしている点では、ルソーの解釈としては間違っていないかもしれない。しかし、ルソーの『社会契約論』の解釈としては、東自身が認めるように「二次創作」であり〔東 二〇一一：二五〇〕、東が議論しなかったことをここで指摘してもあまり意味はないであろう。

ただ、私の観点からは、「大衆の欲望」から、倫理的な「共通善」としての「一般意志」やそれによって作成される「法」が生じるのかどうか、つまり「善き政治」が生じるとルソーが主張していたかどうかを次節で考えていきたい。

永見文雄『ジャン＝ジャック・ルソー』

二〇一二年には永見文雄『ジャン＝ジャック・ルソー――自己充足の哲学』は、東と異なり、歴史的にルソーの生涯と全作品を論じたものであるが、社会契約論を論じた部分だけを紹介しておきたい。永見によれば、『社会契約論』の前半部（第一篇・第二篇）は「政治体における人間」の「自然的自由に代わる精神的自由」を前提とした「徳性の獲得」、つまり「自らに課した法に従うことが、自由である」ことを論じたものである〔永見 二〇一二：三〇九〕。

後半部（第三篇・第四篇）は「政府と主権者との関係」や「政府（統治）の分類」を論じたものである。ルソーの最良の統治形態は「選挙的貴族政」であるが、現在の民主国家のほとんどはこの形態であり、直接民主政がルソーにとって「最良の政体」ではないことを指摘している〔永見 二〇一二：三〇九～三一〇〕。

永見は一般意志に関しては、「結社成員全員の意志にほかならない『法』」の成立のためには「一般意志」の存在が不可欠であり、それが「共通の利益」を目的とする「社会体の真の原動力」であるという。そして「一般意志は常に共通善・公共善」を目指し、公平なものであるとされることは当然であると指摘する〔永見 二〇一二：三一一～三一二〕。このように、「法が全員の意志となるためには一般意志という概念が欠かせないとした点がルソーの独創的な点」であり、自由への強制も「法に従うように強制される」ことと「同義」である〔永見 二〇一二：三一三〕。

ただ、この一般意志をどのように確認できるかに関しては、ルソーが「決め手を欠き」、また一般意志と特殊意志を区別することの困難さは十分理解していたことも指摘している〔永見 二〇一二：三一二～三一三〕。現実性の問題は残るが、永見の議論は、全員の「共通善」の実現を目指す「一般意志」が「法」そのものであることを明確にしている点で、西嶋法友の議論と同様に、私の関心からは評価できるものである。

佐藤真之『ルソーの思想とは何か』

二〇一二年には倫理学や哲学の観点から、ルソーにおける倫理的なものと政治的なものとの関連を扱った佐藤真之『ルソーの思想とは何か――人間であり、市民であること』も出版されている。佐藤はその「序論」において、これまでのルソー研究の多くが、社会契約によって「人間が市民になる」と論じてきたが、佐藤は「倫理思想」と「政治思想」とを分け、それぞれの領域で「人間であり、かつ市民であること」を追求するという。この「人間かつ「市民」であることの実現は、ルソーの政治思想によって構想された「社会契約」と「一般意志」において「私益と公益の一致」として表現されている〔佐藤真之 二〇一二：九、一二〕。

佐藤によれば、ルソーの政治思想は、各人が「独立的かつ社交的である」という「自然本性」に従う「共同体のあり方」を模索するものである〔佐藤真之 二〇一二：九二〕。ただ、社会契約による共同体への全面的な放棄は「集団主義的、全体主義的」なものではない。「近代人」は「一個の独立した『人間』である」ことに目覚めているから、この「全面的な譲渡」によって「私的利益」が「公共の利益」となる可能性が作られ、「利益の〈公共性〉をめぐって対等に争う資格」が与えられ、共同体の成員は「市民」となる〔佐藤真之 二〇一二：一一二～一一四〕。

結局、「私的利益と公共の利益の一致」が「人間であり、かつ市民であること」の実現である〔佐藤真之 二〇一二：一一六〕。この共同体の成員全員にとっての「公共の利益」、「真の『共通の利益』」は「利害の普遍的な対立の状況」、つまり各人の利害が他の者とも一致しない状況から導き出されるものである〔佐藤真之 二〇一二：一一九〕。

佐藤はこの点で、外国の研究者や西嶋法友にも言及しながら、ルソーが「一般意志」を導き出した「定式化」を解釈している。ほぼ西嶋と同じ「定式化」は省略して、佐藤によれば、「一般意志」は、すべての「特殊意志」を包括する「〈全体〉によってしか表現されえない政治的決定の〈正しさ〉の指標となる」ものである〔佐藤真之 二〇一二：一三一〕。

「一般意志の定式化」は、西嶋が「経験的方法」では証明できないと述べたように、佐藤もその「定式化」だけではなく、一般意志の制度としての「実効性」についても考察している。まず、佐藤は一般意志の「一般性」に関して、投票の場よりも「公共の討議」の場において「一般意志」が創出されることは、「特殊意志」も「一般意志」を追求することを前提として、あくまでも「一つの対象」を志向し、その一般性が「政治の場」で実現される「実体的規範」であるとも主張する〔佐藤真之 二〇一二：一三四～一三五〕。

また、「公共の討議」においてはその討議の対象は、井上達夫によるルソーの一般意志解釈を参考にしながら、「普遍化可能な属性」に基づき、自己が不利益を被ってもそれを受け入れるという「『観点』の反転可能性」という「一般性」があることを指摘する〔佐藤真之 二〇一二：一三六〕。

このように、討議の参加者には「公正さ」という「『一般意志』の〈実体的規範〉」のみが要求されるが、ただ一度だけの「公共の討議」では「公正さ」が実現されるとは限らず、最終的には「投票」による「多数決」をルソーも認めている。この多数派の票を得た「特殊意志」が「一般意志」になるためには、それがすべての批判に対して「開放性」と「応答可能性」がなければならない。つまり、そのような「一般意志」は、共同体成員の「個々人の『観点』の多様性」を反映したものであり、その「観点」の数だけある批判への「応答可能性」を持ち、その点であくまで「暫定的」なものである〔佐藤真之 二〇一二：一三七～一三八〕。

要するに「私益と公益が一致する」という「一般意志」によるルソーの政治思想は「閉鎖的な〈妥協的コンセン

サス〉」ではなく、「開放的で試行錯誤的な公共的討議」に基づく「多事争論の政治観」を目指すものである〔佐藤真之 二〇一二：一三九〕。

ルソーの「政治思想」のなかにある「倫理思想」として、最後の章では、『社会契約論』における「立法者、習俗、市民宗教」について論じ、いずれにしても「エゴイスティックな近代人の所与の性向」を「共同体の奉仕」に向け、彼らの「利益追求」に「(真の)自然本性」としての「道徳性」を与えるものであると考えている〔佐藤真之 二〇一二：一四九～一五〇〕。

このように佐藤真之の議論は、井上達夫に言及しているように、基本的にはルソーを個人の特殊利益を尊重するリベラルな方向で理解するものであるが、そのようなリベラルな原理だけでは政治が成立しない「道徳性」もルソーに認めようとする議論である。ただ、佐藤は「公共の利益」や「共通の利益」という言葉は使っているものの、「共通善」という言葉は使っておらず、それらの言葉が「道徳性」としてではなく、もっぱら狭い意味での「利益」としか考えていないようである。

飯田賢穂「『社会契約論』に見られる道徳性の条件」

二〇一二年はルソー生誕三〇〇年に当たり、それを記念する国際シンポジュームが日本で開かれ、その記録（永見ほか編『ルソーと近代――ルソーの回帰・ルソーへの回帰』）が二〇一四年に出版された。このなかの論文はいずれも短く、『社会契約論』を本格的に論じたものは少ないが、これまで取り上げてきた論者を除いて『社会契約論』を論じたものだけをここでは取り上げたい。

まず、飯田賢穂「『社会契約論』に見られる道徳性の条件――自分自身との対立と行為の道徳性」は「一般意志」と「特殊意志」の問題をアレントのルソー論から論じたものである。まず、飯田は『社会契約論』の第二篇第三章の「一般意志」成立に関する脚注から、「すべての利益」と個人の「私的利益」は対立するものであり、「一般意志」が「社会契約の結果として成立する以前」に、個人の市民としての「共同の利益」と個人の「私的利益」の対立が「個人の内部」で起こっており、「人民会議の決議」の際に、各人は「一般意志」を「あらかじめ孤独の中で形成」するものであると理解する［飯田 二〇一四：一六九〜一七一］。

「一般意志」が個人の内部で生じることをアレントは認めていたが、ただそれは個人間の「対話」でなく、「争い」と考え、ルソーは自分自身の「利己性」を敵としていると批判する。アレントが問題としているのは、このルソーの教説は「多数性」を保障する「スピーチ」と『利己性』（＝特殊性）」を否定して、「無私」を強調するからである。ただ、飯田は『エミール』のサヴォア助任司祭の言葉を引用して、「スピーチ」においても理性による論証だけでなく、「情念への呼びかけ」も必要であると述べている［飯田 二〇一四：一七三〜一七四］。ここでも「一般意志」における共同性と個人性の関係が問題となっている。

三浦信孝「『ジュネーヴ市民』における祖国愛の逆説」

次に、編者の一人である三浦信孝「『ジュネーヴ市民』における祖国愛の逆説」では、ルソーの政治思想が「人民主権にもとづく国家によって公共の利益を追求する『共和主義』の源流と見みなされてきた」として、「公共の利益」を追求する「共和主義」者であることは自明のように語られている［三浦信孝 二〇一四：一九一］。

三浦によれば、「ルソーは人民が主権者でありかつ法律に従う臣民であるような奇跡の円環構造」を作り出し、この主権者としての「市民」は国王を処刑するまでの「危険な存在」であるとルソーは考えている。これと関連して、三浦が「共和国」と「市民」の問題に関して対談したジャン＝ピエール・シュヴェヌマンの議論を引用している。シュヴェヌマンはルソーを思想的根源と考える「ジャコバン共和主義」を評価する学者であるが、彼によれば、「共和国」は人間を何よりも「Citoyen」（市民）として捉えるものであるが、現在の「アングロサクソンの経済学」は人間を経済人として捉え、そのようなネオリベラリズムの主張から現在の「民主主義の危機」が引き起こされ、「市民」が「一般意思の形成に参加する努力を怠り」、「消費者」として「個人の権利だけを主張する」存在になってしまった［三浦信孝 二〇一四：一九七、二〇〇］。

三浦は、ルソーの『ジュネーヴ草稿』にある「われわれは市民（citoyen）であった後にはじめて、まさに人間（homme）になりはじめる」を引用して、「特定の国家（Cité）の市民権を得てはじめて人権も保障される」という〔三浦信孝 二〇一四：二〇二〜二〇三〕。

この点では、三浦は『社会契約論』における「一般意志」を形成する主体は「経済人」でなく、政治に参加する「市民」であると考えていると思われる。私はサンデルなどのコミュニタリアンは、ネオリベラルを批判し、民主主義の再生を主張する点で、「共通善」を追求する「政治人モデル」に基づく主張であると述べてきたが〔菊池 二〇一三：三四〇〜三四一〕、ルソーも少なくとも政治を語るときにはこのような人間観にあるかどうかを確かめていきたい。

樋口陽一「国法理論家としてのルソー」

次に、三浦とともにシュヴェヌマンと対談した樋口陽一は「国法理論家としてのルソー、または『社会契約論』副題の意味すること」において、ルソーが「国法理論家」、「立憲主義」者として理解することを主張している。樋口は『社会契約論』の副題、「Principes du droit politique」の droit を「法」と訳し、「国法」の原理の意味であるとする。このことから、樋口は、ルソーが「民主主義」ではなく、「民主的権力」であっても、その「権力を制限する」「立憲主義」を唱える者であると主張する。まず、樋口のいう立憲主義とは、「国家権力の制限」とする「消極的」立憲主義とは異なる「社会権力からの自由」のための「国家の役割」を肯定する「積極的」立憲主義であり、この立憲主義は「マネーの暴力と宗教原理主義からの自由」の確保のために「国家の任務」が求められている現在では十分意味がある〔樋口陽一 二〇一四：二一二〜二一四〕。

次に、樋口はルソーの主張のなかにある「分権的要素」として、「立法権」を人民だけに限定し、「主権者・人民に提案すべき法律」を起案する「立法者」の「立法の権威」と区別していることと、法律を執行する「権能」を区別していることを挙げている。ルソーが「真のデモクラシー」が現実には存在しないとか、「神々からなる人民」

がいれば「民主的に統治する」とか主張していることも、この文脈からは当然であるとする［樋口陽一 二〇一四：二一四〜二一五］。

樋口はまた、フランスの法学者の議論に依存しながら、ルソーは当時の「自然法学の主要な法律家たち」を念入りに読み、『社会契約論』は「法理論として首尾が整って」いることも指摘している。たとえば、「一般意思は誤らない」ことも、「法律は主権意思の現れ」であるので、普通選挙によって選ばれた「一般性」を持つ議会以外の「何びとの審査にも服さない」という「法制度の根拠」を示すものである［樋口陽一 二〇一四：二一六〜二一七］。このような「法理論」家としてのルソーは、ルソーの政治思想を理解する場合でも重要な視点であると思われる。

桑瀬章二郎『嘘の思想家ルソー』

最後に、ルソーの文学研究であるが、最も新しいルソー研究である桑瀬章二郎『嘘の思想家ルソー』（二〇一五年）の社会契約論の部分だけを取り上げたい。タイトルにある「嘘」とはルソーが「『逆説』の思想家」として理解され、「常に通説に反するものと認識されていた」ことを指している［桑瀬 二〇一五：vi］。

桑瀬によれば、『社会契約論』を「最も先鋭的な政治的虚言をめぐる考察として読みうる」ものである。それはすべての市民が「嘘への意図性」を持たない「政治空間」の創出を目指しているが、同時に「嘘が全面的に排除された政治的空間」を構想することの危険性も十分意識したものでもある［桑瀬 二〇一五：一一五］。

この点で、『社会契約論』において、人民は腐敗させられないが、「しばしば欺かれる」という記述や、人民はいつも「善」を求めているが、何が「善」であるかを理解しているのではないという記述から、「誤ることのないはずの一般意志と欺かれうる人民」との間にある「理論的整合性」を問題にする［桑瀬 二〇一五：一一九］。

この問題に関して、人民の「自己欺瞞」は一般意志が存立するための条件である「共同の利益」が「特殊意識意志と特殊利害の不完全な変質、排除」によって実現を妨げられることを意味しているが、このことは「複数の欺瞞」の一つでしかない［桑瀬 二〇一五：一二二〜一二三］。

桑瀬は『社会契約論』第三篇第一一章「政治体の死」において、どのような「正統な国家」であっても、その「歴史」には「特殊意識と特殊利害の不完全な変質」以外にも「さまざまな欺瞞と自己欺瞞の危険」があるというルソーの記述に注目する。「欺瞞と自己欺瞞」の関係は「両義的」であって、一般意志を備えた「共同の自我」である「単一の主体」が経験する「政治的危機」は、その「無自覚な誤謬」であるとともに、あたかも「少数の行為者」の「意識的な虚偽」としてルソーは記述している〔桑瀬 二〇一五：一二三～一二五〕。人民は自らの存続のために、自らにとって「最善の法」を自らに与えることが必要であるが、そのために「立法者」が存在する〔桑瀬 二〇一五：一二六～一二七〕。

この「立法者」は「古代の神話的形象」を利用して「卓越した指導者」の「絶対的必要性」を説くことで、ルソーの「人民主権論」は「破綻の危機」に直面するように思われるという〔桑瀬 二〇一五：一三四〕。「立法者」は「人民の諸特性とは反対の諸特性を備えた人物」であり、「人民の『外』」にあるが、「人間本性」を変えることが彼の任務である。このことを桑瀬は驚くべきことであるとして、第一篇第八章「社会状態について」で契約によって人民にもたらされた「劇的な精神的変化」はなんら達成されずに、一般意志はその一般性の獲得へ向かい始めただけであるように思われるという〔桑瀬 二〇一五：一三五～一三七〕。

この立法者としてルソーが取り上げるリュクルゴスは『社会契約論』以前の断片では「策術」を用いたと記述していたが、『社会契約論』では、人民に対して「明示的行為」として、人民を「説得する」ものとして語っている。このことから、桑瀬は「正統な政治体の、人民主権の、はじまりの決定的重要性に気づき」、しかも「その困難に真正面から対峙しようとした思想家」としてルソーを評価する〔桑瀬 二〇一五：一四五～一四八〕。

結局、ルソーは「嘘へのいかなる志向性も持たぬ立法者」によって「欺瞞なき立法という事業」を完成させた。人民が「理性的存在」となり、「自己主体的支配」となることをルソーは望んでいないようにも思われるが、契約を結ぶことによって、立法者を必要としない「一般意志」に「運命」を委ねたと桑瀬は理解している〔桑瀬 二〇一五：一四九〕。桑瀬の研究は、「欺瞞」や「自己欺瞞」に囲まれた政治をいかに「欺瞞」なき政治にするかということがルソーの課題であることを意味しているが、それ以上に「人民主権」、「一般意志」の成立の困難さを意味しているものとして、次節で考えていきたい問題である。

2　ルソーと「共通善の政治学」

ルソーはコミュニタリアンか

以上のように、ルソーの社会契約論に関して、日本では様々な研究があるが、近年ではルソーを「近代人」として捉えるよりも、古代からの共和主義の伝統に位置づける議論が多くなり、日本のルソー研究において、社会契約論の近代的側面を強調する「福田パラダイム」は少なくなっているように思われる。しかし、その場合でも日本の政治学者の研究ではルソーにおける共和主義との伝統とも関係の深い「共通善の政治学」を本格的に語るものはなく、「共通善の政治学」を無視ないしは否定する「福田パラダイム」は現在でも根強いと思われる。

これに対して、英米ではジョン・ロールズのように「共通善」やその「類概念」を中心としてルソーを論じる研究があり、またルソーの「共和主義」をどう評価するかは別にしても、サンデルやテイラーが西洋の共和主義を評価して「共通善の政治学」＝コミュニタリアニズムを唱えていることから、ルソーについても共和主義者以上に、コミュニタリアンであるという研究がありうると思われる。

実際、アメリカにおいて、しかもロールズに学んだ者のなかに、ルソーをコミュニタリアンとみなす研究がある。それはジョシュア・コーエンによる『ルソー——平等者の自由なコミュニティ』（二〇一〇年）である。コーエンはルソーの基本的な主張を副題にあるように「平等者の自由なコミュニティ」と考え、その中心的概念を「共通善」とする。コーエンによれば、「平等性の理念と共通善」は、「一般意志」にとって「政治社会における自律性の達成」のために不可欠のものである。「一般意志の社会では、市民は共通善の理解を共有し」、たがいに平等な存在として、他の成員に対して重荷となることを課すことがない。

共通善の理解の内容はそれぞれの市民の善に対する平等な配慮を反映している。市民はその共有された理解を自分たちの政治的熟議の究極の基盤とする。また自分たちのコミュニティの法を共同で決めることによって、その共有された理解を表明する。最後に市民は共通善に基礎づけられた法によって定められた政治的責務を承認する。

[Cohen 2010: 15]

「平等者の自由なコミュニティ」というルソーの政治思想は、「個人の自己愛と自由の価値」を重視し、「自由で平等と考えられた個人による契約」によって、「個人の基本的な利益を追求する」点ではリベラルな傾向がある。しかし、「共有された社会的でナショナルな連帯、特色ある生き方への愛着、そのような共通の愛着からの自然な結果としての政治的同意」を強調する点では、ルソーにはコミュニタリアンや共和主義者の要素があるが、コーエンはとくに、ルソーがコミュニタリアンであることを強調する。コーエンによれば、ルソーは「哲学的にはリベラルであり、社会学的にはコミュニタリアンである」[Cohen 2010: 21-22]。

私はサンデルも含めて、現代コミュニタリアンは基本的にはリベラルなコミュニタリアン、「リベラル・コミュニタリアン」であると考え、また本書の第4章においてロックを「コミュニタリアン・リベラル」とも呼べることを明らかにしたので、ルソーは「リベラル・コミュニタリアン」と呼ぶことができるかどうかを考えていきたい。

ルソーの「共通善の政治学」の系譜

コーエンは、ルソーが「共通善」を重視することが、どのような思想的影響から生じているのかを説明しておらず、アリストテレス－トマス系譜の「共通善の政治学」や「伝統的自然法」についてもとくに議論していない。ルソー自身がアリストテレスの政治学を人間の不平等性を認めるものとして批判し、また当時の自然法理論をむしろ絶対主義体制を肯定するものとして否定していることから、これまで見てきたように、日本の研究では、アリストテレス－トマスとの関連からルソーの思想を議論するものはなく、「共通善（共同善）」の追求を中心に置く西嶋法友の研究でもこのことは論じられていない。

一五世紀の「公会議運動」を研究したアンソニー・ブラックによれば、公会議と教皇のどちらが優位するかという論争において、公会議を擁護する者も、教皇権を擁護する者も、どちらもアリストテレス‐トマス由来の「共通善」に訴えて彼らの議論を正当化するが、その公会議を擁護する議論から、「共通善」が内在する「全人民」に主権があるという「人民主権」の思想が生み出された［Black 1970: 133-134］。ブラックは、このような「人民主権」を主張する者として、ルソーにも言及しているが、「公会議運動」がルソーに直接影響を与えたという主張をしているのではない［Black 1970: 37, 52］。

アリストテレスの「共通善の政治学」のルソーに対する影響に関して、私がとくに注目しているのは、ルソーが『人間不平等起源論』において、ロバート・フィルマーの父権論に対する批判者として、ロックと並んでアルジャノン・シドニーを挙げていることである［Rousseau 1964b: 182＝2008b: 163］。シドニーは王政復古後にチャールズ二世に対する反逆罪で処刑され、現在では共和主義者として評価されている思想家である［菊池 二〇一一：三五～三六参照］。シドニーの『統治論』（一六九八年）は、プレイヤード版の『ルソー全集』の注によれば、フランス語に訳され、ルソーも当然読んでいた［Rousseau 1964: 1354］。

シドニーはフィルマーを批判して、政府の目的が一人や少数者の利益のためではなく、「社会の善」のために制定され、プラトンとアリストテレスによれば、「合法的国王と僭主を区別する確かな方法は、前者が共通善を確保することを求め、後者が自分自身の快楽や利益を求めていること以外にはない」と主張している［Sidney 1996: 91］。また、フィルマーが民主政治では「公共善」は得られないと主張していることに対して、シドニーは「自由な国家において暮らす者は、ふつうは彼らの状況に満足し、それを維持しようと望み、各人は自分自身の善を公共のなかに含まれていると思っている」と指摘し、その例として古代ローマ共和政治が長く続いたことを挙げている［Sidney 1996: 270］。

このように、わが国の現在の政治学ではほとんど無視されているが、「善き政治」では、とりわけ民主政治や共和政治では、「共通善」が追求されているという伝統は、西洋近代の政治思想のなかでも明確に存在しているのである。

『人間不平等起源論』の「献辞」

ルソーの「社会契約論」を純粋に政治理論として読んでいくために、自然状態が記述された『人間不平等起源論』から始め、自然状態についての記述もある『ジュネーヴ草稿』から『社会契約論』へと内在的な論理構造を明らかにし、そのなかで「共通善の政治学」や「自然法」がどのように位置づけられているかを考えていきたい。なお、この三作品の参照・引用の頁は、プレイヤード版の『ルソー全集』第三巻からであり、邦訳の頁はそれらの新しい訳がある角川文庫からであるが、commun という言葉を「共通」という訳にするなど邦訳はかなり変更している。

まず『人間不平等起源論』の「ジュネーヴ共和国へ」という「献辞」からこの書の意図を考えていきたい。ここではまず人間は自然に（本来）「平等」であったが、人為的に「不平等」が制定されたと語られている。とくに注目すべきなのはジュネーヴ共和国では、「平等」と「不平等」とが幸福に結び付き、「自然法」に最も近く「公共の秩序と個人の幸福」が維持されていると述べていることである［Rousseau 1964a: 111 = 2008a: 10］。

つまり、ジュネーヴではすべての点で平等ではなく、制度的に不平等が存在すること（あとでいうように執政権は平等ではない）も認めていることと、現実の国家も「自然法」によって、公共善（「公共の秩序」）と私的善（「個人の幸福」）が結び付くべきであると考えていることである。

次に、ルソーは望ましい国家として、「主権者と人民」が「同じ利益」を持ち、「共通の幸福（bonheur commun）」を追求し、「人民と主権者」が「同一人物」である「賢明にも穏健な民主政府」を挙げている。つまり、「共通の幸福」（「共通善」と類概念）を追求する望ましい民主政府が「穏健な」ものと考えていることにも注意すべきである。

このことは川合清隆が指摘しているように、当時のジュネーヴの共和国の政体を指していると思われるが、私はとくに、次に「法の支配」を述べていることと関連して理解したい。ルソーによれば、この民主政では「自由」が「法律の尊敬すべき拘束」のもとにあり、その拘束が「快い拘束」として「従順に」受け入れられている。この「拘束」を振り払おうとすると「自由とは正反対の抑制のない放縦」に陥り、「革命」が起きても「扇動者」に支配され、人民は隷属状態になる〔Rousseau 1964a: 112-113＝2008a: 11-13〕。

このことは後に述べるように、『社会契約論』の「自由への強制」であり、無制限の自由でなく、法的拘束を受ける「自由」として、立憲主義のもとでの民主政治の主張である。さらに、ルソーが望ましいと思う国家は「立法権がすべての市民に共通に分け与えられた」ものであるが、法律の作成は市民が勝手な思いつきからではなく、「為政者」に任すべきものであり、人民が「法律を執行する」ことは避けるべきである。そのような人民が法の執行も行う例として、「自然状態」から脱したばかりの粗野な「最初の政府」と「アテネ共和国」が挙げられている。ルソーの考える「共和国」とは「為政者の徳」を人民が尊重するものである〔Rousseau 1964a: 113-114＝2008a: 15-16〕。

このようにルソーのいう「穏健な民主政府」とは、そして「人民主権」とは、人民は法律の賛否ができる立法権を有するが、「執政権」は分離され、アテネのようなすべての権力が「人民」に集中する直接民主政ではない。

『人間不平等起源論』の「序文」

『人間不平等起源論』の「序文」では、与えられたテーマとしての「人間の不平等の源」を「人間の実際の本性(la Nature)」の探求から始めるために、そのなかにある「人為的なもの」から区別され、過去にも現在にも未来にも存在しないが、「現在の状態」を正しく理解するための「自然人」の状態を想定するとルソーは主張する〔Rousseau 1964a: 122-124＝2008a: 33-37〕。つまり、ルソーの「自然状態」はあくまでも現在の「不平等状態」を理解するための仮説にすぎず、ルソーの理想状態ではない。

これに関連して、ルソーはこれまでの自然法学者のいう「自然法」は矛盾し合い、その定義が一致しないのは、自然状態から出た人間をもとにして自然法を考えているからであり、あくまで「自然の声」が直接語るものから「自然法」を考えるべきであるという［Rousseau 1964a: 124-125＝2008a: 37-41］。つまり、ルソーはこれまでの学者による「自然法」を否定しても、「自然法」の存在自体は信じていた。

この点でルソーは、「自然人」には「理性に先立つ二つの原理」として、「自己保存」と「同情（la commisera-tion）」があり、この「二つの原理」から「自然権のあらゆる規則が生じる」という。ただ、この二つの原理は他の動物とも共有するものであり、人間固有の原理とは考えていない［Rousseau 1964a: 125-126＝2008a: 41-43］。

自然人

『人間不平等起源論』の「第一部」は「純粋な自然状態」の記述であるが、私の観点からは、なぜルソーはホッブズを批判しながら、ホッブズと同じように孤立した存在（「原子論的人間」）を前提とし、ロックのように自然状態を自然法の支配下において、「共通善」を追求する「コミュニティ」として考えていないのかという問題がある。

ルソーによれば、この「原初の状態」では、われわれのように家族は「同じ住居」で暮らすこともなく、「共通の利益」によって結び付けられた「親密で永続的な結合」もない状態である［Rousseau 1964a: 146-147＝2008a: 85］。つまり、ここには「共通の利益」（共通善）を追求する「コミュニティ」は存在していない。この記述は「言語の起源」の問題に関して述べられている箇所にあり、そこから自然状態では言語を生み出すような社会状態ではないと主張されている。「自然」は「人間の社会性」を形成することに関係がなく、また「自然生活」よりも「社会生活」の方が「悲惨」であり、「自由に生きている野蛮人」が自殺したことがあるのかとルソーは問うている［Rousseau 1964a: 151-152＝2008a: 96-97］。

この点は、当時の「善良なる野蛮人」の神話や、ルソー自身がやがて「孤独」の生活を強めていくことと関連させることができるかもしれないが、私はルソーの政治論の内在的構造を考えているために、ここでは「自然人」は「ゾーン・ポリティコン」、「政治人」ではないとされていることだけを指摘しておきたい。

このような「自然人」からなる「自然状態」は、ホッブズの「自然状態」が「戦争状態」であるのと異なって、平和な状態である。というのも、「自然状態」では「自己保存への配慮」は「他人の自己保存」にとっても「害にならない」からであり、また自然が「自己保存の欲求」を和らげて、「同胞の苦しみ」への「憐れみの情（la Pitié）」を人間に与えているからである。この「憐みの情」は弱く不幸になりやすい人間にはふさわしい「素質」であり、「普遍的で有益な徳」、「自然の徳」である［Rousseau 1964a: 153-154＝2008a: 99-102］。この「憐れみの情」によって、「自己愛（l'amour de soi）」の活動は和らげられ、種全体の「相互保存」が図られ、ホッブズの主張するような「戦争状態」にはならない［Rousseau 1964a: 156＝2008a: 107］。

このように、自然状態では孤立していても、「憐みの情」のような「利他性」を持っていることが、後の「社会性」に繋がっていくとルソーは考えていたと思われるが、ただ『社会契約論』のなかではこの問題は直接ふれられていない。この自然状態は何世紀も「粗野な状態」で続くが、「他人と関係を持たずに暮らしている」ために、各人は自由であり、不平等は存在しない［Rousseau 1964a: 161-162＝2008a: 115-119］。

結局、人間を孤立した状態としてルソーが描くのは、「自然状態」では人間には本来、政治的・経済的不平等が存在せず、「不平等」は社会状態になってから生じたことをいうためであると思われる。ただ、不平等の発展は、「人間精神の段階的な発展」のなかの「進歩」であり、自然人に「潜在的に」ある「自己改善能力」や「社会的な徳」のような能力が発展することでもある。しかも、この発展は「外部の偶然の要因」によるものであり、「理性を改善して完璧なものとし」、「人間を社会的なものとすること」が人間を「堕落させ」、「邪悪なもの」とするとも述べられている［Rousseau 1964a: 162＝2008a: 119-120］。

つまり、ルソーは自然状態から社会状態への発展を「自然人」にもある能力の発展として「進歩」と捉えながら、そのこと自体が人間を「社会人」として堕落させるものであるという両義性で考えていたことになる。

政治社会の発生

『人間不平等起源論』の第二部は、ある人が誰の土地でもない土地を囲い込んで「これは私のものだ」と叫んだことから、自然状態は終わり、「政治社会（la société civile）」が始まったという有名な記述から始まる［Rousseau 1964a: 164＝2008a: 123］。

ルソーはこの段階に至るまでの「多くの進歩」について語っていく。その進歩も何世紀もかかり、ゆるやかなものであったが、人間の知能と技術の発達から、「第一の革命」として住居や家族が形成された。これが「私有」の始まりであり、「争いや闘い」を生じさせた。ただし、「夫婦愛」や「父性愛」のような「優しい情愛」も発展し、「共同で（en commun）」狩猟することが一般的になっていった［Rousseau 1964a: 167–168＝2008a: 131–132］。

また、「習慣や特性」が一致した「個別の部族（Nation）」も形成され、人間はたがいに親しくなり、「永続的で優しい結びつき」が強まったが、他人を比較して評価することから、「不平等」や「悪徳」が生まれることになる。自己への軽蔑に対する復讐心が生まれ、人間は残忍なものになっていった。このことは現在知られている大部分の「野蛮人」に認められることから、「人間は本来残忍なもの」であるという見方が生じたが、これは「最初の自然状態」から離れた民族の状態であり、「原初的な状態にある人間ほど優しい人間はいない」という［Rousseau 1964a: 169–170＝2008a: 134–137］。ルソーのいう「純粋な自然状態」の「自然人」は、現実に存在する「野蛮人」ではない。

この「第一の革命」によって生まれた「自然状態」は、私のロック論にちなんでいえば「自然状態2」は、ロックと違い道徳的に「堕落した人間の腐敗と状態」にあるのではなく、「純粋な自然状態」の「善良さ（la bonté）」による、のどかな状態と「狂おしい利己愛（amour propre）」の状態との「中間」にある。この状態は最も「革命」が起こりにくい「最善」の状態であり、「共通の利益（l'utilité commune）」が維持されていた［Rousseau 1964a: 170–171＝2008a: 138–139］。ルソーはここではコミュニティという言葉を使っていないが、この「自然状態2」は、「共通善」を追求する「コミュニティ」が成立した状態であると思われる。

不平等の拡大

しかし、「冶金と農業」という発明による第二の「大革命」によって、不平等が進み、「隷属と窮乏」が発展していく。「アメリカの野蛮人」などはこの二つの発明を知らないために、「野蛮」のままにとどまっている〔Rousseau 1964a: 171-172＝2008a: 140-141〕。

この技術の進歩によって人間の能力は発達し、「利己愛」によって「利益」が追求され、「理性」は能動的になり、「精神」はほぼ完璧になる反面、人間の「実態と外見」とはまったく別のものとなり、あらゆる「悪徳」が現れる。私有財産制による貧富の拡大によって、「支配と隷属」、「富める者の横領と貧しい者の略奪」が始まり、「闘いや殺戮」に明け暮れる「戦争状態」となる〔Rousseau 1964a: 174-176＝2008a: 146-150〕。

このようにホッブズのいう「戦争状態」は、ルソーにとっては「自然状態」の終わりの出来事であり、本来の人間の条件ではない。このような「戦争状態」では、「富める者」は、自分の財産を失う危険性が大きいために、策略を用いて隣人たちに団結を訴え、「正義と平和の規則」、「賢明な法」によって、「協同体（l'association）のすべての成員」を保護し、「共通の敵」に対処する「至高の権力」を打ち立てる演説をする〔Rousseau 1964a: 177＝2008a: 152-153〕。

私にはこの演説は「戦争状態」から絶対的な主権を打ち立てようとするホッブズの議論のパロディのように思われる。ルソーによれば、このことが「社会と法の起源」であるが、それらは弱者には「新たな拘束」を、富者には「新たな力」を与え、「自然の自由」を破壊し、「財産と不平等の法」を固定化し、若干の「野心家の利益」のために、「全人類」を「労働と隷属と悲惨」の状況にする。

統治契約

法は国内では「自然法」と関係のないものとなったが、「自然法」は「万民法」として国際間には流通する。しかし、国際間において「自然の同情（la commiseration naturelle）」はなくなり、そのような自然法は数名の「偉大なコスモポリタン」にしか残っていない。国家間では「自然状態」が支配的であり、戦争や流血が「美徳」と同じものとなる［Rousseau 1964a: 177-178＝2008a: 154-156］。

このように、国内法も国際法も自然法に基づくべきであると考えていると思われるが、「自然の同情」という人間の本来の感情を失った「社会状態」における「協同体（アソシエーション）」の「賢明な法」は、実際には支配や不平等を正当化するものになったとルソーは考えている。この段階では「社会（la Société）」は「若干の一般的な合意」だけから成立し、各人はその合意を守ることを約束し、「コミュニテイ（la Communauté）」は各人に対する「保証人」となる［Rousseau 1964a: 180＝2008a: 159］。

ここで、「社会」と「コミュニテイ」が使い分けられ、とりわけ「コミュニテイ」という言葉があとで扱う『社会契約論』と同様に突然出てくるが、第4章で引用したトマスがいう「共通善」を追求する「全人民（tota multitudo）」の意味であり、ここでは「全人民」が「保証人」であるという意味に理解できる。

実際、そのあとで「公衆（le Public）」のみがその約束が守られたかを判断し、裁く者であるとされ、「コミュニテイ」は「公衆」と同じ意味である。ただ、このような方法では「不都合や無秩序」が増大して、「人民の熟議（les délibérations du Peuple）」を守らせる任務を「為政者」に任せる結果となった。ルソーによれば、このように「為政者」や「首長」を設けるのも、あくまで人民の自発行為であり、「奴隷になるためではなく、自らの自由を防衛するためである」［Rousseau 1964a: 180-181＝2008a: 159-161］。

このような行政権の設立に関して、「通説に従って」（当時一般的であった「統治契約」）、「人民と人民が自ら選んだ首長」との契約について論じている。この契約から、「双方の当事者」を結び付ける「基本法」が制定され、為政者は「善き行政」を執行し、人民の意向に従って「権力」を行使し、「自分の利益よりも公共の利益（l'utilité publique）を選ぶ」ことが義務づけられている。その「基本法」が破壊されれば、非合法の為政者に服従する義務は人民になくなり、各人の権利によって「自然の自由」に戻っていく［Rousseau 1964a: 184-185＝2008a: 169-171］。

このように、「社会契約」ではない、「統治契約」であっても「共通善」、「公共の利益」を追求する法による支配であることに注目すべきである。ルソーは次に「統治形態」として、「君主政」、「貴族政」、「民主政」を挙げるが、いずれも統治者は最初は「選挙」によって選ばれるという。ただ、この選挙のために、「派閥が形成され、徒党の争いが先鋭化して」内戦が勃発する。そのなかで野心のある有力者が世襲的支配者となり、専制政治が始まり、人民は奴隷となって不平等が拡大していく［Rousseau 1964a: 185-187＝2008a: 173-175］。

社会人

ルソーは、この「不平等」の最後の段階において「円環が閉じ」、また出発点に戻るようになるという。というのも、すべての人民は「無であるからふたたび平等になる」からである。ここでは「善のさまざまな観念も正義のさまざまな原理」も消滅し、「最強者の法」に従うだけであり、「腐敗の極」にある「新しい自然状態」となる。ルソーはこの最後の段階の「人工の情念」しか持たない「人為的人間」である「社会人」と「野蛮人」を比較し、「野蛮人」は「自分自身のなかで生きている」のに、「社会人（l'homme sociable）」は「つねに自らの外で生き、他人の評価によってしか生きることがない」。そのため、「善悪」には無関心であり、「人為的な演技」だけの「軽薄な外見」しかない。結局、ルソーが孤立した自然人を想定するのも、「自然の善性」から離れ、他者との関係だけで生きている「社会人」を批判するためである。人間が「不平等」であることも、「自然な傾向」からでなく、「社会の精神」が生み出したものであり、「自然法」に反したものであるというのがルソーの結論である［Rousseau 1964a: 191-194＝2008a: 184-190］。

『ジュネーヴ草稿』の自然状態

私はこのような「社会人」から「自然人」にまた戻るのではなく、「政治人」を新たに生み出すことが、ルソーの『社会契約論』の課題であると考えている。この点を理解するために、『社会契約論』の草稿である『ジュネーヴ草稿』の、『社会契約論』にはない「自然状態」から「社会状態」への移行の問題について取り上げておきたい。

『ジュネーヴ草稿』の第一篇第一章で、この著作の目的が「社会体の設立」の問題であると述べてから、第二章を「自然状態」の記述から始めている。

ここでは『人間不平等起源論』とは異なり、人間は最初から「さまざまな人間関係に依存する」存在とされている。人間の欲望には限界があり、他者と対立するほど、逆に『人間不平等起源論』でいわれた「同情」や「憐れみの情」と類似の「愛他心（bienveillance）」が必要となる。しかし、それは無力なものであり、「和解と和合」だけではなく「競争と嫉妬」も生じさせる［Rousseau 1964b: 281-282＝2008b: 304-307］。

そのため、各人は「共通の幸福（félicité commune）」や「一般的福祉（bien général）」を求めることがなく、「自分の利益」や「自分の情念」しか追求しない［Rousseau 1964b: 283＝2008b: 308］。『人間不平等起源論』とは異なり、ここでは「無垢な古代」においてさえ、人間は孤立して自分のことしか考えず、「善良さ」や「美徳への愛」がなかったとルソーは主張する。

共通善の追求

しかし、人類を「一つの道徳的人格」として仮定したときには、「共通の存在」として「共通の目的」があり、そのための「普遍的な原動力」として「自然法」がある。しかし、実際の制度のもとでは、「社会の進歩」によって「自分の利益」を優先する傾向が強まり、「自然法」というよりも「理性の法」となり、自然が命じた「社会的協約」は「妄想」にすぎないものとなる。「公的な善悪」は「個々の成員の善悪の合計」ではなく、それよりも大きなものであり、「公共の幸福（la félicité publique）」こそが個々の成員の幸福の土台となるものである［Rousseau 1964b: 283-284＝2008b: 310-311］。

この記述は『社会契約論』の「一般意志」の導入を思い出させるものであり、あとで詳しく論じる必要があるが、政治の目的が「共通善」の追求であることが語られていることは間違いない。ただ、「共通の幸福」や「公共の幸福」を語っている箇所は草稿から抹殺された部分であり、ルソーはこのような「共通善」の追求が現実には困難であることを理解していたと思われる。

人間が「独立した状態」であれば、「自らの利益」を追求し、「共通善（bien commun）」のために協力しない。そのような人間は、強者と力を合わせて、弱者から奪ったものを分け合い、「正義」よりも自分の「利益」や「安全」を追求する。この点では独立した主権国家も同様に行動するであろうとルソーは主張する。その点では、「神という崇高な観念」によって、神が命じる「同胞愛」や「社会的な美徳」を説いても、「大衆（la multitude）」にとっては理解が困難である。大衆の神は「分別のない」、「破壊的」な情念を駆り立てるものである。神や「自然法」も「人々の心」に内在するとしても、また人民に教えられるようになっても、現実には「調和と平和」よりも「虐殺と殺害」が多く、無意味なものである［Rousseau 1964b: 284-286 = 2008b: 312-315］。

哲学者（ディドロ）による「すべての人間が最大の幸福を獲得する」という「一般意志」の議論も同様なものであり、「独立した人間」は、なぜ「一般意志」に従うべきであるのか、それが自分の利益になるのかどうかを疑問にするであろう。「ふつうの人間（le commun des hommes）」は、「一般意志」に従おうとする「善き意図」があっても、その適用で思い違いし、「法」に従わず、自分の「好み」に従っているだけである。このような「誤り」に陥らないために、「内なる声」、「良心」に従うべきであるという主張もあるが、そのような「声」は社会や法律のなかで「習慣」によって形成されるものであって、法律の作成には使えないとルソーは指摘する。実際に、「社会秩序の観念」はすでに確立されている「社会秩序から得られた観念」であるとルソーはいう。この点で、人々はまず自分たちの「特殊な社会」に基づいて、「一般社会」を考えるのである［Rousseau 1964b: 286-287 = 2008b: 315-318］。ここでは、「共通善」を追求する「一般意志」が法律作成の原理であるとともに、「ふつうの人間」には実際には受け入れ困難であることが語られている。その点で、このような「ふつうの人間」にも「一般意志」が受け入れられるための考察をルソーはするのである。

『人間不平等起源論』で述べたように、「自然状態」は「戦争状態」ではないとホッブズを批判し、「自然状態」では「自由」であったのに、人間は「社会的になる」ことで「不幸」や「邪悪」になり、「社会状態の要求」に従っているために、「正義と平等の法」は何の意味もなくなっている。しかし、人間は本来「美徳や幸福」を求めるものであり、「堕落」することを求めてはいない。そのためには、「悪」によって「悪を癒す手段」を求め、「新しい結びつき」によって「一般的な結びつきの欠陥」を直すことを試みる。このことは自然状態の「初歩的な人為」による「害」を「完成された人為」で補うことであるという。それは「幸福」であると思われていることが「悲惨」であると考え、「見かけだけの利益」よりも「十分納得したうえでの利益」を選ぶことである。いずれにしても、「より善い体制のもとでは、善行は報われ、悪行は罰せられ、正義と幸福が一致する望ましい状態が実現される」［Rousseau 1964b: 287–289 = 2008b: 318–321］。

このことは「ふつうの人間」の「特殊意志」という「悪」を「共通善」に変える「一般意志」によって、「正義」と個人の「幸福」をともに実現する道徳的国家を目指すことであると思われる。この点でこの草稿から離れて、ルソーの『社会契約論』そのものを論じていきたい。

あるがままの人間

『社会契約論』完成稿の冒頭では、「あるがままの人間」にとっての「あるべき法」を定めて、「正当で確実な統治の規則」を探求することが本書の意図であると述べられている。このことは「正義と利益」とを分離せずに、「権利」と「利益」とを結び付けることであるとも主張されている［Rousseau 1964c: 351 = 2008c: 17］。

この「あるがままの人間」とは、『人間不平等起源論』でいう堕落した自然状態が作り出した「社会人」であると思われ、もっぱら「特殊利益」、私的利益を追求する「ふつうの人間」である。このような「ふつうの人間」の真の「利益」にもなる「権利」を「あるべき法」によって保障する最善の「立法国家」を探求することが『社会契約論』の意図である。そこでは「正義」や「権利」とともに、個人の真の「利益」や、草稿の言葉では真の「幸福」も実現される。

第一篇第一章は「人は自由なものとして生まれたのに、至るところで鎖につながれている」という有名な一節から始まるが、これは、「自由」と思っていることが、むしろ「悲惨」であることを示し、「自由」を回復するための主張である。ただ、この「自由」は実際には「自然の自由」ではないことはあとで述べられている。この自由を回復するために、社会は「自然」から生まれたものではなく、自由で平等な人間の「合意」によって作られたことがアリストテレスの人間不平等論などの議論を論駁して主張されていく［Rousseau 1964c: 351ff. = 2008c: 18ff.］。

社会契約

その最後の第五章では、社会を形成する際に、「少なくとも一度は全員一致の合意」があったといい、次の第六章でそのための「社会契約」が論じられていく［Rousseau 1964c: 359 = 2008c: 38］。

ここでは「自然状態」の終わりから議論が始められ、人々はもはや「自己保存」を維持できない状況となり、「生き方」を変えなければ、滅亡する状況を迎えているとルソーは仮定する。その際、自らの「自己保存」のために使える手段は、人々が集合した「力の総和」しかないが、各人が被害を受けず、しかも「自己への配慮の義務」を維持するために、その「力と自由を拘束する」という困難な問題があることを指摘する。この「共通の力」によって「各人はすべての人々に結びつきながら、しかも自分にしか服せず、それ以前と同じように自由であり続けること」を可能にすることが「社会契約」である［Rousseau 1964c: 359-360 = 2008c: 38-39］。

この「社会契約」の唯一の条項といえるのが、「各構成員を、そのすべての権利とともに、コミュニティ全体に対して全面的に譲渡する」ことである。この「全面的な譲渡」とは、ルソーの説明では各人が自らを自らに与えることであり、失ったものと「同じ価値」のものをふたたび手に入れることである。このことは各人が「自らの人格とすべての力」を「共通のものとして、一般意志の最高の指導のもとに置き」、各人が「全体の不可分の一部」になることである。この契約によって、個別の人格に代わって、「一つの道徳的で集団的な団体」がただちに形成され、「共通の自我」となる［Rousseau 1964c: 360 = 2008c: 40-41］。

コミュニティ

この「全面的な譲渡」に関してはあとで議論することにして、ここで注目したいのは、「コミュニティ」という言葉がここでも突然出てくることである。『人間不平等起源論』における「コミニュティ」が解体した後の最後の「自然状態」から社会契約が結ばれるために、この「コミニュティ」は社会契約によって新たに形成されたものであるが、それを「コミュニティ」と呼ぶのは、「共通の力」、「共通の自我」として、あとで述べるように「共通善」を追求するからである。この「道徳的で集団的な団体」である「コミュニティ」は、かつては「都市国家（Cité）」と呼ばれ、現在では「共和国」「政治体」と呼ばれるものであり、受動的な意味では「国家（Etat）」であり、能動的な意味では「主権者」と呼ばれるものである［Rousseau 1964c：361-362＝2008c：42］。

つまり、コミュニティとは「主権者」という集合体である。第七章はこの「主権者」に関するものである。各「個人」は自分自身と契約するが、そのことは「二重の関係」での契約である。つまり、各人は「個人」に対しては「主権者の成員」として契約し、「主権者」に対しては「国家の成員」として契約するのである。その点では、「本来、独立した絶対的な存在」である個人は「特殊利益」も持っているので、「共通の利益」に反して、「臣民の義務」を果たさず、「市民の権利」だけを享受しようとするかもしれない。しかし、このような「不正」が続けば、「政治体の崩壊」となる。そのために、社会契約には「一般意志」への服従を強制するという契約が含まれ、各人は「自由であるように強制されている」。「一般意志」はその成員が「特殊利益」だけを追求し、「共通の利益」を追求しなくなれば解体するからである。つまり、「共通の利益」を追求することが「義務」であることから「自由への強制」は主張されているのである［Rousseau 1964c：362, 363-364＝2008c：44, 47-48］。

自由への強制

その強制される「自由」とは何かは次の第八章「社会状態」で論じられている。「自然状態」から「社会状態」への移行は「大きな変化」をもたらすものであり、「本能的な欲動」、「肉体の衝動」から「正義」、「道徳性」や

「義務の声」によって「権利に基づいた行動」をするようになることである。このことは、自然状態での様々な「利益」を失うものの、それ以上の「利益」を得ることを意味しているとルソーは主張し、「自然状態」と「社会状態」との「自由」を比較する。「自然状態」の自由は、自分勝手な「無制限の権利」であり、「欲望」だけで動かされる「奴隷」のものであるのに対して、「社会状態」での自由は「一般意志による制約」を受けた「政治的自由（la liberté civile）」として「自ら定めた法に服従する自由」であり、また「真の意味の主人」になる「道徳的自由」である［Rousseau 1964c: 364-365＝2008c: 48-51］。

このように、社会状態では無制限な「自然の自由」を失い、自由は「政治的自由」や「道徳的自由」に変化し、「法に服従する」ことをルソーは「自由への強制」として主張しているのである。個人の自由や権利を絶対化し、一切の「強制」がなくても善き政治が可能であると考えない限り、この「自由への強制」は福田歓一もなんら問題を認めていないように、政治的に見たとき当然の議論である。人間は政治社会、つまり「コミュニティ」のなかで生活する限り、「法に服従する」義務があるという当然の主張である。

第九章の「土地の支配権」において、権利をコミュニティに「全面的に譲渡する」意味が「所有権」に関して明白にされている。つまり、コミュニティに個人の財産が譲渡されることは、個人から財産を奪うのではなく、「土地の合法的な所有を個人に保障する」ことである。現在の社会でも、個人の所有権は登記して、国家によって認められるのであることを考えれば、この主張は奇妙なことではない。ルソーによれば、社会契約による「譲渡」は、一般的には「自然の不平等」の代わりに、「道徳的・法律的平等」を確立するためである。人間は「体力や才能」では「不平等」であるが、「約束事と権利」によってすべて「平等」になるのである［Rousseau 1964c: 367＝2008c: 55-57］。このように、「全面的譲渡」は個人の権利を確保し、「法の前の平等」を実現するために行うのであり、これも政治的に見たとき当然の議論である。

共通善としての一般意志

次の第二篇第一章では「主権は譲渡されえない」ことが論じられている。ここで明確に国家の目的は「共通善」であり、それに従って「一般意志」は「国家のさまざまな力を指導する」ものであると述べられている。つまり、「特殊利益」の対立から社会を設立したのは、それらが一致できたからであり、異なった利益のなかにある「共通のもの」が「社会の絆」を作るのである。この「共通のもの」がなければ、「いかなる社会も存続できず」、「この共通の利益によってのみ社会は統治されなければならない」。この「一般意志」を行使することが「主権」であり、その「意志」は譲渡できないものとして、主権者である「人民」に内在する［Rousseau 1964c: 368＝2008c: 58-59］。

国家の目的が「共通善」の実現であり、それがなければ国家は解体するということは伝統的な考えであり、しかも「共通善」は日本でかなり誤解されているのとは異なり、私的な利益の対立を前提として形成されていくのである。ルソーの「一般意志」とはこの「共通善」を目的とするもの、あるいは「共通善」そのものである。第二章では、「一般意志」は「人民全体の意志」であるから「分割できない」と主張され、この「表明された意志」が「法」となると主張されている［Rousseau 1964c: 369＝2008c: 61］。

一般意志の正しさ

第三章では、「一般意志」は「つねに正しい」と主張される。ただし、人民の一般意志は「つねに正しい」とは限らず、何が幸福かわからないことから「欺かれる」ことがあるという［Rousseau 1964c: 371＝2008c: 64-65］。このことは、「一般意志」はそれ自体理念としては正しいが、それが現実化された「法」が間違ったものになることもありうるという主張である。冒頭でいわれた「あるべき法」と「あるがままの人間」のずれ、「理念」と「現実」のずれの問題である。

次に「私的な利益」を目指す「特殊意志」の総和である「全体意志」と、「共通の利益」だけを目的とする「一般意志」とが区別されるが、この二つの意志がときには同じことにもなるといい、「あるがままの人間」にある

「特殊意志」をはじめから否定していないことにも注意しておきたい［Rousseau 1964c: 371＝2008c: 65］。

ここで「個別意志から、相殺し合う過不足を除く」と「相違の総和」として「一般意志」が残るという定式が述べられている。この解釈が日本の研究でも様々試みられているが、ルソー自身が注において説明しているように、「利益の対立」の存在を前提とし、そこから「共通のもの」としての「共通の利益」が「一般意志」になるという意味ぐらいで理解しておきたい。「一般意志」に関しては、人民が「十分な情報をもって熟議する」が、「たがいに意志を伝達しない」ときに、「つねに善い」ものとなり、意見の違いを少なくして、「意志の一般性」を低くする「部分的結社」という「特殊意志」が存在せずに、それぞれの市民が「自分自身の意見」だけをいうことが重要である。つまり、それぞれの熟議された「特殊意志」が数多く個別的に表明された方が「一般性」を高めると主張されている［Rousseau 1964c: 371-372＝2008c: 65-66］。

この点もいろいろ議論されているが、「部分的結社」の意志を否定するためとはいえ、数多くの個人の「特殊意志」からむしろ「一般意志」が生じるということは難問であると思われる。ただ、この場合も「共通善」の概念でこの問題を考えるべきである。第四章では、「一般意志」が正しい理由として、各人が自分の「幸福」を望み、自分のことを考えて、「全員のために投票する」からであり、「各人がまず自らを優先する」という「人間の本性」から「権利の平等」と「正義の観念」が生じると主張されている。

次に「一般意志」が一般的であることに関して、その「本質」とともに、「対象」も一般的であると主張され、「特殊意志」だけを対象とするときに「一般意志」でなくなるとも主張されている。このような「個別性」と「一般性」の問題の矛盾を解くのは、ルソーによれば「共通の意志」の概念である。ある意志が一般的になるためには、「投票の数」よりも「投票を結びつける共通の利益」である。つまり、「人民主権」という一般意志によって、「各人が他人に従わせる条件には自分も必ず従う」という「平等性」があるからである。このことを「利益と正義の一致」と呼んでいる［Rousseau 1964c: 374＝2008c: 71］。

結局、「特殊意志」が多く表出されても、社会契約は市民が同じ条件で約束するので、すべての市民が「同じ権利」を享受し、「平等に義務づけ」、あるいは恩恵を与えるという徹底した「平等」が確立されているから、「一般意志」は「共通のもの」に近づくのである。実際、社会契約がすべての人に「共通なもの」であるから「公平」（正義）であり、「全員の福祉」だけを目的とするから「有益」である。つまり、社会契約に服従することは、「自分自身の意志だけに服従する」ことである［Rousseau 1964c: 374-375＝2008c: 72-73］。

立法者

このように、「利益」と「正義」、「個別性」と「一般性」が結び付くことは、伝統的自然法にもある。第3章で水波朗による「人格」と「国家」の関係で説明したが、その場合、トマス・アクイナスは「共通善」を「大衆の善」として、人民に内在するものと考えていた。しかしルソーは、『ジュネーヴ草稿』では「共通善」を人民が追求することが困難であると考え、『社会契約論』の最終稿では、「私益」を追求する「あるがままの人間」から「共通善」の追求を可能にするための「立法者」を要請している。

第六章において、「公衆」は真の幸福を知らないために、「啓蒙される」ことによって、「社会体」の「知性と意志が一致する」として、第七章において「立法者」の必要性が語られていく。立法者は「人間性を変革し」、「人民に制度を与える」ものである［Rousseau 1964c: 380, 381＝2008c: 86, 88］。この場合の「公衆」は「あるがままの人間」としての「社会人」あるいは「経済人」であり、それが「共通善」を内在する「政治人」になるために、「人間性」を変革する「立法者」の「制度」が必要であることをルソーは主張している。

第一二章では、実定法以外に建国のための重要な「第四の法」として、「習俗、慣習、とくに世論」を挙げ、「偉大な立法者」もこれについて配慮しているという［Rousseau 1964c: 394＝2008c: 117］。「立法者」や「習俗」なども、「社会人」あるいは「経済人」としての「あるがままの人間」から「共通善」を追求する「あるべき法」が作られていくための問題である。

第三篇は政体論であるが、ルソーのいう「人民主権」があくまで立法権だけに関するものであり、行政権は「選挙による貴族政」を主張していたことだけにここではとどめておく。ルソーの「共通善の政治学」を探求している観点からは、第四篇第一章においてふたたび「一般意志」の問題が取り上げられることから考えていきたい。そこでは「最も幸福な人民」とは、「農民たちが樫の木の下に集まって国事を決め、いつも賢明に行動する」ような「一つの意志」に統一され、「共通の幸福」を追求するものであるとされている。しかし、「特殊利益」の追求が強くなると「共通の利益」は変質し、投票は「全員一致」でなくなり、「一般意志は全体意志でなくなる」。最後に国家が滅亡しようとするとき、「最も卑しい利益」が「公共善」を悪用するようになり、「一般意志」は消滅してしまう［Rousseau 1964c: 437-438 = 2008c: 206-208］。

このような記述は、まったく「利益の対立」がない「共通善」の追求がルソーの理想状態であり、立法者が定めた制度に人民はただ従っているだけの存在であるかのように思われ、一般的にいって、ルソーが全体主義的であると批判される原因になっていると思われる。また第1節で引用したように、とりわけサンデルが批判したルソー像であるように思われる。この点では、たしかに一つの意志に統一された「共通善」としての「一般意志」はルソーにとって理想的なものではあるが、実際には「一般意志」はあたかも一つの意志に統合されたものとみなすべきであるとルソーは考えていたと思われる。

第四篇第二章の「投票」においても、「人民の集会」で「一般意志」が「全員一致」に近づくほど、「一般意志」が支配的であり、逆に議論に時間がかかるときは「特殊利益」が強く、「国家の衰退」に向かっているという［Rousseau 1964c: 439 = 2008c: 211］。ただ、ルソーは「社会契約」だけが「全員一致」の法であり、それが最も「自発的」なものであると主張している［Rousseau 1964c: 440 = 2008c: 213］。

一般の「法律」に関して、自分が同意しないものに服従する必要がないという議論に対しては、「社会契約」によって、「すべての法律に服従することに同意している」から服従すべきであると考えるべきであるという。「一般意志とは、国家のすべての構成員の不変の意志」であり、この一般意志によって、「人民」(ここでは「政治人」)となり、「自由」となるのである。だから、人民に求められているのは、「その法律が人民の意志である一般意志に合致しているかどうか」である。自分が少数派になるということは、自分が考えた「一般意志」が「一般意志」ではなかったことを示している[Rousseau 1964c: 440-441＝2008c: 214-215]。

このような「一般意志」＝人民主権の主張は、現代の議会制民主主義における国民主権の概念でも、いったん決まった法には、少数派であっても主権者としての全国民の意志＝法として服従すべきであることを考えれば奇妙なものではない。いずれにしても、現在一般的になっている「利益集団政治」の「経済人モデル」の投票と異なり、自分たちの「特殊利益」を求めて投票するのではなく、あくまでも「一般意志」、「共通善」を求めて投票する「政治人」になることをルソーは求めている。すべての人民が自発的に(自由に)平等に同意して得られる「一般意志」を求めて投票することは、個人の自由(ただし「政治的・道徳的自由」)や個人の利益(ただし「共通の利益」に反しない利益)の追求とも矛盾しないものであるというのがルソーの主張である。

ただし、このように現実の「あるがままの人間」、「ふつうの人間」としての「社会人」「経済人」が「政治人」になることは、きわめて困難なこともルソーは自覚していた。そのために、最後に「社会性の感情」を育て、「善き市民」と「忠実な臣民」という「政治人」になるために「政治宗教(la Religion civile)」が必要になるのである[Rousseau 1964c: 468＝2008c: 272]。

リベラル・コミュニタリアンとしてのルソー

ルソーは矛盾した思想家、最近では「逆説の思想家」として「嘘の思想家」とまで呼ばれている。私の試みは日本の研究ではほとんど論じられていないルソー自身が使っている「共通善」やその「類概念」を使って、むしろその矛盾、とりわけ政治における理念と現実の矛盾を明らかにするものである。つまり、「自然状態」において自由で平等であったが、「政治的動物(ゾーン・ポィティコーン)」、私の言葉では「政治人」ではなかった人間は、現実の社会では、他者との関係だけで生きる「社会人」であるとともに、堕落した「特殊利益」だけを追求する「経済人」となり、本来の「自由」や「平等」が失われていく。そのために、「共通善」を追求する「一般意志」の表明である「法」を制定し、それに服従する「政治人」に全員がなるべきという「理念」が主張された。

ルソーの社会契約論は、政治や法律の目的が「共通善」としての「一般意志」の実現であると主張している点で、「共通善の政治学」であると私は考えている。しかも、個人の権利や自由の追求の重要性を主張しながら、政治社会（コミュニティ）形成の目的として「共通善」という規範を主張する点では、ロックの立場が政治的には「コミュニタリアン・リベラリズム」であると主張できるのであれば、ルソーは「リベラル・コミュニタリアン」であるというのが私の結論である。

ただ、ルソーが同じリベラル・コミュニタリアンである現代コミュニタリアンと異なるのは、人間は本来「共通善」を追求するという「政治人」モデルからよりも、「社会人」「経済人」モデルからまず政治論を展開しているために、「あるべき法」に、より依存した政治論になっており、「共通善」もリベラルなロールズの正義の原理（「法」）を重視した「共通善」（むしろ「共通正」）に近いものとなっている点である。ただしロールズのように、道徳的・政治的立場に価値中立的であるが、政治における個人の利益追求を前提とする現代のリベラルよりも、政治における道徳的・政治的価値、とりわけ「ふつうの人間」による平等な政治参加のための「共通善」を強調している点では、ルソーの主張は現代コミュニタリアンに近いものである。

個人の自由や権利、さらには個人の利益追求を絶対化し、「共通善」はこのような個人の自由や権利、利益追求を否定するものであると批判する個人主義的リベラルやリバタリアンは、このようなリベラル・コミュニタリアンの「共通善」であっても、権威主義ないしは全体主義的なものであると批判するように、ルソーの社会契約論における「自由への強制」や個人の権利のコミュニティへの「全面的譲渡」を全体主義的なものとして批判する。あたかも、彼らは政治では個人の自由や権利だけが追求され、一切の「強制」が必要ないかのように、「共通善」の理念だけでなく、「共通善」の現実も否定するかのようである。

しかし、少なくともロールズやコーエンのようなアメリカのリベラルのなかには政治の理念や現実における「共通善」の重要性（実際は「共通正」を重視するとしても）を理解し、ルソーに対しては好意的である者もいる。日本では、ルソーを評価しても多くは、ルソーにおける「共通善」の重要性をわからずに評価している。ロックと同様にルソーが「共通善」やその「類概念」を使っていることが日本のパラダイムのせいか見えない研究者が多い。とりわけ政治学者が、西洋政治思想の伝統では政治の目的である「共通善」を無視するか、誤解することは奇妙なことである。このことがルソーの恐れた不平等が拡大していく「経済人」の跋扈になることに気づいていない。このことは一八世紀の問題だけではなく、むしろ現代の問題でもある。

第7章　ヒュームの社会契約論批判とカントの社会契約論

1　ヒュームの社会契約論批判と「共通善の政治学」

本章の課題

本書の第1章で述べたように、ジョン・ロールズは、彼の正義論が「ロック、ルソー、カントに代表される社会契約の伝統的理論」を一般化し、とりわけ「きわめてカント的」なものであると主張する［Rawls 1999a: xviii＝2010: xvi］。

しかし、ロールズが『正義論』において正義を必要とする「正義の環境」として、社会契約批判論者であるデイヴィッド・ヒュームの議論を用いていることから［Rawls 1999a: 109-110＝2010: 170-172］、マイケル・サンデルはロールズの正義論がドイツ観念論のカントの形而上学的義務論を経験論的な英米の哲学に合致させた「ヒュームの顔をした義務論」であると論じている［Sandel 1998: 13-14＝2010: 15-16］。

そのため、ロールズの社会契約論的な正義論を理解するうえで、これまで考察してきたホッブズ－ロック－ルソーの社会契約論に加えて、カントの社会契約論を考察する前に、ヒュームの社会契約論批判や彼の正義論も理解する必要がある。

本章の第1節では、ヒュームの社会契約論批判や正義論についてロールズがどのように評価していたかを考察したうえで、ヒュームの正義論がロールズの正義論や「共通善の政治学」とどのように関連するかを明らかにする。

第2節では、カントの社会契約論についてロールズがどのように評価していたかを考察し、次いで、福田歓一がホッブズ－ロック－ルソーのあとでカントの社会契約論についても論じていることから、これまで問題としてきた福田パラダイムにおいてカントがどのような位置を占めるのかを論じることによって、本章のテーマであるカント－ロールズの社会契約論と現代コミュニタリアニズムの「共通善の政治学」との関係をさらに明らかにしていきたい。

ロールズのヒューム評価

ロールズは政治哲学の講義において、ホッブズやロックを論じたあとで、「功利主義の伝統に属する著述家」としてヒュームを取り上げる［Rawls 2007: 159＝2011: 289］。ロールズによれば、ホッブズやロックの社会契約論は「合意（agreement）」という概念を中心とするものであるが、功利主義はこれとは別のヒュームが使っている「社会の一般的な利益、または一般的な福利、公共善、公共的利益」という観念を含むものの、功利主義には「約束、起源、あるいは契約」という観念がない［Rawls 2007: 161＝2011: 292–293］。

ロールズによれば、功利主義は「共通善」の「類概念」と思われる「一般的な利益」や「公共善」などを追求するものの、「合意」に基づく「社会契約論」がないことになる。またロールズによれば、ヒュームのような「功利主義」はホッブズの主張と以下の三点において区別される。⑴ベンサムを除いては「心理学的利己主義」を拒否し、「情愛や仁愛という感情の重要性」を強調する。⑵「正と不正の区別」についてのホッブズの「相対主義的な規約主義」ではなく、「効用の原理の道理性と客観性」を強調する。⑶「政治的権威」が「実力」に基づくというホッブズの主張を拒否する［Rawls 2007: 161＝2011: 293］。

ロールズは、ベンサムのような「心理学的利己主義」に基づき権力を正当化するホッブズの社会契約論に対しては批判的であり、すでに述べたように、『正義論』では社会契約論者のリストからホッブズを外しているが、ホッブズと比較すれば、ヒュームの「功利主義」を「効用の原理の道理性と客観性」の点で評価していると思われる。

ヒュームのロック批判

ロールズによれば、ヒュームの社会契約論批判は基本的にロック批判である。ヒュームの考えでは、ロックの社会契約論は現実の人間が持っていない「知識」や「正義」への配慮のような「人間本性に過大な要求をする」ものである［Rawls 2007: 167＝2011: 304］。これに対して、ヒュームの「正義、誠実、忠誠の義務」は「効用の概念」つまり、「社会の一般的必要と利益」によって正当化されるものである［Rawls 2007: 169＝2011: 307］。

ヒュームの結論では社会契約論は、哲学的にも妥当性が低いだけではなく、一般の人々が信じている「常識」や「政治的見解」にも反している。「道徳の問題」に関しては、「人類の一般的な意見と慣行」が重要であるとヒュームは信じている［Rawls 2007: 170＝2011: 308-309］。

ロールズによれば、このようなヒュームのロック批判は「強力で、説得的であり、多くの点において非常に妥当性が高い」ものである［Rawls 2007: 170＝2011: 309］。ただ、ロールズはヒュームによるロック批判の問題点も指摘している。

まず、政府への忠誠が「原初の同意（original consent）」に基づくものであるというロックの主張に対するヒュームの批判に関して、ロック自身が契約は子孫まで拘束しないと述べていることを引用し、ロックは「自然的自由」を持って人々が生まれ、この自由の状態から理性を行使する年齢になった時に「参加する同意」が必要になると考えていたと指摘する。

次にヒュームは、ロックの「明示的な同意」と「暗黙の同意」の区分を考慮せずに、後者の同意からは他の政府に加わる「自由」を得ることがあることを無視している［Rawls 2007: 170-171＝2011: 309-310］。

さらに、ロックによる「契約を通じて参加する」という主張と区別される、「同意」とは関係ない「根本的自然法」に由来する「正統な体制を支持するという自然法的義務」という主張をヒュームは理解していないという［Rawls 2007: 170-172＝2011: 310-312］。

とくに、ロールズによれば、後者の「自然法的義務」という主張に関して、歴史的に偶然の産物であっても、

「もし平等な権利の状態から自由に契約されうる政体であるならば、現在の体制は正統なものである」ことをロックは主張している［Rawls 2007：172＝2011：312］。つまり、ロックの議論は実際に「契約」があるかないかに関係なく、自由で平等な権利を持った人々による「正統な体制」を主張し、むしろ「自然法」に基づく義務論であるとロールズは考えていることになる。

この点で、「仮説的基準」を持つ「ロックの社会契約論」によって選ばれる「正統な体制」と、「一般的利益」、つまり「効用」という「ヒュームの概念」によって選ばれる政治体制とが同じものであるかどうかが重要な問題であると指摘する［Rawls 2007：174-175＝2011：312-313］。

ロールズによるヒュームの功利主義

このようにロールズは、ロックにとっては「社会契約」自体がそれほど重要なものではなく、またその「社会契約」自体が「人間本性に過大な要求をする」ものであるというヒュームの批判を認めている。しかし、ロールズによれば、ロックの「自由な参加による合意」は、「効用」としての「ヒュームの一般的原理」を含み、「社会の一般的利益を促進する」ものであり、「ヒュームとロックの両者の原理」は異なるものであっても、実際には同じ方向にある［Rawls 2007：172＝2011：315-316］。

ただ、ロックもヒュームも「効用」や「正統な体制」の概念に関しては曖昧であるので、ロールズは「正統な体制」を定義して、「最大限の社会的利益の総量」（「社会的効用」という用語を使ってもよいかもしれない）を少なくとも長期的に結果としてもたらす」ものであるとする［Rawls 2007：175＝2011：316］。この点では、ロックの人間論からではなく、ヒュームの「効用」を追求する人間論から、「最大限の社会的利益の総量」＝「社会的効用」を求めることが「正統な体制」であるとロールズは考えていることになる。

ロールズは、この「社会的効用」に関して、「ベンサム－エッジワース－シジウィック的見解」としての「伝統的な功利主義」と、ロールズ自身の「正統的な体制」（＝「善く秩序化された社会」）との相違も述べている。ロールズによれば、「伝統的な功利主義」とは、「正の概念から独立した、善の概念を定義する」ものであり、その善の概念とは個人の「快楽、欲望の充足、あるいは合理的な選好の実現」である。これ以外の善の概念、「人間の完成、卓越性のようなもの」を導入することは、この功利主義と区別される「完成主義的見解」である。またこの功利主義は、「すべての個人の善を総計」し、「最大化」しているために、「平等に関する原理」や「分配に関する原理」が含まれていないと指摘する［Rawls 2007: 176-177＝2011: 318-320］。

ロールズはこのように、「伝統功利主義」が個人の利益（「善」）を集計して最大化するために、善の概念から独立した「正の概念」（正義の原理）に基づく分配の正義論がないものであると考えている。また「伝統的な功利主義」と「完成主義」とを区別しているが、ロールズは『正義論』において、彼の「正義の原理」が「功利主義」とも「完成主義」とも対立する「契約論」に基づくものであると述べている［Rawls 1999a: 14＝2010: 23］。

また、本書の第1章で述べたようにロールズは「完成主義」の一つとして現代コミュニタリアニズムを考えているが、ヒュームの「功利主義」がこの「完成主義」の点で「伝統的な功利主義」から区別されるのかどうかは明示していない。

共通の利益の感覚

この点では、ロールズはヒュームの正義論が展開されている『人性論』（一七四〇年）の第三部や『道徳原理研究』（一七五一年）の第三章から「正義という人為的徳」について考察していることが参考になるであろう。

ロールズによれば、ヒュームのいう「徳」とは「人間の性格にある特質」であり、それに従って人々が行為する「傾向性」である。ヒュームの「正義の原理」とは人々が「経済的利益」を追求していくときに生じる「経済的な生産と競争を規制するための原理」である。その第一の原理は「私的所有権」に関するものであり、第二の原理は「財産の取引と交換」に関するものであり、第三の原理は「契約と約束」に関するものである。いずれにしても、「正しい人」はこの原理に基づく「基本的なルールを尊重する傾向」がある。「社会の一般的利益」という「公共的効用」は、「人為的徳」としての「公共善」のためになるものであり、「仁愛」のような「自然的徳」はこの原理とは関係のないものである［Rawls 2007: 178-181＝2011: 322-327］。

この「人為的徳」が社会的に尊重されていることの背景には、「所有権・移譲・契約」の「ルールのシステム」が「理性の巧妙な作品」である「一般的な制度的ルールのシステム」として存在していることと、この「ルールのシステム」が「社会のメンバー」によって、「公共善と社会の一般的利益」に必要なものとして、「公共的に承認され」、そのことが「理性の働き」であることがある。人々がこのような「正義に従う傾向がある」ことは、「人間に関する通常の事実である」とヒュームが信じていた［Rawls 2007: 181-182＝2011: 328-329］。

ヒュームは正義が「共通の利益の感覚」として理解される「黙約（convention）」に基づくものであり、実際に人間が「所有権の制度」や「正義」、「徳」を持っていることに関しては、ロックのように「根本的自然法」のような「規範的な教義」からではなく、「現実の心理」から説明している［Rawls 2007: 182-183＝2011: 330-332］。

この点では、ロールズはヒュームのいう「賢明な観察者」（これは『人性論』では一度だけ使われ、あとでいう「一般的観点」と同じものである）についても「心理学的説明」であるとしている。これは美徳と悪徳とか、正と不正とかを区別するときに「共通の見地」から、あるいは「賢明な観察者」の見地から、自分の利益を考慮せずに行う人であり、「社会の一般的利益や社会の一般的な福利に影響を与える傾向性」によって、人々が「合意するという事実の説明」である［Rawls 2007: 184-185＝2011: 333-335］。

ロックとヒュームの相違の結論として、ロックは「神によって提示された法律からなる憲法の範囲内で議論している」ことから「憲法学者」である。これに対してヒュームは宗教を嫌い、過去の歴史は重視せず、「社会の必要」から制度を論じ、現在の「社会科学」の立場から「経験的な説明」をしている［Rawls 2007: 187＝2011: 338-339］。ここでも「社会契約」の重要性は語らずに、「規範的」な自然法に基づくロックの議論と「経験的」な事実に基づくヒュームの議論とを対比させている。

このようにロールズは、ヒュームが個人の「快楽、欲望の充足、あるいは合理的な選好の実現」だけを主張する

「伝統的功利主義者」ではなく、「正義という人為的徳」の追求を主張する者であると考えている。しかし、ロールズによれば、「経済的利益」の追求の結果としての所有権の確保がヒュームの「正義の原理」であり、それが「公共的効用」としての「公共善」を追求することになり、しかもその追求は「人間の性格にある特質」としての「傾向性」から生じる「現実の心理」や「経験的」事実であって、この点ではヒュームは「人間の完成、卓越性」を目指す規範的な「完成主義者」ではないと思われる。ただ、ロールズの規範的な社会契約論に基づく正義論がどの程度このヒュームの「経験的な説明」と関係するのか、またヒュームのいう「公共善」や「共通の利益」、さらに「徳」が私の考える「共通善の政治学」とまったく関係しないのかどうかに関して、ヒュームの社会契約論批判や正義論を私の観点から考えていきたい。

社会契約論批判

まず、ヒュームの『道徳政治論集』（一七五二年）の「原始契約について」から彼の社会契約論批判を考えていく。彼は政府の起源として、トーリー党が主張する王権神授説も、ホイッグ党が支持する社会契約論も、両方とも「思弁的な構成物」であると批判する［Hume 1964: 443-444＝1982: 上126-127］。政府が「人民の同意」に基づくものとする「原始契約」については、人民が「平和と秩序のために」、「生得的自由を自発的に放棄し」、主権者に服従するという意味で「原始契約」が一般的にあったとしても、もともとそのような時代には文字がなかったはずであり、何の証拠もないという歴史的な批判をする［Hume 1964: 444-445＝1982: 上128-129］。

次に、仮にこのような「原始契約」があったとしても、「服従全般にわたる契約なり協定」が特別に作られたことはなく、権力行使が「明白な利益」をもたらすことによって、人民による「習慣的な」あるいは「自発的な」「黙諾（acquiescence）」から服従が確立されていったと主張する［Hume 1964: 445-446＝1982: 上129-130］。さらに、現在「合法的な」政府が「同意と自発的契約」によって基礎づけられているとしても、祖先の「原始契約」による同意が子孫まで拘束することはありえないとも主張する［Hume 1964: 447＝1982: 上132-133］。

いずれにしても、歴史に残されている限り、政府の起源はほとんど「権力僭取」か「征服」か、その両方でしかない。この点では「実力と暴力」以外には権力の起源はなく、「相互の合意ないし自発的結合（voluntary association）」のようなものはありえない［Hume 1964: 447-448＝1982: 上133-134］。服従の「道徳的義務」としては「自然的本能」ないし「傾向性」によるものか、「正義ないし他人の財産の尊重、誠実ないし約束の履行」という「社会を維持する」ための「義務意識」の二種類しかない［Hume 1964: 454-455＝1982: 上144-145］。「忠誠」という「政治的義務」も、「正義および誠実」という義務と同様に「人間社会の明白な利益と必要」という理由から守られ、端的にいえば、「そうしなければ、社会が存続できないからである」と述べている［Hume 1964: 445-446＝1982: 上145-146］。

　このようなヒュームの社会契約論に対する批判に関して、歴史的にホッブズもロックも社会契約（「原初契約」）の実在を主張していると私は考えておらず、またロールズも歴史的な事実として「社会契約」を考えているのではないために、ここでとくに歴史的批判を問題としない。ただ、政治権力への服従の理由として、権力の起源が「実力と暴力」であったという事実から、また人々の「明白な利益と必要」という功利主義的な説明から、「道徳的義務」としての「正義の尊重」と「約束の履行」や「政治的義務」としての「忠誠」という「義務意識」を導き出していることは、やはりヒュームは自然の義務を求める伝統的な自然法を否定し、また共通の価値や利益から政治参加や政治的義務を導き出す「共通善の政治学」を否定しているように思われる。

　実際、一般にコミュニタリアン哲学者と呼ばれるアラスデア・マッキンタイアは、スコットランドの道徳哲学の伝統であるカルヴァン主義的アリストテレス主義に対決したのがヒュームであると述べている［MacIntyre 1988: 326］。ただ、マッキンタイアによれば、アリストテレスとヒュームの道徳哲学は非常に異なっているが、「実践的合理性」を行使する主体が「たんなる個人」ではなく、社会秩序を維持する「組織の一員」であるとする点は類似したものである［MacIntyre 1988: 321］。

　たしかに、ヒュームは個人の同意に基づく社会契約を否定し、習慣的な「黙諾」を主張し、「人間社会」の存続のための「正義の尊重」という「義務」を主張している。この点では、ロールズがいうように「伝統的な功利主義」が「すべての個人の善を総計し」、個人主義的立場から道徳哲学を展開していることから、ヒュームの道徳哲学は「伝統的な功利主義」とは異なっているように思われる。

一般的観点

なお、ヒュームの社会契約論を論じた秋元ひろとは、ヒュームの『人性論』(一七四〇年)の「黙約」の概念を使って「黙約の理論がある種の契約論」と解釈できるといい、それは「歴史的に確立された共通了解を道徳的・政治的議論の基礎に据える」ものであるとする［秋元 一九八八：一二〇、一二六］。

また矢嶋直規によれば、ホッブズやロックの思弁的な「契約」に代わる「合意の道徳的拘束力」をヒュームは「習慣(convention)」(矢嶋は岩波文庫の訳では「黙約」と訳されてきたconventionを「習慣」と訳している)によって自然に形成されるものとし、その習慣は「個別的な利害にかかわりなく、常にそれ自体で望ましい事項を認識する」という『人性論』におけるヒュームの「根本的概念」である「一般的観点(the general view)」から確立されるとしている［矢嶋 二〇一二：三二八、三三一〜三三三］。

奥田太郎によれば、このヒュームの「一般的観点」は「個別的な関係者への共感を重ねることで確立され」、「より基本的な人間関係を形成される上での対話や合意」から得られるものである［奥田 二〇〇二：七三］。このように、日本における最近のヒューム研究からも、ヒュームの社会契約論批判がマッキンタイアのいうように、個人主義的な原理からのものではないように思われる。

ヒュームの正義論

いずれにしても、このような「黙約」や「一般的観点」に基づくヒュームの道徳・政治理論、とくに正義論については、彼が最初に展開した『人性論』から考えていく必要がある。『人性論』の第三篇は道徳論であるが、その

第一部第一節では、「道徳的善悪の区別を理性によってすることは不可能である」といい、また「理性」は「道徳的義務ないし責務」を生み出すことも不可能であると、道徳に関する「理性」の限界を述べている〔Hume 2000: 297＝1952: 23〕。

第二節ではこのような「道徳的区別」は「道徳感」から、つまり善悪の区別は「ある特殊な快苦（pains or pleasures）」から生じるというが、ただそれは個人の利害から離れた「一般的観点」から考える必要があると述べ、すでに述べたように、この問題もたんなる個人の利害や観点からではないことを述べている〔Hume 2000: 302, 305＝1952: 35, 42〕。

第三部では「正義」に関する議論がなされ、その第一節では正義が「自然的徳か人為的徳か」を問題としている。ヒュームにとって正義とは「公共的利害」の追求であるが、それは基本的には「人為的な黙約」によるものであり、自然法のような自然に基づくものではない〔Hume 2000: 309, 311＝1952: 49, 55〕。

第二部第二節では、ヒュームは人間が社会的動物であることを認めるが、人間には「利己性」という「社会連合」を脅かす「自然の気質」があり、他者を愛する感情は近親者までしか及ばないという〔Hume 2000: 312–313＝1952: 58–59〕。そのため財産をめぐる争いが生じ、この争いを解決するために全成員が財産制の安定性のための「黙約」＝「合意」をするが、この黙約は「共通の利益の一般的な感覚」であるという。

ここでは「黙約」が全成員の「同意」であり、しかもその理由が「共通の利益」という「共通善」との類概念であることに注目しておきたい。ただこの「共通の利益」とは、個人の利益の総計というもっぱら功利主義的な意味しかないのかを考えていく必要がある。いずれにしても、そのような黙約から「正義と不正義の観念」が生じるとヒュームは主張する〔Hume 2000: 314–315＝1952: 65–67〕。

たしかに、ヒュームによれば、人間のとどまることを知らない貪欲さが「社会を端的に破棄する」ようになるが、そのような人間の「情念」のうちでも最も強い「所得愛」を「放任するよりも抑制」して、「社会」を形成し、所有権を安定させることによって、人々はより満足するようになる。結局、「情念を抑制するのはただ情念のみである」[Hume 2000: 315-316＝1952: 69-70]。

ここまでの議論は、ホッブズのように主として生存権のためではなく、財産権のためではあるが、「政治的動物」(私のいう「政治人」)ではない利己的な人間(私のいう「経済人」)が利己性を追求することによって混乱するために、社会的安定を求めて自発的に「黙約」(合意)するというホッブズの議論とそれほど変わらないと思われる。ただ、ホッブズの場合は個人主義というよりロールズのいうような「心理学的利己主義」に基づく社会契約論であるのに対して、ヒュームの場合は利己主義を「抑制」して、「共通の利益」を追求することによって、「社会」を形成し、維持するための正義論を主張しているという大きな相違がある。

公共的利益への配慮

ヒュームは、「戦争と暴力と不正義」に満ちたホッブズのような「哲学者の自然状態」を「くだらない虚構」でしかないと否定し、あくまでも「正義の起源」に関して「日常の経験と観察」から説明しようとする。人間は利己的ではあるが、近親者への「制限された寛仁」があることや自然の資源が希少であることから、人々の間で所有をめぐる争いが生じてくる[Hume 2000: 317-318＝1952: 69-71]。

その争いを解決し、所有を安定させるのは、仁愛や理性の働きではなく、「われわれ自身の利益および公共的利益への配慮」であり、そのために人為的な「黙諾」によって、「正義の法」が確立される。単独の正義の行為はしばしば「公共的利益」と対立する場合があるが、正義の「一般的な規則」は「社会の支持や各個人の安寧」にとって不可欠のものとなる。「全社会が協力する全行動体系が社会の全体にとっても、どの部分にとっても有利である」ことから「正義の規則」が生じるのである[Hume 2000: 319-320＝1952: 71-74]。

ヒュームはこの正義が徳となり、不正義が悪徳となることも「利益・不利益」や「快不快」から説明する。つまり、比較的小さな社会では正義の規則は個人の利益だけの配慮でよいが、大きな社会では不正義を犯す人間から損害を受けたときに「不快」を感じ、そのような人間に近づく者がすべて「不快」になることに「共感」し、不正義が「人間社会」に有害であると考える「一般的規則」が成立する。ヒュームはこのような「公共的利害への共感」という感情自体は「自然」のものであるが、「政治家の人為（the artifice of politicians）」、つまり政治家が「人間社会の平和を保存する」ために、「正義に対する尊重と不正義に対する嫌悪」を助長することが必要であるという[Hume 2000: 320-321 = 1952: 75-77]。

第二部第一節では、正義は「人為的な黙約」であると述べていたが、ここ第二節でもそれを人為的なものとするのはむしろ「政治家の役割」であって、正義という「公共的利害への共感」がむしろ「自然」のものとして、人間はたんに自然に私的利益を追求するのではなく、人間は社会的存在として公共性を追求することも人間性に内在していると考えている点には注目しておきたい。

政治家の役割

第三節と第四節では正義の「一般的規則」として、ロールズがヒューム論でも述べていた所有権に関する正義の三原理について語られたあとで、第五節ではこの正義の原理の「約束の責務」について論じられる。この責務も基本的には「利己心」から生じる。つまり、人間は他人に奉仕することが他人からも奉仕の返しが行われることを学ぶことによって、「人々の自利的取引」が始まり、それが言語による「約束」として、人々の行動を拘束し、それに違反したときは処罰されることから、「約束の制定と遵守」が「利益」となるのである[Hume 2000: 334-335 = 1952: 107-109]。

第七節ではこの正義の制度の起源として、すでに述べていた「政治家の役割」が重視されている。ヒュームによれば、人間は目先の自己の利害を追求する傾向があるが、少数者としての為政者は「国家の大部分には不偏な人々」として、自らが「正義の規則を遵守する」だけでなく、「全社会に公正の訓令を強制する」役割を果たす[Hume 2000: 344 = 1952: 130-131]。第八節では政府とそれに対する「忠誠」の起源が論じられている。

正義の「三つの根本法」が政府に先立つものとしてあるが、第二部第一節では、正義という観念自体が自然法に基づくものではないと述べていたのに対して、ここでは正義の根本法を「自然法」と呼んでいる。しかし、ヒュームのいう「自然法」は「人間の黙約」に由来する人為的なものである［Hume 2000: 347＝1952: 136-138］。政府に対する忠誠の起源は、為政者に服従することが社会秩序を維持することになるという「われわれの利益」から説明している［Hume 2000: 349＝1952: 142］。

第九節でも、この「利益」は「人類の一般的見解」からは「公共的利益」であり、たんなる「模倣や習慣」から為政者に服従しているのではないと主張する［Hume 2000: 354＝1952: 154］。

第一〇節では、服従すべき「合法的為政者」として、主権者の権能について⑴世襲、⑵現在の占有、⑶征服、⑷継承を挙げたあとで五番目として「実定法」が論じられている。この実定法を変更することは「公共善」の変更を伴うことである［Hume 2000: 359＝1952: 166］。また、人民の抵抗権に関しても、「自己保存の必要」とともに「公共善の動機」を挙げ、「公共の自由を守るほど公共的利益にとって本質的なものはない」と主張している［Hume 2000: 360-361＝1952: 169-170］。

いずれにしても、ヒュームにとって、個人的利益や個人的善の追求だけでは、政治や法の役割がなく、政治や法が「公共的利益」や「公共善」を追求することは当然のことである。このように「公共的利益」や「公共善」という「共通善」の「類概念」を語っていることは、「共通善の政治学」の伝統がヒュームにも認められることであると思われる。

共和主義者ヒューム

日本においても、近年ヒュームの政治思想が共和主義であるという主張がなされている。たとえば、犬塚元はヒュームの政治思想はとりわけ共和主義という「伝統的な政治学を継承する」ものとして理解する。しかし、『道徳政治論集』と『イングランド史』を中心とした「制度機構論」としての共和主義を考えているために、『人性論』における「公共善」や「徳」に対する分析はない［犬塚 二〇〇六：三以降］。

これに対して坂本達哉はヒュームの共和主義の道徳論についても言及している。坂本によれば、ヒュームは「古典古代以来の古典的共和主義の伝統」が近代においても『自由な国家』による『法の支配』の実現という理念あるいは原理」として継承できると考えていた。ただしヒュームは、「古典的共和主義」が「全員参加型の民主制」だけを正しい国制とし、実際にはそれが奴隷制度と結び付いていることや、また共和主義が経済活動に対して否定的であることを批判して、「近代共和主義の確立」を目指している〔坂本 二〇一一：二九九以降〕。

坂本も主として、ヒュームの共和主義を制度機構論中心に論じているが、その道徳論にも言及し、「『徳』と公共性の規範意識」を「世論」によって支持されるものとすることによって、近代的なものとして「大幅に変更した」が、「公共の善という価値の優先、私利私欲を優先するエゴイズムの批判」の点では、「古代的徳論と同様の道徳的特質を帯びざるを得なかった」とも指摘している〔坂本 二〇一一：三〇三〕。

さらに、共和主義という言葉を使っていないものの林誓雄は、ヒュームの倫理学が基本的にはマッキンタイアを中心に主張されているアリストテレスに由来する「徳倫理学」であると考え、「家族社会」から始まる「共通する利益」と「公共的な利益」が契約論や功利主義とは区別されるヒュームの「正義論の本質」であると主張している〔林 二〇一五：一三四、一五二〕。

ただし、林は「現代徳倫理学」が「共同体主義」と結び付けられ、「文化相対主義」と批判されていることから、ヒュームの議論が「見知らぬ遠方の他者」まで徳が広がっていくものとして「共同体主義」から区別して理解しようとしている〔林 二〇一五：二三五〜二三六〕。私は第5章でも述べたように、現代コミュニタリアニズムが「文化相対主義」ではなく、「拡大する共通善」の方向に向かっていくと考えている。この点も含めて、ヒュームもまたコミュニタリアンと解釈することも可能であると私は考えている。

実際バークとヒュームの保守主義を扱った論文において、松川俊夫はサンデルや私の議論を参照して、ヒュームの「人為的な徳としての正義」や「共通する利益」の主張から、むしろヒュームに「共同体主義」的な傾向があることを認め、「サンデルとヒュームとが同じ立場にある」としている〔松川 二〇一〇：四二〕。ヒュームが共和主義者、コミュニタリアンであるかどうかはともかく、「徳」や「共通する利益」を追求していることは、ヒュームの政治学には「共通善の政治学」の要素が間違いなくあることを意味している。

正義の徳

この点で、『人性論』第三部の「徳論」、とりわけ「正義の徳」について考えていきたい。ヒュームは第三部の第一節において、自然の徳としての「共感」から「正義の徳」が生じ、それは「人類の善への傾向」があるために「道徳的徳」であるという。つまり、「われわれ自身の利益や友人の利益に関わりのない社会的善」としての正義は「共感によってのみ快感を与える」からである［Hume 2000: 369＝1952: 187-188］。

このように、「正義の徳」も「共感」という人間が本来ある「善への傾向」という「自然の徳」から生じるのであり、個人的な利益を離れた「社会的善」となるのである。ただ、ヒュームは「共感」のような「自然の徳」と「正義」を区別する。第二部第二節でも述べていたように、「自然の徳」は単独の行為と関連し、「公共善」と対立する場合もあるが、これに対して「正義」は人類が協力する社会のすべての行為にとって有利となる「体系」である［Hume 2000: 370＝1952: 190-191］。

また「共感」は「変動しやすい」自然の徳であり、どこの国であってもその道徳的徳を「敬重」するようなことは「共感」からは生じることはない。このような「共感」の不安定性から、安定した判断のために個人的な立場を離れた「不動で一般的な観点」が必要となる［Hume 2000: 371-372＝1952: 193-194］。

ただし、ヒュームは第三部第六節の結論において、「正義」に関する「共感」という「自然の徳」の重要性を依然として指摘している。「正義」が称賛されるのは「公共善」に向かうからであり、それは「共感」によって生じるという［Hume 2000: 394＝1952: 245］。そして、正義は人為的なものであるが、「正義の道徳性の感覚は自然のもの」であり、正義が「社会へ善をもたらす」傾向があることによって「自然に」それを称賛するのである。正義がもたらす利益は普遍的なものであるからである［Hume 2000: 395＝1952: 247］。

このようなヒュームの正義論は「自然の徳」として「共感」から始まり、個人の利益から離れた社会的善や「公共善」へと向かう人々の「一般的観点」によって、政治家の役割を重視する「人為的な徳」としての正義に向かうものである。この点では、ヒュームの正義論は、「自然の善」から「人為的な徳」を通してであるが、「正の規則」が生じるのであり、人々の「善」と関係なく「正の原理」を求めるロールズの正義論とは異なっている。また、「公共善」の実現が「正義」であるという主張は伝統的な共和主義とは異なっていない。

ただ、自然法という言葉は使っても、伝統的な自然法とは違って人為的なものと考え、また「公共善」について語っても、それはもっぱら個人の財産を保障するための「共通の利益」という意味が強く、人間は本来「政治人」であることから、政治家だけではなく、一般市民も政治へ参加するという意味での「共通善の政治学」とは異なると思われる。

功利主義と正義論

なお、ロールズは『正義論』において、ヒュームが「効用とある種の共通善とを同一視している」と述べているが［Rawls 1999a: 395＝2010: 46］、私は「共通善」とはこれまで論じてきたように「効用」とは別の概念であると考えている。この点で、ヒュームの「効用」に基づく正義論とロールズの社会契約論に基づく正義論との関係を考えていきたい。

すでに言及した秋元によれば、ヒュームの立場が「歴史的に確立された共通了解の尊重」であることはロールズの立場でもある。しかし、これは『正義論』以後の立場であり、『正義論』では秋元も指摘しているように、「合理的選択論」を重視している［秋元 一九八八：一二六～一二八］。合理的選択論は経済人モデルに基づくものであり、すでに私が言及したように、ロールズはロックの人間論よりもヒュームの「効用」を追求する人間、「経済人」の方をむしろ現実的なものとして評価している。

本書の第2章でも言及した、近年『社会契約論――ホッブズ、ヒューム、ルソー、ロールズ』を新書で公表した重田園江によれば、ヒュームは「共感」によって人間の「多様性、差異」をなくして一般的な社会的ルールを導き出すが、ロールズはこのことを否定し、あくまでも「多様性」を認めるために、「多様性」を遮断した「一般性の視点から眺める」という「無知のヴェール」を用いた契約を主張している〔重田 二〇一三：二二四、二三三～二三四〕。たしかにヒュームは、「共感」から「正義の規則」が導き出されると主張しているが、「共感」の不安定性も指摘して、人々が相互に協力し合い、たがいの利益をもたらすという「公共善」のための「一般的観点」から直接「正義の規則」を導き出そうとしているのであり、別に個人の多様性を否定する主張ではない。重田はヒュームのいう「公共善」には言及していないが、「公共善」や本書のテーマである「共通善」を追求することが多様性の否定になるという日本の通念に従って、ヒュームが多様性を追求していないと考えているであろう。また重田は、ロールズの原初状態では人々が内省的な意味での「熟慮」をすると考えているが〔重田 二〇一三：二三四～二三五〕、そうであるとしても、このことは他者とは熟議することではなく、ともに政治へ参加することでもない。

いずれにしても、ロールズは「多様性」を尊重するためではなく、『正義論』においてヒュームの「正義の環境」を用いるのは、「共通善」を追求する「政治人」モデルよりも、「効用性」を追求する「経済人」モデルの方がより現実的なものであり、正義論をより現実的なものとできると考えたからである。ただ、それでも問題が残るのは、『正義論』がこのヒュームと対立する人間論に基づくカントの社会契約論をなぜ重視したかである。

この点で興味深いのは、カントとヒュームの正義論がそれほど対立してはいないと「相互性としての正義」（一九七一年）という論文においてロールズが述べていることである。ロールズによると社会契約論は、歴史的なものとしては間違っており、政治的義務論としては失敗しているかもしれないが、「適切に解釈されれば正義の概念の不可欠な要素を表明している」。こう述べた注においてロールズは、「カントの道徳理論」と「ヒュームと一般に功利主義」には、「しばしば想定されたような両者の対立はない」と主張している〔Rawls 1999b: 223〕。

つまり、カントの社会契約論もヒュームの功利主義も「適切に解釈されれば」、ロールズは彼自身の正義論に適合できると考えていたことになる。この点で、次にロールズによるカントの社会契約論の解釈を考えていきたい。

2　カントの社会契約論とロールズの『正義論』

ロールズの「カント的解釈」

ロールズの政治哲学史講義はカントを扱っていないが、彼の道徳哲学史講義ではカント哲学を最も詳しく論じている［Rawls 2000＝2005］。ただ、そこではカントの政治哲学はほとんど扱われておらず、カントの社会契約論はまったく論じられていない。そのために、ロールズの正義論がカントの社会契約論のどのような解釈によって成立しているかを詳しく論じている『正義論』第二部第四章第四〇節「公正としての正義に関するカント的解釈」から考えていきたい。

まずロールズのカント解釈では「自律の観念」を基礎とし、カントの「道徳原理」が「合理的選択論の対象であるという理念」から始まっていることが指摘されている。この点で道徳哲学は「理性的な意志決定の構想と結果」の研究であると一般化している。カントの人間論である「自由かつ平等な理性的存在者」によって「道徳立法」が合意されるように、ロールズの「原初状態の記述」もこのようなカントの構想を解釈する試みである。本書の第3章でホッブズに関して述べたように、彼のいう「理性」は「計算能力」にすぎず、そういう意味では現在のゲーム理論のような「経済人」モデルに基づく「合理的選択論」にふさわしいものであるが、カントのいう「理性的存在者」はこれとは異なるものである。

ただここでは、ロールズはホッブズやロックに言及せずに、彼自身の正義論が「カントとルソーにおける契約論の伝統の頂点」に関連し、とりわけカントの「社会契約論」と関連していると述べている［Rawls 1999a: 221-222＝2010: 338-340］。ここでロールズがロックを外しているのは、ヒュームとの関連で述べているように、ロックの議論が「契約」よりも伝統的な自然法の理論に基づくものと考えていたからであると思われる。ロールズは社会契約論の伝統では、一般的にイギリス自由主義（リベラリズム）の創始者として理解されるロックよりも、ルソーとカントを重視していることは興味深い。

無知のヴェール

とくにロールズによれば、彼の正義論における重要な概念である「無知のヴェール」は、カントの人間論である「自由かつ平等な理性的存在者としての自然本性」による「自律的」な行為者にするために必要となるものである。つまり、個人の「社会的地位や自然の才能や資産」、「居住する社会の特性」、「たまたま欲する特定の事柄」によって、正義の原理を選択することは「他律的」であり、そのような個人的な考慮をなくすることが「無知のヴェール」である。この「無知のヴェール」は本来の「カントの構想」にないものではあるが、そのことによって、ロールズの正義論の「カントの学説との親近性」は失われることはないと主張されている［Rawls 1999a: 222＝2010: 340-341］。

ロールズによれば、このような「無知のヴェール」のもとで行為することは、人間の「自然本性」に従うことになるが、逆にいえば「無知のヴェール」がない現実の人間は「自然本性」に従って行動していないことになる。ロールズがロックとヒュームとの比較で述べていたように、ロックの社会契約論は現実の人間が持っていない「知識」や「正義」への配慮という「人間本性に過大な要求をする」ものである。カントの社会契約論もおそらくこのようなものであるとロールズが考えたために、「無知のヴェール」を必要としたのである。この「無知のヴェール」によって、「原初状態の当事者」は「正義の原理」をカントのいう「定言命法」として選択できるようになる。つまり、「原初状態の当事者」は個人の「特定の欲求や達成目標」と関わりのなく、理性的存在者として「正義の原理」を無条件に選択し、それに従うのである［Rawls 1999a: 222-223＝2010: 341］。

「原初状態の当事者」はカントのいう「叡智界」に住む「本体的自我」として「完璧な自由を享受している」が、その「自由」はカントが「ルソーの着想を深化し、正統化する」ものである。つまり「自由」とは「自分自身に与える法に従って行為することである」［Rawls 1999a: 225＝2010: 344-345］。

結局、ロールズによれば、彼の「原初状態は経験論の枠組みにおけるカントの自律の構想と定言命法の手続き的解釈」である。カントの「自律と定言命法」は「原初状態という手続き上の構想」によって、「純粋に超越的なもの」ではなく、人間の実際の行為との関連性があるものになるとロールズは主張する。ただし、このような主張が次の二点において「カントの見解から離れている」ことをロールズは認めている。

まず、ロールズは「本体的自我としての個人の選択は集合的選択である」と仮定しているという。ただ、その「集合的選択」であっても、各人は「平等な発言権を享受し」、また「個人の利益」が損なわれることはなく、各人の「自然本性」を実現する「全員一致の合意」に至るという。次に、原初状態の当事者は「自らが暮らしの諸条件に従属していることを知っている」。つまり、ヒュームのいうような「適度の希少性や競合する権利要求」という正義が必要となる環境に暮らしていることを当事者は知っている。

カントは「世界における人間の社会的状況」が正義の原理に影響を及ぼすべきではないとするが、ロールズの「公正としての正義」はそうではない。「必然性と偶然性、形式と実質、理性と欲求、本体と現象」のようなカントの「二元論」を作り直して、「経験論が妥当とする領域内において二元論の道徳的説得力を再定式化した」のがロールズの「公正としての正義」である〔Rawls 1999a: 226–227 = 2010: 345–347〕。

ロールズによるカントの社会契約論に対する理解は、現実の社会から切り離された自律した個人の自由な自己選択としての社会契約である。これに対して、ロールズはそれと異なる現実の社会のなかで暮らす個人が「集合的選択」をする社会契約としての正義論を主張する。ただロールズの「集合的選択」は、各人がその選択のために、内省的に熟議しても、相互に熟議し合うものではなく、結局「自然本性」に従った「全員一致の同意」に至るものであることをあらためて指摘しておきたい。

福田の社会契約論理解

福田歓一は『近代政治原理成立史序説』の第二部「政治哲学としての社会契約説」でホッブズ－ロック－ルソーの社会契約論を論じた後の最後の第四章「社会契約説の理論史的ならびに現代的意義」において、カントの社会契約論を論じている。本書の課題の一つである「福田パラダイム」の再考の点からも、次に福田のカント理解を考えていきたい。

福田は第四章のはじめに「近代政治原理」としての「ホッブズよりルソーまでの」社会契約論をまとめている［福田 一九七一：三五三～三五四］。福田によれば、「近代」は「人間を所与の共同体から解放し」、「無限の進歩」を個人の「知識と勤労」によって追求し、個人の自己「責任」にすべてを委ね、人間の「政治的秩序」も「人間自らの創造」によって解決されるとしたものである。

社会契約論はこのような近代を背景として、「所与としての個体＝自然人」が「文化創造の主体＝理性人」となり、そのような「個人」による「相互組織」として構成された「国民国家」が「理性展開の場」となるものである。この国家は絶対主義国家のような「物理的暴力」ではなく、「その成員の合意」、「個人の理性的規範意識」に成立の根拠を求めるものである。

このような「社会契約論」によって、「近代国民国家」は「開かれた社会」としての「権利義務関係」として確立されるようになる。また社会契約論の国家論は功利主義的な「機械としての国家」論とも異なるものである。このような「近代国民国家」を根拠づけた社会契約論は「政治理論における革命」であり、以後の政治学説に「決定的な影響」を与えていく。

このような福田パラダイムがあまりに「近代」や「近代国民国家」を理想化したものであることを前提にして私は議論してきたが、とりわけ社会契約論理解ではホッブズからルソーまでを一貫したものとして議論している点でも、むしろホッブズに切り目を入れ、彼は「機械としての国家」観に立つことも論じてきた。いずれにしても、福田は「個人」の「合意」だけを摘出し、社会契約論における「共通のもの」いわんや「共通善」に関してはまったく無視していることも、この要約からも確認できると思われる。

福田のカント理解

さて、「ドイツ観念論」においてもこの社会契約論は「正統性の論理」として存在していると福田は指摘し、とりわけカントの「根本契約 ursprünglicher Vertrag」に関して論じていく。福田は晩年に書かれたカントの国家論、『人倫の形而上学』の第一部「法論の形而上学的基礎論」におけるカントの「社会契約説の哲学的基礎」には、グロティウスのような大陸合理論に基づく自然法論ではなく、「イギリスの経験論、ないしはその徹底としてのルソー」があると指摘する。カントの国家論は、「幸福」の名のもとに、内面まで「後見的に」支配しようとする「啓蒙専制＝ドイツ絶対主義国家」とは対立するものである〔福田 一九七一：三五四～三五六〕。

この点で、福田はカント哲学体系、とりわけ三大批判と関連させて、ホッブズからルソーの社会契約論とカントの社会契約論を詳細に論じていくが、ここではそのなかで、私の観点から政治的に重要と思われるものだけを論じていきたい。まず福田は、カントの「第一批判」、純粋理性批判の意義を認めながらも、その「方法」を持ち込んだ「第二批判」、実践理性批判における「その純粋に形式的な倫理」は「豊かなる実践の世界」を展開させることができず、ホッブズやロックの「道徳哲学の社会性」がなく、「政治社会の構成原理を生みえなかった」とカントの実践哲学の限界を指摘する〔福田 一九七一：三五七～三五八〕。

カントの社会契約論はルソーの圧倒的影響下にあるが、ルソーだけでなく、ホッブズやロックの「人間理論」の影響もある。つまり、「理性的、自律的な自由の存在」として「内からの自己超越の演繹」という人間論である。この「自己完成能力」を持つ人間が「歴史的展開」として「文明社会」を作り出すという点はルソーの影響下にあるが、文明の進歩に対するペシミズムがあるルソーよりも、文明社会の進歩を肯定するオプティミズムがあるロックにむしろ近く、カントは世界公民的結合を「自然の最高の意図」と主張する〔福田 一九七一：三五六～三五九〕。

私はロックも政治的には進歩すると考えてはいないことを本書の第4章で指摘したが、カントは政治を含めた文明の進歩を間違いなく信じていた啓蒙思想家であるという指摘である。

カントの「純粋理性の自律としての自由」という道徳律は「契約説の前提とする自然法への批判」から成立するものである。そのため「実践理性」は「経験との関連」からまったく離れた「純粋」なものとなり、伝統的な道徳哲学である「自然法」の「社会的契機」はなくなって、道徳は「個人の内面に収斂」してしまう。ここでは「道徳主体の人間がそれ自体目的」となる。それがルソーの求めた「人間個人の先験的尊厳」の初めての理論化である〔福田 一九七一：三六三〜三六四〕。

私の観点からは、カントの実践哲学の人間論、政治の主体としての人間論は「経験」とは切り離され、社会性がない「個人」ということになり、まさにサンデルが批判する「負荷なき自我」である。ところが、福田によれば、カントは『宗教論』では「地上における『神の国』」としての「倫理的共同体」を求めているという。これは「徳の法則に従う普遍的共和国」であり、「最高の道徳的善」としての目的そのものである。しかし、この「共同体」も「一つの理念」であって、アウグスティヌス以来の「見えざる教会」であって、ルソーのいう「国家」ではない〔福田 一九七一：三六九〕。

ただ、カントの「人格を互いに目的とする倫理的共同体」という「目的の国」は、「倫理的共同体それ自体が目的となる」のではなく、「個人の人格性が究極の目的」となるものであるが、「近代社会の規範意識の極限的純粋化」として「開かれた社会」をもたらすものであると福田は評価している。しかし、カントの社会契約論はルソーと異なり、「個人規範性の純粋化と社会性の脱落」という問題があり、このことを「国民国家」の統一が遅れた「ドイツの政治的現実」という歴史的問題に関連づけている。この点ではカント倫理学は「いかなる意味においてもデモクラシーの哲学をなし、または生みえない」と断じている〔福田 一九七一：三七四〜三七六〕。

福田によれば、カントは「国民国家」の現実を得られなかったために、その「抽象的普遍としての人類社会」を考え、「国際政治理論」に向かったが、それは『宗教論』における「神の国」の地上における実現という「歴史哲学」を背景に置くものであった〔福田 一九七一：三七九〜三八〇〕。

結局、カントの「国家契約説」は、「一切の歴史的事実との連想を断って純粋な理論的要請」であり、「強制の概念と結びつく法」を「客観的規範的理性＝一般意志の所産」とする「一つの仮説」である。この点でルソーと比較したときに、とくに問題となるのは、ルソーにおいて「国家契約」によって初めて成立する「国民」が、カントにおいては「無造作に契約に先行する所与」でしかないことである。このようにカントには「主権の民主的構成」がなく、ルソーと比べて革命的ではなく、「形式的保守主義」の正当化であり、「ドイツ絶対主義との妥協」であると福田は断じている〔福田 一九七一：三八二～三八三〕。

カントの社会契約論

カントの社会契約論をロールズがなぜ重視したのか、とりわけ、福田の理解が正しいとすれば、民主主義の哲学ではないものを重視したのかを理解するために、比較的一般向けに書かれた「理論と実践」(「理論では正しいかも知れないが、しかし実践には役に立たないという通説について」)（一七九三年）の第二章からカントの社会契約論を考えていきたい。

カントによれば、「公民的組織（bürgerlichen Verfassung）を設定する契約」は一般の社会契約と異なる特別のものである。「多数の人間が何らかの（共通の）目的のために結合することは、すべての社会契約において見出されることである」が、カントのいう社会契約は、なんらかの「共通の目的」はなく、結合すること自体が目的であり、「無条件的義務」である。そして、この義務の「形式的条件」としての目的は「公的強制法の支配下にある人間の権利」であり、この強制法によって、各人の財産権は保障される。この権利は各人の自由が「普遍的法則」に従って、他者の自由とも一致させるために制限されるが、それは「理性」の欲求である。このように「ア・プリオリに立法する純粋理性」は、「幸福」のような人によって異なる「経験的目的」を考慮しない〔Kant 1992：20-21＝1974：140-143〕。

このように、カントの社会契約はそれ自体が国家や法を設定するという目的のための「純粋理性」による「無条件的義務」であり、普遍的な「人間の権利」を目的とするが、個人の幸福のような「経験論的目的」を追求するものではない。この点ではロールズはすでに述べたように、経験論的人間論の立場をとっているために、個人的幸福や利益などの追求を忘れるための「無知のヴェール」を必要とした。

三つのア・プリオリ原理

このような社会契約によって形成される「法的状態」の根拠は「三つのア・プリオリ原理」、(1)「人間としての自由」、(2)「国民としての平等」、(3)「公民としての独立」である。(1)の「自由」に関しては、「他者の権利」を尊重し、他者の「自由」と共存できる限り、個人の「幸福」を追求することは自由であると主張されている。この点で、個人の自由を認めない「家父長的政府（imperium paternale）」でなく、個人の自由や権利を尊重する「愛国的政府（imperium patrioticum）」が対比されている［Kant 1992: 21-22＝1974: 142-143］。

個人の自由が尊重されることは、ロールズの正義の第一原理「基本的自由の平等原理」と基本的に同じものである。ただ、私の観点からは、カントがここで「共通の目的」は否定しても、「国民の共通意志に基づいて制定された法律」によって、各人の自由が尊重されると主張していることが興味深い［Kant 1992: 22＝1974: 143-144］。ロールズの正義論においては、「共通意志」によって正義の原理が導き出されることがなく、また「共通善」のような共通のものはあくまで「正義の原理」が確定されてから生じるのである。

次に、(2)「平等」に関しては、これは「政府に対して従属する国民としての平等」であるとまず述べ、各人は「強制法」によって、他者に対する「強制の権利」を有するというが、「国家支配者」によってのみ「法的強制」は行使されるという。このような国民の平等は所有物の不平等と両立するが、「自分の才能、勤勉および幸運」によって、誰でも高い身分に到達でき、またこの身分は相続できないとしている点は［Kant 1992: 22-25＝1974: 144-147］、ロールズの正義の第二原理(b)「公正な機会均等原理」とそれほど変わらないといえるが、第二原理(a)「格差原理」のような福祉政策を肯定する主張はカントにはない。

最後に、(3)の「独立」に関しては、すべての人々は公法のもとでは「自由かつ平等である」が立法権に関しては平等でないと主張されている。というのも、国民の「一般意志」から生じる「根本法」である「根本契約」に参加する「投票権」を持つ者は、独立して生計を立てている「彼自身の支配者」に限られるからである。ただし、その場合でも、財産の大小によって差をつけるのではなく、平等な投票権にすべきであるという〔Kant 1992: 26-29 = 1974: 150-154〕。このような自由かつ平等で独立した国民による立法を主張するカントの社会契約は、制限選挙という時代状況による制約はあるとしても、民主主義的な主張であるように思われる。

純粋共和制

結論としてカントは「公民的組織」を形成する「共通の公的意志」としての「根本契約」は「歴史的事実」ではなく、「理性の純粋な理念」とするが、実践的には「実在」するものとみなすべきであると主張する。というのも、「立法者」は法があたかも「国民全体の統一された意志」として、国民が「公民」になるために「同意」したとみなし、「同意」する可能性があるならば、その法は正しいとみなすことは義務となるからである。こう述べたあとで、国民は立法者＝主権者の法に対しては、反抗できず、絶対的に服従すべきであることを主張していく〔Kant 1992: 29-32 = 1974: 154-158〕。

このようなカントの「根本契約」はたしかに、ルソーの社会契約論の影響を受けたものであるが、ルソーの主張では、「立法者」は最初の枠組みを制定するだけであり、「主権者」はあくまでも国民であるのに対して、カントは立法者＝主権者と国民とを区別している。この点で、福田のいうように、ルソーの主張では社会契約によって国民は主権者となるが、カントには「主権の民主的構成」がなく、国民主権に基づく民主主義理論ではないと思われる。ただ、カントは『人倫の形而上学』の「法論の形而上学的基礎論」（一七九七年）の第五二節では、「純粋共和制」における国民主権を主張している。カントのいう「根本契約の精神」によって、ただちには不可能であるとしても、「漸進的かつ継続的に」変更が加えられて、「適法な唯一の体制」としての「純粋共和制」がやがて形成されるようになる。この体制とは「自由を原理」とするものであるが、「本来的意味における国家」である「法的体制」の「強制」に服従するものである［Kant 1954: 169-170 = 1972: 485-486］。

この「純粋共和制」では「法則が自主自律的に支配しており、どんな特殊の人格にも支配されることがない」。ここでは「結合した国民」が「主権者そのもの」となり、「最高の権力」を持っている。ただし、この「主権者」は「立法権」を有しているわけではなく、その「代表者を通じて行動する」のであり、その代表者は「国民の全体意志」によって「国民を処理しうる」［Kant 1954: 170-171 = 1972: 486-487］。

つまり、カントのいう「国民主権者」=「国民の全体意志」はあくまで受動的な存在でしかなく、「法則」=法律に「自主自律」の名のもとに服従する存在である。カントのいう国民は「共通の公的意志」を持つが、結局は「共通善」を追求する主体ではない。

ロールズの社会契約論の問題点

ロールズは、カントの社会契約論のこのような側面を扱うことはなく、もっぱら「自由かつ平等な理性的存在者としての自然本性」を持つ個人の同意に基づく社会契約として考えている。この点でロールズがカントの社会契約論、一般的には伝統的な社会契約論の何を重視しているかをまとめておきたい。ロールズにとって社会契約論は、自由・平等である理性的存在である個人が自己の利益を損なうことがなく、自由な意志によって同意し、「正義の原理」を承認するためのものである。

このようなロールズの「社会契約論」に対するコミュニタリアンの不満は、第1章で述べたように、アメリカの政治学者のキャロル・ペイトマンやシェルドン・ウォーリンの不満と同様に、「民主的な政治参加」については議論せずに、「正義の原理」を根拠とする法の支配、立憲主義を確立しようとする議論であることにある。

この「民主的な政治参加」に必要となるのが「共通善」であるが、ロールズは、日本の多くの研究者と違って、社会契約論における「共通善」の重要性を理解している。しかし、「共通善」が社会契約のために必要となる、関谷昇の言葉を借りれば、「駆動力」となることを理解せずに、あくまで社会契約を作為的なものとして、個人の自由な同意に基づく立憲主義の確立のためだけしか考えていないと思われる。

社会契約論と共通善の追求

最後に私が主張したいのは、政治社会が個人の同意に基づき、個人の自由や権利のために存在するというロールズの社会契約論を見直すべきであるということである。実際、個人の自由や権利の主張だけでは社会や国家は形成されず、放縦や私益の追求になりがちな傾向があることをすでに社会契約論者であるホッブズ－ロック－ルソーは気づいていた。

ホッブズはだからこそ絶対的権力を必要とし、「臣民の義務」を強調しているのである。ロックの場合も、そのために「自然法」、「公共の福祉」や「共通善」の必要性を語り、コミュニティ主権に基づく立憲主義を主張しているのである。ルソーは私利私欲の追求が強まり、不平等が拡大する社会になっていたことに気づいていたからこそ、私的な特殊利益しか追求しない「あるがまま」の人間がいかにして「共通善」＝「一般意志」を追求する人間になることができるかを可能にするコミュニティとしての国家を主張したのである。

つまり、ホッブズを除いたロックとルソーは政治の目的としての共通善を実現するために、社会契約論を主張したのである。このように「共通善」は何よりも政治的概念であり、またこの点ではホッブズも含まれるが、欧米の近年の研究が示しているように社会契約論も政治社会を形成する政治権力の正統化のための政治的理論である。

しかし、このような政治的な意味での社会契約論は本章で扱ったヒュームやカントによって否定されていった。ヒュームの場合は、彼の社会契約論批判は「共通善の政治学」の否定から生まれたのではなく、私の理解では個人の利益から「拡大する共通善（公共善）」や人為的徳へと発展していく「一般的観点」による「習慣的な黙諾」によって社会契約が不必要であると考えたからである。ただ、ヒュームの正義論は、普通の人々が政治に参加するための「共通善の政治学」であるよりは、「共通の利益」としての「効用」を追求する経済的な議論が主となっている。

カントの場合、福田のいうように、純粋に理念としての社会契約が「社会的規範」を失った個人の内面の道徳律を生み出すものとして、政治的なものではなく、法律的なものとなったのである。私はこの「社会的規範」とは「共通善」であると考えている。

そして現代のリベラリズム、ジョン・ロールズの社会契約論を用いた正義論も基本的には法律的なものであり、現代の「社会的規範」を失った政治の再生となるものではないことが、現代コミュニタリアニズムの批判である。リベラリズムの主張は、現代の政治社会が個人の自由や権利だけのために存在し、個人の利益を追求することを当然とするリバタリアンやネオリベラルの主張には無力となっていると思われる。現代コミュニタリアンが「共通善」の追求を主張するのは、個人の自由や権利の名のもとに私的利益の追求に終始し、「善き社会」としてのコミュニティが崩壊し、政治の力が失われているからである。

終章　社会契約論再考と「共通善の政治学」

福田パラダイム再考

本書は、リベラルなロールズが個人の同意に基づく立憲主義体制の正統化として社会契約論を用いていることに対するマイケル・サンデルなどの現代コミュニタリアンの批判を理解するために、ホッブズ－ロック－ルソーの伝統的な社会契約論を見直すことを目指してきた。このことは、ロックやルソーも彼らの社会契約論で実際に用い、現代コミュニタリアニズムの重要な概念であるのに、現在の日本の政治学において不当に評価されている「コミュニティ」や「共通善」を正当に評価することと関連している。

「コミュニティ」や「共通善」という概念が不当に扱われている理由として、福田歓一の社会契約論研究である『近代政治原理成立史序説』において「コミュニティ」や「共通善」という概念が使われておらず、それらの訳語あるいは類概念である「共同体」や「公共の福祉」が否定的に扱われているからであると私は考えている。福田のこの著作が現在の政治学においても大きな影響力を持ち、関谷昇の言葉を借りれば、「福田パラダイム」が存在しているために、現代コミュニタリアニズムに対する不当な過小評価あるいは無視にも繋がっている。

本論で述べてきたように、「福田パラダイム」とは、自由で、平等な個人が「共同体」の規制から解放されて、自らの権利を保障する社会を契約によって人為的に形成することがホッブズから始まる近代の社会契約論であり、「近代政治原理」であることを信じていることである。このパラダイムでは、古代や中世から存在する「共通善の政治学」や「伝統的自然法」は、個人の自由や権利を否定して、絶対主義や全体主義を正当化するものでしかない。

しかし、このパラダイムでは、ホッブズがなぜ「共通善の政治学」や「伝統的自然法」を否定して絶対的権力を肯定したかは、「悲劇」としてしか説明できない。また、逆にロックが「共通善の政治学」や「伝統的自然法」を前提として、彼の「自由主義」や「立憲主義」を主張していることが説明できない。さらに、ルソーの「共通善の政治学」や「自然法」が伝統的なものであるとはいえないとしても、少なくとも「共通善」や「コミュニティ」を重要な概念として用いて「人民主権」を主張していることも説明できない。

結局、このパラダイムのもとでは、ホッブズを別として、ロックやルソーが「コミュニティ」や「共通善」を肯定的に使っていること自体を見ることができない。このような近代以前からある「コミュニティ」や「共通善」を無視するか否定的にしか見ないことが、西洋の政治思想、とりわけ現在私が研究対象としている現代コミュニタリアニズムを正当に理解できないことに繋がっている。

進歩主義パラダイム批判

「福田パラダイム」は、より一般化すれば、過去の伝統をすべて切り捨てて新しい理論を作り、それに基づいて政治社会を変えていくことが進歩であるという「進歩主義パラダイム」と関連している。日本の戦後の社会科学一般では、「近代主義」に代表される西欧近代の価値を絶対化し、そのような価値が発展していくことが進歩であるという主張が支配していた。このことは「共通善」を追求する「コミュニティ」から解放された個人の自由や権利が「近代政治原理」として普遍的なものであるという主張に繋がっていく。

このような教育を受けたわれわれ世代の多くは、「進歩主義」をパラダイムとして信じているために、日本の政治学において、とりわけ西洋の政治思想研究において、西洋近代の原理そのものに対して何の疑いも持たず、伝統的なもの、とりわけ日本の伝統的なものを全面的に否定する傾向がある。たとえば、このような西洋近代原理に基づく英米のリベラリズムが本書の第5章で明らかにしたように、植民地支配を正当化する論理にもなることを問題とする議論も政治学ではほとんどない。また日本の伝統的な「共同体」を擁護する「共同体主義」は全面的に否定するものでしかない。

このような進歩主義とは別の観点から、西洋近代の社会契約論を論じるべきであることが本書の意図である。実際ホッブズ‐ロック‐ルソーは少なくとも単純な進歩主義者ではなかった。ホッブズはたしかに「共通善の政治学」や伝統的「自然法」を否定し、新しい政治学を構築しようとする意図があると思われる。しかし、彼も政治社会においては個人の自由や権利の追求は社会的混乱になることを理解していたために、日本の研究ではほとんど議論されないが、臣民の「義務」の必要性を理解し、そのための社会契約を主張し、「臣民の彼らの主権者への義務」が「私の論究の原理」であると明確に述べている。

これも多くの研究は議論さえしないが、ロックの「自然状態」は「共通善の政治学」や「自然法」を前提とした共和主義の「コミュニティ」であり、それが経済的発展によって堕落腐敗したから、新たに「コミュニティ」を形成するために社会契約が必要になるのである。そういう意味では、ロックは経済的には進歩主義者であっても、政治的には間違いなく進歩主義者ではなかった。

これに対して、ルソーはたしかに「共通善の政治学」や「伝統的自然法」を信じていない点もあるが、平等な「コミュニティ」を成立させ、維持するためには「自然法」や「共通善」が必要であることを理解していた。また「自然へ帰れ」のような復古主義者ではなく、文明の進歩を信じる進歩主義者であるとしても、その進歩が不平等の拡大をもたらす堕落の過程であるとも考え、そのために政治における「共通善」や「コミュニティ」の重要性を理解し、社会契約を主張した。

平等性追求としての社会契約論

ロールズの社会契約論の見直しと「福田パラダイム」の再考を目指して本論を展開してきたが、ロールズや福田歓一がホッブズ‐ロック‐ルソーのなかでは、ルソーを最も評価していることが興味深く、その点は評価できると私は考えている。つまり、現在でも社会契約論に意味があるとすれば、それは何よりも「自由」よりも「平等」を目指した政治理論と考えられることである。

ホッブズ－ロック－ルソーは自然状態において人間は自由で、平等であることをその意味合いが違っても主張したが、社会状態においても徹底的に「平等性」を維持しようと主張したのはルソーだけである。ルソーが当時の社会のなかで、文明の進歩の背後にある不平等の拡大に危機感を持って、彼の社会契約論を展開したのである。ルソーの社会契約は、平等なコミュニティの自治を回復するためのものであった。本来コミュニティは平等な者から成立していることも本書の第4章で人類学の知見などを用いて指摘した。

「政治人」のために

私がロールズや福田の社会契約論を批判したのは、たんに西欧近代の社会契約論の政治思想史の解釈を問題としているだけではなく、より実践的な問題も考えているからである。福田自身が「共同体」から個人を解放し、自立した個人から国家を形成することが何よりも当時の実践的な課題と考えていたと思われる。現在でもこの課題が重要であると考えている人が多く、依然として「進歩主義」のパラダイムが信じられているのであろう。

しかし、私はこの問題よりも、現代のより重要な政治的問題は、政治に無関心な利己主義、「原子論的個人主義」（チャールズ・テイラー）や「負荷なき自我」（マイケル・サンデル）が増大し、政治に関しても個人や自分たちの利益追求が当然とされていることである。このような傾向によって、格差社会が進行し、平等に共通善を追求する自治的なコミュニティの解体が進んでいる。

本書で論じてきたように、ロックやルソーが描く自然状態の人間は、個人の利益追求のためではなく、コミュニティの共通善を追求するために社会契約を結び、「政治人」になるのである。しかし、何度も指摘しているように、日本の政治学では依然として「コミュニティ」や「共通善」については否定的に語られることが多い。このことは「政治人モデル」を否定して、結局は「経済人モデル」で政治についても論じていることであり、本来の政治への無関心に繋がると私は考えている。

つまり、実証派の政治学が経済人モデルで政治を論じることは、投票行動自体が自分たちの私的利益追求であることを否定できない。また個人の自由や権利、まして利益追求しか語らないリベラルな政治理論は現在のネオリベラリズムの市場主義の前には無力であり、一般住民の政治への参加、現代コミュニタリアンが語る「自治としての政治」を論じることもない。

日本のコミュニティ評価に向けて

とりわけ日本の西洋政治思想研究者の間では、「コミュニティ」、とくに日本の伝統的「共同体」を権威主義的なものとして全面的に否定する傾向が強いが、このことが現実の身近な政治に対する無関心へと繋がっていると考えている。すでに私は『現代のコミュニタリアニズムと「第三の道」』の第四章で、日本の「共同体」や「共同体主義」を「自治」としての政治の観点から評価する議論をしたが、その著作のなかで最も批判されたのがこのような日本の伝統を評価することであった。

私が日本の「共同体」を再評価しなければならないと思ったのは、渡辺京二の『逝きし世の面影』を読んでからである〔渡辺京二 一九九八〕。これは幕末から明治の初めに日本を訪れた西洋人の旅行記の記述から、近代化によって失われた日本を再構成しようとする著作であるが、その旅行記において当時の西洋人よりも日本の民衆がより自由で平等であると記述している者がかなりいた。渡辺はその後の著書のなかで、日本は近代化によって「自立的民衆世界」が解体されたことを明白に主張している〔渡辺京二 二〇一三〕。

このような近代以前の自治的なコミュニティの評価は、私の『現代のコミュニタリアニズムと「第三の道」』で中期の福澤諭吉もしていることを指摘した〔菊池 二〇〇四：二七三〜二七四〕。最近、日本の政治思想研究者、田澤晴子から、柳田国男が同様に近代化によって民衆の自治が失われたことを述べていることを知った。田澤によれば、柳田は農村の伝統として「永い年代の自治訓練」に基づく「共同団結の自治力」が士族中心の明治官僚によって否定されたことを指摘したという〔田澤 二〇一〇：一五五〕。

また『現代のコミュニタリアニズムと「第三の道」』では、日本史研究のなかでも、江戸時代の農村が文化的にも経済的にも豊かなところが多く、自治的な組織であるという研究がかなり多いことも指摘した。近年では渡辺尚志の一般向けの書物も含め興味深い研究がある。とりわけ『武士に「もの言う」百姓たち――裁判でよむ江戸時代』は、農民の自治は武士階級に従順なものではなく、訴訟を起こすこともあったことを論じている［渡辺尚志 二〇一二］。

日本の西洋政治思想研究者のほとんどはこのような知識がなく、依然として日本の「共同体」を全面的に批判している。ただこのような私の主張が誤解されているので、ここで明確に述べたいが、私は日本の「共同体」やその伝統を理想化して全面的に肯定しようとしているのではない。自虐史観と揶揄されるような、日本の伝統に対して知識もないのに全面的に否定することを問題としているのであって、日本の伝統のなかに再評価するものを探求し、それを現在に生かすことが必要であることを主張しているのである。今後は残された時間で日本のコミュニティとその共通善を再評価する研究をしていきたいと考えている。

参照文献

＊参照文献は本文中に［著者　年号：頁数］の順で記した。複数の邦訳のあるものはできるだけ新しい入手しやすいものを選び、＝の後に、著者、年号、頁数を記したが、邦訳は必ずしもそのままで用いていない。

欧文参照文献

Arendt, Hannah［1963］*On Revolution*, New York: The Viking Press＝［一九六八］『革命について』清水速雄訳、合同出版。

Aristotle［1932］*Politics*, H. Rackham（ed. & tr.）Cambridge, Mass.: Harvard University Press＝［一九六一］『政治学』山本光雄訳、岩波書店［岩波文庫］。

Armitage, David［2000］*The Ideological Origins of the British Empire*, Cambridge: Cambridge University Press＝［二〇〇五］『帝国の誕生――ブリテン帝国のイデオロギー的起源』平田雅博・岩井淳・大西晴樹・井藤早織訳、日本経済評論社。

――――［2013］*Foundations of Modern International Thought*, Cambridge: Cambridge University Press＝［二〇一五］『思想のグローバル・ヒストリー――ホッブズから独立宣言まで』平田雅博・山田園子・細川道久・岡本慎平訳、法政大学出版局。

Barker, Ernest［1947］"Introduction," to *Social Contract: Essays by Locke, Hume, and Rousseau*, Oxford: Oxford University Press.

Black, A. J.［1970］*Monarchy and Community: Political Ideas in the Later Conciliar Controversy 1430-1450*, Cambridge: Cambridge University Press.

Boucher, David and Kelly, Paul［1994］"The Social Contract and Its Critics: An Overview," in Boucher and Kelly（eds.）, *Social Contract from Hobbes to Rawls*, London: Routledge＝［一九九七］『社会契約論の系譜――ホッブズからロールズまで』飯島昇藏・佐藤正志訳、ナカニシヤ出版。

Chomsky, Noam [2003] "The Common Good," in *The Common Good*, Tucson: Odonian Press, pp. 5-23＝[二〇〇四]「公益について」『秘密と嘘と民主主義』田中美佳子訳、成甲書房、七五～一〇二頁。

Clastres, Pierre [1974] *La société contre l'état*, Paris: Les Editions de Minuit＝[1984]『国家に抗する社会――政治人類学研究』渡辺公三訳、白馬書房。

Cohen, Joshua [2003] "For a Democratic Society," in *The Cambridge Companion to Rawls*, ed. Samuel Freeman, Cambridge: Cambridge University Press, pp. 86-138.

——— [2010] *Rousseau: A Free Community of Equals*, Oxford: Oxford University Press.

Coleman, Frank M. [1977] *Hobbes and America: Exploring the Constitutional Foundations*, Toronto: University of Toronto Press.

de Waal, Frans [2006] *Primates and Philosophers: How Morality Evolved*, Princeton: Princeton University Press.

Freeman, Samuel [2007] *Justice and the Social Contract: Essays on Rawlsian Political Philosophy*, Oxford: Oxford University Press.

Fukuyama, Francis [2011] *The Origins of Political Order: From Prehuman Times to the French Revolution*, New York: Farrar, Straus and Giroux＝[二〇一三]『政治の起源』上・下、会田弘継訳、講談社。

Glendon, Marry Ann [1991] *Rights Talk: The Impoverishment of Political Discourse*, New York: Free Press.

Gough, J. W. [1936] *The Social Contract: A Critical Study of its Development*, Oxford: Oxford University Press.

——— [1957] *The Social Contract: A Critical Study of its Development*, Second Edition, Oxford: Oxford University Press.

Hobbes, Thomas [1983a] *De Cive: The Latin Version*, ed. Howard Warrender, Oxford: Oxford University Press＝[二〇〇八]『市民論』本田裕志訳、京都大学学術出版会。

——— [1983b] *De Cive: The English Version* (*Philosophicall Rudiments concerning Government and Society*), ed. Howard Warrender, Oxford: Oxford University Press.

——— [1996] *Leviathan*, ed. Richard Tuck, Cambridge: Cambridge University Press＝[一九五四、一九六四、一九八二、一九八五]『リヴァイアサン』水田浩訳、岩波書店〔岩波文庫〕。

Hume, David [1964] *Essays Moral, Political, and Literary*, vol. 1, eds. T. H. Green and T. H. Grose, Darmstadt: Scientia Verlag Aalen (Reprint of the new edition London 1882)＝[一九八二]『市民の国について』上・下、小松茂夫訳、岩波書

店［岩波文庫］。
———［2000］*A Treatise of Human Nature*, Oxford: Oxford University Press＝［1948, 1949, 1951, 1952］『人性論』大槻春彦訳、岩波書店［岩波文庫］。
Ives, E. W.（ed.）［1968］*The English Revolution 1600–1660*, London: Edward Arnold.
Jefferson, Thomas［1999］*Political Writings*, eds. Joyce Appleby and Terence Ball, Cambridge: Cambridge University Press.
Kant, Immanuel［1992］*Über den Gemeinspruch: Das mag in der Theorie richtig sein, taugt aber nicht für die Praxis*, Hamburg: Felix Meiner Verlag＝［一九七四］「理論と実践」『啓蒙とは何か』篠田英雄訳、岩波書店［岩波文庫］、一〇九～一八八頁。
———［1954］Die Metaphysik der Sitten, Ersteil Theil. *Metaphysische Anfangsgründe der Rechtslehre*, Hamburg: Felix Meiner Verlag, S. 3–208＝［一九七二］『人倫の形而上学　第1部「法論の形而上学的基礎論」』『世界の名著32　カント』加藤新平・三島敏臣訳、中央公論社、三二五～五二三頁。
Lessnoff, Michael［1986］*Social Contract*, Houndmills: Macmillan.
Lessnoff, Michael（ed.）［1990］*Social Contract Theory*, New York: New York University Press.
Lewis, H. D.［1940a］"Is There a Social Contract ?–I," *Philosophy*, Vol. 15, No. 57, pp. 64–79.
———［1940b］"Is There a Social Contract ?–II," *Philosophy*, Vol. 15, No. 58, pp. 177–89.
Locke, John［1954］*Essays on the Law of Nature*, ed. W. von Leyden, Oxford: Clarendon Press＝［一九六二］「自然法論」『世界大思想全集　社会・宗教・科学篇』第二巻、河出書房新社、一三七～一八四頁。
———［1960］*Two Treatises of Government*, ed. Peter Laslett, Cambridge: Cambridge University Press＝［二〇一〇］完訳『統治二論』加藤節訳、岩波書店［岩波文庫］。
———［1997］"The Fundamental Constitutions of Carolina," *Political Essays*, ed. Mark Goldie, Cambridge: Cambridge University Press, pp. 160–181＝［二〇〇七］「カロライナ憲法草案」『ロック政治論集』山田園子・吉村伸夫訳、法政大学出版局、三～三二頁。
Lutz, Donald S.［1984］"The Relative Influence of European Writers on Late Eighteenth-Century American Political Thought," *American Political Science Review*, Vol. 78, No. 1, pp. 189–97.

Mace, George [1979] *Locke, Hobbes, and the Federalist Papers: An Essay on the Genesis of the American Political Heritage,* Carbondale and Edwardsville: Sothern Illinois University Press＝[一九八七]『ロック、ホッブズ、フェデラリスト』橋本富郎・吉田達志訳、風媒社。

MacIntyre, Alasdair [1984] (second edition) *After Virtue,* Notre Dame: University of Notre Dame Press＝[一九九三]『美徳なき時代』篠崎榮訳、みすず書房。

——— [1988] *Whose Justice ? Which Rationality ?* Notre Dame: University of Notre Dame University.

Macpherson, C. B. [1962] *The Political Theory of Possessive Individualism: Hobbes to Locke,* Oxford: Oxford University Press＝[一九八〇]『所有的個人主義の政治理論』藤野渉・将積茂・瀬沼長一郎訳、合同出版。

McCormick, Peter J. [1987] *Social Contract and Political Obligation: A Critique and Reappraisal,* New York: Garland Publishing.

Morris, Christopher W. [1999] "Introduction" in Morris (ed.), *The Social Contract Theorists: Critical Essays on Hobbes, Locke, and Rousseau,* Lanham: Rawman & Little field Publishers.

Nozick, Robert [1974] *Anarchy, State, and Utopia,* New York: Basic Books＝[一九八五、一九八九]『アナーキー・国家・ユートピア——国家の正当性とその限界』上・下、嶋津格訳、木鐸社。

Pangle, Thomas L. [1988] *The Spirit of Modern Republicanism: The Moral Vision of the American Founders and the Philosophy of Locke,* Chicago: University of Chicago Press.

Pateman, Carole [1979] *The Problem of Political Obligation: A Critique of Liberal Theory,* Cambridge: Policy Press.

Pinker, Steven [2002] *The Blank State: The Modern Denial of Human Nature,* New York: Penguin Group＝[二〇〇四]『人間の本性を考える——心は「空白の石板」か』上・中・下、山下篤子訳、NHK出版[NHKブックス]。

——— [2011] *The Better Angels of Our Nature: Why Violence Has Declined,* New York: Penguin Group＝[二〇一五]『暴力の人類史』上・下、幾島幸子・塩原通緒訳、青土社。

Rasmussen, Douglas & Den Uyl, Douglas J. [1990] *Liberty and Nature: An Aristotelian Defense of Liberal Order,* Chicago: Open Court.

Rawls, John [1993] *Political Liberalism,* New York: Columbia University Press.

——— [1999a] *A Theory of Justice, revised edition,* Cambridge Mass.: Harvard University Press＝[二〇一〇]『正義論』

改訂版、川本隆史・福間聡・神島裕子訳、紀伊國屋書店。

——〔1999b〕*Collected Papers*, ed. Samuel Freeman, Cambridge Mass.; Harvard University Press.

——〔2001〕*Justice as Fairness: A Restatement*, Cambridge Mass.; Harvard University Press＝〔二〇〇四〕『公正としての正義　再説』田中成明・亀本洋・平井亮輔訳、岩波書店。

——〔2007〕*Lectures on the History of Political Philosophy*, ed. Samuel Freeman, Cambridge Mass.: Harvard University Press＝〔二〇一一〕『ロールズ　政治哲学史講義』Ⅰ・Ⅱ、齋藤純一・佐藤正志・山岡龍一・谷澤正嗣・髙山裕二・小田川大典訳、岩波書店。

——〔2009〕*A Brief Inquiry into the Meaning of Sin and Faith with "On my Religion"*, ed. Thomas Nagel, Cambridge Mass.: Harvard University Press.

Riley, Patrick〔1982〕*Will and Political Legitimacy: A Critical Exposition of Social Contract Theory in Hobbes, Locke, Rousseau, Kant, and Hegel*, Cambridge, Mass.: Harvard University Press.

Rousseau, Jean-Jacques〔1964〕*Œuvre Complètes III*, N. R. F., ed. Bernard Gagnebin et Marcel Raymond, Paris: Gallimard〔Bibliothèque de la Pléiade〕.

——〔1964a〕*Discours sur l'Origine et les Fondemens de l'Inégalité*, Rousseau〔1964〕, pp. 111-223＝〔二〇〇八ａ〕『人間不平等起源論』中山元訳、光文社〔光文社古典新訳文庫〕。

——〔1964b〕*Du Contrat social ou Essai sur la Forme de la République*（Première Version）, Rousseau〔1964〕, pp. 279-346＝〔二〇〇八ｂ〕「社会契約論——または共和国の形式についての試論（ジュネーヴ草稿）」『社会契約論／ジュネーヴ草稿』中山元訳、光文社〔光文社古典新訳文庫〕、三〇三～三三〇頁。

——〔1964c〕*Du Contrat Social; ou, Principes du Droit politique*, Rousseau〔1964〕, pp. 347-470＝〔二〇〇八ｃ〕「社会契約論」『社会契約論／ジュネーヴ草稿』中山元訳、光文社〔光文社古典新訳文庫〕、一五～三〇一頁。

Sandel, Michael J.〔1984a〕"Morality and the Liberal Ideal: Must Individual Rights Betray the Common Good?" *The New Republic*, May 7, pp. 15-17≒〔1984b〕"Introduction," to *Liberalism and Its Critics*, Oxford: Blackwell, pp. 1-7＝〔二〇〇九〕「日本語版附論」『リベラリズムと正義の限界』原著第二版、菊池理夫訳、勁草書房、二五一～二五九頁。

——〔1996〕*Democracy's Discontent: America in Search of a Public Philosophy*, Cambridge Mass.: Harvard University Press＝〔二〇一〇〕『民主政の不満——公共哲学を求めるアメリカ』上、金子恭子・小林正弥監訳、勁草書房＋〔二〇一

一]『民主政の不満――公共哲学を求めるアメリカ』下、小林正弥監訳、勁草書房。

――― [1998] *Liberalism and the Limits of Justice,* second edition, Cambridge Mass.: Harvard University Press＝[二〇〇九]『リベラリズムと正義の限界』原著第二版、菊池理夫訳、勁草書房。

――― [2009] *Justice: What's the Right Thing to Do?* London: Allen Lane＝[2010]『これからの「正義」の話をしよう――いまを生き延びるための哲学』鬼塚忍訳、早川書房。

Sidney, Algernon [1996] *Discourses concerning Government,* ed. Thomas G. West, Indianapolis: Liberty Fund.

Singer, Peter [1981] *The Expanding Circle: Ethics, Evolution, and Moral Progress,* Princeton: Princeton University Press.

――― [1993] *Pratical Ethics,* second edition, Cambridge: Cambridge University Press＝[一九九九]『実践の倫理』[新版]、山内友三郎・塚崎智訳、昭和堂。

Solnit, Rebecca [2009] *A Paradise Built in the Hill: The Extraordinary Communities that Arise in Disaster,* New York: Penguin Group＝[2010]『災害ユートピア――なぜそのとき特別な共同体は立ち上がるのか』高月園子訳、亜紀書房。

Strauss, Leo [1953] *Natural Right and History,* Chicago: University of Chicago Press＝[二〇一三]『自然権と歴史』筑摩書房 [ちくま学芸文庫]。

Swanson, Matthew [2001] *The Social Contract Tradition and the Question of Political Legitimacy,* Lewiston: Edwin Mellen Press.

Talmon, J. L. [1952] *The Origins of Totalitarian Democracy,* New York: W. W. Norton and Company＝[一九六四]『フランス革命と左翼全体主義の源流』市川泰次郎訳、拓殖大学海外事情研究所。

Taylor, Charles [1985] *Philosophy and the Human Sciences: Philosophical Papers 2,* Cambridge: Cambridge University Press.

――― [1995] *Philosophical Arguments,* Cambridge Mass.: Harvard University Press.

Talyor, Charles et al. [1994] *Multiculturalism: Examining the Politics of Recognition,* ed. Amy Gutman, Princeton: Princeton University Press＝[一九九六]『マルチカルチュラリズム』佐々木毅・辻康夫・向山恭一訳、岩波書店。

Thomas Aquinas [1943] *Summa Theologiae XVIII,* London: Blackfriars＝[一九七七]『神学大全』XVIII、稲垣良典訳、創文社。

Walzer, Michael [1983] *Spheres of Justice: A Defense of Pluralism and Equality,* New York: Basic Books＝[一九九九]『正義の領分――多元性と平等の擁護』山口晃訳、而立書房。

――――［1984］"Liberalism and the Art of Separation," *Political Theory*, Vol. 12, No. 3, pp. 315-30.
Wolin, Sheldon S. ［1996］"The Liberal/Democratic Divide on Rawls's *Political Liberalism*," *Political Theory*, Vol. 24, No. 1, pp. 97-142.
Zuckert, Michael P. ［1996］*The Natural Rights Republic: Studies in the Foundation of the American Political Tradition*, Notre Dame: University of Notre Dame Press.

邦文参照文献

愛敬浩二［二〇〇三］『近代立憲主義思想の原像――ジョン・ロック政治思想と現代憲法学』法律文化社。

秋元ひろと［一九八八］「ヒュームと社会契約論」『哲学』第三八号、一一八～一二九頁。

アコスタ、ホセ・デ［一九六六］『新大陸自然文化史』下（『大航海時代叢書』Ⅳ）増田善郎訳、岩波書店。

東浩紀［二〇一一］『一般意志2.0――ルソー、フロイト、グーグル』講談社。

有馬忠広［二〇〇二］『ホッブズ『リヴァイアサン』の人間像――理性的イメージ』近代文化社。

飯田賢穂［二〇一四］「『社会契約論』に見られる道徳性の条件――自分自身との対立と行為の道徳性」永見・三浦・川出ほか編［二〇一四］、一六三～一七四頁。

飯島昇藏［二〇〇一］『社会契約』（『社会科学の理論とモデル10』）、岩波書店。

伊藤宏之［一九八九］『イギリス重商主義の政治学――ジョン・ロック研究』蒼樹出版。

――――［一九九二］『イギリス重商主義の政治学――ジョン・ロック研究』八朔社。

――――［二〇一一］『社会契約論がなぜ大事か知っていますか』柏書房。

伊藤恭彦［二〇〇二］『多元的世界の政治哲学――ジョン・ロールズと政治哲学の現代的復権』有斐閣。

市川慎一編［一九九三］『ジャン＝ジャック・ルソー――政治思想と文学』早稲田大学出版部。

稲富栄次郎［一九四八］『個人と社会――ルソオ「民約論」の研究』理想社。

井上達夫［一九八六］『共生の作法――会話としての正義』創文社。

犬塚元［二〇〇六］『デイヴィッド・ヒュームの政治学』東京大学出版会。

ウォシュバーン、W・E［一九七七］『アメリカ・インディアン――その文化と歴史』富田寅男訳、南雲堂。

内井惣七［一九七〇］「ルソーと自然法思想――論理的観点から」桑原武夫編［一九七〇］、五三～八七頁。

梅田百合香［二〇〇五］『ホッブズ　政治と宗教――『リヴァイアサン』再考』名古屋大学出版会。

太田可夫［一九七一］『イギリス社会哲学の成立と展開』水田洋編、弘文堂。

大森雄太郎［二〇〇五］『アメリカ革命とジョン・ロック』慶應義塾大学出版会。

小笠原弘親［一九七九］『初期ルソーの政治思想』御茶の水書房。

小笠原弘親・白石正樹・川合清隆［一九七八］『ルソー社会契約論入門』有斐閣［有斐閣新書］。

岡村東洋光［一九九八］『ジョン・ロックの政治社会論』ナカニシヤ出版。

奥田太郎［二〇〇二］「ヒューム道徳哲学における「一般的観点」」『倫理学研究』第三二号、六五～七五頁。

重田園江［二〇一三］『社会契約論――ホッブズ、ヒューム、ルソー、ロック』筑摩書房［ちくま新書］。

加藤節［一九七九］『近代政治哲学と宗教――一七世紀社会契約説における「宗教批判」の展開』東京大学出版会。

――――［一九八七］『ジョン・ロックの思想世界――神と人間との間』東京大学出版会。

――――［二〇一四］「アリストテレスの影――近代哲学者との分岐と交錯と」『アリストテレス全集　第一五巻』月報六、岩波書店、五～八頁。

川合清隆［二〇〇二］『ルソーの啓蒙哲学――自然・社会・神』名古屋大学出版会。

――――［二〇〇七］『ルソーとジュネーヴ共和国――人民主権論の成立』名古屋大学出版会。

川上文雄［一九九七］「ルソーの市民宗教論」市川編［一九九三］、六三～九二頁。

川添美央子［二〇一〇］『ホッブズ　人為と自然――自由意志論争から政治思想へ』創文社。

川中藤治［一九八六］『ジョン・ロック　市民政治の思想』法律文化社。

菊池理夫［二〇〇四］『現代のコミュニタリアニズムと「第三の道」』風行社。

――――［二〇〇七］『日本を甦らせる政治思想――現代コミュニタリアニズム入門』講談社［講談社現代新書］。

――――［二〇一一］『共通善の政治学――コミュニティをめぐる政治思想』勁草書房。

――――［二〇一三］「コミュニタリアニズムの世界」菊池理夫・小林正弥編『コミュニタリアニズムの世界』勁草書房。

――――［二〇一四］「コミュニタリアニズムとコスモポリタニズムをつなぐ住民」岡本仁宏編『新しき主体像を求めて』法政大学出版局、二八九～三一三頁。

岸畑豊［一九七四］『ホッブズ哲学の諸問題』創文社。

木村良一［一九八四］『近代政治理論の源流――ホッブズ研究序説』成文堂。

グリンデ、ドナルド・A、Jr.／ジョハンセン、ブルース・E［二〇〇六］『アメリカ建国とイロコイ民主制』星川淳訳、みすず書房。

クワコウ、J-M［二〇一五］『政治的正当性とは何か』田中治男・押村高・宇野重規訳、藤原書店。

桑瀬章二郎［二〇一五］『嘘の思想家ルソー』岩波書店。

桑原武夫編［一九五一］『ルソー研究』岩波書店。

――［一九六八］『ルソー研究　第二版』岩波書店。

――［一九七〇］『ルソー論集』岩波書店。

ケーガン、ロバート［二〇〇三］『ネオコンの論理――アメリカ新保守主義の世界戦略』山岡洋一訳、光文社。

小城哲理［二〇一七］『ロック倫理学の再生』晃洋書房。

小林善彦［二〇〇一］『誇り高き市民――ルソーになったジャン＝ジャック』岩波書店。

近藤和彦［二〇〇四］「『イギリス革命』の変貌――修正主義の歴史学」『思想』第九六四号、四二～五一頁。

坂本達哉［二〇一一］『ヒューム　希望の懐疑主義――ある社会科学の誕生』慶應義塾大学出版会。

作田啓一［二〇一〇］『ルソー　市民と個人』白水社。

櫻井陽二［二〇〇七］『ビュルドーの政治学原論――フランス正統派政治学理論の研究』芦書房。

佐藤真之［二〇一二］『ルソーの思想とは何か――人間であり、市民であること』リベルタス出版。

佐藤正志［一九九三］「ホッブズとルソー――近代国家論の一水脈」市川編［一九九三］、三一～六二頁。

――［一九九六］『政治思想のパラダイム――政治概念の持続と変容』新評論。

――［一九九九］「社会契約」佐藤正志・添谷育志編『政治概念のコンテクスト――近代イギリス政治思想史研究』早稲田大学出版部、一五〇～一八八頁。

佐野誠［二〇〇七］「契約」古賀敬太編『政治概念の歴史的展開』第二巻、晃洋書房、五五～八二頁。

ジェファーソン［一九七〇］「独立宣言」高木八尺訳『世界の名著33』松本重治訳、中央公論社。

下川潔［二〇〇〇］『ジョン・ロックの自由主義政治哲学』名古屋大学出版会。

白石正樹［一九八三］『ルソーの政治哲学――その体系的解釈』上巻、早稲田大学出版部。

――［一九八四］『ルソーの政治哲学――その体系的解釈』下巻、早稲田大学出版部。

新堀通也［一九七九］『ルソー再興』福村出版。

杉之原寿一［一九六八］「ルソーの社会思想――個人主義と集団主義」桑原武夫編［一九六八］、九五～一一六頁。

鈴木朝生［一九九四］『主権・神法・自由――ホッブズ政治思想と一七世紀イングランド』木鐸社。

盛山和夫［二〇〇六］『リベラリズムとは何か――ロールズと正義の原理』勁草書房。

関谷昇［二〇〇三］『近代社会契約説の原理――ホッブズ、ロック、ルソー像の統一的再構築』東京大学出版会。

――――［二〇〇四］「社会契約説の応用と実践――その再構想と現代的意義」『公共政策研究』第四号、四四～五八頁。

高橋一行［二〇〇一］『ホッブズからヘーゲルへ――全体論の可能性［普及版］』信山社。

高橋眞司［一九九一］『ホッブズ哲学と近代日本』未來社。

高梨幸男［一九六二］『自然法と民主主義の思想構造――ロック研究序説』日本評論新社。

高野清弘［一九九〇］『トマス・ホッブズの政治思想』御茶の水書房。

武井敬亮［二〇一六］『国家・教会・個人――ジョン・ロックの世俗社会認識論』京都大学学術出版会。

田澤晴子［二〇一〇］「一九二〇年代における柳田国男の「共同生存」と「共同団結の自治」――吉野作造と比較して」『社会政治思想史研究』第三四号、一四一～一六〇頁。

田中正司［一九六八］『ジョン・ロック研究』未來社。

田中浩［一九七七］「近代政治原理としての「社会契約説」」飯坂良明・田中浩・藤原保信編『社会契約説――近代民主主義思想の源流』新評論、三～一四頁。

――――［一九八二］『ホッブズ研究序説――近代国家論の生誕』御茶の水書房。

――――［一九九八］『ホッブズ』研究社出版。

ダール、ロバート・A［二〇〇六］『ダール、デモクラシーを語る』伊藤武訳、岩波書店。

恒藤武二［一九六八］「ルソーの『社会契約』説と『一般意志』の理論」桑原武夫編［一九六八］、一一七～一五七頁。

テイラー、チャールズ［一九九四］「アトミズム」田中智彦訳、『現代思想』第二二巻、第五号、一九三～二一五頁。

寺島俊穂［一九九八］『政治哲学の復権――アレントからロールズまで』ミネルヴァ書房。

土橋貴［一九八八］『ルソーの政治哲学――宗教・倫理・政治の三層構造』青峰社。

――――［一九九六］『概論　ルソーの政治思想――平等主義的自由論の形成』明石書店。

――――［二〇一〇］『ルソーの政治思想の特質――新しい体制原理の構築と実践そしてその現代的意義』御茶の水書房。

――――［二〇一一］『概論　ルソーの政治思想――自然と歴史の対立およびその止揚』御茶の水書房。

友岡敏明［一九八六］『ジョン・ロックの政治思想――〝伝統〟と〝革新〟一断面』名古屋大学出版会。

中神由美子［二〇〇三］『実践としての政治、アートとしての政治――ジョン・ロック政治思想の再構成』創文社。

永見文雄［二〇一二］『ジャン＝ジャック・ルソー――自己充足の哲学』勁草書房。

永見文雄・三浦信孝・川出良枝編［二〇一四］『ルソーと近代――ルソーの回帰・ルソーへの回帰』風行社。

中村敏子［二〇一七］『トマス・ホッブズの母権論――国家の権力　家族の権力』法政大学出版局。

中村義知［一九七四］『近代政治理論の原像』法律文化社。

永山了平［一九九六］『社会契約説と人類学――ジョン・ロックからジョン・ミラーへ』木鐸社。

鳴子博子［二〇〇一］『ルソーにおける正義と歴史――ユートピアなき永久民主主義革命論』中央大学出版会。

――［二〇一二］『ルソーと現代政治――正義・民意・ジェンダー・権力』ヒルトップ出版。

西嶋法友［一九九九］『ルソーにおける人間と国家』成文堂。

根本俊雄［二〇〇七］『ルソーの政治思想』東信堂。

パウエル、フィリップ・ウェイン［一九九五］『憎悪の樹――アングロVSイスパノ・アメリカ』西澤龍生・竹田篤司訳、論創社。

林誓雄［二〇一五］『襤褸を纏った徳――ヒューム　社交と時間の倫理学』京都大学学術出版会。

原田鋼［一九五四］「社会契約説」『政治学事典』平凡社、五九九頁。

樋口謹一［一九七八］『ルソーの政治思想』世界思想社。

樋口陽一［二〇一四］「国法理論家としてのルソー、または『社会契約論』副題の意味すること」永見・三浦・川出編［二〇一四］、二一一～二二〇頁。

福田歓一［一九七一］『近代政治原理成立史序説』岩波書店。

――［一九九八］『福田歓一著作集　第六巻』岩波書店。

――［二〇〇九］『デモクラシーと国民国家』岩波書店［岩波現代文庫］。

藤原保信［一九七四］『近代政治哲学の形成――ホッブズの政治哲学』早稲田大学出版部。

藤原保信・佐藤正志［一九七八］『ホッブズ　リヴァイアサン』有斐閣［有斐閣新書］。

平井俊彦［一九六四］『ロックにおける人間と社会』ミネルヴァ書房。

細川亮［二〇〇七］『純化の思想家ルソー』九州大学出版会。

ボランスキー、リュック／デヴノー、ローラン［二〇〇七］『正当化の論理――偉大さのエコノミー』三浦直希訳、新曜社。

前田康博［一九八六］「『リヴァイアサン』のホッブス――自然権をもってする自然権のサピエンティア」有賀弘・佐々木毅編『民主主義思想の源流』東京大学出版会。

松川俊夫［二〇一〇］「ヒューム／バークの保守主義倫理――共同体主義を手がかりに」野田裕久編『保守主義とは何か』ナカニシヤ出版、二七～四九頁。

松下圭一［一九五九］『市民政治理論の形成』岩波書店。

――［一九七五］『市民自治の憲法理論』岩波書店［岩波新書］。

――［二〇一四］『ロック『市民政府論』を読む』岩波書店［岩波現代文庫］。

松森奈津子［二〇〇九］『野蛮から秩序へ――インディアス問題とサラマンカ学派』名古屋大学出版会。

丸山眞男［一九九六］『丸山眞男集　第二巻』岩波書店。

三浦永光［一九九七］『ジョン・ロックの市民的世界――人権・知性・自然観』未來社。

――［二〇〇九］『ジョン・ロックとアメリカ先住民――自由主義と植民地支配』御茶の水書房。

三浦信孝［二〇一四］「「ジュネーヴ市民」ルソーにおける祖国愛の逆説」永見・三浦・川出編［二〇一四］、一九一～二一一頁。

水田洋［一九五四］『近代人の形成――近代社会観成立史』東京大学出版会。

水波朗［一九八七］『ホッブズにおける法と国家』成文堂。

ミード、ウォルター・ラッセル［二〇一四］『神と黄金――イギリス、アメリカはなぜ近現代世界を支配できたのか』上、寺下滝郎訳、青灯社。

モリル、ジョン［二〇〇四］「一七世紀ブリテンの革命再考」『思想』第九六四号、五二～七五頁。

森分大輔［二〇〇七］『ハンナ・アレント研究――〈始まり〉と社会契約』風行社。

矢嶋直規［二〇一二］『ヒュームの一般的観点――人間に固有の自然と道徳』勁草書房。

山崎時彦［一九五二］『名誉革命の人間像』有斐閣。

山本周次［二〇〇〇］『ルソーの政治思想――コスモロジーへの旅』ミネルヴァ書房。

吉岡知哉［一九八八］『ジャン＝ジャック・ルソー論』東京大学出版会。

――［一九九三］「理性のあらゆる相の下――ルソー的方法をめぐって」市川編［一九九三］、一～二九頁。

ロック、ジョン［二〇〇七］マーク・ゴルディ編『ロック政治論集』山田園子・吉村伸夫訳、法政大学出版局。

ロールズ、ジョン［一九七九］「二つのルール概念」深田三徳訳、『公正としての正義』田中成明編訳、木鐸社、二八九～三三五頁。

渡辺京二［一九九八］『逝し世の面影』葦書房。

――［二〇一三］『近代の呪い』平凡社［平凡社新書］。

渡辺尚志［二〇一二］『武士に「もの言う」百姓たち――裁判でよむ江戸時代』草思社。

あとがき

本書は南山大学法学部の『南山法学』にあしかけ六年にわたって連載したものに、序章と終章を加えたものであるが、各章ともかなり加筆修正して完成したものである。まず、その初出を明らかにしておきたい。

第1章「共通善の政治学」と社会契約論(1)――「リベラル‐コミュニタリアン論争」と社会契約論、『南山法学』第三五巻第三・四合併号(二〇一二年七月)
第2章「共通善の政治学」と社会契約論(2)――社会契約論の研究史、『南山法学』第三六巻第三・四合併号(二〇一三年九月)
第3章「共通善の政治学」と社会契約論(3)――共通善の政治学とホッブズの社会契約論、『南山法学』第三七巻第三・四合併号(二〇一四年六月)
第4章「共通善の政治学」と社会契約論(4)――共通善の政治学とロックの社会契約論、『南山法学』第三八巻第三・四合併号(二〇一五年七月)
第5章「共通善の政治学」と社会契約論(5)――アメリカとホッブズ・ロックの社会契約論、『南山法学』第三九巻第二号(二〇一五年一一月)
第6章「共通善の政治学」と社会契約論(6)‐1――ルソーと共通善の政治学『南山法学』第三九巻第三・四合併号(二〇一六年七月)
「共通善の政治学」と社会契約論(6)‐2――ルソーと共通善の政治学、『南山法学』第四〇巻第一号(二

〇一六年九月）

第7章「共通善の政治学」と社会契約論（7・完）――ヒュームの社会契約論批判とカントの社会契約論、『南山法学』第四〇巻第二号（二〇一七年一月）

本書は社会契約論に関する政治思想史研究の専門書であるが、終章に書いたように、かなり現在の政治問題を意識したうえでの論争書でもある。とりわけ社会契約論における「共通善」と「コミュニティ」の概念を評価し、これらの概念が日本の社会契約論研究やホッブズ、ロック、ルソー研究でどれだけ研究されているかというより無視されているかをはっきりさせるために、日本の研究史を詳しく論じざるをえなかった。また、これらの概念を重視する現代コミュニタリアニズムが日本の政治理論や政治思想研究では、無視され、批判されているために、逆にコミュニタリアンから批判されるロールズの社会契約に関する議論も詳しく論じていく必要があった。

本書はそのため基本的には研究者を対象に書かれたものであるが、とりわけ論争書として、ここでは名指しはしなかったものの、これまで「共通善の政治学」としてのコミュニタリアニズムを批判し、あるいは無視する日本のリベラルやポストモダン派の主流派政治学者に対しても書かれている。残念ながら近年は本格的な論争は少ないために、むしろ批判は望むところである。

ただそれ以上に、西洋政治思想研究者だけではなく、コミュニタリアニズムに関する偏見がそれほど強くないホッブズ、ロック、ルソー、ヒューム、カントなどの哲学・社会思想の研究者に対して、またマイケル・サンデルの「白熱教室」に惹かれ、政治哲学、とりわけ実践的な政治哲学に関心を持った若い読者に対して書かれている。本書においては、抽象的な議論の背後に実践的な政治哲学の課題があることも明らかにしたつもりである。われわれの世代と違い、「コミュニティ」や「共通善」に対して偏見がなく、また自分たちが行う「政治」にも関心を持っているると思われる人々にも読まれ、意見を聞きたいと考えている。

本書は、私が定年退職してから初めて出版する著作である。現代コミュニタリアン哲学者といわれるマッキンタイア、テイラー、ウォルツァーは八〇歳を過ぎても著作活動をしている。それだけ彼らは現在の政治や社会に対して言いたいことがあるからだと思われる。彼らほど才能や能力がなく、どれだけ私の訴えが力を持つかはわからないが、古希を迎えようとするいま、日本の政治状況や現在の政治学に対して主張したいことがあり、まだしばらくは執筆活動を続けたいと思っている。

本書は解釈が異なったり、批判をしたりした論者を含め、研究史で扱った多くの研究者の恩恵を受けていることに、この場を借りて感謝したい。私より年長であり、逝去されている人も多いが、当時の政治状況に対応してたんなる実証研究としてではなく、鋭い問題意識によって、それぞれ独自な観点から個々の思想家の研究をされている。私はその問題意識の多くを共有できないが、学ぶことが多かった年輩の研究者に敬意を表したい。

ただとくにそのなかでも南山大学での私の前任者であり、ロックを「共同体主義者」と規定した友岡敏明南山大学名誉教授に、その点も含め様々な恩恵を受けたことに心より感謝を申し上げたい。またお会いできる機会がなかったが、ホッブズ解釈では非常に大きな影響を受けた故水波朗教授には、南山大学社会倫理研究所にご蔵書を寄贈され、とりわけその「共通善」に関する文献を利用できたことも含めて感謝を申し上げたい。私はカトリックではないが、この二人のカトリック教授には古代・中世の政治思想・法哲学に対して深い造詣があり、学ぶことが多かった。

本書で「福田パラダイム」として批判した故福田歓一教授にも、実は恩恵を受けたことをこの場を借りて感謝を申し上げたい。南山大学退職の際に、私の過去の活動記録をとったが、私の最初の研究発表の記録が残っていないために掲載できなかったのが東京大学法学部の大学院での福田ゼミの発表であった。この発表は、私が一九八〇年四月に『思想』に発表した「レトリックと政治」という論文に関心を持たれた福田教授によって指名されたからであると記憶している。その後も私が論文や著作を送った時も丁寧なお手紙をいただいた。私が書いた政治学の教科書の社会契約論の部分は福田教授の御高説に従って書いている。その私が福田教授を批判するようになるとは思ってもみなかった。

私は先生の学問研究に対する情熱、とりわけルソーに対する情熱は評価し、おそらく現在の「共和主義ルネサンス」のもとでは、ルソーが共和主義者ないしはコミュニタリアンであることは肯定していただけると信じている。また現在の多くの政治学者と違い、政治の理想と現実をふまえたうえで、価値中立的ではない「善き政治」を追求しようとする熱意を感じた。ただ、私が日本において孤軍奮闘している「共通善の政治学」を正当に理解するためには、福田パラダイム批判が必要であると考えたために、あえてその批判を公表した次第である。

最後に、本書をミネルヴァ書房に紹介いただき、出版のためのご尽力をたまわった中谷猛同志社大学名誉教授にとりわけ感謝を申し上げたい。中谷教授は政治思想読書研究会や書簡で様々な助言をいただき、基本的に私の主張を好意的に受け止め、トクヴィルはコミュニタリアンと呼べることにもご賛同いただいた。そして、大学を退職した人間が、政治思想史という現在出版が難しい分野の本であり、しかもこれまでの通説を批判する本を出版する決断をされたミネルヴァ書房社長の杉田啓三氏、一般的読者のためにもできるだけわかりやすい工夫などを助言していただいた編集部の田引勝二氏にこの場を借りて心から感謝を申し上げたい。

二〇一七年一二月　多摩　稲城市にて

菊池理夫

［追記］最終校正の後で、本書のホッブズの箇所で論じた甲南大学名誉教授の高野清弘氏の急逝を知った。高野氏とは近年「日本政治学会」や「政治思想学会」において最も親しく交際し、とりわけ高野氏のキリスト教批判や近代批判から学ぶことが多く、この場を借りて、心からの哀悼の意を捧げたい。

人名索引

あ 行

か 行

は　行

ま　行

や　行

ら　行

わ　行

事項索引

あ　行

か　行

ま・や　行

ら　行

《著者紹介》

菊池理夫（きくち・まさお）

1948年　青森県弘前市生まれ。

1976年　慶応義塾大学大学院法学研究科政治学博士後期課程満期退学。

1988年　法学博士（慶應義塾大学）。

現　在　三重中京大学名誉教授。

著　書　『ユートピアの政治学——レトリック・トピカ・魔術』新曜社，1987年。

『現代のコミュニタリアニズムと「第三の道」』風行社，2004年。

『日本を甦らせる政治思想——現代コミュニタリアニズム入門』講談社（講談社現代新書），2007年。

『共通善の政治学——コミュニティをめぐる政治思想』勁草書房，2011年。

『コミュニタリアニズムのフロンティア』編著，勁草書房，2012年。

『ユートピア学の再構築のために——リーマン・ショックと「三・一一」を契機にして』風行社，2013年。

『コミュニタリアニズムの世界』編著，勁草書房，2013年。

『政府の政治理論——思想と実践』編著，晃洋書房，2017年。

『ユートピアの再構築——『ユートピア』出版500年に寄せて』編著，晃洋書房，2018年。

MINERVA 人文・社会科学叢書㉔
社会契約論を問いなおす
——現代コミュニタリアニズムからの視座——

2018年2月20日　初版第1刷発行　〈検印省略〉

定価はカバーに表示しています

著　者　菊　池　理　夫
発行者　杉　田　啓　三
印刷者　江　戸　孝　典

発行所　株式会社　ミネルヴァ書房
607-8494 京都市山科区日ノ岡堤谷町1
電話代表 075-581-5191
振替口座 01020-0-8076

共同印刷工業・新生製本

ISBN978-4-623-08162-2
Printed in Japan

ルソーの政治思想	山本周次 著	A5判三三〇頁	本体四〇〇〇円
歴史哲学への招待	小林道憲 著	四六判二四八頁	本体三〇〇〇円
近代英米法思想の展開	戒能通弘 著	A5判三六〇頁	本体五五〇〇円
反米の系譜学	J.W.シーザー著 村田晃嗣他 訳	A5判三三八頁	本体五五〇〇円
「リベラル・ナショナリズム」の再検討	富沢　克 編著	A5判三二八頁	本体七〇〇〇円
イデアの哲学史	神野慧一郎 著	A5判三一二頁	本体三五〇〇円
古典から読み解く社会思想史	中村健吾 編著	A5判三二〇頁	本体三〇〇〇円
はじめて学ぶ法哲学・法思想	竹下・角田 市原・桜井 編著	A5判三二〇頁	本体二八〇〇円
概説西洋政治思想史	中谷　猛 足立幸男 編著	A5判四〇四頁	本体三〇〇〇円
倫理学概説	小坂国継 岡部英男 編著	A5判三五四頁	本体三〇〇〇円
概説西洋哲学史	峰島旭雄 編著	A5判四〇〇頁	本体三〇〇〇円
概説現代の哲学・思想	小坂国継 本郷　均 編著	A5判三九二頁	本体三五〇〇円
21世紀の哲学をひらく	齋藤元紀 増田靖彦 編著	A5判二九六頁	本体三五〇〇円